MINERVA
世界史叢書
総論

「世界史」の世界史

秋田 茂/永原陽子/羽田 正
南塚信吾/三宅明正/桃木至朗
[編著]

ミネルヴァ書房

「ＭＩＮＥＲＶＡ世界史叢書」の刊行によせて

このほど私たちは、ミネルヴァ書房より「ＭＩＮＥＲＶＡ世界史叢書」を刊行することになりました。これは、これまでのわが国における世界史を反省して、新たな世界史を構築することを目指すものです。これまでの世界史が、世界の国民国家史や地域史の寄せ集めであったり、自国史を除いた外国史であったり、欧米やなんらかの「中心」から見た世界史であったりしたことへの反省を踏まえて、また、近年の歴史研究の成果を取り入れて、それらの限界を突き破ることを目指しています。

本叢書は、全体として以下のような構成を取ります。

総　論　「世界史」の世界史
第Ⅰ期　世界史を組み立てる
第Ⅱ期　つながる世界史
第Ⅲ期　人と科学の世界史
第Ⅳ期　文化の世界史
第Ⅴ期　闘争と共生の世界史

このような構成を通じて、私たちは新たな世界史を構想するためのヒントないしは切り口を提示したいと考えております。読者のみなさまの建設的なご批判を頂ければ幸いです。

二〇一六年四月

「ＭＩＮＥＲＶＡ世界史叢書」編集委員
秋田　茂、永原陽子、羽田　正
南塚信吾、三宅明正、桃木至朗
（五十音順）

「世界史」の世界史

目次

第Ⅱ部　近現代の世界史

序論 「世界史」の世界史

南塚信吾

このほど私たちが企画した「世界史叢書」は、これまでわが国において研究され、教育され、普及されてきた「世界史」を反省して、新たな世界史を構築することを目指すものである。私たちは、これまでの「世界史」が、世界の国民史や地域史の寄せ集めであったり、自国史を除いた外国史であったり、欧米やなんらかの「中心」から見た世界の歴史であったと考えており、そのような「世界史」の限界を突き破ることが必要だと考えている。私たちが求める新たな世界史の具体的な姿はまだ確固としたものであるとは言い切れないが、以上の反省を踏まえながら、また、近年の歴史研究の成果を取り入れつつ、その大体の見通しをもちたいと考えている。そのために、私たちは、さまざまな面から世界史を構成しなおしてみたいと考え、五期にわたって、一連のシリーズを企画してみた。本巻はその一冊目で、総論巻である。

本総論巻は、《「世界史」の世界史》と名づけられている。本巻では、これまでわれわれ人類は、世界各地においてどのような「世界像」を描いてきたのか、その後、われわれは現在どのような「世界史」をもっているのか、そしてその「世界史」の特徴や問題点はどこにあるのかを総点検し、その問題点を乗り越えるオルターナティブな展望を示すことを目指している。本巻はこの序論と二部、そして総論からなる。

*　　*　　*

まず、第Ⅰ部では、古来、世界の各地域・各文化において、どのような「世界像」が描かれていたのかを、できる限り広く探り、再現し、意味づける。人間は自分の生きている社会や国を理解しようという意識をもって以来、世界各地において、それぞれの「世界像」を描いてきた。それは、世界各地に生きるそれぞれの集団の経験や信仰などに基づいて描かれてきたもので、じつに多様な「像」である。私たちは、それらの「像」を改めてそれぞれに内在的に理解してみる必要があると考える。そのような「世界像」が、現在においても諸地域の人々の歴史観に依然として影響を与えているかもしれない。あるいは、現在のヨーロッパ的な歴史観と潜在的なコンフリクトをもち続けているのではないかと考えられる。これまで私たちは、ともすればヨーロッパにおいてキリスト教的な立場から描かれた「世界像」（キリスト教的普遍史）を唯一のもののように受け取ってきた感がある。しかし、いまやそのような理解を「相対化」する必要があるときが来ており、そのためにも世界各集団における豊かな「世界像」を再検討しておく必要があるのである。

このような狙いを込めて、第Ⅰ部では、まず、仏教あるいは儒教などの影響を受けながら形成されてきた日本、韓国、中国、ベトナムの「世界像」、ヒンドゥーやジャイナ教などの影響を受けて形成された南アジアの「世界像」、古代ギリシアの「世界像」、そしてキリスト教的「世界像」とイスラム的「世界像」を検討する。ついで、中央ユーラシアの遊牧民、アイヌ、メソアメリカ、サン（ブッシュマン）といった、比較的少数の集団の土着的な「世界像」を扱う。これらの「世界像」は、まだ消滅はしていなくて、現在においても、なんらかの形で残り、おりにつけて登場してくるものでもある。また、「世界史」の新たな形成という点からもそこから学ぶべきことがあるようにも思われる。それは後述することにしよう。

ついで、第Ⅱ部では、近代以後に体系化された「世界史」を歴史的に検討する。この近代以後に体系化された「世界史」は、結果的にはヨーロッパ中心の世界史になってしまった。本来、キリスト教的普遍史は世界各地の「世界像」のヨーロッパ的ヴァリアントでしかなかったが、しかし、これがヨーロッパでは体系的な「世界史」につくりあげられ、それが世界的に広く受け入れられてきたのである。

この第Ⅱ部では、そのようなヨーロッパ的な「世界史」の内容と問題点を改めて分析して、それを克服するための糸口を引き出す。

ヨーロッパにおける聖書的「世界史」は、一八世紀の末に啓蒙主義による批判を受けるが、その啓蒙主義的な「世界史」は、一九世紀において実証主義歴史学の批判によって乗り越えられる。しかし、啓蒙主義も実証主義もヨーロッパを中心とする「世界史」を強固にしていくことになる。そして、一九世紀後半には、それはナショナル・ヒストリーの確立と相まって、ヨーロッパを中心とするナショナル・ヒストリーの寄せ集めとしての「世界史」となり、さらには「文明」をリードしたヨーロッパを中心軸とした「世界史」になるべきだという主張を込めたものとなる。そのようなヨーロッパでの「世界史」が、「日本史」と区別された「万国史」というかたちで明治期の日本にも導入され、受容されたのであった。ヨーロッパを中心とするナショナル・ヒストリーの寄せ集めとしての「世界史」という点では、一国史的発展段階論を組み込んだマルクス主義の「世界史」もその枠を出ることはなかった。一九六〇年代にこのようなマルクス主義の発展段階論的「世界史」を克服しようとして提起された「世界システム」論も、ヨーロッパ中心的というその限界を乗り越えるために、試行錯誤が続いている。

このような脈絡から、第Ⅱ部では、啓蒙主義の世界観、実証主義の「世界史」、マルクス主義の世界史、世界システム論などを分析し、併せて、明治期の日本の「万国史」と現代の日本での世界史の特徴を検討している。

今日の日本における世界史の試みは、この近代のヨーロッパ的な「世界史」の諸問題、つまり、ヨーロッパ中心と、ナショナル・ヒストリーの前提と、「日本史」と区別された「世界史」という区分の克服に向けられているのである。

＊　　＊　　＊

ところで、ここで問われるべき問題は、なぜヨーロッパの「世界像」のみがその後に「世界史」へと発展したのかということである。アジアを含めヨーロッパ以外の「世界像」は、結局は近代的な「世界像」に発展することはなかった。もちろんヨーロッパの経済的、政治的優位性がヨーロッパ的な「世界史」の確立を支えたということは認めるとしてなお、歴史学そのものの問題として考えてみる意味があるであろう。この点についての研究はまだ存在しないが、さしあたり、二点ほど考慮すべきことをあげておこう。

一つは、各種の「世界像」自体の性格である。それが時間軸を内包したものであるか否かが問題となるであろう。時間軸を有する「世界像」である場合には「世界史」に展開しやすかったであろうし、有しない場合は、「世界像」にとどまったであろう。なんらかの超越者と「自分」らとの関係や、「自分」らを取り囲む地理的状況に重点のある「世界像」の場合には、そうであったと思われる。

二つには、「世界像」を内在的に批判してくる論理が出てくるか否かという問題がある。ヨーロッパの場合は、それまでのキリスト教的「世界像」を批判してくる「啓蒙主義」のような論理が出てきていることが重要であろう。「啓蒙主義」の場合、「理性」という観点から批判したのであり、その後のヨーロッパにおける「世界史」の進むべき方向を決めたのであるが、必ずしも「理性」という観点からではなくても、それぞれに内在的にそれまでの「世界像」を批判してくる論理があってもおかしくはなかったはずである。

このほかにも考えるべき違いはあるであろうが、そのような点の研究を進めていくところに、新たな世界史へのヒントも得られるものと思われる。

ここで参考になるのは、すでに一九五〇年代に示された上原専禄の問題提起である。上原は、その『世界史像の新形成』（一九五五年）において、ヨーロッパでのキリスト教歴史哲学の基本的な思考契機が、一八世紀以降のキリスト教を否認した立場からの新しい世界史像にとっても重要な思考契機となっていたとする。上原は、それを三つの思考契機として次のように要約している。

一つは、「個々の人間が主体として行う行為の意味」は、その「行為そのものにおいて直接的に成立」するのではなく、「その人間がいやおうなく所属している一体的存在としての人類、それの全体的動向が担っている一般的意味に参与するかぎりにおいて成立する」という考えである。この「一般的意味」とはキリスト教的歴史哲学においては「神の意志」とされていたものを指している。それは近代では「人間性」や「文明」や「自由」や「生産力」であったりするわけである。

二つは、「一体的存在としての人類は連続する時間を貫いて一つの一般的意味をになっている」のであり、「その一体的存在と一般的意味は連続する時間における人類動向の過程を通じて実証され・実現する」という考えである。この「連続する時間」を前提にして「進歩」や「発展」といった観念が近代の歴史思想に出てくるのである。

三つは、「連続する時間における人間の動向は、つねに一定の超越的ファクターを動因とした……窮極目標への接近行為である」とする考えである。つまり、「人類の歴史的動態は、人類の主観的意識や主体的志向がどのようなものであったとしても、客観的にはそうしたファクターを動因とし、そうした形式にしたがった動向である」とする考えである。こういう「超越的ファクター」とは、近代では「理性」とか「法則」といったものである。

このうちの、第三の「超越的ファクター」を動因とするということはヨーロッパ以外の「世界像」にもありえたであろうが、第一と第二の、人類という観念、連続する時間という観念は、ヨーロッパの「世界像」を「世界史」に発展させる契機になったであろうことは否定できないであろう。ともかくこういう観点からの研究が、ヨーロッパのみならず、世界全体の「世界像」について、さらに求められるところである。

加えて、上原は、ヨーロッパにおけるこのような「歴史哲学」が「歴史学」に何を与えたのか、「近代歴史学がその経験科学的実証的方法によって、いったいどのような世界史像形成の実践を行ってきたか」についての検討が必要であるという。そして、ヨーロッパにおける、ランケをはじめ、「一九世紀の末から現在までの、ドイツ、フランス、イギリスなどの国々における歴史学研究の枠をつくした巨大な世界史編纂の歩みを吟味する必要がある」というのである。本巻においては、ヨーロッパに限っても、そのような大きな作業は実現できているわけではないが、少なくとも、その第一歩ははじめられたと考えている。しかし、世界全体を網羅したそうした研究はまだその緒にもついていないと言わざるをえない。

＊　　＊　　＊

本巻の総論では、これまでの「世界史」を批判的に検討したうえで現在どのような「世界史」を対案として提起できるのかを、編集委員会として考えたものである。とはいえ、編集委員会としては、いろいろな機会に対案を議論したとはいえ、体系的に議論したわけではない。編集委員会の議論を受けて、編集委員の桃木至朗がとりまとめ、さらに独自の視点から展開したものに、編集委員が意見を述べて、最終版にしたものである。

その総論では、二〇世紀後半以降、歴史学のなかには、国民国家を単位とした歴史や、欧米中心主義の歴史や、「近代」を基軸にした歴史や、なんらかの「中心」を設定する歴史を批判する動きが発展してきたが、それではまだ不十分であるとしたうえで、新しい世界史の見通しを提起している。それは決して完結した体系を示すものではなく、あくまでも見通しでしかないが、三つの方向において示されている。

それは、一つには、「世界史の見取り図」の必要性ということで、どのような「枠組」も「中心」も批判しながら、しかし、どの部分を見るにも必要な大きな「見取り図」が必要であろうということである。それはなんらかの「グランドセオリー」であってはならない。

二つには、「個別研究」に裏打ちされた「全体像」の構成ということである。「全体史」や「グローバル・ヒストリー」を巧みに「個別実証」などと連携させるということである。それは、個別実証を一つ一つ積み上げていくだけでは達成できないかもしれない。

三つには、このような世界史は、これまでの人文学の限界を方法的・組織的に突破する使命を負わされていることを自覚するということである。日本史・東洋史・西洋史という三分体制はもちろん、歴史学の「専門性」についても、世界史は問題にするはずである。

もちろん、総論で「オルターナティブ」とされているものは、けっしてこれが唯一の方向であるというつもりはない。将来の世界史は多様なものになるに違いない。地球のさまざまな地域からの世界史、さまざまな視線からの世界史、それらの多様な世界史のあい競合する時代が登場するであろう。それらを互いに認め合うことが必要なのである。

実は最後に、このように、われわれの「世界史」認識を反省し、新たなオルターナティブを提起する際、はたして第Ⅰ部で見たような、ヨーロッパ以外の「世界像」はどう扱うべきかという問題が残る。

それはヨーロッパで育てられた「ヨーロッパ中心的」で「合理的」で「一元的」な「世界史」の克服に役立てられるので

あろうか。たとえば、「民族」「国民」「階級」「身分」「権力」「戦争」「発展」「進歩」「自由」「平等」「文明」などに対置されるような価値は、そこにこそ見いだせるのだろうか。「多様性」「友愛」「分かち合い」あるいは「自然」などの価値は、そこに見いだせるのだろうか。ひょっとしたら、最近の「近代化」への批判として注目されているような価値は、非ヨーロッパの「世界像」にあった価値ではないのだろうか。とすれば、それらを活かした「世界史」は構想できないのであろうか。

これは、本巻の残された問題であるといえよう。

＊　　＊　　＊

以上に見たような反省と展望を基礎に、本叢書は、左のような五期に分けて新しい世界史を切り開く糸口を見いだそうとしている。

第Ⅰ期　世界史を組み立てる
第Ⅱ期　つながる世界史
第Ⅲ期　人と科学の世界史
第Ⅳ期　文化の世界史
第Ⅴ期　闘争と共生の世界史

第Ⅰ期では、ナショナル・ヒストリーにとらわれない、またヨーロッパ中心でもない世界史を組み立てるにはどういう方法がありうるのかを提示してみた。そこでは、世界各地から見た世界像というものはどういうものであったのか、世界システム論を批判的に発展させてどういうグローバル化の世界史が描けるのか、そして国際関係的方法を発展させることによってどのような世界史が描けるのかを考えてみた。

第Ⅱ期では、世界の諸地域をつなぐ「ヒト」「モノ」「情報」に注目して、それぞれがどのように世界史を構成する要素になっているのかを検討してみた。

第Ⅲ期では、視野を「類」としての人間（人類）に広げて、人間と科学という観点から世界史を眺め直すため、地球・人類と科学技術、人と健康、地球環境といったテーマを立てて、世界史を検討してみた。

第Ⅳ期では、ともすれば非常にナショナルに扱われがちな文化という視点から世界史を考えるべく、芸術・文化や、知識と思想や、社会理念に注目してその世界史的な広がりを考えてみた。

そして最後に、第Ⅴ期では、これまた容易に国家権力の問題に収斂してしまいそうな権力の問題を闘争と共生という側面から、世界史をどのように考えることができるのかを検討してみた。これは国家や国民といった今日の歴史の思考的枠組みを掘り崩すためにも不可欠な検討だと考えている。

以上のようなわれわれの試みは、決して最初から成功するとは断言できないにしても、それが今日の歴史学に重要な刺激となるならば幸いである。

なお、本叢書の編集は、秋田茂、永原陽子、羽田正、南塚信吾、三宅明正、桃木至朗の六人からなる編集委員会が行ったが、企画の当初の重要な時期には三谷博さんにもご参加いただいていた。本総論巻以後の巻は、いずれかの編集委員が編集責任者となり、編集委員会での議論を経て編集が進められ、いくつかの巻では編集協力の方々をお願いして、編集に加わっていただいた。

第Ⅰ部　さまざまな世界像

第1章　日本の世界像

末木文美士

1　世界像の三類型

「世界」というと、現代語では通常、この地球を人間の住んでいる場という観点から見たものを意味している。したがって、地球上でも海よりは陸地が中心に考えられ、その陸地は国境によって区切られて、すべての土地がどこかの国に所有されていることが当然とされている。しかし、これはもちろん近代以降のことであり、それを遡るとき、「世界」の様相はまったく異なってくる。

「世界」という言葉には、もう少し違うニュアンスもある。この宇宙全体を「世界」と呼ぶこともあるし、「世界観」というと、さらに抽象化されたニュアンスになる。ここで「世界像」と呼ぶときは、これらを考慮しながら、必ずしも厳密に規定せずに、やや幅広く考える。

日本で受け入れられた世界像は、おそらく三つのパターンに分けられる。一つは、仏教に由来するもので、この世界は須《しゅ》弥《み》山《せん》を中心としているというもので、インドに由来し、仏教とともにもたらされた。人間が住む世界（南贍《せん》部《ぶ》洲、南閻《えん》浮《ぶ》提《だい》）ではインド（天竺）が中心とされるが、仏教伝来の流れにおいて、インドと日本の間に中国（震旦）が置かれた三国史観と緊密に結びついている。主として、古代から中世に広く受け入れられた。

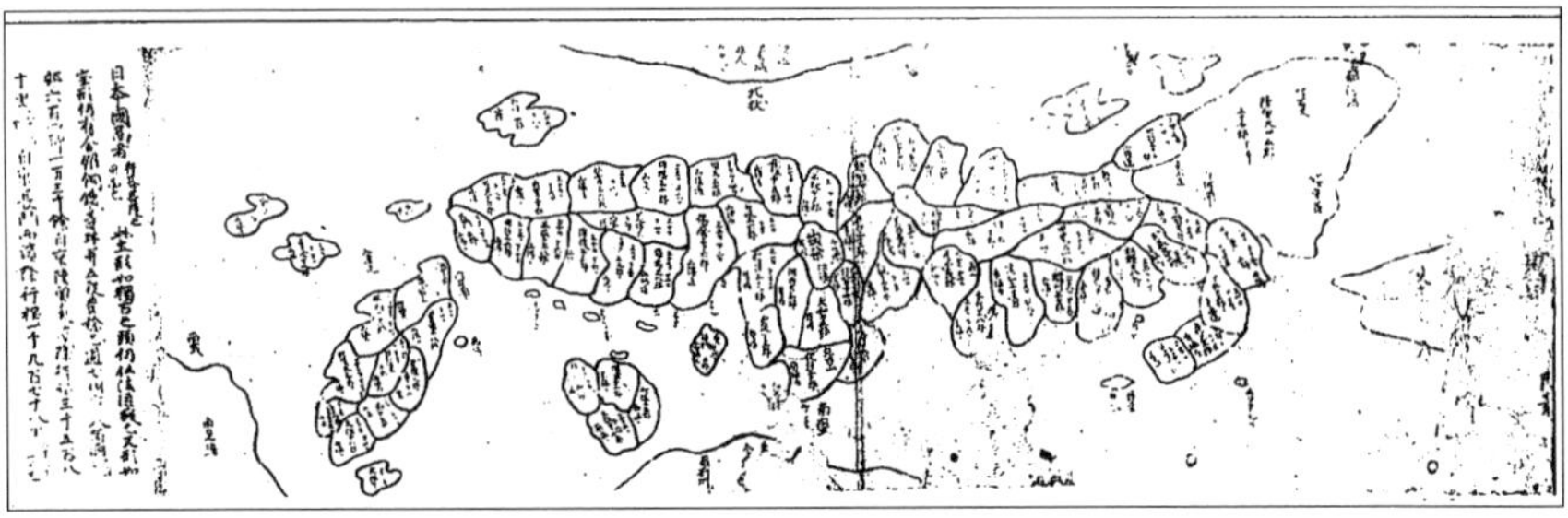

図1－1　五つの仏教地図①　日本地図（ハーヴァード大学所蔵）
出所：Rosenfield, Cranston & Cranston, 1973, p. 104.

第二は、この地上の世界は天の支配のもとにあるとするものであり、儒教などの中国思想に由来する。その由来から知られるように中国中心的であるが、日本の記紀神話もまたその影響下にあり、その解釈から日本中心に組み替えられる可能性をもつ。キリシタンも「天」の語を使うかぎりにおいて、この世界像の枠で理解できる。その理論的な展開は、近世に著しい。

第三のパターンは、このように人知を超えた超越的なものを認めない立場で、唯物論や文化相対主義的な立場から、第一、第二のパターンを否定するものである。必ずしも数は多くないが、近世の思想のなかに見られる。

ここでは、第一、第二の世界像を中心に検討し、第三については最後に簡単に触れるに留めたい。

2　須弥山と神国

（1）　須弥山世界と日本

ハーヴァード大学サックラー美術館に「五つの仏教地図」（Five Buddhist Maps）というタイトルで所蔵されている巻子一巻がある。二〇一二年五月一七、一八日に同大学で開催されたシンポジウム「日本仏教研究の領域複合的解明の試み――宗派性の超克」の際に、阿部龍一教授と同美術館のご配慮で、参加者一同で拝見させていただいた。限られた時間であり、メモを取る余裕もなかったが、強く印象に残る一巻であった。

そのような事情であるから、正確な情報を欠いているが、さいわいジョン・M・ローゼンフィールドほか『日本美術・文学における宮廷の伝統』（Rosenfield *et al.* 1973.

pp. 104–109）に解説とともに図版が収録されている。小さい図版で細部の文字は読みにくいが、おおよその様子は見て取ることができる。「五つの地図」というのは、①日本地図、②「天竺図」と題された閻浮提図、③無熱池をめぐる四大河図、④須弥山世界の平面図（四大洲）、⑤須弥山世界の巨大な立体図である。成立は一四〇二年である[1]。

①は中世に広く流布した日本地図の様式で、「行基《ぎょうき》図」と呼ばれるものであり、黒田日出男の著作（黒田、二〇〇三）によって広く知られるようになった。もちろん、奈良時代に実際に活躍した行基とは直接関係なく、中世に超人化された行基と結びつけて普及した。鎌倉時代の遺品として、称名寺《しょうみょうじ》本（金沢文庫保管、一四世紀はじめ）や仁和寺《にんなじ》本（一三〇五年）などが知られている。ハーヴァード本にもまた、「行基菩薩の図する所なり」と書かれている。行基図は日本を密教の法具である独鈷《とっこ》の形と見なし、それによって神聖化している。本図もまた、「此《こ》の土の形、独鈷の頭の如し。仍《より》て仏法滋盛なり」と書かれている。「独鈷の頭」であって、その全体でないところが注目されるが、このことは『拾《しゅう》芥抄《がいしょう》』（一四世紀成立）所収の図の説明と一致する。それだけでなく、この図の説明は『拾芥抄』の説明の途中までとほぼ同じで、そこでは、「又、形、宝形の如し。仍て金・銀・銅・鉄等の珎《たから》有り、并《ならび》に五穀豊稔なり」ともいわれ、国土の豊かさを言祝《ことほ》いでいる。

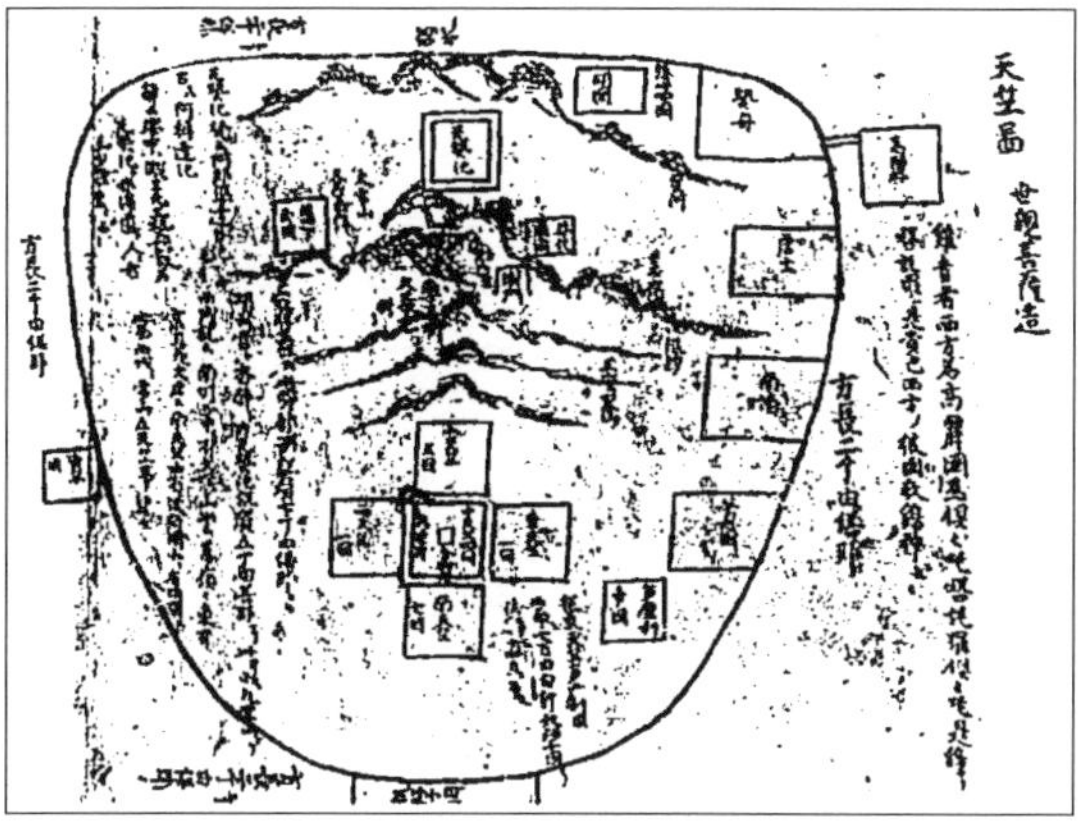

図1−2　五つの仏教地図②　天竺図（ハーヴァード大学所蔵）
出所：Rosenfield, Cranston & Cranston, 1973, p. 105.

ただし、図そのものは『拾芥抄』とは異なり、北に雁道《がんどう》、南に羅刹《らせつ》州などが見え、称名寺本と近い古形を示している。中世の日本は、海を隔てて中国や朝鮮につながっていただけでなく、このような異界ともつながっていたのである。称名寺本は西日本部分だけしか現存していないが、その周囲を囲んでいる太い枠は、鱗《うろこ》を持った蛇状であり、龍と考えられる（海野、一九九九、一〇七頁）。すなわち、日本はその周囲を龍に守られ、異界から隔てられていたのである。ただし、そのような守護神としての龍はハー

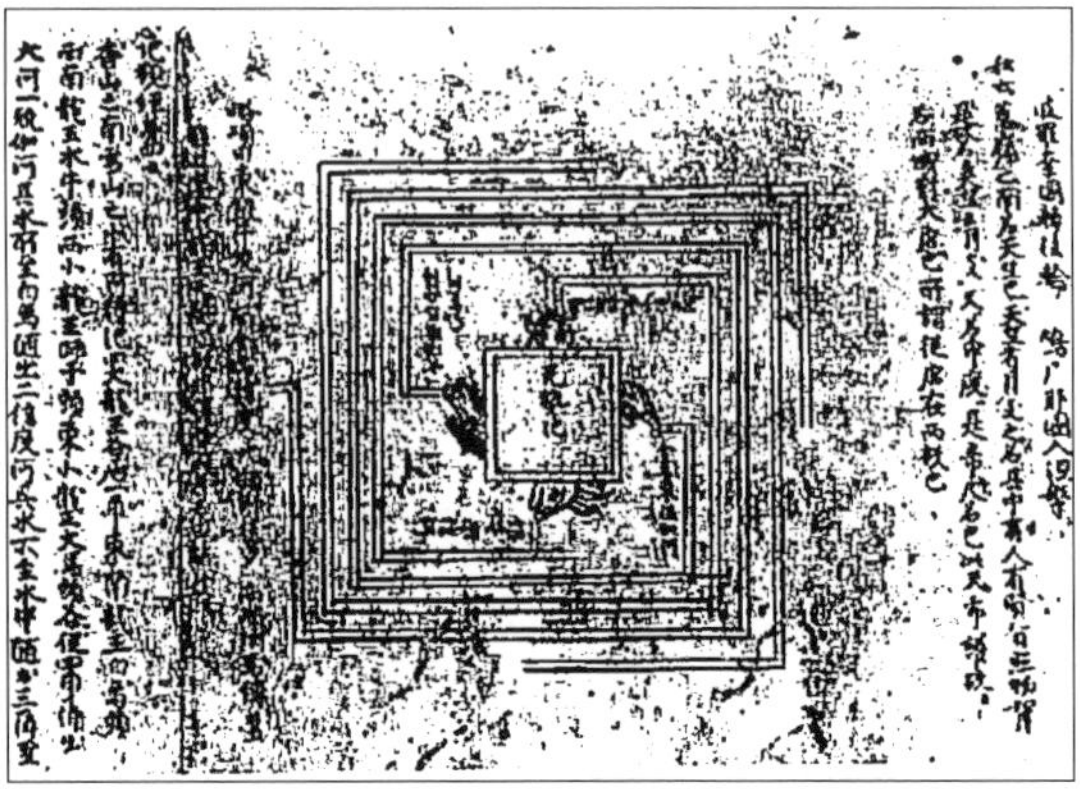

図1－3　五つの仏教地図③　四大河図（ハーヴァード大学所蔵）

出所：Rosenfield, Cranston & Cranston, 1973, p. 105.

ヴァード本には見られない。

　ところで、ハーヴァード本の特徴は、このような日本地図がそれだけ独立しているのではなく、②〜⑤の図と一連になっているところにある。巻頭から見ていくと、①から始まり、⑤の須弥山図で終わるようになっているが、内容から見ると、逆の順番に見ていくほうがわかりやすい。すなわち、⑤で須弥山世界の立体的な構造を明らかにし、④でそのなかの四大洲の位置関係を平面図によって示し、そのうえで②と③は四大洲のうちでも人間の住む閻浮提世界へと焦点を当て、最後に①でわれわれが現実に生きている世界である日本に収斂することになる。①の行基図は、②〜⑤の仏教的な世界像の延長上に理解されるのである。

　そもそも、「世界」という言葉は仏教語であり、梵語のローカ・ダートゥ（loka-dhātu）の漢訳からきている。「ローカ」が「世」と訳され、「ダートゥ」が「界」と訳されるので、その二つをくっつけた訳語である。「ローカ」はわれわれの生きている場であり、「ダートゥ」は区分された構成要素を意味するので、「ローカ・ダートゥ」は、領域に分けられたわれわれの生存の場とでもいう意味である。[2] 中国では、「世は遷流なり、界は方位なり」（『楞厳経《りょうごんきょう》』四、大正蔵一九、一二二下）のように、それぞれ時間・空間に当てる説明も用いられた。その世界は、衆生《しゅじょう》世界と器《き》世界に分けられる（『翻訳名義集』中、大正蔵五四、一〇九五中）。衆生世界は主体たる有《う》情《じょう》（衆生）のあり方で、六道を輪廻し、器世界は主体が身を置く環境世界である。須弥山世界というときには器世界的な意味合いであるが、もちろん衆生世界と無関係ではない。なお、「世界」は「世間」ともいう。

　須弥山世界の構造は、東アジアでは基本的に『阿毘達磨倶舎論《あびだつまくしゃろん》』の説に基づいて理解され（その概略は、定方、一九七三参照）、ハーヴァード本⑤もそれに基づいて描かれている。最下部を風輪・水輪・金輪に支えられ、最外辺を鉄囲山とする同心円の山と海に囲まれた中央に須弥山が聳えている。全体として、九山八海《くせんはっかい》といわれる。須弥山の頂上は帝釈天《たいしゃくてん》が住む忉《とう》利天《りてん》であるが、ハーヴァード本ではさらにその上空に欲界の六天のうち四天、色界四種十七天、無色界四天まですべて描かれている。なお、仏教では、命あるもの（有情・衆生）は地獄・餓鬼・畜生・修羅・人・天の六道を輪廻するとされているが、人・天以外のもののありかは描かれていない。

　このような須弥山世界が千集まると小千世界、それが千集まると中千世界、さらにそれが千集まると大千世界であり、三千大千世界とも呼ばれる。それが一仏の教化する世界（仏国土）であり、この世界は釈迦仏が教化する娑婆《しゃば》世界である。須弥山世界図ではそこまでは描かれないが、東大寺大仏蓮弁には多数の須弥山世界が寄り集まる世界の構造が描かれている。

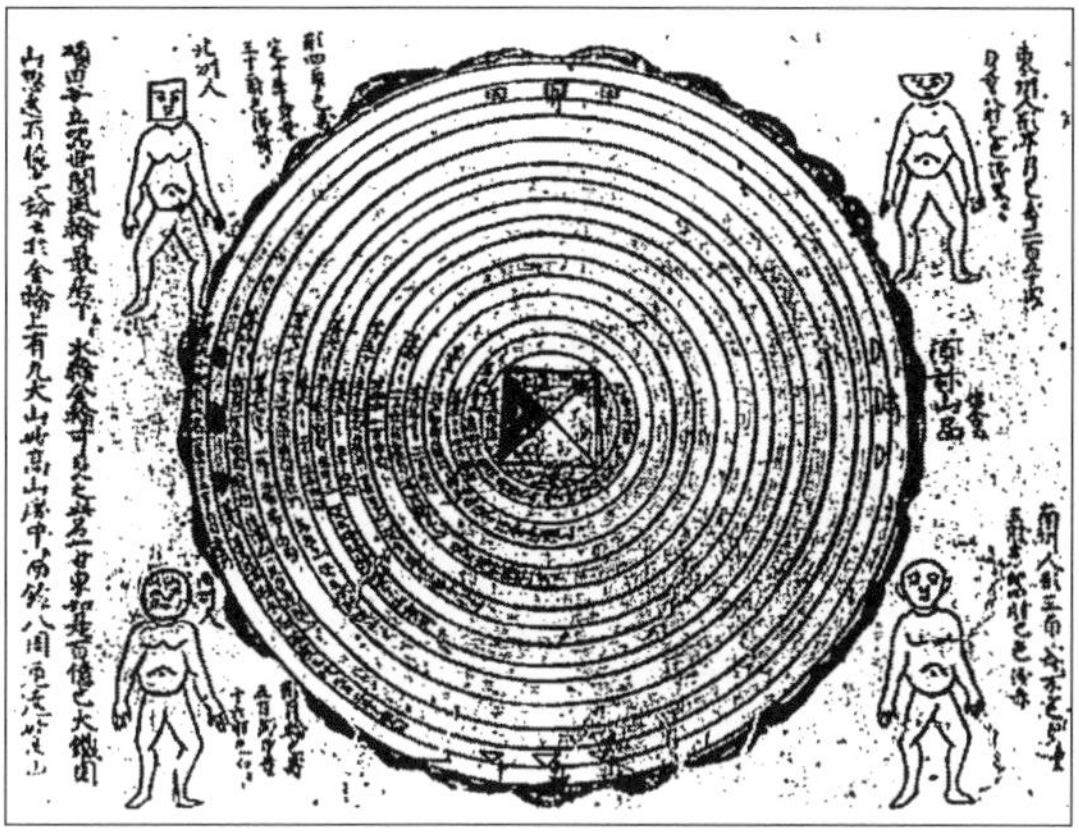

図1－4　五つの仏教地図④　須弥山世界平面図（ハーヴァード大学所蔵）

出所：Rosenfield, Cranston & Cranston, 1973, p. 106.

さらにその外に、阿弥陀仏の極楽世界のように、他の仏の仏国土があるのであり、その世界像は壮大なものがある。

　ハーヴァード本に戻ると、④は須弥山を中心とした九山八海の様子を平面図として示しているが、その最外辺の海中の四方に四大洲と呼ばれる大陸がある。東勝身洲は半円形、南贍部洲（閻浮提）は台形、西牛貨《ごか》洲は円形、北倶盧《くる》洲は方形である。それぞれ異なる種類の人間が住んでいるが、南閻浮提がわれわれの住む世界である。

　それを描いたのが②であるが、実はこれもまた『拾芥抄』所収の図ときわめてよく似ている。ただし、『拾芥抄』では、日本図とは別に収録されていて、一体化されていない。[3] ここでは、逆台形の上半分の中心に無熱池があり、下半分に五天竺が描かれている。右側（東方）には、契丹・唐土・安息（パルチア）などが見えるが、注目されるのは、台形の外に高麗があることである。これも『拾芥抄』と一致し、このタイプの図が高麗の官儒尹誧《ユンポ》（一〇六三～一一五四）の「五天竺図」の流れによる

図1－5　五つの仏教地図⑤　須弥山世界立体図部分（ハーヴァード大学所蔵）
出所：Rosenfield, Cranston & Cranston, 1973, p. 107.

ためと考えられる（海野、一九九六、九八頁）。

こうして見ると、⑤から②までの図の中に日本は現れない。すなわち、須弥山説を表した⑤から②までと、日本の行基図①とは、必ずしもうまく接合していない。②の変形である法隆寺本「五天竺図」（一三六四年）では、高麗が日本に変えられており（海野、一九九六、一〇〇頁）、それであれば日本の位置もわかるが、その原形をとどめるハーヴァード本では、仏教的な須弥山世界像と日本の自己認識のあいだは接続をもたず、断絶が生じている。すなわち、行基図は必ずしも須弥山世界像から出てくるものではなかった。

それでは、須弥山世界のなかに日本を位置づけることはなされなかったのであろうか。すでに平安初期の法相宗《ほっそうしゅう》の護命《ごみょう》の著作『法相研神章』（八三〇年）に、「南洲の中に二の中洲あり。二の中洲の中、遮末羅洲《しゃまら》は日本の国に当るなり」（大正蔵七一、二中。末木、一九九三、一〇六頁参照）と、中洲の一つとしている。その位置づけは小洲ではなく、ある程度高かったのであるが、中世になると、末法意識とセットになって、かえって日本は粟散辺土《ぞくさんへんど》（粟粒《あわつぶ》のような辺境の小国）の一つに落ちてしまう。後述のように、覚憲《かくけん》『三国伝灯記』（一一七三年）では、遮末羅洲説を採りながら、それを辺土・小国と見なしている。その小国意識がどうして日本中心の神国論に転換するのであろうか。

「神国」の思想がもともと粟散辺土意識と無関係でなかったことは、今日明らかになっている（佐藤、二〇〇三／伊藤、二〇一二など参照）。すなわち、粟散辺土の衆生を救済するために、仏は神として現れたという本地垂迹《すいじゃく》説に基づいていた。それが、自国意識の高まりのなかで日本中心の神国論に転換したと考えられている。基本的な流れはその通りであるが、ハーヴァード本における須弥山中心世界像と行基図とが接合しながら、しかも実はずれている重層的な関係は、二つの思想の微妙な関係を象徴しているということができよう。須弥山世界のなかでは地図に出ないほどの辺土小国でありながら、独鈷や宝形で、「金・銀・銅・鉄等の珎有り、并に五穀豊稔なり」という豊饒に満ちた誇るべき国柄という二重性をもつことになるのである。このことは、間に震旦をはさんだ三国史観においても指摘されるところである。

（2）三国の複合的関係

須弥山世界像のインド中心観は、仏教の伝来の過程から三国史観を発展させた。三国は、天竺（インド）・震旦（中国）、そして日本であり、そこに中央アジアや朝鮮が欠けていることはしばしば指摘される。しかし、その三国にしても、対等に並ぶわけではない。そのことを考えてみよう。

『宝物集《ほうもつしゅう》』は鹿ケ谷《ししがたに》の密議に連座して鬼界島《きかいじま》に流された平康頼《やすより》が帰還後に書いた説話集であるが、その舞台は嵯峨《さが》の清涼寺（釈迦堂）に設定されている。清涼寺の釈迦像は奝然《ちょうねん》がもたらしたもので、三国伝来の生身仏として信仰されていたが、その釈迦像が天竺に帰るというので、大勢の人が押し寄せたという。康頼もまた、「吾朝日本国の不思議には、此仏おはしますを志たんめるに、まことならば心うく悲しくぞ侍るべき」（小泉・山田、一九九三、四頁）と思って、参詣に訪れる。

そこでは、寺僧がこの釈迦像の由来を語っている。釈迦仏が摩耶《まや》夫人に説法するために忉利天《とうりてん》にのぼったとき、優闐王《うてんのう》が毘首羯磨《びしゅかつま》に頼んで栴檀《せんだん》で仏の似姿を彫らせたというのは、仏像の起源譚《たん》としてよく知られているが、その仏像を鳩摩羅琰《くまらえん》（鳩摩羅什《くまらじゅう》の父）が背負って亀茲《きじ》国に渡し、さらにそれが唐にもたらされたという話も『今昔物語集』などに見える。奝然はその仏像の模刻を日本に持ち帰ろうとしたところ、夢に仏像が自分を持ち帰るようにと求めたために、ひそかに実物と模刻をすり替えて、実物のほうを日本にもたらしたという（小泉・山田、一九九三、一二頁）。その仏像が再び天竺に帰るというので、大騒ぎになったのである。

この仏像は三国伝来といわれるが、その価値は何よりも天竺に由来するところにあり、中国（唐土・震旦）はいわば経由地にすぎない。それゆえ、それが天竺に帰るというので大騒ぎになり、その際には唐土は問題とされないことになる。すなわち、唐土独自の意味はなくなってしまう。

もっとも、実際にはその仏像は宋で造られたものであるから、その点からすれば、天竺は単なる触れ込みで、現実問題としては中国と日本の関係のなかで生まれた話ということになる。そればかりでなく、奝然の日本請来譚は、鳩摩羅琰の唐土請来譚の延長上に、それをモデルとして作られている。そのように見れば、価値的には天竺との関係が中心となっても、現実の伝来からすれば中国との関係が重みをもつことになる。

ところで、その仏像の価値は、単に天竺由来というだけではない。生前の釈迦の似姿を優闐王が彫らせたもので、釈迦公認の像であった。そればかりではない。釈迦が忉利天から戻るときに、この仏像が自ら迎えに行き、釈迦は仏像に、自らの滅後、「末代の衆生を利益し給ふべき仏なり」と委託したという由来をもつ。すなわち、単なる釈迦の似姿ではなく、それ自体が救済者としての仏である。そして、その仏像が日本に渡ったのも、奝然に命じて自らの意志で渡ってきたのである。

この仏像が生身の仏とされる所以はまだある。この仏像を解体修理した際に、胎内から布製の五臓が発見された(4)。すなわち、この仏はまさしく内臓を持つという意味でも生身である。しかも、その五臓には梵字《ぼんじ》が記されているから、単に五臓を持った人間の類似品ではなく、そのものが聖別された仏の身体にほかならない。そのことは、当時一般に秘せられていたとしても、同じように五臓を持つ清涼寺式釈迦像が流行したことを考えると、まったく知られていないことではなく、仏像の生身性を証する究極の根拠であったであろう。

そもそも古代から、仏像を造るということは、単に仏の似姿を造るということではなく、仏像はそれ自体が生身の仏であった（長岡、二〇〇九）。清凉寺の釈迦像はそれが最も顕著に現れたものである。それゆえに、天竺と日本を直接結ぶ存在であり、さらに今、末代の日本に実は仏がいまして、救済を保証する「吾朝日本国の不思議」の根拠でもあった。釈迦から末代救済を託された仏像が、天竺でもなく、中国でもなく、日本にいますのであり、日本はその点で選ばれた地なのである。それゆえ、その仏像が天竺に帰ってしまうということは、日本が見捨てられることになってしまい、大事といわなければならない。

　このように、三国伝来の清涼寺の釈迦像の話は、救済という観点から見た三国の関係が、かなり複雑なものであることを物語っている。釈迦仏の出現した地ということで、天竺は最も価値が高いが、末代の救済を託された仏像が日本にいますということは、日本の優位を示すものである。しかし、それはあくまでその仏像がいます限りのことにすぎず、不安定である。中国は、その仏像の中継地にすぎないともいえるが、実際にはその仏像が彫られた地であり、仏像はそこからもたらされたという現実上の優位性をもつ。三国史観と一口にいっても、三国間の関係は単なる並列ではない。

三国関係に関して、もう少し仏教に内在した文献を検討してみよう。「三国」を謳った仏教史としては、凝然《ぎょうねん》『三国仏法伝通縁起』（一三一一年）が最も有名だが、それより一世紀以上先だつ著作として、興福寺の覚憲（一一三一〜一二一二）の手になる『三国伝灯記』が注目される。本書は三巻からなるが、近年、東大寺本が発見されて、これまで散逸したと考えられていた中巻も含まれ、全体像が知られるようになった(5)（ただし、東大寺本は巻分けをしていない）。上巻で三国の仏法の由来を述べ、次に中巻で諸宗ごとの伝来を述べ、最後に下巻で日本における仏教の状況を述べるという構成になっている。

　本書では、日本は「南州の中、二中州中の遮末羅州、是なり」（二五ウ）と、『法相研神章』の説を継承しているが、そこは「辺土のなかの辺土、小国のなかの小国」（二五オ）とされ、時代的にも「末代末世」（一ウ）とされている。しかし他方、「日本国は是れ大乗善根界、人は亦菩薩種姓の類なり」（二六オ）と、日本の優位性が主張され、『華厳経《けごんきょう》』に説かれる金剛山は「即ち我が朝葛木《かつらぎ》山なり」（二六ウ）等と比定される。こうして、ここでも市川浩史が指摘するように、「日本辺土・小国観と勝地観とが併存していたのである」（市川、一九九九、七五頁）。両者は、あたかも須弥山世界図と行基図のように必ずしも論理的に整合しないままに接合されるのである。

　そして、その両者の間で震旦（漢土）の地位は「相対的に低下」（横内、二〇〇八、八〇頁）することになる。このことは、諸宗の評価について最も顕著にうかがわれる。覚憲は、「三論・法相は其の根源たり」とするのに対して、天台・華厳については、両宗が中国の論師によって立てられたことをいい、「倶に是れ震旦の義解《ぎげ》にして、恐らくは印度の弘経《ぐきょう》に非ず」（一五ウ）と低く見、真言宗に関しても、「真言秘密宗は大唐玄宗皇帝の代に興るというべきなり」（二三ウ）と、唐代成立説を立てて批判的に見ている。すなわち、横内裕人の指摘するように、「その起宗が印度か震旦かで、宗の差異化・序列化を図っている」（横内、二〇〇八、四四〇頁）のである。

三論・法相を、天台・華厳・真言よりも上位に置く見方はかなり特殊であり、叡山との抗争のなかで、興福寺法相宗の立場を正面から打ち出すという意図をもっていたと思われる（市川、一九九九）。そうではあるが、天竺と本朝の二つの極に重点が置かれて、その中間の震旦が位置づけにくくなることは、三国史観のひとつの特徴といえる。先の須弥山図と行基図のセットの場合も、震旦（唐土）は②の右隅に置かれ、周辺的な位置に追いやられている。

（3）　中世神道の世界像

ハーヴァード本の場合、一五世紀初頭でも須弥山世界のインド中心説と行基図の日本中心説の接合が見られた。しかし、少し遡って一三世紀終わりから一四世紀に入ると、日本中心の神国論が高まってくる。それは、元寇がひとつのきっかけとなっているが、それだけでなく、さまざまな動向のなかで、日本の自国意識が強まってきたことが根底にある。とりわけ神仏関係において、日本の神の位置が高まってくるのと軌を一にしている。そのことは、仏教における本覚思想の発展とも関係するところがある（末木、一九九三、第一八章）。

神国思想というと、北畠親房の『神皇正統記《じんのうしょうとうき》』の説が最も名高いが、世界をその生成からとらえなおした思想としては、むしろ同時代の慈遍《じへん》が注目される。慈遍は天台僧であるが、伊勢神道を受けて、『旧事《くじ》本紀玄義』『豊葦原神風《とよあしはらじんぷう》和記』などで、独自の神道説を展開した（以下、末木、二〇〇八、第一〇章による。また、末木、二〇一一参照）。

慈遍は根本神として「天譲日天狭霧地禅月地狭霧神」（天を日に譲る天の狭霧、地を月に禅《ゆず》る地の狭霧の神）を立て、次にクニノトコタチとアメノミナカヌシ両神を立てる。「国常立ヲハ一向ニ帝王ノ元祖トシ、天御中主ヲハ人臣ノ祖トシテ、君臣ノ両祖トシ給ヘリ」(『神風和記』、一七三頁)(6)とされる。両者は分けられながらも、天皇は二つの系統を併せて継承し、統合する位置に立つ。それゆえ、天皇は「天地ニカナフ人」であり、慈遍は「一人《いちにん》」と呼んでいる。「天地一大ノ人ナル故ニ一人トハ申ナリ。少モ他ヲワスレテ私ヲカヘリミレハ、更ニ一人ニアラス、是皆民ノ心ナルベシ」(同、一六七頁)。

この点をさらに考えるためには、神代から人世への展開を見ることが必要である。慈遍はそれを、①「冥顕、堺を限る」、②「海陸、途を閉ざす」、③「始終、穢《けがれ》を表す」の三段階として論じている(『旧事本紀玄義』三)。

古《いにしえ》は欲念未だ起こらず、その心互いに通じ、身に光明を帯び、他の映を仮ることなし。故に天地清浄、寿命無量、飛行自在なること、魚の水に遊ぶが如し。然るに妄心漸《よう》や く起り、浄身は光を失い、天下は闇に転じ、神明は国を照らす(『旧事本紀玄義』、二二二頁、原漢文)。

すなわち、神代には、欲念もなく、光り輝き自由自在に飛行することができるユートピア状態にあったが、妄心が起こることで、その能力を失い、そこに人世が始まるというのである。

「冥顕、堺を限る」というのは、「冥」と「顕」との区別がはっきりすることである。

神代には、天地の如きは未だ遠からず。神祇を論ずと雖《いえど》も、亦《ま》た冥顕遥かにあらず。人世には、天地、永く去り、清濁《せいだく》宛《さな》がら異なり、冥顕各別なる所以は、謂く、陰陽本一なり、一気物に変ず、天地既に分かれ、分かれて冥顕あり(一五頁)。

もともと神代には天地も冥顕もそれほど隔たったものではなかったのが、人世には両者ははっきりと分かれることになった。その所以を、陰陽一体の「一気」の変化に求めている。陰陽が分かれて働くところに、冥顕の別が生ずる。「冥」と「顕」は、慈円の『愚管抄《ぐかんしょう》』などに出る概念であるが、顕在化した「顕」の世界に対して、人知を超えた神仏の世界が「冥」である。慈円もまた、「顕」と「冥」の乖離に歴史の展開を見ている。

次に、「海陸、途を閉ざす」が論じられる。これは具体的には天孫降臨以後、地神五代の第四代であるホホデミの代になる。ホホデミは兄と争って海中に行き、トヨタマヒメを妻として陸に戻るが、妻の出産を覗き見したために、妻は海中に戻り、それによって海陸の途が閉ざされたというのである。海陸が隔てられることにより、自在の霊力、神力が失われ、顕の世界は冥の世界への通路を失って、人世が展開することになる。さらに神代から人世への転換として「始終、穢を表す」ということが挙げられる。「穢」の出現により、人世はさらに神代から遠ざかる。具体的には「穢」はイザナギ・イザナミによって男女の相が現れたことに相当する。

このように、慈遍の世界観は、神代から現世へという流れのなかで、この世界の展開を説く。慈遍による神代の飛行自在の天人の姿は、仏典の『世記経』（『長阿含経《じょうあごんきょう》』）に基づいている（大正蔵一、一四五上）。『世記経』では、世界が成劫《じょうごう》・住劫・壊劫《えごう》・空劫の過程を経て、生成と破壊を繰り返すという世界観を展開するが、飛行自在の天人は、世界が成立するときの光音天およびそこからこの世界に生まれた衆生の様子である。仏典の換骨奪胎によって、新しい世界形成論が描かれることになった。

このように、理想的なユートピアである天界から隔てられ、穢れに満ちた現世としての人世が展開することになる。こうして堕落した現世が始まることになるが、「穢」へと堕落したなかに一貫して「浄」を保つのが「一人」である天皇である。天皇が神代から継承するのは単なる血統だけではなく、まさしくこの「浄」なる本質であり、神代と断絶した人世にあって、神代の本性を継承維持し続ける役割を負うことになる。

この世界が神代から人世に展開したというのは、日本の範囲だけでなく、より普遍性をもつはずである。しかし、記紀神話や天皇は日本だけの特殊な存在である。この普遍と特殊の関係は、近世の儒家の神道論においてもアポリアとなるのであるが、慈遍は、神話や天皇が日本を超えた普遍性をもつとすることで、解決する。神道は普遍的なものであり、天皇は、天地人すべてに関わる宇宙的絶対者ともいうべき存在に高められる（玉懸、一九九八参照）。

凡そ諸の有情皆な妄心に順がう。此の妄若し息《や》めば、必ず真神に通ず。此の真神は天性の理なり。此の天性は日神と成る。

若し顕現するにあらざれば、何ぞ益を蒙ることを得ん。是の応体を天照大神と名づく。その恵は普《あまね》く六合の内を照らし、其の徳は永く百王の位を継ぐ（同、六八頁）。

すなわち、真神＝天性の理であり、それが顕現した姿が日神＝アマテラスである。この日本の神道の普遍性の主張は、民族主義的な日本優越主義となる。「天の御量《みはかり》は独り我が朝に在り。是れ徳の秀でたる所なり。……自餘の百千世界は皆我が朝の為に広く大用を施す」（同、七一頁）といわれるように、日本以外の百千世界はすべて日本の為に役立つという役割を与えられることになる。イザナギ・イザナミがまず作ったオノコロ島は、じつは「通じて三界を指す」（同、七一頁）のであり、日本はその三界の中心としての位置を占めることになる。壮大な日本中心論である。

慈遍の『旧事本紀玄義』は、世界生成論や天皇論に関する巻のみが現存し、神仏関係の巻などは失われている。その伝持には垂加神道関係者が関わっている。慈遍の思想は、近世の日本中心的神道論の形成と大きく関わるものと考えられる。

3　天と中国

(1)「天」の観念の受容

須弥山中心の世界像は、仏教とともに導入されたインド的な世界像であり、実際にインド（天竺）がこの世界の中心と考えられていた。それは須弥山を世界の中心に置き、さらには三千大千世界を説き、この世界の外なる世界の存在を説いている壮大なものである。それが長大な時間のなかで形成・消滅を繰り返すというのであり、時間的にも雄大である。

しかし、須弥山は誰も実際に目にしたことがなく、ましてそれを超えた世界など観念的な想像の産物にすぎないといわれるかもしれない。そこには、実際に目に触れる人間や動物ばかりでなく、地獄から天の神々に至る目に見えないものたちも含まれている。上述のように、感覚的に把握できる現象的な世界を「顕」と呼ぶのに対して、それを超えた世界を「冥」と呼ぶが、中世には、「顕」と「冥」をともに含む世界が当然の前提として認められていた。

それが、中世から近世へと進むにつれ、しだいにこの現象している世界を重視し、現世、あるいは世俗世界中心に変わっていく。それは、生産技術の発展にともなう生産力の増大により、現世を超えた「冥」なる世界に必ずしも依拠しなくても、「顕」なる世界がそれ自体で自立する方向に進むようになってきたことと関連する。それは、冥顕が分かれて、顕が自立化していくという慈遍の歴史観にも示される。

このような現世の自立の方向に合致して、受け入れられるようになったのが、中国に由来する「天」を中心とした世界像である。「天」は、中国古代において、殷から周へと王朝が移る際に、周が用いた理念であったという（平石、一九九六参照）。殷が用いた「帝」の観念が「王の祖先神、あるいはそれと系譜的につながる関係にあるのに対し、他方の「天」は、超氏族的・普遍的な理念として成立した」（平石、一九九六、一九頁）と考えられる。

そこで成立した「天」は、いわば至高存在として絶対神的な性格を持つものであったが、その後の発展のなかで、一口に「天」といってもきわめて多面性を持つようになった。それは大きく分けて、「人格神、自然の理法、外的（物理的）な天という分類」（平石、一九九六、二四頁）が可能である。「人格神」というのは、外在的、超越的な絶対神的存在であり、その意志を「天命」として表すことになる。「天命」は不変の理法であり、自然にあっては自然法則となり、人間においては道徳原理となる。「外的（物理的）な天」は自然法則的な側面であり、そこから天体・天文の学が発達することになる。その「天」に対して、人間の住む世界は「地」として対照される。

「自然の理法」というのは、天の超越性が内在化したもので、それが外面的な世界に関するものになると、「外的（物理的）な天」になるが、上空の「天」だけでなく、万物のなかにも「天」の理法は貫徹していると考えられる。人間の社会では、「天」は道徳律的な側面を強くもつ。当初は王朝の交代を合理化する帝王の徳が問題とされたが、後には帝王に限らず、政治に携わる士大夫の道徳性に関わるものとされた。このことは、科挙による官吏の登用と朱子学の御用哲学化によって促進された。朱子学においては、天の命は完全に内在化され、「理」あるいは「性」として、人のなかに本性的に植えつけられているものと考えられた。内在的な道徳性である「性」を発揮することが、人のあるべき道とされるのである。

「天」は、ユダヤ教に由来する西方一神教の「神」と近似した性格を持ち、それゆえに、キリスト教が中国に伝来したときに儒教との近似性が説かれ、「天主」という語もそこから用いられるようになった。ただし、一神教的な「神」はあくまでも超越的絶対者であり、内在化することはない。また、場合によっては合理的な法則性でとらえられない非合理的な意志を示すこともあり、その点で「天」と異なっている。

もっとも、中国において「天」の概念がすべて合理化されるかというと、必ずしもそうはいえない。仏教の「天」は、六道の内なる神々および神々の住む世界のことであり、その点で多神教的な側面をもつが、それは道教のなかに摂取される。道教では、仏教の影響下に三界三十六天を説き、最高位の大羅天には、最高神格である元始天尊《げんしてんそん》が住むとされる(7)（小林、一九九八）。儒教の合理主義的な「天」の観念が、科挙を経て政治に関わる知識人層に浸透したのに対して、仏教や道教の多神教的な「天」の観念は、より庶民レベルで受容されたと考えられる。

そこで日本の場合であるが、中国との交流のなかで、「天」の思想は早くからさまざまな形で導入されていた。高松塚やキトラ古墳などに描かれた天体図は、それが中国に由来する宗教的な意味を持つことを示している（荒川、二〇〇一、二四〜二九頁）。天武朝から八世紀初めに形が整う古代天皇制は、そもそも「天皇」という名前からして中国から来たものであるし（福永、一九八七）、記紀の冒頭の世界創造の話も、天地の形成から始まっている。菅原道真を神格化した天満宮が「天神」とされることもよく知られている。

このように、「天」の思想は早くから日本に導入されて影響を与えていたが、そうはいっても、儒教的な「天」が大きな問題になるのは、もちろん近世になってからのことである。このような「天」を中心とした世界像は、仏教の世界像に比べるとはるかに単純ですっきりしている。仏教の世界像では「冥」なる世界が複雑な構造をもつのに対して、「天」中心の世界像では、「天」はあくまでこの現世に対してのみ働くのであって、世俗世界の行為の道徳性が大きな問題となる。その点で、近世の世俗性が重視される時代性に合致していた。しかし、後述のように、近世を単純に世俗主義の進展の一方向のみで見るのは間違いで、実際には、そのなかでしばしば「冥」の世界が新しい形で再編されて登場するのである。

すでに戦国時代から、戦国大名のあいだで天道《てんとう》思想がかなり広く普及していた。天道思想は人格的な「天」の意向で人の運命が左右されるというもので、一面で人知を超えた天の配剤であるとともに、神仏を崇拝し、道徳的であることが「天道」に適うと考えられ、それに背くと罰を与えられると考えられていた（神田、二〇一〇、五一頁以下）。天道思想は、近世には民衆化して世俗道徳を普及する力となり、「天道」は太陽と同一視されるようにもなった。

同じ頃、キリスト教が日本に入ってくるが、そこでも「天」は重要な意味を持っていた。唯一神たるデウスは「天にまします我らが御親」（『ドチリナ・キリシタン』。海老沢・井出・岸野、一九九三、二六頁）と表現され、また、死後の楽園は「天のはらいそ」として、「天上はらいそ□《に》おいてそなはる無量のよろこびの御善徳、けらくぢうまん《（快楽充満）》の有様ハ此世界にてうかゝ《（窺）》いはかる道なく、と、のゐ申事なければ、あらはすへきことば御さあらぬ」（『吉利支丹《きりしたん》心得書』。海老沢・井出・岸野、一九九三、一九〇頁）と、天上世界の理想的なありさまが賛美されている。キリスト教的な観念は、中国由来の「天」とは必ずしも一致せず、たとえば、中国的な「天」は、死後に生まれる楽園的な性質をもたない。しかし、両者ともに、われわれの世界のはるか上方に絶対的な存在を設定する点では同じであり、天地という垂直軸の発想に基づいている。

このような戦国時代以後の思想状況を受けて、近世の「天」の観念が展開されることになるのである。

(2)　日本的華夷論と「天」

儒教は、世界観としては「天」に絶対的な価値を置く構造をもつが、空間的な場における現実的な政治・外交・軍事的領域においては、明確な中国中心説に立つ。それは、中国こそは「天」の命を受けた「天子」たる皇帝が支配する地であり、礼教に基づいた文明的な中華世界であるとして、それ以外の周縁的な地を夷狄として差別するものである。それは、「天」の普遍性に基づく観念であり、そこから「天」に従う人間の倫理的基準もまた、普遍的な意味をもつものとされる。普遍的な観念に照らして、中国こそが最も進んでいると見るのである。それはあたかも、近代の欧米文化が文明の進化という観点から自らの文化を最も進んだ普遍性をもつものと考え、その基準の下に他の文化を文明／野蛮の尺度で序列化したのと同じである。

儒教を採用した日本でも、その華夷観念をそのまま受け取り、中国に対して日本は文明の遅れた東夷と見る見方もなされた[8]。それに対して、日本の文明性を主張する際に持ち出されたのが、泰伯皇祖説《たいはくこうそせつ》である。泰伯は周の文王の伯父に当たるが、国を弟に譲って南方の蛮夷の地に赴き、呉国を建てたとされる。『論語』泰伯篇で孔子が絶賛している。その泰伯が日本に来て皇祖となったというもので、日本が高度な文明に達していたことを証するものとされる。

この泰伯皇祖説は日本を中国と同等の文明国とするが、それを超えるものとはならない。そこから飛躍して、日本を中国以上に最も文明的な世界の中心と見、その他の国を蛮夷として下に見る見方が展開する。それが日本的華夷論と呼ばれるものである。それは実際の外交上の形式にも適用されるが、それを正当化する思想をいかにして形成するかが大きな課題となった。

この点で大きな展開を示したのが山鹿素行《やまがそこう》であった。素行は『中朝事実』（一六六九年）において、日本のことを「中国」と呼ぶ。日本が「中国」である所以は、どこにあるのか。素行は、「地は天の中に在り、中又四辺なくんばあらず。而してその中を得るを中国と曰ふ」（『中朝事実』、三一頁）[9]と定義する。それは地理的に世界の中心となる場ということであるが、単なる空間的な位置関係だけでなく、自然環境も、聖教の普及も含めて、価値的にも最も優れているということが求められる。それが適っているのは、「万邦の衆《おほき》、唯だ中州及び外朝のみ」（同）である。「中州」はもちろん日本のことであるが、「外朝」はいわゆる中国のことであり、そのかぎりでは、日本も外朝も同じレベルと見られる。

それでは、日本がとくに「中国」と呼ばれ、優越するのはどこに求められるのであろうか。外朝も朝鮮もしばしば王朝が交代している。それに対して、「唯り《ひと》　中国は、開闢より人皇《じんこう》に至るまで二百万歳に垂《なんなん》として、人皇より今日に迄るまで二千三百歳を過ぐ」（同、四二頁）といわれるように、「皇統の無窮」なることに求められる。単に神武以来の連続性だけではない。神代と人世とは連続的にとらえられ、その全体が無窮性を証するものとなる。

ここで、記紀神話以来の神代が問題となるが、その原初は、記紀の天地開闢に求められる。「天道は息むなくして高明なり。地道は久遠にして厚博なり。人道は恒久にして彊《かぎり》なきなり」（同、一一頁）といわれるように、まず天地人が定められる。このように、中国的な天地観を導入しながら、そのなかに記紀神話を入れ込むという構造になっている。

日本的華夷観念をさらに強く推し進め、それを「天」の観念によって理論化したのが、会沢安《あいざわやすし》（正志斎《せいしさい》）の『新論』（一八二五年）である。近世初期には主として東アジア世界の中国・朝鮮との関係だけ問題にすればよかったのが、一九世紀になれば、欧米列強の帝国主義的進出の脅威のなかで、強い危機感の下に日本中国説を進展させることになる。それは明治の国体論の源泉として評判は悪いが、その世界像の描き方には注目されるところがある。

本書は、「神州は太陽の出づる所、元気の始まる所にして、天日之嗣、世々宸極を御したまひて、終古易らず、固より大地の元首にして、万国の綱紀なり」（『新論』、九頁）[10]という万世一系説を基本的立場として展開していくが、その国体の議論には、さかんに「天」が出てくる。

夫れ天地剖判し、始めて人民有りしより、天胤《てんいん》、四海に君臨し、一姓歴歴、未だ嘗《かつ》て一人も敢て天位を覬覦《きゆ》せしもの有らず。……夫れ君臣の義は、天地の大義なり。父子の親は、天下の至恩なり（同、一三頁）。

ここで、「天」は世界全体にわたる普遍性をもち、「天胤」の支配は「四海」の全体に及ぶ。「君臣の義」も「父子の親」も、普遍的な倫理道徳である。しかし、実際に「天胤」の支配がなされているのは日本の範囲に留まる。「天」の普遍性は日本という特殊性と重層化されている。

「昔、天祖鴻基を肇建《ちょうけん》したまひ、位は即ち天位、徳は即ち天徳、以て天業を経綸し給ふ。細大の事、一として天に非る者無し」（同、一三頁）というに及んでは、「天祖」天照大神の普遍性が正面に出、「万邦に照臨したまへり」（同）と、その支配の範囲は「万邦」にわたることが明白に表明される。世界全体を支配する「天祖」が、「天下を以て皇孫に伝へたまふ」（同）のである。「天」の普遍性は、日本という特殊な場において実現される。「天祖」という漢語自体が、漢籍にない造語である（子安、二〇〇七、六一頁）。

会沢は、「君臣や父子や、天倫の最も大なるものなり」（同、一五頁）と、「天倫」を君への忠と父祖への孝という二点に絞る。「万物は天に原《もと》づき、人は祖に本づく」（同、一三頁）のであって、普遍的な「天」への関わりは、特殊な「祖」に報いることでなければならない。臣たる者、君を奉ずることによって、天祖・天胤に従うことができる。こうして「民志一にして天人合す」（同）のである。すなわち、忠孝を通じて特殊なる「祖」に奉ずることが、普遍的な「天」にかなうことになるのである。

会沢は自説を証するために、『易』をはじめとする漢籍から多くの引用をして補強する。だが、なぜ隣国の教説が論拠となるのであろうか。それに対して、会沢は、「神州と漢土とは、風気素より同じく、而して人情も亦甚だ相類せり。故に教を設くるの意甚だ相似たることも亦此の如きなり」（同、二九頁）と答える。神州と漢土とは、それぞれ特殊な場でありながら、風土的にも人情的にも近似しているので、その教えを採用することができるというのである。

「天」は普遍的であるが、具体的な生きる場は特殊でしかありえない。しかし、近似した別の特殊の場から学ぶことはできる。会沢が儒者として隣国に学ぶことができる根拠はそこに求められる。

ところで、「変動して居らざるは、天地の常道」（同、九五頁）であり、普遍的な「天」は地域的だけでなく、時代的にも変遷する。それが「形勢」である。会沢は、「地の大洋に在る、其の大なるもの二あり」（同）とする。一つは「中国及び海西諸国・南海諸国」であり、もう一つは「海東諸国」（同）である。前者は「亜細亜・阿弗利加・欧羅巴」を含むユーラシアであり、後者は「南亜墨利加《アメリカ》・北亜墨利加」である。今や「西夷巨艦大舶に駕《が》し、電奔《でんぽん》数万里、駛《は》すること風飆《ふうひょう》の如く」（同、九九頁）という情勢にある。この西夷はみな耶蘇教を奉じている。「耶蘇の中原を闚《うかが》ふこと、三百年にして変ぜず」（同、一三二頁）といわれるように、キリシタン時代から今に至るまで、耶蘇が侵略の先兵として神州に敵対することは変わっていないとされる。こうして、「中国」たる日本は、隣国の漢土とは近似し、その教えを受け入れることができるが、西夷の耶蘇教とは徹底的に対立することになる。「天」の普遍性の通用する範囲はきわめて限られてしまい、それでは普遍的といえないではないか、という疑問にぶつかる。

それならば、この偏狭な「天」中心説はもはや時代錯誤的なものとして乗り越えられるのかというと、そうではなく、逆に尊皇攘夷の中心的イデオロギーとなって、明治維新を生む原動力となる。そればかりか、開国にともなう西洋の新思想の流入を乗り切り、忠孝の倫理で万世一系の天皇を支えるという基本構図は、教育勅語に受け継がれる。そして、記紀神話を抽象化し、道徳化する発想は、国家神道のなかに流れ込む。会沢の論がこうして生き延びたのは、それが単に過激なナショナリズムの鼓舞ではなく、「天」という普遍性を置きながら、そこに「神州」の特殊性を位置づけようとした理論構造を

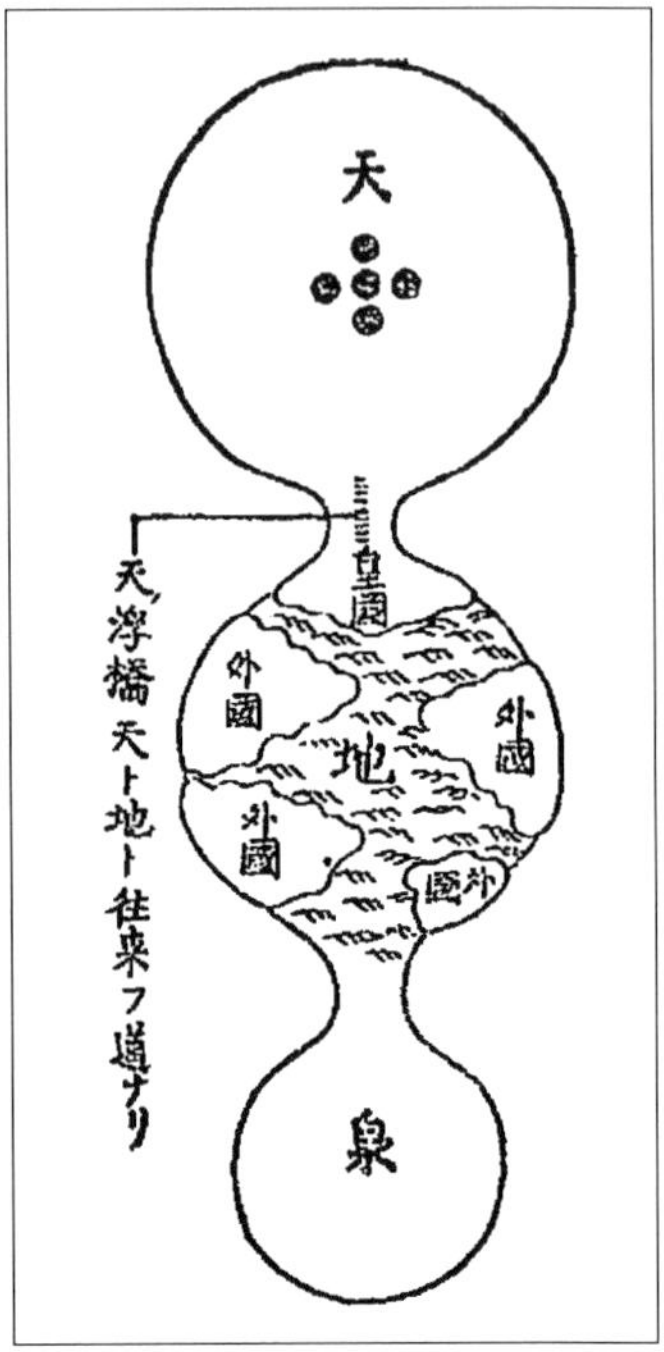

図1－6　服部中庸『三大考』の第五図

出所：岩波文庫『古事記伝』4，394頁。

もっていたからではなかったか。それをあまりに軽々しく侮って済ますのは、危険なことである。

(3)　国学的世界像と「天」

本居宣長が儒教的な「漢意《からごころ》」を排して、日本独自の神々の世界を明らかにしようとしたことはよく知られているが、だからといって、宣長が「天」の思想系譜から自由でありえたかというと、そうではない。宣長自身はまとまった形での世界像を示していないが、『古事記伝』はその末尾に弟子の服部中庸の『三大考』（一七九一年）を収め、そこでは一〇枚の図をもって世界の順次の生成を示し、天《あめ》－地《つち》－泉《よみ》という三層構造を明らかにしている。

すなわち、第一図は天地もいまだ定まらない虚空が円で示され、そのなかに天之御中主神など三柱の神が生まれる。そこに「一物」が生じ（第二図）、それが上下に延びて天地のもととなっていく（第三図）。やがてそれが上方の天、中間の地、下方の泉となるが、三者はいまだ分かれずにつながっている（第四図）。しだいに三者の間がくびれ、また地には海と陸ができる。そのうち、皇国は外国に較べて天に最も近い位置にあり、天浮橋を通して天とつながっている（第五図）。

第六図を経て第七図になると、天に天照大神が生まれ、高天原を支配する。中庸は、「日ぞ即チ高天ノ原なりける」（『三大考』、四〇〇頁[11]）と、高天原は日（太陽）そのものだとして、「大御神は、日の中に坐シます神也」（同）とする。天といっても抽象的なところではない。天体としての太陽なのである。それに対して、「その泉は、即チこれ月にして、月読ノ命の所知看《シロシメス》国是なり」（同、四〇三頁）とされる。

第八図では、三者をつなぐ帯はますます細くなり、第九図に至ってついに天・地・泉は完全に分離する。天（日）は天照

大御神、地は皇御孫命《すめみまのみこと》、泉（月）は月読命がそれぞれ支配する。このことは、皇御孫命（天皇）が日本のみの支配者ではないことを意味する。「皇国はこれ天地の根蔕、皇御孫ノ命は、四海万国の大君に坐シます」（同、四〇九頁）のである。また、死者は屍は地上に留まりながら、魂は泉に下ることになる。こうして最終的に今日の世界が完成することになる（第十図）。

以上のように、中庸は世界の形成から出発して、天（日）－地－泉（月）の三層構造を上下の関係として立て、皇国を地上でも最も天に近いところに位置させて、万国の支配的な地位を与えるのである。これは、蘭学を通して流入した物理学的な天体論を受け入れながら、記紀神話を再編成したものということができる。中庸は、地球説や地動説をも受け入れることができるという。

遙なる西ノ国の説に、此ノ大地も、恒に旋転《メグ》ると云説もありとかや。すべて西ノ国は、さるたぐひの測度《ハカリワザ》、いと精密《クハシ》ければ、さるまじきにもあらず。さてたとひ大地をめぐる物としても、古ヘの伝への旨に合ハざることもなく、己が此ノ考ヘにも、いささか妨《さまたげ》はなきなり（同、四一八頁）。

天が日、泉が月、地が地球であるならば、地球が回転したとしても基本的な世界観は別に変える必要はない。上下の垂直関係を基本とする「天」の説を継承して、それを日本神話に適用しながら、物理化学的な天体運動説をも受け入れ、さらにそこに皇国中心説を入れ込むという、きわめてアクロバティックで不思議な世界像が形成されているのである。

『三大考』は、宣長門下でも評価が分かれて議論を招いたが（金沢、二〇〇五）、この『三大考』を基にしながら、それを大胆に改変したのが平田篤胤の『霊能真柱《たまのみはしら》』（一八一二年）である。本書は、基本的に『三大考』に則りながら、「人の死にて、其魂の黄泉に帰《い》くてふ説《こと》は、外国《とつくに》より混《まぎ》れ渡りの伝《つたへ》にて、古には、跡も伝もなきこと」（『霊能真柱』、一五三頁）[12]と否定し、「その冥府《かみのみかど》と云ふは、此顕国《うつしくに》をおきて、別に一処《こと》あるにもあらず、直ちにこの顕国の内いずこにも有なれども、幽冥《ほのか》にして、現世とは隔たり見えず」（同、一六六頁）と、死者の往く冥府をこの地上世界に設定している。それは、天－地－泉という垂直的な三層説を受容しながらも、その核心的なところを改変し、見える世界である「顕国」の裏に「幽冥」なる領域を設定するという新しい世界観を示している。それは、ある意味で中世の「顕」「冥」の観念の衣替えしたものともいうことができる。

篤胤は、皇国が万国の頂上に位置することを、ノア（能安玖）の洪水によって説明している。その洪水が日本に及ばなかったのは、皇国が高いところにあったからだとしている（同、一四一頁）。「外国《とつくに》」の説を大胆に取り入れながら、皇国中心説を補強しているのである。

4　再説・世界像の三類型

蘭学を通して、西洋の科学的な世界像が日本に入ってきて、海外の情勢に関する知識も増大する。それをもとに、伝統的な須弥山世界や「天」中心論を批判し、合理的な世界像の形成もなされていた。独自の自然哲学を樹立した三浦梅園、唯物論的な立場から伝統的な世界観を批判した山片蟠桃などの名が思い浮かぶであろう。また、インド・中国・日本の世界観を相対化して、それらの諸説の普遍性を剝奪した富永仲基も注目されよう。

このような開明的で合理的な世界像は、必ずしも十分に根付かず、単発的に終わることになった。蘭学のもたらす知識を受容しながら、それを伝統的な世界像のなかに埋め込み、伝統的な世界像を改造しようとする国学系の世界像や後期水戸学の世界像のほうが、かえって大きな影響を与えることになる。非合理的なものとして嘲笑された須弥山世界像もまた、幕末には普門円通らの梵暦運動として甦《よみがえ》り、かなりの広がりを見せる（岡田、二〇一〇／西村、二〇一三）。

歴史は非合理から合理への一方向へ進むのではない。伝統とそれを打ち破るものの相互作用のなかで、行きつ戻りつしながら展開していく。その蓄積が新たな伝統を形成する。それを掘り返し、とらえなおしていく地道な作業が、これまで日本思想に関して欠けていた。本章は、一つの仮説として、須弥山中心の世界像と「天」中心の世界像の二類型、およびそれを批判する世界像を含めた三類型を提示してみたのである。

注

（1）本図については、日本では小峯和明（二〇〇九）、高陽（二〇一〇）、村井章介（二〇一四）らの紹介や論及があるが、本章執筆後に知ったために、十分に参照できなかった。しかし、それらによって本章の論旨が変わることはない。なお、これらの論文では、書名を『日本須弥諸天図』としているが、本章では、ローゼンフィールドほかの図録に出る名称「五つの仏教地図」*を用いた。

（2）Franklin Edgerton, *Buddhist Hybrid Dictionary* では、"world-region, world-system, world" と説明されている（p. 464）。

（3）『拾芥抄』でも本図を収めていない写本もある。今は、尊経閣文庫所蔵天正一七年写本（『原装影印古辞書叢刊』雄松堂書店、一九七六）による。

（4）関連する史料は、『大日本史料』長和五年三月一六日奝然の寂伝に収録されている。

（5）横内裕人の著作（横内、二〇〇八）第一二章に解題・影印・翻刻が収められている。翻刻は、慶應義塾大学本（上巻）、龍谷大学本（下巻）と校合し、東大寺本の欠落箇所を補っている。以下、同書の引用は、横内氏の翻刻をもとに書き下しに改め、東大寺本の丁数を注記する。

（6）以下、慈遍の引用は、『天台神道（上）』神道大系・論説編三により、頁数のみを挙げる。

（7）「天」のこのような側面は、従来必ずしも儒教的な「天」と統合的に理解されてこなかったように思われる。たとえば、平石（一九九六）にも、この側面は取り上げられていない。

（8）日本的華夷観念に関しては、近年研究が進んでいるが、ここでは、主として前田勉の研究（前田、二〇〇六、第二章）を参照する。ただし、近世を兵学中心の「武国」と規定する見方に関しては、なお検討の余地があろう。

（9）『山鹿素行全集思想篇』一三（岩波書店、一九四〇）の書き下しにより、同書の頁数を本文中に注記する。

（10）塚本勝義訳注『新論・迪彝《てきい》篇』（岩波文庫、一九四一）の読み下しにより、頁数を注記する。

（11）倉野憲司校訂『古事記伝』四（岩波文庫、一九四四）により、頁数を注記する。

（12）子安宣邦校注『霊の真柱』（岩波文庫、一九九八）により、頁数を注記する。

【付記＊】ハーヴァード大学の「五つの仏教地図」については、左記のサイトで見ることができる。
http://www.harvardartmuseums.org/collections/object/202319?position=0
これについては、中世研究者のメーリングリスト kuden で、二〇一六年五月に議論がなされ、とりわけ、このURLについては、M. Jamentz 氏のご教示による。

参考文献

荒川紘『日本人の宇宙観』紀伊国屋書店、二〇〇一年。

市川浩史『日本中世の光と影』ぺりかん社、一九九九年。

伊藤聡『神道とはなにか』中公新書、二〇一二年。

海野一隆『地図の文化史』八坂書房、一九九六年。

――『地図に見る日本』大修館書店、一九九九年。

海老沢有道・岸野久・井出勝美『キリシタン教理書』教文館、一九九三年。

岡田正彦『忘れられた仏教天文学』ブイツーソリューション、二〇一〇年。

金沢英之『宣長と「三大考」』笠間書院、二〇〇五年。

神田千里『宗教で読む戦国時代』講談社、二〇一〇年。

黒田日出男『龍の棲む日本』岩波新書、二〇〇三年。

小泉弘・山田昭全他校注『宝物集・閑居友・比良山古人霊記』(新日本古典文学大系四〇)岩波書店、一九九三年。

高陽「須弥山と天上世界」小峯和明編『漢文文化圏の説話世界』竹林舎、二〇一〇年。

小林正美『中国の道教』創文社、一九九八年。

小峯和明「須弥山世界の図像と言説を読む」国文学研究資料館編『日本文学の創造物』国文学研究資料館、二〇〇九年。

子安宣邦『日本ナショナリズムの解読』白澤社、二〇〇七年。

定方晟『須弥山と極楽』講談社現代新書、一九七三年。

佐藤弘夫『神国日本』ちくま新書、二〇〇三年。

末木文美士『日本仏教思想史論考』大蔵出版、一九九三年。

――『鎌倉仏教展開論』トランスビュー、二〇〇八年。

――「宗教と自然」(『環境の日本史』一)吉川弘文館、二〇一二年。

玉懸博之『日本中世思想史研究』ぺりかん社、一九九八年。

長岡龍作『日本の仏像』中公新書、二〇〇九年。

西村玲「須弥山と地球説」『岩波講座日本の思想』四、岩波書店、二〇一三年。

平石直昭『一語の辞典・天』三省堂、一九九六年。

福永光司『道教思想史研究』岩波書店、一九八七年。

前田勉『兵学と朱子学・蘭学・国学』平凡社、二〇〇六年。

村井章介「「日本」の自画像」『岩波講座日本の思想』三、岩波書店、二〇一四年。

横内裕人『中世日本の仏教と東アジア』塙書房、二〇〇八年。

John M. Rosenfield, Fumiko E. Cranston & Edwin A. Cranston, *The Courtly Tradition in Japanese Art and Literature*, Cambridge, Mass.: Fogg Art Museum, Harvard University, 1973.

第2章　中華の歴史認識
――春秋学を中心に――

小島　毅

中国の正式国名は中華人民共和国である。台湾には中華民国を名告《なの》る国家も存在している。それぞれの英語名称は People's Republic of China と Republic of China で、漢字表記「中華」に当たる箇所は China となっている。China は古代王朝の秦（Ch'in, Qin）に由来する名称とされ、漢字を用いない地域で中国を指す場合に広く用いられた。「支那」という語も、仏教文化圏でのこの呼称を、かつて中国人自身が異国人からそう呼ばれているとして漢字で音訳表記したものである。(1)「支那」が China と呼ばれるのは、Japan が日本の中国南方での発音がなまった Zipang に由来するのと、この意味で似ている。

現在、朝鮮半島に並立する二つの国家、大韓民国と朝鮮民主主義人民共和国は、それぞれの自民族についての歴史認識上の相違から、固有名として一方は韓を選び他方は朝鮮を選んでいる。ところが、英語表記ではどちらも Korea を称している。これは高麗（Goryeo）という王朝名に由来する。漢字を用いない地域の人たちのほとんどはこのことに無頓着であろうが、両国が英語ではともに「高麗国」と称しているのに、漢字およびそれを音で表記するかれらの民族文字ハングルにおいては、「韓国」か「朝鮮国」かという相違があるわけだ。

これと比較した場合、英語表記を直訳した場合の「支那国」が、分裂する二つの政府ともに自国の文字（すなわち漢字）で「中華」を称していることは興味深い。(2) 固有国名としての中華とは何なのか。そこにはかれらの自己認識が表れている。本章では中華という語をめぐる「中華の国」の歴史をたどってみる。

1　中華の歴史的形成

中華の類義語に中夏・華夏・中国などがある。現存する古典籍のなかで最初に登場するのは「中国」で、『詩経』生民篇《せいみん》や『書経』梓材篇《しざい》といった経書にも見える。「華夏」も『書経』武成篇《ぶせい》に見え、唐の初め、七世紀の注解（孔疏）では「華夏を中国とする」という。「中夏」は「夏のなかば」という意味では前漢の文献（『淮南子《えなんじ》』説林訓《ぜいりん》や『周礼《しゅらい》』夏官大司馬《かかんだいしば》）にも見えるが、ここで議論している語義での用例は後漢初期の一世紀の人、班固の「東都賦」に登場するのが最古のようである。この賦を収録する『文選《もんぜん》』の、唐初に作られた注釈（呂向注《りょきょう》）では「中夏は中国」としており、先の華夏同様、中国という語で置き換えて説明している。

このことから推察されるのは、これらのなかで唐代には中国という語が最も一般的で、同義であることを示す場合の述語として他の語を置き換えて説明するための語として使われていたということである。「中華」の場合にも、唐初に編纂された律におけるこの語について、『唐律疏義《そぎ》』に「中華とは中国である」という。ここでも説明対象（中華）に対する説明用語として「中国」が用いられている。『唐律疏義』はさらに続けて、「親しく王の化を被ってみずから中国に属し、衣冠や威儀のありさまが整い、孝や悌が習俗として根づき、礼や義が個々人に浸透している状態をもって、中華という」と解説している。すなわち、領域的に「中国」のなかにあり、かつ儒教が重んじる倫理道徳が実現している社会を「中華」と称するというのだ。

日本では、高校で教えられる日本古代史の事情等によって、唐という王朝国家が律令体制であったと見なす傾向がある。しかし、厳密にいえば、律令よりも重要なのは礼であった。すなわち、律や令という法典には、それらの背景をなす理念として、当時の儒教が構想していた礼による統治という考え方が存在しており、律の刑罰体系もこれに即して定められていたのである。律における「中華」の語は、疏義が礼という語を用いて説明しているように、単に領土の範囲を示す空間的・量的な概念ではなく、そこに暮らす人々の生活規範のありようを含意する、価値的・質的な語彙なのであった。

「中華」という語の初出は、唐に先立つ六朝《りくちょう》時代であるが、さきほどの類義語三つ（中夏・華夏・中国）が漢代には使われていたのに比べると、その登場は遅れる。これは現存文献のなかでのことなので、必ずしも「漢代に中華という語は無かった」という結論を導くわけではないが、それでも他の語に比べて晩出だったとはいえるだろう。漢代の「大一統」（後述）のもとでは、「中」字と「華」字とが結びついた「中華」は使われていなかった。北方異民族（華・夏に対して漢字で夷・胡と称された人々）が黄河流域（古来、中原と呼ばれてきた地域）という文明中心地（すなわち中夏・華夏・中国）を制圧して国家を建設し、漢民族（と私たちが呼んでいる人々）の一部が大量に南方に移民して建康（いまの南京）に王権を戴きこれに対抗したのが、六朝時代（二二二～五八九年）であった。

六朝とは南京に都をおいた六つの王朝（呉・東晋・宋・斉・梁・陳）の総称である。厳密には呉の時代の黄河流域は曹氏の魏が支配し、四川地方の蜀（これは他称で、自称は漢）と鼎立する三国時代であるし、その滅亡後、西晋による統一王朝復活の時期が約四〇年（二八〇～三一七年）存在している。そのため、現在の学術用語としては魏晋南北朝時代という呼称のほうが優勢だが、本章では漢民族の歴史認識として北方に野蛮人が侵入していたと見なす発想を如実に示すものとして、あえて六朝のほうを用いる。

要するに、中華とは、六朝時代の南方（長江流域）で、かつての中心地帯（黄河流域）を領域的には喪失しながらも、民族的・文化的には漢王朝の正統な後継者であると自称する連中が、単なる領域概念とは区別される民族的・文化的な意味合いで使用するようになった語彙だということが想像できる。さきほどの『唐律疏義』の解説文は、再び統一帝国を造りあげた唐の政府が、あらためてその時点でみずからの正統性を強調するための文言だった。

ただ、ここで注意しておきたいのは、唐は六朝（南朝）の系譜を引いていないということである。唐の皇室李氏は、出自としてもともと漢民族ではなかったとされる。かれらは自分たちの祖先は老子（李耳《りじ》）だとし、かつ、西涼（四〇〇～四二一年）という、敦煌（のち酒泉）に拠点を置いていた独立王国の王家の血を引くとしていた。老子が晩年、西のほうに旅して消息不明になった伝説を活用したものである。しかし、この系譜は虚構であり、北朝の北魏（三八六～五三四年）に仕えた武将で同じ鮮卑族だったというのが現在の定説である。

李淵（高祖）は隋の大臣を経て皇帝に即位し、唐王朝を創建した（六一八年）。もっとも、この時点では隋の皇室楊氏同様、「もともとは漢民族だったのだが、北朝時代にやむをえず異民族に仕え、その風習に遵《したが》っていた」という自己弁護に基づく歴史を捏造し、自分たちが偉大な漢王朝に匹敵する大帝国を建設することの理論的根拠とした。そして、隋が軍事的に征服した陳を南朝最後の王朝として歴史上は丁重に扱い、「六朝」という概念を創出したのである。

そのため、唐では正史として、みずからが属する北朝系の『北斉書』『北周書』『隋書』とともに、南朝系の『梁書』『陳書』を編纂して双方を並列させた。『隋書』の志の部分は本来「五代史の志」としてこれら五書全体に共通するものとして編まれており、その記述に南北両朝間での格差はない。そもそも、正史の編纂事業を官僚機構の文教部門に正規のものとして位置づけ、王朝政府自身が編纂する歴史書としての「正史」概念を確立したのが、唐初のこの五代史編纂事業においてであった。『隋書』経籍志《けいせきし》における書目分類で史部の冒頭に「正史」という部立てが設けられ、以後、史書の典範となる。唐代には、『北史』と『南史』という一対の史書も編まれている。

つまり、唐は自身の源流とは別に、中華の正統を自認していた南朝を大事に扱い、そうすることで漢の後継者として振る舞おうとしたのである。儒教の学術上も、南朝の経典解釈学のほうをむしろ重視して有名な『五経正義』を編纂したことが指摘されている[3]。

ただし、一方で、唐は漢族以外の政治勢力に対しては、北朝以来の非漢族王朝の君主としても振る舞った。その象徴的事例が、太宗李世民が西北諸民族の王たちから推戴されたという「天可汗」の地位である（『新唐書』巻二「太宗紀」）。これは西北諸民族を束ねる君主の称号であり、漢族向けの儒教的な「皇帝」号とは別原理である。ただし、「天」は北方民族が神格化して崇める天空（tengri）を漢字表記したもの、「可汗《かがん》」（Qayan）はトルコ系国家の君主号を音訳表記したもので、意訳では「皇帝」と書かれていた。つまり、「天可汗」号は儒教における君主号、すなわち天命を受けた天子と地上の統治者たる皇帝と実は同義なのであり、そのことが胡漢双方にまたがる普遍的な君主として唐を荘厳化する装置となっていた。

ここにおいて、「中華」は「衣冠威儀」といった個別具体的な漢民族としての徴表と結びついて、唐の漢族統治の正統化論拠のための語彙となり、漢字による発想ではその中華の外に広がる夷狄《いてき》の世界をも天可汗として束ねる唐――この王朝名称も漢字文化的なものにすぎないが——という王朝の一部として機能することになったのである。そもそも、五経正義や律令が通用するのは、儒教的な文化が浸透している（もしくは浸透すべきだと観念された）中華だけであり、都護府などを設けて間接統治していた西方・北方の領域については該当しない。中華とは、この語彙が漢字表記されているというそのこと自体が示しているように、漢字・漢文が通行する範囲（先記唐律のいう「中国」）のことであった。

2　唐の衰亡と宋代朱子学の登場

唐の帝国体制は八世紀半ばの安史の乱によって大きく変質する。すでにそれに先だって西域方面での唐の威信は揺らぎ、また吐蕃（チベット）の勃興によって軍事衝突も生じていた。安史の乱の中心人物、安禄山・史思明自体、ソグド人であったわけだが、この乱を平定することに辛うじて成功したものの、唐の中央政府にはもはや多くの異民族を付き従える天可汗的な威厳はそなわっていなかった。

唐の後半一五〇年は、漢族官僚たちによる行財政改革と地方藩鎮統制の営みの連続だった。中華という概念は、六朝時代同様、再び自他を峻別するためのものとなる。たとえば、財務官僚としても有能だった杜佑の『通典《つてん》』という書物は、過去歴代の国制の変化を具体的に項目別・時間順に整理した書物であるが、そのなかで最大の分量を費やしているのは「礼典」であった。そこでは、王朝の祭祀・儀礼が儒教の教義上いかなるもので本来あるべきか、そしてその沿革がいかなるもので、折々にいかなる論争があったかを網羅的に整理している。なかでも六朝時代、とりわけ南朝の礼制について豊富な史料を遺してくれており、現在の研究でも史料として重宝されている。そのなかで中華という語が特記されているわけではないけれども、そこに集積されているのは安史の乱の後、唐を中華として再建するために参照すべき過去の記録群であった。

杜佑の死後一〇〇年近く、唐王朝は一〇世紀初頭まで命運を保つ。そして九〇七年に朱全忠によって最終的な簒奪がなされたあと、五つの短命王朝、総称五代をはさんで、宋代（九六〇～一二七六年）となる。宋朝三〇〇年間は、終始、北方異民族王朝の強大な軍事力の脅威を感じざるをえない時期であった。遼（契丹）・金（女真）・元（蒙古）それに西夏（党項）と対抗しながら、宋朝を担う科挙官僚（士大夫）たちは、尊王攘夷思想を発展させた。

尊王・攘夷はいずれも儒教の経典にして魯国の年代記である『春秋』に、孔子がこめたとされる微言大義によって示唆されていると解釈された思想である。本来の正しい王を守り立て、野蛮な異民族を追い払うというのがその趣意であった。宋が直面していた厳しい国際環境は、宋代の人士たちに自分たちの皇帝が中華文明の護持者であるという虚勢を張らせるように仕向けるものだった。「華夷の辨《べん》」（辨は区別の意）がかれらの課題となり、「中華はいかにして中華なのか」が論じられた。儒教倫理である君臣の義や男女の別をことさらに強調する思潮が生まれるが、その主因は、夷狄にはそれらが欠けているという自他弁別の意識にあった。その集大成として朱子学が登場する。

朱熹《しゅき》（朱子、一一三〇〜一二〇〇）によれば、君主と臣下や男と女の間の上下関係は、漢民族の民族性を示す特殊な慣習・慣行といった類のものではなく、この宇宙を成り立たせている原理と整合的な、世界全体に普遍的な倫理規範である。それにきちんと遵っているのが中華の人間、遵わないのが夷狄・禽獣《きんじゅう》であり、両者は私たち現代人が異文化と呼んでいるような並列関係にあるのではなく、道理に則っているか否かという優劣関係にある。かりに、現在の思想環境で喩えるならば、中華と夷狄の関係は、「基本的人権」を認める社会と認めない社会、「科学的真理」を受け入れる社会と（宗教上の理由などで）受け入れない社会、といった類の、価値的な上下関係にあると朱熹は考えていた。

したがって、問答無用で前者が善、後者は悪であり、善なる道徳を掲げる宋王朝こそが中華の正統王朝であることになる。軍事的には、宋は前掲した対立諸王朝より劣勢で、それゆえ両国の外交儀礼では格下の扱いを受けることもままあったが、そうした政治状況にあってさえ、宋の士大夫たちは文化的な優越感たる中華意識を保ち続けた。(4) 漢や唐のように、周辺諸国の目から見ても堂々たる世界帝国だったわけではないにもかかわらず、また、遼の存在によって厳密な意味での統一王朝ではないにもかかわらず、宋が正統王朝と見なされるのはそのためである。

つまり、より正確にいうならば、宋代に形成された歴史認識の枠組みがその後も通用したがゆえに、宋は立派な中華王朝として語られることになったのである。この枠組みは今なお、中国でも日本でも通用している。遼と対立していた北宋もさることながら、かつての南北朝時代とほぼ同様の領土分断状況になった南宋と金との関係でさえも、中国史という枠組みでは宋のほうを中心にしてとらえるのが普通である。

南北朝時代における両朝並立という客観的事実について、南朝のほうが中華であるからという理由で南朝を正統王朝と認定する史観も、宋代に確立した。唐が双方を正史に組み込んでいたのとは対照的である。さらに、朱熹にいたって、三国時代においては、劉備の蜀（正式には漢）が正しい王朝で、魏は漢に対する簒奪者であるとする道義的な判断を下す。こうして、王朝交替の歴史は道義性の有無をめぐる観念遊戯の対象となった。(5) 司馬光『資治通鑑《しじつがん》』が魏を正しい王朝とする立場から「諸葛亮入寇」と記録していた事件が、朱熹によって「征」と書き改められる。もちろん、「寇（侵攻）」と「征（進攻）」とは、同じ事件をどちらの立場から描くかというだけの、しかし、それゆえに春秋学的には重大な、相違であった。

さらに一歩を進めて、孔子・孟子の教説が正しい内容としては伝わらず、そのために君臣・父子・夫婦の大倫に反する事件がしばしば生じた秦漢以降は、すべて暗黒時代と見なされることにもなった。暗黒を脱して正しい教えを回復したのは北宋中期の儒学者たちの功績であり、その時点で再び道理が明らかになったとする（道統説）。この点からしても、遼や金ではなく、宋こそが中華の王朝であるというのが朱熹の論理だった。

ただ、こうした朱子学の理論は朱熹が一人で創りあげたものではない。かれに先行する約一〇〇年間の、宋代における新しい儒学思潮の結晶としてとらえるのが適切である。すでに宋代において、その運動の当事者たち自身が、その始まりを一一世紀のなかばに置いていた。政治的には范仲淹《はんちゅうえん》率いる慶暦の改革（一〇四三年）が、文化的には同世代の欧陽脩《おうようしゅう》の幅広い活躍が、その画期とされる。次に、この時期を象徴する著述として、中国思想史の専門家以外にはほとんど知られていないと思われる、宋代春秋学の礎を築いた孫復《そんぷく》『春秋尊王発微《しゅんじゅうそんのうはつび》』について紹介しよう。(6)

3　孫復『春秋尊王発微』

(1) 国都の変遷

中国における王朝交替と国都位置の関係について、妹尾《せお》達彦は、唐宋変革を境に東西軸から南北軸への変化が生じたことを指摘する[7]。すなわち、東西軸は周における鎬京《こうけい》と洛邑との関係に始まり、それを引き継いで秦・前漢の長安（咸陽）と後漢・魏の洛陽とがそれぞれ都に定められた。晋では洛陽（一時期は長安）が都とされたが、北方異民族の侵入により建康（いまの南京）への避難的な遷都がなされる。この移動は地理的には南北の関係に見えるが、洛陽時代を西晋、建康時代を東晋と呼称するその名付け方に、東西軸が意識されていたことが反映している。いわゆる南北朝時代に、当事者たちも南と北の対立という関係を意識していたけれども、都の位置関係は理念的に東西軸で処理されたのである。北朝の系譜を引く隋は長安を都とし、唐では基本的に長安を首都としつつも洛陽を副都として扱い、則天武后期や王朝末期には洛陽に政府が置かれた。この長安〜洛陽軸（東西軸）が唐までの基本線であるとする。

これに対して、宋代以降は南北軸が基本になるという。すなわち、宋は洛陽ではなくその近くの開封に都を置いて洛陽を副都待遇とした。北には遼があって、現在の東北地方に都を置いていた。その後、金の侵入で南宋は杭州を臨時首都（行在《あんざい》臨安府）とする。金は開封のほか中都（現在の北京）を都としており、これを継承して元は大都を建設する。明は当初は南京を首都としたが、永楽帝が北京に遷都し、以後、清、そして民国初期（袁世凱時代以降）まで継承される。一方、南京は民国極初に孫文政権が首都とし、蔣介石の北伐成功後に北京からの還都を実現した。毛沢東は北京において人民共和国成立を宣言して現在に至っている。南京と北京との関係を中核とする南北軸が、近一〇〇〇年間の中国の都の位置関係を律していると、妹尾は論じている。

妹尾はこの現象を、中国領域の拡大と相即してとらえる。唐以前はいわゆる中原に鹿を逐《お》う時代であり、黄河流域の長安〜洛陽軸が王権の所在地として意識された。これに対して宋代以降の王朝交替には漢族と北方民族との抗争が絡んでおり、漢族王朝の宋・明・民国が南に、北方民族出自の遼・金・元・清が北に都を置く。とくに北京の位置は農耕定住の漢族と遊牧狩猟民族の生活圏との接点に位置していることに意味があるとする。

（2）尊王攘夷思想

以上、妹尾の所説をやや詳しく説明したのは、この指摘がかれら自身の歴史認識とも響き合うものだからである。すなわち、唐までの王朝交替原理であった五徳終始説は、チャイナプロパー（China proper）たる中原の地に収まる範囲で生じていた。(8)五胡十六国の中原進出は北方民族が漢族の生活圏に王権を樹立した事件であったが、そこでの王権の成立は禅譲方式ではないにもかかわらず五徳終始によって説明され、劉淵の漢（のちに趙）や符堅の秦は晋に代わる水徳とされた。最終的には鮮卑族の北魏が水徳を称して晋の継承者とされ、北斉・北周（いずれも木徳）、隋（火徳）、唐（土徳）と禅譲方式により引き継がれる。以上、唐までの北朝系諸王朝の君主たちは、いずれも非漢族の男系ＤＮＡを有しているとされるものの、その王朝交替論理は漢代に誕生した五徳終始説を採用しており、その意味で漢の文明圏に属するものだった。

これに対して、宋遼対立以降の中国史は、より先鋭に漢族と北方諸民族との対立を軸とするようになる。宋の王家である趙氏は、五代諸王朝に仕える武人の家系であった。したがって、純粋な漢族ではなく、北方民族の血が混じっている可能性も考えられる。しかし、かれら自身は自分たちが漢族であることを強調し、遼やその後援を得ていまの山西省に盤踞《ばんきょ》する北漢を軍事的に斥けて中原の地を完全に制覇することを、自分たちの使命だとした。そして、かれらに仕える科挙官僚たちが、この趣意に沿って、歴史を中華文明護持のための闘いとして再構成し、宋が正統な王権であって遼よりも優越することを宣言した。

それが尊王攘夷思想であった。尊王攘夷とは、もともと漢代に春秋学のなかで育まれた概念である。孔子が『春秋』にこめた微言大義の眼目として、孔子の頃に衰えていた周の王権を尊重し、その伝統文化を擁護するために夷狄を中国域外に追い払う思想を見いだそうとする解釈である。同じ春秋学でも、夷狄が王の徳に化して中国文明の成員となり、そうすることで天下太平が実現するという「大一統（一統をとうとぶ）」という立場があった。両者は必ずしも相容れないものではないが、異民族を排除するか取り込むかという点の相違を顕在化させた場合には、相対立する考え方となる。大一統は公羊学《くようがく》、攘夷は穀梁学に特徴的だとされ、渡邉義浩によれば、両者のこの主張の相違が政治情勢に対応しており、前者は前漢最盛期（武帝・昭帝期）に、後者は前漢衰退期（宣帝期）に主流になったという。(9)

宋代の尊王攘夷思想も、漢代以来の経学《けいがく》伝統を継承しており、まったく新しいものが誕生したわけではない。しかしながら、その立論は単純に穀梁学を継承するものではなく、左氏伝も含めた春秋三伝の枠組み自体を再検討し、孔子の真意を自分たち独自に探ろうとする営みであった。この点で、春秋学と限らず、宋代の経学全体に見受けられる特徴を見せている。

宋代春秋学の開始を宣言する書物が、その名も『春秋尊王発微』全一二巻であった。全一二巻なのは、『春秋』が魯の君主一二代の年代記であることによるもので、春秋注釈書としては古来しばしば見られる形式である。「発微」とは、孔子の微言を読者にわかるように示すという意味であり、尊王思想の深意を明らかにすべく著されている。著者は孫復（九九二〜一〇五七）といい、范仲淹・欧陽脩らと交友関係にある人物だった。

『春秋尊王発微』は開巻劈頭《へきとう》、「孔子が『春秋』を作ったのは、天下に王がいなくなっていたから作ったのだ」と始まる（巻一）。これは『春秋』がなぜ隠公という魯の君主の時代から始まっているのかという、春秋学古来の問題に対するひとつの解答であった。隠公という人そのものに意味があるという答案（隠公が賢者だったからとする好意的理由や、弟に暗殺されることになるからという悲観的理由など）とは異なり、かれの治世が周の平王の治世の終わりであったからだとする見解である。平王は西方異民族の侵入で鎬京が陥落した事件を受けて、洛邑に遷都（東遷という）してきた中興の主である。しかし、結局西方の回復はならなかった。孫復はそのことをもって、孔子がここに歴史上の一大画期を見いだし、既存の魯の年代記のこの時点から『春秋』を始めることにしたと解釈するのである。

『春秋』は西狩獲麟の記事に終わっている（左氏伝のみ、孔子の死をもって経文を終え、哀公の死をもって伝文を終える）。孫復はこの記事を悲しむべき事件ととらえる側の解釈に与し、「獲麟にいたって中国の政治はことごとく夷狄が制御するようになってしまった」としたうえで、以下のように『春秋尊王発微』全体を結んでいる（巻一二）。「春秋は天子を尊び、中国を貴ぶ。中国を貴ぶので夷狄を賤しみ、天子を尊ぶので諸侯を黜《しりぞ》ける。天子を尊び諸侯を黜けるとは、隠公元年に始まるのがそれに当たる。中国を貴び夷狄を賤しむとは、獲麟に終わるのがそれに当たる。ああ、その意図は微《かすか》である、その意図は微である」と。

（3）宋代の春秋学

孫復が春秋学を修めるに至った経緯については、魏泰という人の『東軒筆録』巻一四に、次のような逸話を紹介している。

魏泰は王安石やその後継者のひとり章惇《しょうとん》と親しく、いわゆる新法党に属する人物であった。ただし、『宋元学案』には立伝されていない。なお、これと同じ逸話は楊彦齢の『楊公筆録』にも収められ、『宋元学案』ではそこからの引用として紹介されている。楊彦齢は『東軒筆録』から転載したものと考えられる。

魏泰が伝えるところによれば、孫復は三〇歳代のなかばに至ってなお困窮していたが、范仲淹にその才能を見いだされ、経済的援助を与えられるとともに『春秋』についての知識を伝授された。孫復は昼夜をおかず勉学に励み、後に春秋学者として大成して都に招聘されるに至ったという。この逸話については、『宋元学案』巻二「泰山学案」（孫復を開祖とする学派を紹介する篇）でも紹介されるが、編者の全祖望が范仲淹・孫復両人の年齢関係などから事実かどうか怪しいと疑いを差し挟んでいる。年齢関係については全祖望の誤解らしいけれども、史実ではないとする推察は正しかろう。[10]というのは、范仲淹については同様に、張載に易を学ぶことを勧めたとする逸話が伝わっているからである。

張載は程顥《ていこう》・程頤《ていい》兄弟（いわゆる二程子）と縁戚関係にあって親しく、思想的にも道学形成期に活躍した人物として知られている。朱熹は周敦頤が孟子死後一四〇〇年にして復活させたとする「道統」に連なる一人に、張載を数えている。そのため、張載の著作・語録は後世の朱子学者たちに読み継がれて大きな影響を与えた。張載は西夏との国境に近い長安の出身だったこともあって軍事に興味をもち、二一歳のときに范仲淹のもとにやってきた。范仲淹は一目でかれが逸材であると見抜き、「儒者は兵学ではなく名教の学習にいそしむべきだ」と諭して『中庸』の学習を勧め、張載を儒学の道へ誘ったとされる。この話柄は朱熹『五朝名臣言行録』によって広められ、『宋史』のかれの伝（巻四二七「道学伝」一に立伝）でも特記されている。[11]張載の中庸研究が范仲淹の慫慂《しょうよう》による成果だというのは、すでに宋代において広まっていた話柄なのである。なお、現存する張載自身の文章に、范仲淹からのこの恩義に言及する内容はなく、したがってこの逸話はおそらく歴史的事実ではない。

張載の例から推測されるのは、范仲淹が孫復に春秋学を授けたとする伝承もまた、事実ではなく、当事者たちの死後に作られた「おはなし」であろうということである。ただ、このての逸話はしばしば単に事実ではないという理由で葬り去るには惜しい真理を宿している。この逸話の場合も、その主題は、孫復が宋代春秋学の開祖となることができたのは、元をただせば范仲淹の眼力によるものだったということである。それは、朱子学における重要人物張載が儒学の研鑽に励んだのは范仲淹の指導の賜物であるとするのと、同じ構図をもっている。范仲淹は慶暦の改革と先憂後楽の標語をもって宋代士大夫の精神的指導者として偶像化された人物だった。孫復や張載は、その范仲淹に素質を見抜かれて大成したことにするのが、これらの逸話の意図であった。孫復が范仲淹の指示で春秋学に志したということは、つまり、宋代春秋学を興したのは実は范仲淹であったということになる。これは史実ではないわけだが、宋代の人たちの語りのなかではこう伝承され、そして定着していった。

一般に、王安石の学派では春秋学は軽視されたといわれている。科挙試験において、五経（易・書・詩・礼・春秋）から『春秋』をはずし、代わりに礼を『周礼』と『礼記』の二種とした。すなわち、『春秋』を『周礼』に代えた。王安石の発言として、「『春秋』は断爛朝報（＝官報が断片的に伝わっているだけ）にすぎない」と酷評したとも伝わっており、これまた歴史的事実ではないと思われるのだが、事の真相を衝いた逸話として後世の学者たちから「新法党は春秋ぎらい」と表象された。その新法党に属する魏泰が孫復と范仲淹にまつわるこのような逸話を記録伝承しているのは、はなはだ興味深い。

この逸話における孫復は、決して「断爛朝報」を詮索する無用の学問を修めた人物として揶揄の対象になっているわけではない。そうではなく、理想的士大夫であった范仲淹の薫陶を受けて『春秋』にこめられた孔子の微言大義を究明することを志した人物として好意的に描かれている。『春秋尊王発微』は、政治的・党派的な対立を超えて、宋代士大夫たちの高い評価を得ていたのである。

佐藤仁は、「宋王朝が、夷狄の勢力を排除してほぼ六百五十年ぶりに樹立された漢民族の統一王朝」だったために、唐の韓愈の場合とは異なって「尊王攘夷の主張、さらにいえば民族主義・国粋主義の主張は、誰に遠慮することなく存分に発揮することが可能になった」と、孫復の立場を位置づけている（佐藤、二〇〇七、八一頁）。「六百五十年ぶり」とは西晋が北方民族の侵入で亡びたときからの年数であり、先述したように、たしかに唐のような非漢族的要素を強くもった王朝とは異なる体制が、孫復の生きた宋代の特徴だった。

ただし、私はこの佐藤の見解に若干の修訂を試みたい。それは、「統一王朝」というのが宋代士大夫たち当事者の主観的主張にすぎず、実態は遼や西夏のような異民族王朝の存在を認知し、また軍事的には劣勢にあることも承知していた者たちの「強がり」だったということである。そもそも、「漢民族」ということの強調が、かれらの自己正当化を示している。宋は実際に「漢民族の統一王朝」だったわけではなく、自分たちが漢民族（かれらの用語では「中国」）であり統一王朝であることを僭称することで成り立っていた。

これは「宋は漢民族王朝ではなかった」という意味ではない。「中国」という語を強調し、自分たちの君主を天子＝皇帝として推戴することで、自分たちの「夷狄を賤しみ諸侯を黜ける」立場を孔子自身のものとして措定する作業がなされたのである。これが孫復に始まる宋代春秋学が尊王攘夷を前面に押し立てる思想として結実していった所以ではなかろうか。

宋代の士大夫たちにとって、中華は正の価値をもった、護るべき文明のことだった。そのためには、現実問題として夷狄との峻別が必要だった。もちろん、かれらに夷狄と名指されているのは、遼にせよ金にせよ、たしかに非漢族の要素を強く持った王権だった。だが、遼や金にしてみれば、自分たちは単なる夷狄ではないのであり、唐文明の後継者である点では宋に遜色ないはずであった。宋と遼・金との関係は、まったく異なる原理を擁する異文明間の対峙ではなく、唐文明の後継者争いだった。宋人はこの争いに、かれら自身が工夫して新調した春秋学をもって臨んだ。その標語が尊王攘夷なのである。

宋代に尊王攘夷思想が普及浸透したのは、かれらがもつ危機感ゆえである。すなわち、「実際には相手方が優位にあることを認めたくない」という心性に基づいて、一見劣位にある自分たちが実は文明的に優位にあるということを証してくれる理論に飛びついたとでもいおうか。だが、現実の国際関係においてこの理論は通用しない。宋は遼・金に対してはもとより、高麗や日本など、儒教的価値観を共有する他の国家に対しても、強圧的な外交を行うことはできなかった。ただ名分上、自分たちが中華の正統王朝であることを認めさせ、それによって矜持《きょうじ》を保とうと図る程度だった。

しかし、皮肉なことに、テムジン（チンギスハン）がモンゴル諸部族を糾合して王権を構築し、その子オゴタイが金に代わって華北を統治するようになると、「大蒙古国」は中華王朝として振る舞い始める。やがて朱子学を体制教学とし、一二七一年には『易』に由来する「大元」という国号を自称するようになった。すると、尊王攘夷思想は漢族王朝の宋から蒙古に対して向けられるだけでなく、元が自分たちに従わない夷狄に向けて使うようにもなる。使う側の主張では「征東」、使われた側の用法では「元寇」が、日本に向けてなされた。

4　中華の近世、そして現在

宋は諸外国に対してあまり高圧的な態度をとっていない。政治・軍事の実力がともなわないからではあろうが、文化的な中華意識とは別様の行動である。それに対して、宋を併呑した元は、中華意識を前面に押し出して東アジア各国に臣従を迫った。もちろん、北方民族たるモンゴルとしての行動様式に基づいている面もあろうが、その具体的な表現方法は漢文による国書という、中華王朝を中心に据えた東アジア地域に伝統的な手段であった。日本宛に朝貢を求めたいわゆる蒙古国書もその一例である。

この国書には末尾に「軍事行動を起こすのは本意ではない」と書かれていた。この文面が日本側から「自主的に朝貢しないなら軍隊を派遣するかもしれない」という脅しと受け取られ、鎌倉幕府首脳の感情的な興奮を呼び起こしてしまったために両国間の戦端が開かれたのは、よく知られたことである。その意味で「蒙古襲来」は、決して蒙古と日本という夷狄同士の戦争ではなく、中華がその王権に帰順することを拒む夷狄を成敗しようとした「征東」だった。時代が下って江戸時代になると、日本国内ではこの事件を「元寇」と称するようになる。攻めた側の論理では「征」、攻められた側の論理では「寇」。同じ戦争を相反するこの二つの語で表現する手法は春秋学に由来する。儒教的な歴史認識がこうして広まっていく。

一三六八年、元の北方撤退（滅亡ではないことに注意）によって成立したのが、明である。この王朝は漢族意識を核に据えており、ことあるごとにモンゴル族の軛《くびき》から中国を解放した王朝として自画自讃している。そこでの「中国」は「胡元」の風気を脱した漢民族の純粋性として描かれる。[12] 王朝中盤に活躍した朱子学者、丘濬《きゅうしゅん》（一四二一〜九五）『大学衍《だいがくえん》義《ぎ》補《ほ》』の「馭夷狄」には、華夏・中国という語が頻出する（ただし、意外にも中華の語は登場しない）。かれに代表される明の朱子学的士大夫たちは、近代における漢族中心主義のはしりと評することもできよう。

ところが、一六四四年に、中国の地はみたび異民族に蹂躙されることとなる。明の皇帝が内乱によって北京の皇居裏山で縊死すると、その報復を旗印にして敵対していた清の軍隊が乗り込んでくる。南方での明の王族を擁する勢力との交戦を経て、一七世紀末には台湾を含む中国全域を平定する。その故地（現在の東北三省）、早くから清に服属したモンゴルやチベット、それに明を滅ぼしてから併合した西方の領土をあわせて、現在の中国領の原型が一八世紀半ばに定まる。支配民族としての満洲族を頂点に、漢字によって支配する地域と、チベット仏教の守護者として、また草原の覇者として支配する地域との二重構造をもつ帝国の誕生であった。清に文化的・思想的に抵抗する一部漢族の士大夫たちは、かれらを蒙古同様に「胡」として蔑んだが、清の宮廷では漢族統治のために朱子学の理念が採択された。朱子学が普遍思想である以上、それを採用する王朝こそが中華であり、種族的に漢族か夷狄（満洲族）かは関係なかろうと、雍正帝は自身、頑迷な漢族知識人を説諭している（『大義覚迷録』）。理念的には、満による統治のもとで漢・蒙・蔵（チベット）・回（ムスリム）が共生する社会が建設された。

やがて、一九世紀末葉、西洋列強（新たなる夷狄）によって国権・国土が蹂躙されていると感じた漢族の青年たちは、満洲族の清を滅ぼして漢族国家を復興しようという革命運動を立ち上げる（滅満興漢）。その際に、一部人士が象徴として担ぎ出したのが、伝説上の太古の王、神農（炎帝）と軒轅《けんえん》（黄帝）だった。「炎黄子孫」というのがかれらのアイデンティティであり、逆にいえば、満族や蒙族は炎黄の血を引いていない異種族だということになる。とするならば、かれらが担う共和制新国家の呼称は、二〇世紀初頭に存在した東アジアの二つの国家の呼称「大日本帝国」や「大韓帝国」に倣って、「大漢民国」であるべきだった。だが、一九一二年に成立した国家の自称は「中華民国」であった。

かれらはその革命運動当初の標語「滅満興漢」から路線変更し、「中華」という旗印を掲げることにしたのである。そこでは西洋伝来の民族というイデア（概念・理念）が利用された。漢族とその文化を実際上の中核に据えつづけながらも、清の場合と同様に漢満蒙蔵回の五族、さらには他の少数民族をも包含する国家が、中華の名のもとに考案された。いわば漢族から中華民族への転換が行われたのである。そして、毛沢東が造った社会主義の政府も、名称に中華を採用したことは本章冒頭で指摘したとおりである。本章は学術論文として、そのことの当否を論ずることはしたくない。ただ、歴史的に見たとき、漢代の「大一統」の思想が再興したかのごとき現象が見られることを指摘しておく。

5　中華にどう向きあうか

中国でも現在は西洋近代に生まれた国際関係観に基づく歴史認識を公式見解としている。そこでは主権国家としての中国が周囲の他の諸国家とどのような関係をもってきたかを、「中華－夷狄」関係としてではなく、同等の国家間関係として描いている。

しかしながら、この表層の下には、今なお伝統的な心性が潜んでいるやもしれない。一九世紀後半以来の一五〇年は、国際関係上、中国の歴史のなかで南朝や宋代にも比すべき不如意な時代だった。「中華民族」という概念を創造し、他国に併呑されたり、複数の国家に分裂したりしないように、中国はみずからの歴史認識として、太古以来、中国はずっと一つの中国だった（また常にそうあるべきだった）と見なした。国力の問題から、諸外国（夷狄）を国内から排除することが重要であって、自らを外に拡張する余裕はなかった。ところが、そうした情勢は変わりつつある。

いくつかの島嶼について、中国は長年暗黙の了解を示してきた。だが、中華は再び膨張の気配を見せている。この事態に対して感情的に対処することは、一三世紀の不幸な歴史を繰り返すだけに終わりかねない。私たちは今こそ、「歴史を鑑とする」ことによって解決への道を探るべきなのではなかろうか。

注

（1）　たとえば、『宋史』巻四九〇「外国伝」六の天竺の条に、天竺王の書簡を天竺人僧侶が漢訳した文章として「支那国内に大明王があると聞く」という文言が見える。これは宋の皇帝が「支那」と呼ばれることをむしろ喜んでいたことを示す象徴的な事例であり、日本でも江戸時代までは支那は蔑称ではなかった。とはいえ、二〇世紀後半以降の慣例に従い、筆者は支那を用いず「中国」と呼んでおく。

（2）　もう一点、南北朝鮮の場合同様、republic を一方は「民国」、他方は「共和国」と訳していることにもそれぞれの歴史的経緯が存在するけれども、ここでは深入りしない。

（3）野間（一九九八）は、「おそらく「注」としては、南学好みが唐初の風潮であったのだろう。『五経正義』はそのような現状を追認したものと思われる」としつつも、「「義疏」は北学者の手に成るものが中心であったことになる。この点からすれば、『五経正義』によって南北の学術が統一されていたといえなくもないであろう」と述べる（二一～二二頁）。

（4）宋は遼との抗争期を経たのち、盟約を結んで平和共存政策をとった。通説では一律に「叔姪《おじとおい》」の関係といわれているが、これは盟約締結時の二人の皇帝の関係を示すにすぎず、実際には代替わりごとに変化する皇帝同士の世代・年齢関係を王朝間の上下関係とした（中村惇二の二〇一二年提出の東京大学博士学位論文「宋遼外交交渉の思想史的考察」による）。したがって、必ずしも宋が一方的に下位だったわけではないけれども、唐が世界帝国として東アジアに君臨していたのとは、まったく様相を異にしていた。

（5）通説では、北宋の司馬光『資治通鑑』は三国時代で魏を中心となる王朝として扱うのに対し、同書の構成を組み替えた朱熹『通鑑綱目』では明確に蜀を漢王朝の延長たる正統王朝として扱っていると見なす。なお、書名にある「鑑」とは、「歴史を鑑として学び、同じ失敗を繰り返さない」という意味である。

（6）この作品を全文訓読して語釈を施したものとして、齋木（二〇〇一）があるので参照されたい。

（7）妹尾（一九九八、一九九九、二〇〇五）など。

（8）五徳終始とは、五行（木火土金水）がこの順序（相生説による順序）で交替するように、王朝も五行それぞれの性格（「徳」と呼ばれる）をそなえたものが順次交替するという理論である。漢代に生まれ、以後、実際に禅譲方式による王朝交替で活用された。宋代に道学（その一派が朱子学）によって否定され、宋代以降の王朝交替には適用されていない。小島（二〇〇二）などを参照されたい。

（9）渡邉（二〇一〇）。なお、公羊学・穀梁学とは『春秋』を解釈する流派の呼称で、左氏学とあわせて「春秋三伝の学」といわれる。

（10）佐藤（二〇〇七、九・八九～九〇頁）。范仲淹と出会ったときに孫復は三〇歳代のなかばだったというのも、佐藤の考証による。

（11）「道学伝」は歴代正史中、『宋史』にのみ見られる特異な篇で、周敦頤《しゅうとんい》に始まる道学者たちの伝記を一箇所に集めている。他の正史にもある「儒林伝」とは区別され、道学者たちの正統性を特権化する意図を示しているとされる。なお、『宋史』巻一九一「儒林伝」二にある孫復の伝には、かれと范仲淹との逸話は紹介されていない。

（12）ただ、実際の明代の生活文化には元代のモンゴル流・西方流のなごりが多いといわれる。そして、それが今に続く中国の「伝統文化」の一部となっており、俗には唐宋の頃からと思いなされている中国文化は、元代に変容した面が大きい。

参考文献

小島毅「天道・革命・隠逸――朱子学的王権をめぐって」『宗教と権威』（岩波講座「天皇と王権を考える」4）、岩波書店、二〇〇二年。

齋木哲郎「孫復『春秋尊王発微』通解稿（全）」鳴門教育大学学校教育学部社会系教育講座倫理学研究室、二〇〇一年。

佐藤仁『宋代の春秋学』研文出版、二〇〇七年。

妹尾達彦「唐代長安城与関中平野的生態環境変遷」史念海編『漢唐長安与黄土高原』陝西師範大学中国歴史地理研究所、一九九八年。

――「中華の分裂と再生」『岩波講座世界歴史9　中華の分裂と再生――三～一三世紀』岩波書店、一九九九年。

――「前近代中国王都論」『アジア史における社会と国家』（中央大学人文科学研究所研究叢書37）二〇〇五年。

野間文彦『五経正義の研究――その成立と展開』研文出版、一九九八年。

渡邉義浩『儒教と中国――「二千年の正統思想」の起源』講談社、二〇一〇年。

第3章　古代インド人の世界観と歴史観

土田龍太郎

1　古代インド人の世界観

本章は古代インド人の歴史観のあらましを述べるものである。インド的歴史観の諸問題を考察するに先立って、かれらの想い描いていた世界像にも留意しなければならない。この世界像を的確に把握するためには、宇宙観、国土観、世界生成論、世界終末論などの諸項目を設けたうえで、それぞれについてつぶさに吟味考察すべきであるが、これはとても本章の枠内でなしうることではない。

ヴェーダ宗教をも含むヒンドゥー教と仏教とジャイナ教の典籍は、いずれも宇宙論や世界像についての詳細な叙述を多く収めている。しかし、宇宙論的・世界像的記述が三教ごとにいちじるしく異っている場合もあれば、ほぼ共通している場合もあるので、古代インド人の世界観をその多様性をも踏まえながらしかも総合的に概説することはすこぶる困難な作業となる(1)。本章では主にヒンドゥー教的世界観地理観に沿って、かれらの歴史意識を考察することにしたい。

ヒンドゥー教の宇宙生成論としてよく知られているものは、たとえば、世界は巨大な原初の卵殻に由来すると説くブラフマーンダ説である。後代のプラーナ聖典類のなかで繰り返し説かれているこのブラフマーンダ説の萌芽はすでにヴェーダのなかに認められる。しかし、このような宇宙論に対応するものは、生成と破壊のはてしなき循環、ブラフマンの昼と夜を説く壮大な宇宙史であって人類史ではない。本章で考察するのは、大宇宙のほんの一部分をなすにすぎない人間世界の変遷をめぐるインド人の思惟なのであるから、ここで、ブラフマーンダ説をはじめとする宇宙論的叙述に深く立ち入る必要はないであろう。重要なのはインド人が人間世界をいかに表象していたのかということ、つまりかれらの世界地理観なのである。

ここでどうしても度外視しえぬのは、大鹹海《だいかんかい》より天上界にかけてそびえるスメール山を世界の中央とする地理的観念である。世界の中心軸をなす巨峰スメールの観念は、ヒンドゥー教、仏教、ジャイナ教にほぼ共通する。(2) このスメール山を囲む大洋にはさまざまな大陸が横たわると考えられているが、スメール山の東西南北それぞれのプールヴァヴィデーハ・アパラゴーダーナ・ジャムブドヴィーパ・ウッタラクルという四大陸の名が仏典などのなかに列挙される。もっとも大陸の数と名は必ずしも一定せず、さらに多くの大陸の名が列挙されることもある。少なくともジャムブドヴィーパやウッタラクルはヒンドゥーにとってもなじみのある重要な大陸である。スメール山やジャムブドヴィーパは、それぞれ須弥山《しゅみせん》と閻浮提《えんぶだい》の名の下に日本人にも親しまれている。ドヴィーパとは島を意味する語であるが、古代インド人は大陸を大きな島嶼と見なしていたのである。

南方の大陸ジャムブドヴィーパにまつわる地理説は多様であり、とてもここで詳述しうるものではないが、古代インド人が、みずからの居住世界はジャムブドヴィーパの一部分をなすと考えていたことはまちがいない。したがってスメール山を囲む諸大陸のなかでインド史にただちに関わるのはジャムブドヴィーパのみであるといっても過言ではないのである。他の諸大陸にも人間が住んでいるが、かれらの世界は一種の楽園であり、そこでは人類史の流れはいわば停止していると漠然と考えられていた形跡がある。後述する四ユガ交代説のあるものによれば、ユガ交代による人間世界の凋落が起るのはジャムブドヴィーパのみであり、たとえば、北方のウッタラクルの住人は常にトレーターユガすなわち白銀時代の繁栄と安楽を享受するのである。

ジャムブドヴィーパは東西に横断するいくつかの併行する山脈によってさまざまの地域に区分される。この山脈や地域の数や名は必ずしも同じでなく典籍ごとに相異を見せているが、ジャムブドヴィーパを横断する諸山脈のなかで最も南にあるものが雪山すなわちヒマーラヤであり、この雪山を北限とする最南地域が古代インド人によってみずからの歴史の舞台であると考えられていたことは疑いない。言い換えれば、いわゆるインド半島に相当するものがこのジャムブドヴィーパ最南地域なのである。またスメールとヒマーラヤとは位置も機能も異なるそれぞれべつの高峰なのであり、両者を混同してはならない。現在ではインド連邦・パーキスターン・バングラデーシュ・ネーパール・ブータンという諸国からなる広大な地域を漠然とインド半島とかインド亜大陸と総称することがある。このインド亜大陸にほぼ対応するものが、ジャムブドヴィーパの最南地域であり、この地域はバーラタヴァルシャと呼ばれる。インド連邦共和国の正式呼称はバーラタ共和国である。これはバラタ王族の国土の意味にとることができるが、古来の呼称バーラタヴァルシャを承け継ぐものと解することもできる。またバーラタヴァルシャの呼称は太古のクシャトリヤ王族たるバラタ族に因む者であると考えてよい。インド人の歴史観のなかで、このバラタ王族という概念はきわめて重要な意味をもっている。

2　アーリヤ的世界の地理観

(1)　マヌスムリティの地理説

広大なインド亜大陸に対応するバーラタヴァルシャは、さまざまなやり方でいろいろな地域に区分することができる。アーリヤ人居住の適不適という観点からの国土区分がまず検討されるべきである。この国土区分は必ずしも一様ではないが、ここではマヌ法典の名で広く知られるマヌスムリティの第二章の収める地理的叙述の詩節群を吟味することにしたい。もっとも、マヌスムリティにはジャムブドヴィーパやバーラタヴァルシャという名称は見あたらないので、この法典の編者が右に述べたような世界観地理観をはたして懐《いだ》いていたのかいなかは必ずしも定かでない。ともあれいくつかの重要な地理的概念に言及する同詩節群を看過することはできないので、左にその全文を掲げることにする。

神々の両河たるサラスヴァティーとドリシャドヴァティーの中間にある、神々によって造られた国土を人々はブラフマーヴァルタと呼ぶ。この国土において、(四) 身分および中間諸身分の人々により代々承け継がれている慣習が、善き人々の慣習といわれる。クルクシェートラおよびマツヤ族・パンチャーラ族・シューラセーナカ族（の国土）はブラフマルシデーシャであり、ブラフマーヴァルタに隣接する。この地に生まれた最高身分のもの（すなわち婆羅門）から、大地の上のすべての人間はそれぞれ（正しい）行いについて学ぶべきである。（北の）ヒマーラヤと（南の）ヴィンディヤ山との間、ヴィナシャナ[3]より東、プラヤーガより西（に擴《ひろ》がる）国土はマディヤデーシャ（すなわち中原）という名で知られている。東の海洋と西の海洋の間に、（ヒマーラヤとヴィンディヤ）両山の間（に擴がる国土）を賢者らはアーリヤーヴァルタと（いう名の下に）知る。一方、黒羚羊《クリシュナサーラ》が自棲する地域が（ヴェーダ）祭祀を行うに適《ふさわ》しい国土として知られるべきであり、その圏外の領域はムレッチャ（すなわち夷狄《いてき》）の国土である。再生族はこれらの国土に定住すべく努めねばならない。シュードラは、生計の必要に迫られたときは、いずこに居住してもかまわない（マヌスムリティ、二・一七〜二四）。

この記述は、アーリヤ人の居住圏もしくはヴェーダ祭祀文化圏をそうでない地域からはっきり弁別しようとする意図のもとになされたものである。このマヌ法典の記述は、あくまでアーリヤ的地理観の一例であり、右掲詩節に述べられることが常にあてはまるわけではないが、ヒンドゥー・インド人の歴史意識を考えるときには必ず念頭においていなければならない。マヌ法典の性格についてここで詳説することはできない。しかし端的にいえば、アーリヤ的生活ヴェーダ的文化をあくまで継承しながら、マウリヤ王朝による北インド統一より後の新事態にもうまく対処しようというのがこの法典の編者の基本的立場である。

右掲詩節群は、一方では北インドのほぼ全域をアーリヤーヴァルタの枠内に収めるが、他方では人間の正しい行いの師表たりうるものはマディヤデーシャ出身の婆羅門であることを暗示している。マヌ法典成立時には、マディヤデーシャよりははるかに東にあるマガダがすでに北インドの一大中心地となっていたはずであるが、同法典のなかでアーリヤ文化の本来的領域と見なされているのは、マガダではなく、かつてヴェーダ祭祀文化が栄えた西部北インドのマディヤデーシャおよびその隣のブラフマーヴァルタである。この地理観には、ヴェーダ文化を再重要視するという法典編者の保守性が色濃く反映しているといえよう。

（2）　アーリヤ人の到来と東漸

西暦紀元前二千年紀のある時期西方よりインドに侵入したインド・ヨーロッパ語族の一分派としてのアーリヤ人がその後、インド亜大陸を東から西へ、北から南へと進出を続けながらさまざまな先住民族と闘争や融和を繰り返していった過程として、古代インド史を理解することがこれまで一般的であった。しかし、人種的言語的に均質であった一民族集団が異民族集団をも包摂しながらようやく膨脹し繁栄を遂げたというほど事態は単純でなかったはずである。とはいえインド・アーリヤ語の普及による文化の西から東への伝播が行われたことは疑うべきではない。右掲詩節で説かれるアーリヤーヴァルタはある時期のインド・アーリヤ語の分布圏にほぼ相当すると考えてよいであろう。ここでしばらくアーリヤ文化東漸という従来の図式に従って古代インドの歴史地理を考えてみることにしたい。この図式に従えば、古代の北インドは、便宜上次のＡＢＣＤという四地域に区分されうるように思われる（図３－１）。

シンドゥ河すなわちインダス河の上流地域、近代ではパンジャーブ地方といわれることのある地域がＡ地域である。これは現代のパーキスターン北部およびアフガニスターンの一部にほぼ相当する。パンジャーブとは五河を意味するサンスクリット語パンチャナダに由来する地名であるが、同地方はリグヴェーダではむしろ七河（sapta sindhavaḥ）の地方と考えられている。西方より到来せるヴェーダ的アーリヤ人が初めて占拠したのがこのＡ地域であった。ヴェーダ聖典の最古層をなすリグヴェーダ詩節では、この地方の河川の名はあげられるが、ガンガーすなわちガンジス河にはいまだ言及されていない。

当時さまざまなアーリヤ人氏族がこの地域に割拠し、かれらはたがいに、またダーサなどの名で呼ばれる先住民と争闘を繰り広げていたと思われる。後世の叙事詩などに登場するバラタ・プール・イクシュヴァークなどの王族は本来この地域の覇者であったもののごとくである。

ガンガーとヤムナーはプラヤーガで合流するまでほぼ併行して東流する。この両河流域および周辺諸国土からなる広大な領域がＢ地域である。マヌのいうブラフマヴァルタはＢ地域にほぼ相当する。マディヤデーシャというときは、通常はむしろブラフマルシデーシャを指すことが多いように思われる。マヌのいうマディヤデーシャは、はるか南方のヴィンディヤ山系にまで及ぶもので、いささか広きにすぎるのであるが、マヌの詩節の説くマディヤデーシャをそのままＢ地域と見な

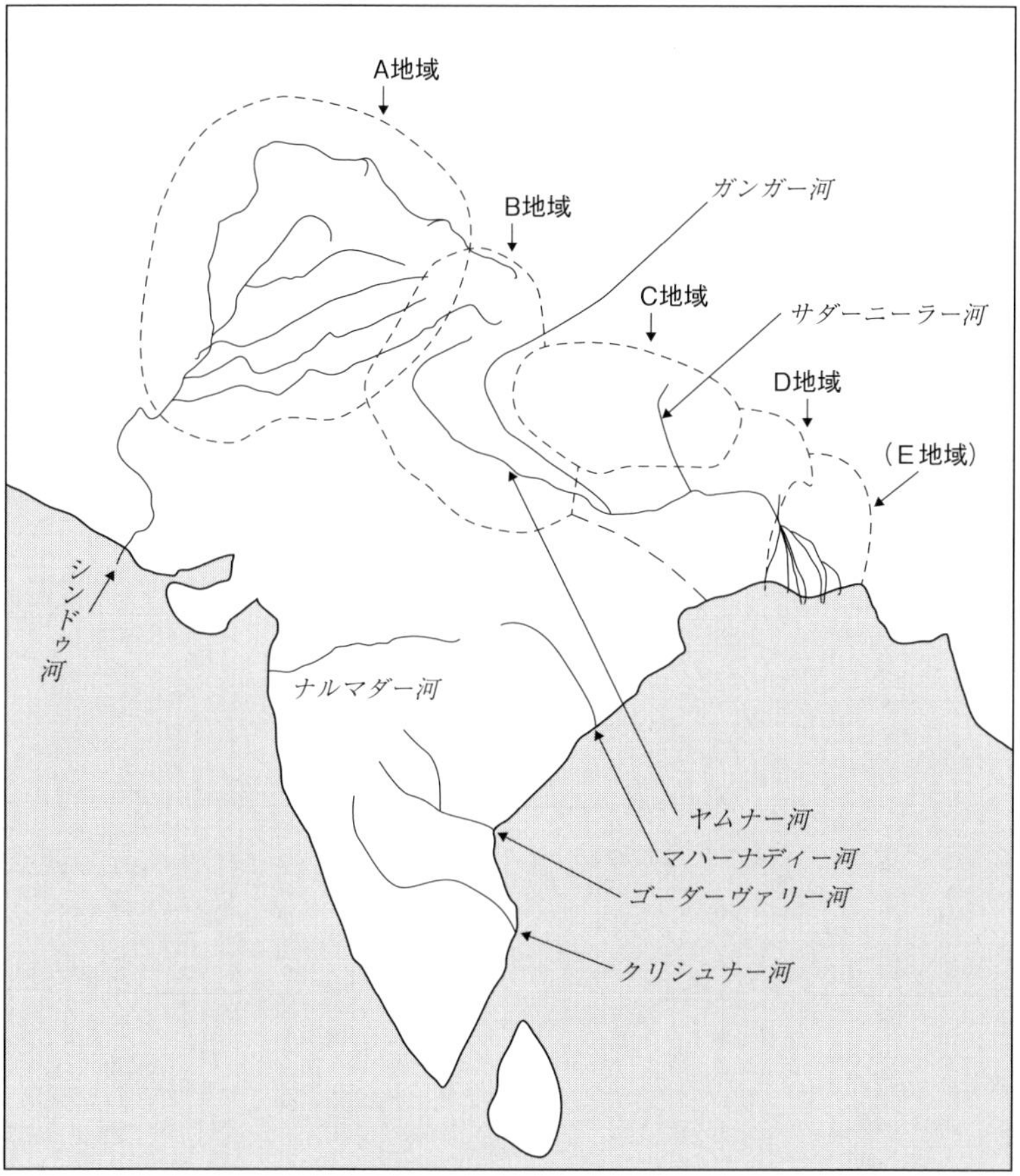

図3－1　古代インド

出所：筆者作成。

してもよいであろう。

ヴェーダ祭祀は三祭火をもってなされる大規模なシュラウタ祭祀と一祭火のみによってなされる小規模なグリヒヤ祭祀とに二大別される。ヴェーダ聖典最古層をなすリグヴェーダ詩節群の後に編纂された三ヴェーダのサンヒター部分やブラーフマナ文献群の大部分はシュラウタ祭祀に関るものである。シュラウタ祭祀が隆盛を極めた頃のアーリヤ文化の中心はすでにA地域からB地域に移行していたと考えられる。シュラウタ祭祀極盛期にはB地域こそがアーリヤ人のマディヤデーシャすなわち中国であった。

この時代のマディヤデーシャではクル国とパンチャーラ国が最も強盛を伐り、マッヤ・チェーディ・シューラセーナなどの諸国とともに群雄割拠の状況を呈していたのである。

右掲のマヌ法典詩節群で言及されるブラフマーヴァルタと呼ばれる国土、すなわちサラスヴァティー河とドリシャドヴァティー河の間の南北に細長い区域は、A地域の東端と見なすこともできるが、クルクシェートラにまで及ぶものであることからして、B地域の西端ととらえるのが妥当であると思われる。ブラフマーヴァルタとはいわばシュラウタ祭祀者にとっての聖地域であり、ここでサラスヴァティーサトラなどの大祭が催された。マヌ法典が作られた頃にはシュラウタ祭祀の極盛期はとうにすぎていたはずであるが、マディヤデーシャは引き続きアーリヤ文化の中心地と考えられていた。マハーバーラタの主要舞台はこのB地域であり、主人公はバラタ族の主流をなすクル王族である。

狭義のマディヤデーシャの東隣に広がるコーサラとヴィデーハの領域をかりにC地域と呼ぶことができるであろう。これはある時期のアーリヤ文化圏の東部辺境地域をなすものであった。雪山から南流してガンガーに注ぎこむサダーニーラー河は、おおよそのところヴィデーハ国の西境と見なしうるものであるが、シャタパタブラーフマナで語られるヴェーダ祭火東漸に関るマーダヴァ・ヴィデーガ物語からは、この物語が作られた頃、C地域を南北に貫流するこのサダーニーラー河がアーリヤ人進出の東部前線をなしていたことが知られる。

C地域はあくまでアーリヤ文化圏の一部をなすものであるが、ここに栄えた白ヤジュルヴェーダ派の諸文献に登場するヤージュニャヴァルキヤ仙やヴィデーハの哲人王ジャナカは同文化圏の新傾向の代表者であったということができよう。マハーバーラタの主要舞台B地域すなわち狭義のマディヤデーシャはラーマーヤナにおいてはほとんど無視されている。ラーマ物語の舞台となるのは、猿猴のキシュキンダー国と羅刹《らせつ》のランカー国のほかはもっぱらC地域なのであり、ジャナカはラーマの妃シーターの養父として登場する。

ヴィデーハの南、コーサラの東に広がる大国マガダがD地域である。遅くとも仏陀出世時にはマガダ地方でもアーリヤ系の俗語が用いられていたことは疑いないので、このD地域にもかなり古くにヴェーダ系文化がもたらされていたと考えてよい。しかしAB地域に比べれば非アーリヤ要素に富むD地域の風俗習慣は長きにわたって蔑視されていたと思われる。キーカタという地方名があるが、これはマガダあたりを漠然と指す貶称である。

非ヴェーダ的宗教たる仏教やジャイナ教やアージーヴィカ教の揺籃の地、いわゆる六師外道《げどう》のような異端思想の発祥の地は、C地域D地域であり、仏陀在世時にはこの両地域のコーサラとマガダが北インドの最強国であった。仏陀は成道《じょうどう》から涅槃《ねはん》までおよそ五十年間CD地域を遊行しながら法を弘めたということができよう。

仏滅後まもなくマガダはコーサラを併合し、さらにアレクサンドロス大王のインド侵入からほどなく、マガダのマウリヤ王朝が北インドを初めて統一する。いわばアーリヤーヴァルタの東のはてのD地域の勢力が結局ABC地域を含む全北インドを席捲《せっけん》してしまったのである。(4)

如上の四地域区分では、アーリヤ文化の東漸のみを述べたが、ほんとうはその南進についても考えねばならない。北インドと南インドの境界と見なされるヴィンディヤ山脈よりもさらに南の地方に栄えたヴィダルバやアシュマカ、またD地域の南に広がるオリッサ地方を版図としたカリンガのような国の起源はかなり古くに遡ると考えてよいのではなかろうか。

D地域のマガダ国がAB地域のアーリヤ人にどのような眼で見られていたのかを推測するためのよすがとなるのは、マハーバーラタやハリヴァンシャに語られるマガダ王ジャラーサンダの物語である。これらの叙事詩によれば、ジャラーサンダはマガダの名王ブリハドラタの子であったが、かれはマガダのみでなくマディヤデーシャ諸国をも圧倒するほどの覇権を樹立する。かれはみずからの出生を羅刹女《らせつにょ》の魔術に負い、即位後は百人の国王を虜にしてルドラ神への人身供犠を行おうとするほどに獰悪な怪王であったが、ついにはクリシュナの謀計にかかり没落を余儀なくされるのである。この叙述をほぼそのまま史実と見なし、ビムビサーラやアジャータシャトルの治世よりもはるか昔に、マディヤデーシャをも併呑しようとする大マガダ王朝が存在したと考える必要はない。マディヤデーシャのアーリヤ人から見たマガダの非アーリヤ性、およびすでにマガダによる北インド征服を甘受せねばならなかったとおぼしき叙事詩編者の懐いていたマガダ勢力への敵愾心のようなものがこの説話に反映していると見るのがよいと思う。

3　アーリヤ観念とアーリヤ王統史

(1)　アーリヤ観念の曖昧性

アーリヤ文化の東漸について略述してきたが、アーリヤという語にはなにかしら曖昧なものがつきまとう。インド・ヨーロッパ語を用いる人種民族を漠然とアーリヤ人と呼ぶことがある。しかしたとえばヒトラーがアーリア人種の優秀性を唱えたとき、インド人やイラン人のことをどう考えていたのか、かれらをアーリア人種と認めていたのかいなかは定かでない。インド古典籍に見えるアーリヤを人種民族的概念ととらえようとすると問題はいやでも紛糾する。アーリヤという人種的言語的に等質な単一の民族的集団がかつて存在し、それが土着異民族との混血や文化交流を行いながら繁衍し、また階層分化を遂げていったと長らく考えられてきたが、このような理解は必ずしも妥当でない。本来異質の人種的民族的諸集団が、アーリヤ語とヴェーダ祭祀文化を媒介として緩い統合を遂げていったというのが真相に近いのではなかろうか。つまりアーリヤとは、起源や実態よりも多分に意識による呼称である。たとえリグヴェーダ的民族に遡るものであろうとも、なんらかの理由で異質な文化や風俗に染まりアーリヤ世界からの逸脱者となれば、かれは非アーリヤに転落してしまったことになろう。逆に最下ヴァルナのシュードラの民が、西方からインドに侵入したインド・ヨーロッパ語族と本来異質の原住民であったと決めつけることはできない。ヴェーダ祭祀文化の世界にうまく参入しえなかったアーリヤ人がシュードラのなかのかなりの割合を占めていたのではなかろうか。結局、その起源のいかんに関らずみずからアーリヤと名乗り他者からもアーリヤと認められたものがアーリヤであったということになる。

(2)　アーリヤ観念とヴァルナ制度

もっとも、サンスクリット古典籍のなかでアーリヤという語の意味するところは必ずしも不明瞭ではない。たとえばマヌ法典に従えば、ヴァルナ制度すなわちいわゆるカースト制度による上位三身分に属するものがアーリヤである。言い換えれば、ブラーフマナ（婆羅門）・クシャトリヤ（刹帝利）・ヴァイシャ（吠舎）はアーリヤであり、最下ヴァルナたるシュードラ（首陀羅）は非アーリヤとなる。ヴェーダ学習およびヴェーダ祭祀への参加が許されるのは上位三身分のものすなわちアーリヤに限られ、非アーリヤたるシュードラおよびヴァルナ外賤民は、少なくとも原則上は、ヴェーダとヴェーダ祭祀から閉め出されていた。つまりヴェーダ文化の実践を許されたものがアーリヤなのである。

マヌ法典ではすでに見たように、ヒマーラヤとヴィンディヤ、東海と西海に囲まれた地域がアーリヤーヴァルタと呼ばれているが、法典の編者は、全北インドを包摂するこの広大な地域をヴェーダ文化圏と考えていたのであろう。

インド古典籍のいろいろな箇所から、中華対夷狄という区別に相当する観念がアーリヤ人のなかにあったことがうかがわれる。たとえば、ヤヴァナとかヨーナと呼ばれたギリシャ人、パーフラヴァと呼ばれたイラン人は、いわゆる印欧語族としてインド・アーリヤ人と同系統であったはずであるが、後者から見れば、かれらはあくまで非アーリヤであり、ムレッチャすなわち夷狄の一種と見なされていた。また現在のアフガニスターンの東北部、ガンダーラ国の西隣のカームボージャ国の住民のようにアーリヤか非アーリヤかよく判らぬ民族もいたようである。あるパーリ経典では、カムボージャ人とヨーナ人が並称されたうえで、両者がアリヤ人に対置されている。カームボージャ人が非アーリヤであったかいなか判らないが、おそらくイラン的な制度風俗をも採りいれていたとおぼしきかれらが、マディヤデーシャあたりのアーリヤ人からは異質なものと見なされることもあったのであろう。逆に、後に述べるように本来は夷狄であったスキタイ系・イラン系のシャカ族・クシャーナ族などの王侯が、インド・アーリヤ人との人種的近似性ゆえに、またかれらの氏族政的体制ゆえに、アーリヤ人のクシャトリヤ階層にうまく組み込まれることがありえたようである。

古典籍に名の見える民族それぞれについてアーリヤ非アーリヤの別を見極めることは難しい。アーリヤ世界に一応仲間入りしているかのように見えながらまたときに夷狄視されることもあった民族は少くなかったであろう。すでに述べた西北辺《へん》陬《すう》のカームボージャ人はその一例であるが、このほかにもシャールヴァ・シャルヤ・バーフリーカなどの諸族は、マディヤデーシャのアーリヤ人から見れば、どこか夷狄的側面を具えていたもののごとくである。さらに、後に述べるように、北インドに大王国を建設した王朝の開祖は、おそらく卑賤身分出身であり、それゆえかれらはマヌ法典的なアーリヤの定義に従

うかぎりは、非アーリヤであったことになる。(5)

(3)　インド古典籍と史実

左に述べるように、インド人には歴史意識が乏しいという通念は誤りであるが、古代インドでは、たとえばテューキディデースやタキトゥスのような卓越した史家は現れず、史記や漢書のごとき大部な史書が編作されることもなかった。ヴェーダ聖典や仏教ジャイナ教聖典や二大叙事詩のような史書とは見なしえない典籍群から史実と見なしうる事柄を拾い上げつつ、古代インド史を再構成するという試みは必ずしも不可能ではないが、さまざまな困難や問題を伴うものである。

古代インドについて疑いない史実と確定しうる事件は限られており、年代決定をなしうるものは、結局のところ、西暦紀元前三二七／三二六年のアレクサンドロス大王の西北インド侵入のみであるといって過言ではない。この年代決定がインド語文献でなく西洋史料に拠るものであることは言うまでもないが、紀元前三二七／三二六年というこの年代こそが古代インド史を再構成しようと試みるときのひとつの重要な鍵となり出発点となるのである。たとえば、西洋史料によってアレクサンドロスとサンドラコットスすなわちマウリヤ王朝開祖チャンドラグプタとが同時代人であったことが知られるので、同王朝第三代のアショーカ王の治世が紀元前三世紀にほぼ収まることが判る。このアショーカ王年代論はインド語典籍の同王の記述と大きく矛盾するものではない。さらにここで、プラーナ聖典の収める王朝テキストを援用すれば、マウリヤ朝の後のシュンガ朝やカーヌヴァ朝がほぼ西暦紀元前二世紀から一世紀にかけて北インドを支配したことが推知されうるのである。

インド史考察の場合、外国史料が重要となることがまれではないが、ここでは古代インドの諸典籍と史実との関りについてまず大雑把な見当をつけておくべきであろう。

ヴェーダ聖典は膨大な祭祀文献であるが、最古のリグヴェーダの詩節のなかにすでに王族の事蹟に言及するものがある。続くブラーフマナ文献などには、名王の事蹟や王族の動向が、祭祀との連関で簡潔に説かれている箇所がところどころに見出される。これらの言及がそのときどきの個別的史実をかなり忠実に反映している可能性は、ヴェーダが史籍ではなく祭祀文献であることを思えば、むしろ高いと考えてよい。しかしこれらの史的記述は、あくまで断片的であり、ヴェーダ全体の僅少部分をなすにすぎないから、ヴェーダのみによって古代アーリヤ世界の変遷を的確に辿ることは望みえない。

仏教やジャイナ教の諸文献は、さまざまな国王についての詳細な叙述をも収めるが、これらの叙述の多くはあまりに空想的であり、史的考察吟味に耐えうるものは少い。しかしたとえば、マガダのビムビサーラとアジャータシャトルの父子やコーサラのプラセーナジトやヴァトサのウダヤナが仏陀やマハーヴィーラとほぼ同時代の実在の国王だったことは、仏教ジャイナ教典籍からも確かめられるということがあるので、これらの典籍を援用することは、古代インド史諸問題の究明にあたって、ときに不可欠となる。

すでに述べたように、マハーバーラタのなかで謳われるのはシュラウタ祭祀全盛期のB地域すなわちマディヤデーシャにおける王族の興亡である。原バーラタ叙事詩の成立が仏陀出世以前に遡るかいなかは定かではない。マディヤデーシャ諸王国全盛期と叙事詩形成期との間には距りがあると見るのがよい。すなわち、シュラウタ祭祀文化とそれに伴うクシャトリヤ諸族の活躍がすでに全盛期を過ぎて翳りをみせていた頃に、大叙事詩が作られ始めたと考えられるのである。とはいえ原バーラタ叙事詩の形成はマウリヤ朝以前に遡るものと思われる。

クシャトリヤ王族伝承のほかにヴェーダ祭祀思想・法思想・最高神崇拝・神話的世界観歴史観など古代インド文化のほとんどあらゆるものが素材となり要因となり、それらの渾成の結果として、数百年の歳月をかけて、現在見るようなきわめて広瀚な叙事詩マハーバーラタが編作されていったはずであるが、全篇の骨子となるものは、二大王族の対立争覇というアーリヤ人古来のなんらかのクシャトリヤ伝承であろう。このクシャトリヤ古伝承がどれほど史実に基づくものであったかいなかは定かではないが、ともかくこの古伝承にさまざまな変改や配役入れ換えなどが施されてはじめて、パーンダヴァ五王子とカウラヴァ百王子の争覇という大叙事詩の枠組みが確定したもののごとくである。

複雑きわまりない多重構造を具えた現行マハーバーラタは、新旧のあらゆる要素が融合しあるいは並存するという、それ自体でほぼ完結せる一大叙事説話世界の観を呈している。この多重構造的世界は分析を拒むほどに混沌としているが、しかしごく端的にいうならば、マハーバーラタとは、クル国パンチャーラ国などからなるマディヤデーシャがアーリヤ世界の中枢部を占めていた頃のクシャトリヤ王族の隆替を懐かしむ後代の詩人の詠嘆の所産であり、全篇の基調をなすものは、世界の王族の繁栄と没落の定期的循環反復を不可避とする独特の運命観である。このような性格を具えた大叙事詩から史実とおぼしきもののみを抽出して古代インド王統史を解明するという方法は危いといわねばならない。マハーバーラタがなんらかの史実に遡る王族説話や系譜をも含んでいることは想像に難くないが、それらは多くの場合、叙事詩の作者や編者による変改や再解釈、再編成を蒙っていると思われるからである。

叙事詩ラーマーヤナでは、後代の追加である最終巻ウッタラカーンダを別とすれば、歴史性はマハーバーラタにおけるよりはるかに稀薄である。マハーバーラタの主役となるのがB地域の王族であるとすれば、ラーマーヤナの舞台は、猿猴のキシュキンダー国と羅刹のランカー国のほかは、コーサラとヴィデーハというC地域をなす国々である。この叙事詩はマハーバーラタと比べ全体がどこか童話的であり、後者にはまだうかがえる歴史的思惟はラーマーヤナ本篇では皆無に近いといってよい。

マハーバーラタやその附篇ハリヴァンシャさらにさまざまのプラーナはそれぞれクシャトリヤ王族の長大な系譜を収めているが、これらは実際の王族史実にそのまま由来するものではなくさまざまな小系譜や重要な王族伝承群を編綴してなったものとみるべきである。

(4)　日種王族と月種王族

クシャトリヤ王族はスーリヤヴァンシャとソーマヴァンシャとの両系統に区分されることはかなりよく知られているので、ここでこの両系譜を概観しておくべきであろう。もっとも日種月種並列史観が確立するのはさほど古いことではない。この観念はヴェーダ聖典には見あたらない。二大叙事詩はそれぞれ月種または日種の系譜が枠組みになっているということができるが、両統並立史観はまったく定着していない。両系譜をほぼ並列させて掲げるのはマハーバーラタの附篇ハリヴァンシャである。さらに現行プラーナから復原される古いパンチャラクシャナ・テキストのなかのヴァンシャアヌチャリタ部分では、日種月種両系統の系譜が収められ諸王の事蹟が略述されている。すなわち二大叙事詩主要部より後に著されたプラーナのなかではじめて日種月種両系統並立史観が確立したというべきであろう。

日種族とは太陽神ヴィヴァスヴァットの子のマヌの子イクシュヴァークに始まる、コーサラ国アヨーディヤーを都とする王統である。ラーマーヤナの主人公ラーマや妃シーターの養父ジャナカはイクシュヴァーク王統に属する。他方の月種王族もマヌの後裔ではあるがその名のとおり月神に連なるところがある。マハーバーラタの主人公たるパーンダヴァとカウラヴァの諸王およびクリシュナはいずれも月種王族と見なしうるが、マハーバーラタのなかでは、ソーマヴァンシャでなくアイラヴァンシャなどの語が用いられている。日種はC地域に、月種はB地域に栄えたクシャトリヤ王族であり、D地域のマガダでは日種でも月種でもない、多分に非クシャトリヤ的なる王族がいつしか優勢になったととらえることができるであろう。

4　クシャトリヤ王族の消長と北インドの統一

(1)　クシャトリヤ身分と国王

国王として国家を統治し人民を守護するものはクシャトリヤ身分のものでなくてはならない。これがヴェーダ聖典や二大叙事詩やマヌ法典などにほぼ一貫する重要な原則である。実際これらの典籍に登場する国王のほとんどすべての出自はクシャトリヤ身分であり、またすでに述べたように、二大叙事詩においては、過去のクシャトリヤ王族全盛時代を回顧し賛美するという精神が一貫しているのである。

しかし現実のインド史においては、この原則が常に遵守されていたわけではない。むしろギリシャ人侵入の前後より北インドにあいついで出現した大統一国家の君主は非クシャトリヤ系であることが多く、まぎれもないクシャトリヤ王朝による北インド統一はかつてなされなかったと言って過言ではないのである。

(2)　クシャトリヤの凋落とマガダ国の覇権

古代の北インドでかなり早い時期にクシャトリヤ王権の相対的凋落が始まったととらえることができよう。この傾向は、いまだ仏陀が世に出でるよりも前に、東部北インドのマガダすなわちD地域で胚胎したものと思われる。プラーナ聖典類に編入されて今に遺っているカリユガ諸王朝テキストにおいては、マガダを支配したさまざまな王朝の王の名も列挙されている。

このカリユガ・テキストによれば、すでに名をあげたジャラーサンダの属するバールハドラタ王朝はクシャトリヤ系であるが、これに続くプラドヨータ朝の開祖の身分は定かでない。しかし開祖プリカが主君を弑殺し、クシャトリヤどもがなすすべもなく見ている前で、わが子プラドヨータを強引に即位させるというプラーナの叙述には、この王朝の非クシャトリヤ性が暗示されているようである。

プラドヨータ朝にとって代わるものがシシュナーガに始まるシャイシュナーガ朝であり、仏陀在世時のマガダ王、名高いビムビサーラやその子アジャータシャトル、また都をラージャグリハからパータリプトラに遷したといわれるウダーインはみなシシュナーガの後裔である。これらシャイシュナーガ諸王の史的実在性に疑いの余地はなく、かれらの治世の間にマガダの覇権は確立に向かうのである。この王朝の非クシャトリヤ性の明らかな形跡はとくに見あたらない。しかしプラーナのなかで、シャイシュナーガ諸王について用いられているクシャトラバンドゥという語には注目すべきである。この語をそのままただクシャトリヤ王族という意味にとることもできなくはないが、類語ブラフマバンドゥの場合と同じく、ただ名ばかりのクシャトリヤという意味にとるならば、シャイシュナーガ諸王は、血統こそクシャトリヤであれ、クシャトリヤらしからぬ性格をも具えていたということになる。

ナンダ王朝の開祖とされるのは、最後のシャイシュナーガ王マハーナンディンとシュードラ女との間に生まれたマハーパドマであるが、かれはクシャトリヤの大殺戮者であった。プラーナによればナンダ王朝はクシャトリヤ的シュードラ王朝であったことになるが、ユスティヌスなどの西洋史書には、この王朝の開祖に相当する王が前王朝の宮廷に仕えていた理髪師であったことが記されている。インドでは理髪師の身分は低い。プラーナにはマハーパドマが全大地を支配したかのような記述がなされているが、これはナンダ王朝の覇権がマガダを越えて北インドの広大な地域に及んでいたことを示唆している。

婆羅門カウティリヤの補佐の下に、ナンダ王朝を亡ぼしたものが、アレクサンドロス大王とほぼ同時代の初代マウリヤ王チャンドラグプタであった。かれの出自は定かでなくクシャトリヤであったと考えられることもあるが、ヴィシャーカダッタの戯曲ムドラーラークシャサに従えばシュードラであったようである。この戯曲のなかでチャンドラグプタは宰相チャーナキヤからヴリシャラと呼ばれるが、これはシュードラの同義語である。

ユスティヌスの史書では、アレクサンドロスの後継者の一人でシリア以東の広大な領域を支配したセレウコス・ニーカトールは、サンドラコットスすなわちチャンドラグプタとの戦いに敗れかれと和睦し、五百頭の象と引き換えにガンダーラ・アラコシア・ゲドロシアの諸州をかれに割譲したことが述べられている。つまり西洋史料によれば、チャンドラグプタの版図は現在のアフガニスターンにも及んでいたことになる。

チャンドラグプタの孫アショーカの治世に極盛期を迎えるマウリヤ王朝は、紀元前二世紀頃に衰退期に入る。これにはさまざまな要因があったはずだが、その一つはバクトリアを本拠とするギリシャ人勢力の北インド進出である。ギリシャ軍の侵入を撃退しながらみずからの覇権を確立したと思われるのは、シュンガ朝の開祖プシャミトラであるが、大将軍と呼ばれたかれは婆羅門階層出身であった。すなわちマウリヤ朝の後に北インドを支配したマガダ系のシュンガ朝および続くカーヌヴァ朝は、クシャトリヤ王朝ではなく婆羅門王朝であったのである。

サカ王朝やクシャーナ王朝は本来夷狄系であり、グプタ王朝開祖チャンドラグプタ一世の出自が定かでないとすれば、北インドの広域支配をなしえた真正のクシャトリヤ王朝はほとんど皆無に近かったということになる。インドのヒンドゥー系王族はほとんどクシャトリヤであるという通念は実際のインド史にはまったくあてはまらぬといわねばならない。この奇妙な齟齬はいったいなにゆえなのであろうか。

（3）　西部北インドのクシャトリヤ勢力

アーリヤーヴァルタ東辺D地域のマガダ国から北インド統一が成し遂げられるのであるが、このマガダの覇権を可能ならしめたいくつかの要因があったはずである。マガダの土地は肥沃で稲作農業に適し、さらにここで製鉄業が発達したことが知られている。マガダ国は遅くともマウリヤ朝初期には強力な常備軍を具えていたと思われるのであるが、メガステネース佚文《いつぶん》の記述などから見れば、この常備軍の主力がクシャトリヤ戦士であったとは考えにくい。むしろマガダの台頭はその必ずしもクシャトリヤ的ではない常備軍に負うところが多かったのではなかろうか。

東部北インドで非クシャトリヤ的マガダ王国の覇権が確立に向かう頃も、西部北インドでは大小クシャトリヤ王国が割拠し争闘を繰り広げるという古来の状況がしばらくは維持されていたものと思われる。このような推測をなさしめるものは、ギリシャ語ラテン語で今に残る諸種のアレクサンドロス大王伝である。これらの伝記によれば、すでに西北インドへの進出を果たした大王は、土着のポーロス王の率いる軍勢に打ち勝って同王と和睦しかれを盟友とした後、シンドゥ河に沿って南下するのであるが、大王はこの時この大河の流域の各地でクシュドラコイやマッロイなどさまざまなクシャトリヤ的王族と激戦を繰り返しかれらを服属させながらようやく河口に到達することをえたのである。[6]ギリシャ軍の精鋭と互角に戦いえたシンドゥ河流域の勇猛なクシャトリヤ諸族も、東部の非クシャトリヤ的新興マウリヤ朝には屈服を余儀なくされねばならなかった。クル・パンチャーラなどをも含めた西部北インドのクシャトリヤ諸勢力の消長、またこれらの国々がどのような経過でマウリヤ王国に併呑されていったのかを知るすべはない。マウリヤ王朝は中央集権を志向したといわれるが、実際は同王朝の下でも、各地のクシャトリヤ王国が地方政権としての存続を許されていたという可能性は考えられてよい。北インド統一とは、クシャトリヤ的伝統に拘らぬ国政改革を行いながら富国強兵を実現したマガダが旧態依然のクシャトリヤ諸王権を服属させてゆく過程であったと臆測されるのである。

(4)　クシャトラダルマ

クシャトリヤ勢力の凋落について考えるときは、かれらの遵奉するクシャトラダルマに注目せねばならない。戦士王族であったクシャトリヤに独特の生活行動様式がクシャトラダルマの名辞のもとに総称される。ヒンドゥー系インド古典文化の形成に最も貢献したものは、なんといっても婆羅門階層であり、古典籍の大部分は婆羅門のあいだでかれらの立場から編作されたものである。このような事情の下では現存文献にクシャトラダルマの詳細で体系的な叙述を見出すことは難しく、マハーバーラタなどでなされたクシャトリヤの生活に関わる断片的散発的記述や言及を綴拾総合してかれらの生活理念を考察するほかはない。

クシャトラダルマは、便宜上かりにクシャトリヤの戦闘の掟と生計法・生活様式という両分野に分けることができると思う。クシャトリヤの戦闘の掟がどのようなものであったか、マハーバーラタの諸所の記述から窺い知られるのであるが、これらの記述が実態を反映しているとするならば、かれらは勇猛果敢でありながら、弱者を労り礼譲を重んずるという一面をも具えていたということになる。

クシャトリヤと婆羅門は、生計法と生活様式において大いに異なっており、ほとんど対照的であるといってよい。戦士であるクシャトリヤにもっとも適わしい最期は、戦死でなければ自殺もしくは隠遁であり、親族に看とられながら家で息を引き取ることはむしろ恥ずべきことであった。

また婆羅門の場合、他者からの施与によって生計を営むのはごくあたりまえのことであり、また婆羅門への贈与を怠らぬことがクシャトリヤの重要な義務なのであったが、クシャトリヤにとり最も適わしい生計法とは、戦闘による他者の財富の掠取であった。つまりクシャトリヤは要めるもの望むものを戦いによって敵から勝ち取らねばならぬのである。この原則はかれらの結婚法にも反映している。かれらに最も適わしい結婚法とは、乾闥婆（ガーンダルヴァ）婚と呼ばれる恋愛結婚のほかは羅刹（ラークシャサ）婚といわれる掠奪結婚なのであった。

これらの生活行動様式をクシャトラダルマと総称しうるのであるが、よほど特殊な流動的社会でないかぎりこのクシャトラダルマが十全に実践されることはないはずである。つまり戦闘や征服が日常になっている群雄割拠的乱世においてのみクシャトリヤはみずからのダルマを存分に発揮することをえたのである。

逆に、発達した行政軍事組織を具えた統一国家や広域国家では、右のようなクシャトラダルマの実践はむしろ秩序を乱すものとして排斥されねばならなくなる。たとえばクシャトリヤに適わしいとされる掠奪結婚がそのまま是認されるようでは、統一国家の安寧はとても保ちえない。クシャトラダルマが存分に実践されうるのは古い時代の流動的な氏族社会に限られる。したがってクシャトラダルマを十全に発揮するものが真正クシャトリヤであるとするならば、この真正クシャトリヤがマガダの広域国家の出現とともに凋落してゆくのは不可避であったといわねばならない。中世以後にもみずからクシャトリヤと名乗る君主は少くなかったはずであるが、名高いラージプート族など別とすれば、かれらがクシャトラダルマを思うままに発揮することはまれであったと思われる。クシャトリヤ全盛時代とは、仏陀出世に先立つ古い時代、B地域マディヤデーシャでクシャトリヤ諸族が争闘を繰り返していた時代にほかならず、この時代はシュラウタ祭祀全盛時代とおおよそのところ一致するのである。

(5) ラージャダルマ

古いクシャトリヤ的氏族制ではもはや立ちゆかない領域国家が勃興する頃、多くの君主や経世家が、新しい行政軍事外交の諸制度の確立に腐心し、有名無名の理論家が新しい国家論・王権論・王権起源論の構想に携わったであろうことは想像に難くない。これら国家と王権についての新しい理念や理論をかりにラージャダルマと総称することができる。このラージャダルマはクシャトラダルマとは性格を異にするものであるが、名称のうえでは曖昧なところがある。すなわち古いクシャトラダルマのことをラージャダルマと呼び、新しいラージャダルマについてなおクシャトラダルマの語が用いられることがないわけではないからである。

すでに述べたようにクシャトラダルマを体系的に説く典籍は見あたらないのであるが、ラージャダルマのみを論述する文献を指摘することも難しい。法典類の一部がラージャダルマ的規定に充てられていることは疑いない。マヌ法典のなかでラージャダルマが説かれるのは、第七章から第九章までの三章である。ここではラージャダルマの名の下に、整備された裁判制度や刑法民法に相当するものがかなり詳しく解説されている。またマハーバーラタ第一二巻一三巻は長老ビーシュマの多分野にわたる教説を収めるもので叙事詩中の法典部分をなしているが、これもラージャダルマ的内容に富むものである。さらに、チャンドラグプタの婆羅門宰相カウティリヤの作に帰せられるアルタシャーストラをそのままラージャダルマ的著作と見なすことは難しいが、この大著をなんらかのラージャダルマに立脚する国家論・王権論の書であるととらえるならば、ここで展開される行政外交謀略官制等についての諸論説はラージャダルマの敷衍であるといってよいであろう。

マヌ法典の関連諸章を通覧すれば、ラージャダルマというものが小規模の氏族国家ではなくすでに複雑な行政財政機構の整備された国家体制を前提とするものであることが見てとれよう。マヌは、国王はクシャトリヤでなくてはならぬと明言しているが、ここでは戦士としてのクシャトリヤ像は後退し、国土の統治者・人民の守護者・刑罰の行使者としての国王像がはっきりと呈示されている。ラージャダルマによれば、国王は感官制御を心がけねばならない。これは出家者の禁欲修行とは性格を異にするものであるが、大国の統治者たるものは、喜怒哀楽のままに振舞うという古い時代のクシャトリヤの天真爛漫性を捨てねばならなかったはずである。

ラージャダルマについてはすでにさまざまな観点から研究がなされてきたが、クシャトラダルマが正しく把握されることはまれであった。ラージャダルマを漠然と古来のクシャトリヤ生活規定の延長ととらえることが多かったように思われる。しかし両者ははっきりと区別されねばならない。伝統的クシャトリヤ理念ではもはや立ちゆかず、非アーリヤ的または夷狄系の強大な王権の伸長がすでに一大趨勢となり、古来のクシャトリヤ王族が相対的凋落を始めた頃、この事態に適合する新な国王像国家像を模索する知識人によって構想されていったものがラージャダルマである。

したがってラージャダルマとクシャトラダルマはあくまで区別されねばならないが、しかし両者がたがいにまったく異質であるわけでもない。古いクシャトラダルマから取るべきものは取り捨てるべきものは捨てるようにして、ラージャダルマが構想されたはずである。ここで捨てるべきものとは、クシャトリヤの私闘者的掠奪者的側面であり、取るべきところとは、勇敢かつ有能な軍人としてのクシャトリヤ像であった。

ラージャダルマとは、伝統と現実の調和という困難な課題への解答として産み出された多分に人為的な理論である。しかしこのラージャダルマは、それを収めるマヌ法典などの権威の定着とあいまって、ときとともにそれ自体がヒンドゥー世界の一種の伝統のようになってしまったといえるであろう。

5　ユガ説と歴史意識

（1）　四ユガ交替説

仏陀出世時にやや先立つ頃から、アーリヤ世界の理想原則と現実の懸隔がさまざまな形で露呈し始めていたと思われる。このような事態を深刻に受けとめたアーリヤ知識人が、なんらかの歴史的法則を設定しつつ、この原則と現実の乖離を理解しようとしたとしても不思議ではない。

古典インドで定着する四ユガ交替説は、人類凋落史観であるが、この史観形成の最大要因は、本来あるべきものはすでになく、なされるべきことがもはやなされえないという欠落感や末世意識であったにちがいない。

ユガとは時代を意味する語であるが、この場合の時代とは数百年でなく数千年にわたるほど長いものである。クリタ・トレーター・ドヴァーパラ・カリという四ユガが数えられ、この四ユガの経過とともにダルマは衰退し人類は堕落する。

シュルティと呼ばれる狭義のヴェーダ聖典では、四ユガ説に言及されることはまだほとんどないが、マハーバーラタやハリヴァンシャやプラーナには、まとまった四ユガ交替歴史叙述のごときものを収める諸章がある。ラーマーヤナ本編にはユガ説はほとんど認められないが、附加部たる最終巻ウッタラカーンダでは、四ユガ交替の悲観主義的歴史観が全巻の叙述の根柢をなしている。そして四ユガ交替だけでなく、ブラフマンの昼と夜、マヌワンタラなどをも含む壮大な時間体系を提示するのは、マヌ法典第一章である。

西洋ではヘーシオドスが神統記のなかで、黄金時代・青銅時代・英雄時代・黒鉄時代という時代区分を行っているが、かりに青銅時代を外してみるならば、このギリシャ人の時代区分はインド人の四ユガ交替説とよく対応するのである。叙事詩やプラーナの四ユガ交替説は決して一様ではないが、最古の黄金時代たるクリタユガや次善の白銀時代たるトレーターユガは人間がいまだ世俗的営為に携わっていなかった時代と考えられることが少くない。ギリシャの英雄時代とはトロイア戦争やヘーラークレースの冒険やアルゴー船団の遠征のなされた時代であるが、対応するドヴァーパラユガは、端的に言えば、マハーバーラタに登場する英雄たちの活躍した時代である。もっとも、特定のユガ説がこの大叙事の枠組みになっているわけではない。しかし、クルクシェートラにおけるパーンダヴァとカウラヴァの大戦闘と旧王族の没落とあい前後して、バーラタヴァルシャはドヴァーパラユガからカリユガに移行したのであるという歴史観がようやく定着に向かう頃に、この大叙事詩が増広と発展を遂げていったと考えてよいであろう。

黒鉄時代に相当する最悪のカリユガこそが事実上の歴史時代なのであるが、仏教やジャイナ教の興起、多分に非クシャトリヤ的なるマガダ王国の台頭・ギリシャ人の侵入や大統一国家の出現などはみなこの最悪の時代の出来事となる。非クシャトリヤ系シュードラ系夷狄系王族の跋扈はヴァルナ制度の部分的崩壊であり、異端的諸宗教の隆盛はヴェーダ宗教の相対的衰退にほかならない。また農業の進歩とアーリヤ人の定住化に伴う安定した村落社会の成立は、ヴェーダ祭祀生活にも微妙な変容をもたらし、ヴェーダ聖典の主要内容をなすシュラウタ祭祀の後退を余儀なくさせたのである。

アーリヤ世界の古来の原則やヴェーダ的伝統の全面遵守はもはや不可能となったことを自覚したアーリヤ知識人が悲観的な現状認識や運命論的な歴史意識を懐くに至ったとしても怪しむにたりない。四ユガ交替説がどの時代にどの地方で初めて唱えられたのかをつきとめることは難しいが、すでに述べたような理想と現実の乖離に悩むアーリヤ知識人の悲観や諦念に四ユガ交替説が理念的枠組みを与え、また場合によってはかれらに一種の慰藉《いしゃ》をもたらすものともなりえたのである。

（2）インド人の歴史意識

ムスリムの場合を度外視すれば、インド人には歴史意識が欠落している、あるいは稀薄であるということがよくいわれ、これが一種の定説のようになっている。事実カルハナのラージャタランギニーやスリランカのマハーヴァンサなどのほか、インドでは史籍と呼びうる書が著されることはまれであった。すでに述べたように、古えの諸王の行跡の叙述は多くの場合、神話伝説的文脈のなかでなされ、これらの叙述から史実をそのまま抽出することは難しいのであるが、しかし神話伝説的叙述であるからといって、それらの編作者に歴史意識が欠けていることにはならない。神話的思惟を母胎として立派な歴史観が構想されることもありうるはずである。インド人に歴史意識がないというのは一種の通念俗論にすぎない。インド人にも歴史意識は充分に具わってはいるが、その表現法が他民族の場合とは大きく異っていると考えるべきである。[7]
古典インドの歴史意識のひとつの大きな要となるものは、右に述べたようなアーリヤ人の原則と現実との乖離である。この乖離の意識から一種の悲観主義的歴史観が醸成されたのである。その意味で、アーリヤ世界の段階的没落をいう四ユガ交替説には古典インドの歴史意識がよく反映しているということができよう。

本章ではまずアーリヤ世界の地域区分を試みたうえで、僻陬《へきすう》の地域であったマガダの勃興と北インド統一、およびこれに伴うクシャトリヤ王族の凋落、さらに悲観主義的歴史観の形成について略述した。単純にすぎるとの誹りは免れえまいが、本章の所説を古代インド史を織り成すさまざまに絡みあった縒糸の内の太い一条《すじ》として呈示することは許されるのではあるまいか。

注

（1）ヒンドゥー教・仏教・ジャイナ教の三教にわたって、それぞれの宇宙論・地理観を丹念に検討しようとするとき、キルフェルの次の書の参照が不可欠となる。Willibald Kirfel, *Die Kosmographie der Inder*, Schroeder, Bonn/Leipzig, 1920, p. 402.

（2）このスメール中心世界観はヴェーダ聖典にはいまだ見られず、叙事詩マハーバーラタのなかに散見する。この世界像が明瞭に呈示されるのは、プラーナ聖典や仏教・ジャイナ教典籍のなかである。叙述内容は典籍ごとに異なるが、世界の中央に屹立するスメール山とそれを囲む諸大陸という観念は共通している。

（3）神聖なサラスヴァティー河の正確な水路については不明なところがあるが、シンドゥ河に東から注ぎこむ支流であったようである。この流れは北のプラクシャで湧き出で、ヴィナシャナで地下に没すると考えられていた。ヴィナシャナとは消失を意味する地名である。

（4）マガダよりさらに東にあるヴァンガ、すなわち現代のベンガール州やバングラデーシュに相当するガンガー河口の広大な三角洲地帯をE地域としてとらえることも可能であろう。後世ベンガール地方はインド亜大陸のなかの一大中心地域となるが、アーリヤ文化がいつ頃このE地域に及んだのかは定かではない。叙事詩等ではE地域の北半を占めるプンドラは夷狄の国と考えられることがある。

（5）ギリシャ人などとはまた別に、山間僻地で狩猟や漁撈などに携っていたキラータ・ニシャーダ・プリンダ・シャバラのような諸蛮族がいた。法典ではかれらは異なるヴァルナ間の結婚の所産として賤しまれているが、一方ではかれら蛮族とアーリヤ人との間に一種友好的で互恵的な関係の成り立つこともあったようである。

（6）マッロイすなわちマッラとは、マヌ法典によれば、ヴィデーハのリッチャヴィと同じく、クシャトリヤ系ヴラーティヤであった。ヴラーティヤとは、特殊な習慣や儀礼を守りながら放浪生活を送るアーリヤ人の集団である。仏陀在世時にはマッラ族はマガダより北に、リッチャヴィはヴァイシャーリーに定住して共和政国家を営んでいた。仏陀入滅の地クシナガラはマッラ国にある。つまり西北インドに留まったマッラ族の一部がアレクサンドロス大王と戦ったのである。

（7）インド人の頭の中に、さまざまな英雄の事蹟が脈絡なく雑然と同居しているわけではない。たとえば、かれらにとりラーマのランカー遠征やパラシュラーマのクシャトリヤ虐殺などはクルクシェートラの大戦争から見ればはるか昔の出来事であり、逆に仏陀の出世やギリシャ人の侵入やマウリヤ王朝の勃興などははるかに後の出来事なのである。

参考文献

（インド古代史解説書は枚挙にいとまがないので、ここには本邦で参照しやすいと思われるものいくつかをあげるにとどめる。）

山崎元一『古代インドの文明と社会』（世界の歴史㈢）中央公論社、一九九七年。

Vincent A. Smith, *The Early History of India Beginning from 600 B.C. to The Muhammadan Conquest Including The Invasion of Alexander The Great*, Fourth Edition revised by S. M. Edwardes, Oxford: Clarendon Press, 1924.

———, *The Oxford History of India*, Third Edition, edited by Percival Spear, Oxford: Clarendon Press, 1958.

第4章 「周辺国」の世界像
――日本・朝鮮・ベトナム――

三谷 博・李 成市・桃木至朗

1 「周辺国」の共通性

(1) 「中華」の利用・抵抗・複製

「『周辺国』の世界像」という表題に多くの読者は違和感をもつのではないだろうか。その内容にしても、日本と朝鮮とベトナムを一緒に論ずるのは無謀ではないだろうか。中心として「中国」を措定する以外にこのような構成は不可能だが、いま「中国」中心史観を再確認し、強調するのは妥当だろうか。しかしながら、本巻の他の章で取り上げるような大文明・世界宗教や帝国の世界像、そして国家を構成しなかった人々の世界像と並んで、世界にはそうした両極端の中間にあって独自の世界像を模索してきた人々が至る所にいた。そのような人々の行動パターンのひとつには、大文明の「周辺」にあって「上」を見ながら「小帝国」や「プロト国民国家」を構築しようとする動きがあった。この章ではその典型例として東アジア諸国を取り上げる。日本は歴史上まさにそのような場に位置してきたが、その世界像を理解するにも、朝鮮やベトナムと比較するこうした問題設定は有益なはずである。

ここに取り上げるのは、おおよそ一九世紀半ばすぎまで、いわゆる「近代」以前の日本・朝鮮・ベトナムである。国により重きを置く時代は異なるが、西洋が科学と結合した技術を支えにグローバル化を再開し、太平洋に面する国々もそれに巻き込む以前には、これらの国々がいだいた世界像には共通した性質があった。最近の研究者がしばしば使ってきた「日本型華夷意識」、「朝鮮小中華思想」、「ベトナム型華夷意識」などである。

これらは実はよく似ている。歴史研究者はめったに専門以外の地域を参照しないのであまり留意してこなかったが、実際には暗黙のうちに共通した性質の存在を知覚していたのではなかろうか。これを明示的に述べれば、「中華」の王朝を中心と位置づけつつ、これを利用し、抵抗し、複製するという性癖である。

この傾向は、中華帝国の首都との地理的距離により濃淡があった。年に数回の使節を北京に送った朝鮮は常に中国を意識せざるをえなかったが、大海中の島国日本は近世には国交をもたず、貿易のみを行いながら、意識下では中国的秩序像を模倣していた。ベトナムの位置と態度はその中間にあった。

利用したのは、まず貿易である。近代以前、この地域で高度の消費物資を大量・安価に生産しえたのは中国だけだった。周辺地域の中国産品への欲望はきわめて強かったから、日本以外の国は、朝貢という中華帝国の作法を踏み、しばしば藩属としての冊封《さくほう》まで受け入れた。他方、中華の王朝はとくにその草創期にはしばしば周辺への領土拡張を行った。周辺国が軍事的に征服された後、自治を求めつつ関係を安定させるには、中華の要求する外交作法を受け入れねばならなかった。同時に、自国に隣接する王権、さらに国内のライヴァルと優位を競うには、中華帝国との関係を上手に扱う必要もあった。

周辺国は中国を利用しただけではない。同時に抵抗もした。相手が強大なので、多くは「面従腹背」の形となった。たとえば、朝鮮は清朝に藩属としてつかえながら、宮中で密かに前代の明朝の皇帝たちを祀った。ベトナムの諸王朝は中国との対等を表現する「大越」等の国号を称し、君主は皇帝を名のって、中国から下された「安南」などの名は国内では使わなかった。日本は政治的な関係をもたずに済ませられたから、利用の度は低く、抵抗の必要もなかった。しかし、その世界秩序像は中華帝国のそれを複製している。自らを世界の中心におき、朝鮮や琉球からの使節の来訪を「朝貢」と見なしたのがそれである。日本以外の国がそうしたのは無論であって、朝鮮は日本の対馬を「朝貢」してくる「島主」と見なし、大名宗氏に官職を与えた。ベトナムも、たとえばカンボジアに宗主として臨み、同様に振る舞ったタイの王権と覇を争った。周辺国は、中華帝国が作った世界秩序以外の文法を知らなかったのである。

このように、「近世」の中国周辺地域では、中国の利用・抵抗・複製という共通の場の力学が働いていた。無論、各国の具体的な振る舞いには差異がある。中国の首都との地理的距離が国により異なっただけでなく、同じ国でも時代によって国内と四囲の事情は異なったから、当然である。以下では、中心から最も遠い国、日本からその具体相を見てゆくことにしよう。

2　日本

（1）「日本」の国際関係

ある社会の世界像は、その自己像と不可分である。また、「自己」自体も歴史のなかでは変化し、担い手や領域の変化、分裂や再編成、さらに知的な素養の変化にともなって、世界像も変化する。第1章で見た日本の世界像はいわゆる「三国」観、仏教の宇宙観に支えられた天竺《てんじく》・震旦《しんたん》・本朝《ほんちょう》という三地域からなるものであったが、その後、日本は統合性の弛緩と再強化、そして学知の仏教から儒教へという変化を経験し、徳川期には主に「日本」対「外国」という二分法に基づいて世界が想像されるようになった。

元寇の後、「日本」の国家アイデンティティは、その史上で最もゆるくなった。九州を拠点とする勢力がシナ海を舞台に多重エスニック海賊集団を作り、明や朝鮮から「倭寇」と呼ばれた。建国間もない大明（明朝）は日本にその禁圧を求めたが、京都の公武二重政権には西方の地方勢力を制御する能力はなくなっていた。また、足利義満は、古代のいわゆる「倭の五王」以来、久しぶりに「中華」に朝貢し、「日本国王」に冊封された。天皇でなく、その将軍が封爵を受けたこと、そして義満の後継者が必ずしもそれを踏襲しなかったことに示されるように、「日本」と「天皇」への挑戦はなされなかったものの、その国家的枠組みに忠実に従う者は乏しくなったのである。大明の東洋の彼方への関心は、ほぼ同時に建国した朝鮮と同じく乏しかったから、日本の内部に権力の分散を押しとどめようとする力は働かなかった。日本国内の地方軍事政権は安んじてたがいの攻伐に専心したのである。

一六世紀の末期、「日本」は再び政治統合体として復活した。信長の挫折と秀吉の成功を通じて、この国家は、特定権力が他を討滅して中央が地方を直接統治する形を取らず、中央の権力が盟主となって地方軍事政権の連邦を作る形で成立した。その基本単位である大名は元来は境界争いを職業とする勢力であったが、その連邦もまた「日本」や「日本人」とそうでないものとの領域的・人種的峻別を行った。「倭寇」を最終的に終わらせた海賊禁止令や日本人の売買禁止令がそれである。「日本」の内部では「私」の軍事行動がなくなり、「日本」と外部の境界も以前よりは明確にされたのである。

秀吉の大明攻略の企てと朝鮮出兵は失敗し、そのために「日本」の政治組織はそれ以上は進化しなかった。あくまで仮の話であるが、もしこれが成功していたら、直後に中原と朝鮮半島を制覇した満洲王朝と同じく、広大な帝国支配のために、集権化への動きがさらに進んだのではないだろうか。実際には、朝鮮出兵に最も消極的だった家康によって秀吉の日本は継承され、中華帝国と朝鮮からの報復も生じなかった。明朝と朝鮮は秀吉の侵攻によって疲弊したうえ、満洲族への対応に追われた。中華を継承した清朝は海の彼方の征服には乗り出さず、交易を許すに留めた。日本の一部には「華夷変態《かいへんたい》」が元寇の再現につながるのではと警戒する人々もあったが、杞憂に終わり、国内にそれ以上の集権化を促す力は働かなかった。

徳川の日本は、二つの中心と二百数十の地方軍事政権からなる双頭・連邦国家であり、その「国家」像はしたがって単一ではなかった。大名の家臣にとって第一義的な「国家」はかれの仕える大名の統治組織であり、日本はその上位にある傘のごときものであった。他方、徳川「公儀」の役人にとっては「国家」は日本以外になく、京都の公家にとってもそうであった。また、日本を代表する主体が誰か、政治的に徳川であることは広く承認されていたが、官位や暦は「禁裏」が発給しており、一義的に定まっていたわけではなかった。天皇は「日本」に関わるさまざまな祭儀を行ったが、江戸の公儀と大名たちもまた東照神君を祀って四海の太平を祈願した。徳川期を通じて「国家」は多義的であったが、この状態が二〇〇年以上も維持されたのは、国際関係の希薄さなくしてはありえなかったはずである。

「日本」とその外部との関係も複合的であった。朝鮮との国交・貿易は対馬宗家、琉球を介した中国との貿易は島津家、蝦夷地との関係は松前家、そしてその他は公儀の直轄都市長崎が担うという体制である。現在の連邦国家で外交を中央政府が独占しているのと異なって、対外関係は江戸の公儀と「四つの口」の担い手との交渉を通じて管理されたのである。

しかしながら、イメージの世界では、「日本」と「外国」との峻別という日本レベルの枠組みが、しだいに浸透してゆく。公儀の政策でそれを進めたのは、キリシタンの禁制であった。その意図は審らかではないが、結果として神仏習合の汎神論秩序像になじまない異物の排除と「日本人」の「日本」内部への閉じ込めとして機能したのは確かである。すでに明らかとされているように、スペイン・ポルトガルの排除後も近隣諸国との貿易は継続され、禁制の国以外の船の長崎入港は合法であったが、日本人の意志的な海外渡航と帰国はかたく禁止され、遵守された。経済面でも、公儀は従来は中国やその周辺国と共通であった通貨を自国鋳造品で置き換え、一八世紀半ばになると主要な貿易ルートであった朝鮮との私貿易を停止した。逆に生糸の国産化が進んだように、物流の面でも「日本」の孤立性は高まったのである。さらに、一八世紀末に西洋が再登場したとき、公儀はもう一段と閉鎖的な政策を追求することになった。日本人の渡航禁止は無論のことながら、朝鮮・琉球・中国・オランダを除く新渡来の国々とは交際せぬ方針を内外に宣言したのである。「鎖国」か「開国」か、もっぱら西洋の国々との交際の可否を問う幕末の枠組みは一九世紀の初頭に成立した。「近代」の直前、日本は政策と心性の両面で、最も閉鎖的となっていたのである。

（2）「日本」の位置づけ

「三国」観のなかで、「本朝」すなわちわが国は、世界の辺境に位置づけられていた。仏陀の救済から最も遠ざけられている「粟散辺土《ぞくさんへんど》」、そうした卑下に対し、『神皇正統記《じんのうしょうとうき》』は太陽神の子孫が永遠に統治する世界の中心という世界観を対置したが、それは日本の外部を無視してはじめて成り立つ考えであった。かつ、仏徒であれ、儒家であれ、その教養は天竺や唐山《から》から招来されたものに相違なく、少なくとも学知の世界では、日本は辺境に属するということが自明の前提であった。一九世紀に西洋が身近な存在となり、そこに「文明」を見いだしたとき、こうした日本辺境観が再確認され、今日に至っているのはよく知られるとおりである。

一七世紀後半以降の日本では漢学的教養が広く深く浸透していった。経・史・詩を学ぶとき、たとえば『史記』は中級者以上の必須科目であった。したがって、日本史を考える場合でも、まず『史記』や『資治通鑑《しじつがん》』をはじめとする中国の正史やその簡易版の知識が背後で参照されていたのである。一七世紀に林家《りんけ》が公儀の命で初めての日本通史『本朝通鑑《ほんちょうつがん》』を編んだとき、かれらは日本の史実が中国の先例に符合する「和漢一轍《いってつ》」を誇りとした。一家内に限っては、天皇の祖先を呉の泰伯《たいはく》に求めることすら考えている。また、一九世紀に下るが、頼山陽《らいさんよう》は『日本外史』の執筆にあたり、『史記』の項羽本紀《こううほんぎ》を朗唱してから取りかかったと伝えられる。他の知識人が古代の六国史《りっこくし》や鏡《かがみ》物、平家物語や太平記、また各種の戦記物に親しむ場合も、中国史を普遍史として措定し、その内容を意識・無意識を問わず参照していたに違いない。

漢学は日本知識人の視界を中国とその周辺に限る傾向を生み出した。かれらは唐山の彼方に天竺があり、そのまた彼方には、かつて日本を訪れた宣教師や商人たちの本国があることを知っていた。漢文で書かれたマテオ・リッチの『坤輿《こんよ》万国全図』やジュリオ・アレーニの『職方《しょくほう》外記』は禁書であったが、密かな閲読はできたし、一八世紀にはオランダ語の習得が進んで、直接にヨーロッパからの情報に接することもできた。しかし、かれらの世界への関心は同時代と直近の地理に集中し、歴史、漢文世界の外部、まして人類全体の歴史に向かうことは乏しかったのである。その一方、中国の紀伝体正史には列伝が含まれ、そこには、中華の心臓部だけでなく、たとえば『三国志』中の「烏丸鮮卑東夷伝」のように周辺部の記述もあった。中華の歴史は時間的にも空間的にもカバーする範囲が広く、しかも儒者にとってその史実は倫理を考える参照系であったから、それだけで世界史に匹敵するものと考えられた。日本史に関心をもつ人々は、高麗・朝鮮で編纂された『三国史記』や『東国通鑑』も参照したが、それらも世界記述としては中国正史の世界を補完するものであった。

（3）日本正史の「外国」像

さて、日本では、徳川期に至って初めて、日本の通史が著されるようになった。その最も初期のものは徳川宗家の『本朝通鑑』である。林家三代が公命で編纂したこの書は、神武から後陽成《ごようぜい》、つまり日本国家の始源から関ヶ原合戦による徳川の覇権確立までを記述している。それまでの史論と違い、『資治通鑑』に倣って、能う限りの史料を集め、比較・考量をへて史実を認定し、編年体で記している。学問的な歴史の嚆矢といえるが、同時に「日本史」の一体性と一貫性を初めて系統的に表現した点でも画期的な書であった。もっとも、これは公刊されなかった。写本として流出はしたが、その読者がどれほどいたかは、わからない。ただし、その簡易版、林《はやし》鵞《が》峯《ほう》『日本王代一覧』は本書完成以前、一六六三年に公刊された。新井白石は『読史《とくし》余論』執筆の際に座右の書としたと伝えられ、一八世紀末以降には関ヶ原までを扱った続編とともに、二度再版されている。

『本朝通鑑』には「外国」からの使者や渡来者の記事が含まれる。しかし、編年体だから「外国」に関するまとまった記述はなく、ここから編者たちの世界観を読み取ることは難しい。これに対し、すぐ後に水戸徳川家が編纂を始めた『大日本史』は紀伝体をとり、列伝の末尾に「外国」を記述しているので、日本史ではあるが、世界像を探ることは可能である。

ただし、『大日本史』の編纂・公刊には長大な年月がかかった。本紀と列伝が一旦完成し、幕府に献上されたのは一七一九年、停頓の後、志と表の編纂が始まったのは一九世紀初頭、それと併行して修正された紀伝が朝廷に受納されて『大日本史』の名と正史に準ずる扱いとを認められたのは一八一〇年、紀伝が公刊されたのはペリー到来の前年（一八五二年）、志・表が整い、外国伝が諸蕃伝に改められて全巻が公刊されたのは一九〇六年であった。編纂と修訂が長期にわたったので、どのテキストを参照すべきかが難題である。ここでは、一八五二年公刊の紀伝のうち、列伝の「外国」の構成を紹介するが、それが一八世紀初頭のバージョンとほぼ同じといえるか否か、いま判断はできない。ただ、次に紹介する本居宣長の『馭《ぎょ》戎慨言《じゅうがいげん》』（一七九六年刊）よりは包括的に世界を記述しているので、本書の方をまず取り上げる。

さて、一八五二年公刊の『大日本史』は列伝一七〇巻の末尾に「外国」一二巻を載せている。その構成は、隋・唐・宋・元・明から始め、ついで新羅・高句麗・高麗・百済・任那《みまな》・耽羅《たんら》・渤海を詳述した後、最後に蝦夷・粛慎《しゅくしん》・女真・琉球・吐《と》火羅《から》（舎衛・南天竺・林邑）・崑崙《こんろん》に及ぶというものである。順序としては中華諸王朝を重視しているが、分量では朝鮮半島の国々や渤海・蝦夷の比重が大きい。

中国との関係は対等性を強調する点に特徴がある。『本朝通鑑』は「中国」や「中華」を用いたが、本書は、記述を日本が最初に政府間交渉をもったと認定する隋から始め、これを地名としても用いる。地名に「唐」「漢」（から）「唐土」「漢土」（から、もろこし）を用いる同時代の慣用とは大いに異なっている。今日いわゆる「倭の五王」の朝貢や冊封は史実として否定する。中国歴代の史書が記す使節は「鎮西《ちんぜい》の奸民《かんみん》」の仕業の記録にすぎないとしている。

朝鮮半島の国々は「其他諸蕃」の先頭にくる。ここでは任那と神功皇后の役割を史実として重視し、新羅と高句麗・百済がほぼ同時に服属して「西蕃」となり、この「三韓」を任那によって統制したと記す。ただし、高麗（高句麗を指す）について、日本と同時に中華帝国の封爵も受け、任那も実は同様だったのではないかと述べるように、「韓地」の国家については事実上は二重朝貢体制が存在したという書き方をしている。粛慎・渤海に関しては「慕化《ぼか》・来帰《らいき》」の史実を述べ、渤海に関しては朝鮮半島の国々と同じく二巻をあてている。遣使と交流の史料が多く遺っていたからであろうか。

このあとに、蝦夷二巻がくる。国家をもたないにもかかわらず「外国」のなかに入れて詳述し、逆に琉球の記述は簡単に済ませる。『大日本史』の扱う時代は南北朝までで、その時代の史料では、蝦夷は日本政権の化に逆らった代表例であり、逆に琉球はほとんど登場しなかったためであろう。この点からすれば、女真・蒙古、とくに蒙古について詳しい記述があってしかるべきだろうが、簡単に言及するに留まる。

列伝「外国」は冒頭で記述の主旨を述べ、それを「神聖柔遠《じゅうえん》之制、膺懲《ようちょう》之意、是《ここ》に由《よ》りて睹《み》るべし」と結んでいる。日本の外交関係を主とし、それに関わる限りで各国の内情を記すのがその内容であった。「日本史」の一部だから、当然、日本を中心に世界を記述するが、中国との関係は対等性を強調するだけで、これを日本の藩属とするわけでなく、朝鮮半島の国々についても、日本への藩属と同時に中国への藩属も認めるという構造をもっている。日本中心といっても、次の『馭戎慨言』と比べると、控えめな見方である。

なお、ここでやや踏込んだ解釈も試みておこう。一八世紀初期に書いた論賛《ろんさん》で、安積澹泊《あさかたんぱく》は「夷狄」につき、「内に在る者はこれを駆逐し、外に在る者は之を隔絶す」と雑居否定・空間的隔離を主張していた。後に公式政策となった「鎖国」につながる考え方である。しかし、一八五二年の刊本には次の文言があった。「大凡《おおよそ》、諸國之使聘《しへい》之来たるや、其の款《かん》を納《い》れ、誠を輸《いた》す者は懐柔《かいじゅう》・綏撫《すいぶ》し、書辭《しょじ》禮無き者は太宰府《だざいふ》より放還す」。「夷狄」ならぬ「諸蕃」に対する「柔遠」の可能性を記したのである。外交史を記述する以上、当然と言えば当然だが、他方では、ペリー来航の前年に尊王攘夷論で知られる水戸の首脳がこうした記述の公刊を認めたことに別の意を読み取ることも不可能ではない。水戸の尊攘論者と親交を結んでいた横井小楠は、ペリー到来の直後、外国使節の接遇に際し「有道《うどう》の国」と「無道《むどう》の国」を弁別せよと述べ、開国論への転換の道を開いた。もしかすると、その背後に列伝「外国」の読書があったのではないだろうか。

(4) 本居宣長の「皇朝」中心観

さて、一八世紀末、本居宣長は『古事記伝』の執筆と併行して『馭戎慨言』という小著を著し、一七九六年に公刊した。「皇朝《すめらみくに》」と西方の蕃国である「戎《から》」の国々との関係史で、大御国《おおみくに》は「天津日嗣《あまつひつぎ》」(太陽神アマテラスの子孫)の統治する国なのだから、世界の中心にふさわしい外交をすべきだと主張し、その観点から古代から秀吉に至る歴代の為政者の外交、とくに書信の様式を評論した書である。西洋との関係がキリシタンをはじめまったく登場せず、近隣との外交のみを論ずるのが一八世紀という時代をよく示しているが、朝鮮との関係もごく簡単に触れるのみで、その関心は中国、「中華」を自認する国の無礼を指弾し、これを日本を上位に置く関係に改めよとの主張に集中している。

たとえば世間では推古天皇が隋への国書に「日出処《いづるところの》天子、日没処《ぼつするところの》天子」云々と記したことを称えるが、この対等の文言すら不可であり、「天皇勅隋国王」と彼我の立場を転倒すべしと主張する。遣唐使は必要悪にすぎず、その中断や停止は「めでたく、たけきわざ」である。まして、「萬《よろず》にことたらひてめでたき御代」に「もろこしの戎」と交際する理由はない。義満以下、足利将軍による受封は「皇国をから国のやつこになして、末の代迄、いみしき恥をのこし」た。逆に、秀吉の明征服の企ては、関白として天皇の尊位を表に立てた外交とともに大いに称揚される。小西行長や禅僧の交した外交文書は拙く、明の征服については、朝鮮にこだわらず、南京から北京に北上する戦略をとるべきだったと主張するが、「豊国神」の「こしかたにためしなき、此君のいさを」は手放しで礼賛する。結びは、「東照神御祖命《あずまてるかんみおやのみこと》」が「もろこし」との交際を絶ったことを肯定するが、「その国王がつひにはことはりの如く、みやつことまうして、まつろひまゐる」ことを期待して終わるのである。

この調子であるから、国の呼名にも日本中心主義は徹底される。外国の一般名称は、「とつ国」(外国)、「あだし国」(他国)、「ひと国」(他国)と呼び、外交文書や法令で頻用された「異国」は用いない。ただし、日本と外交をもった国々は、しばしば「やつこぐに」(蕃国)と、従属的に位置づけられる。しかし、かれの特徴で最も興味深いのは日本を「日本」と呼ばないことである。『古事記伝』の序でかれは『日本書紀』を研究しない理由を説明したが、そこには史書に名を記される国は滅んだ王朝であらねばならず、しかも「日本」という呼称は「唐山」と対になる存在として考えられたものだから不可とある。かれはわが国という言葉すら否定した。「本朝」「我国」「吾国」すべて不可で、「皇朝」「皇国」(すめらみくに)・「大御国」(おおみくに)以外を使ってはならないのである。

日本の中心性を主張しながら中国への対抗に言及するという語りは、かれの著述の至る所に現れる「漢意」批判に共通する。かつて筆者は、この矛盾し、愛憎絡み合う心理を「忘れ得ぬ他者」、忘れようとするためにかえって忘れられなくなる症候群と名付け、それを一般的なモデルに拡張して、ナショナリズムの存在する所にはいつどこでも見いだせると指摘した。中華帝国の周辺、とくに周辺国がある程度の文明を造りだした時代には、「忘れ得ぬ他者」症候群はとくに目立ったはずである。

宣長の意識していた世界は狭かった。その閉じた世界のなかでかれは理想の日本像を描きだした。一八世紀の日本はそうした夢を紡ぎえた、世界にまれな場所だった。しかし、まさにかれが『馭戎慨言』を執筆していた頃、蝦夷地にはロシア人が出没を始め、その理想郷の崩壊の端が開かれていたのである。

(5)「西洋」再登場による世界像の変容

一九世紀の前半、日本人の世界像は大きく変容した。ひとつは天竺の彼方、地球上の世界全体が意識され始めたことである。日本の知識人の一部は自らオランダ語を学び、長崎経由で輸入した蘭書を通じて世界知識を吸収していった。その代表的な成果が、アヘン戦争後、ペリー来航の一〇年ほど前に公儀の許可を得て公刊された、箕作《みつくり》省吾《しょうご》『坤輿《こんよ》図識』正・続(一八四五・四七年)である。これは当時最新の情報をもって世界を概観した書物であった。その描く世界は、万国の併立・競争、独立国と従属国、そして西洋諸国の飽くなき制覇運動からなっていた。

他方、西洋からの脅威は日本中心観をさらに強化する面もあった。日本を「外国」ならぬ「夷狄」と差別し、世界の最上位に置く根拠は万世一系の皇統以外にないとの信念が拡がっていったのである。このようなイデオロギーは、たとえば、『大日本史』にも反映された。一八五二年の紀伝公刊の後、志表の編纂は継続され、幕末の水戸内争によって中断されたものの、廃藩後も努力が続けられて、日露戦後、二〇世紀の初頭に全巻が完成・公刊された。そのとき、列伝のうち「外国伝」は「諸蕃伝」と改称され、その構成も変えられた。直接には蝦夷地・琉球などの内国化が響いたと思われるが、「内属の国、羈縻《きび》の州」の記述は中華帝国や遠方の国々の前に移された。かつその「羈縻」の国の先頭には新羅以下朝鮮半島の国々が記された。幕末の刊本では、「柔遠」・「膺懲」の記述が旨とされたのに対し、明治末年の刊本では、「内外の弁」が強調され、その「内」には日本の周辺がすべて取り込まれたのである。

近代日本人のアイデンティティは、以後、西洋と近隣との間で揺れ続けた。近世人が生み出した歴史像は、近代という「場」による強い捻れをともないつつ、その世界像に深い刻印を与えたといえよう。

（三谷　博）

3　朝鮮——高句麗・新羅・高麗

（1）朝鮮半島諸王朝の世界像・世界観

朝鮮半島に興亡した前近代の諸王朝は、一貫して中国王朝との関係を重視した。中国皇帝の徳を慕って朝貢した四夷（東夷、西戎、南蛮、北狄）の諸民族のなかにあって、最も忠実な東夷の一国として、その世界認識もまた自らを中国皇帝の天下的世界認識に積極的に位置づけたと見なされている。たとえば、近世の朝鮮王朝は、明滅亡後の異民族王朝である清を正当な王朝と認めず、明王朝を継承する「小中華」という独自の世界観を形成していた。しかしながら、その一方で、朝鮮王朝の臣下たちは朝鮮王を「殿下」と呼び、自分たちを清国皇帝（陛下）の陪臣として自らを位置づけており、中国皇帝の天下的な世界認識のなかでの自己認識には、いささかの揺るぎもなかった。*

＊　朝鮮王朝末期の王である正祖（在位一七七六～一八〇〇）は、中国正史である『宋史』を改修し『御定宋史筌《ぎょていそうしせん》』を編纂している。『宋史』は元朝に完成するが、正統論争もあって明代に何度も改修が重ねられている。そのような『宋史』を正祖は朝鮮王朝の立場から改修

し、宋王末期の皇帝として端宗と末帝の本紀を立てたり、遼・金・蒙古を列伝に入れたり、「遺民伝」を立てて宋朝に忠節を尽くした人々を顕彰したりして、朱子学的な名分論から宋→明→朝鮮へと連なる正統性を『御定宋史筌』の編纂を通して顕示している。ここには「小中華」ではなく、「朝鮮型中華主義」ともいうべき朝鮮王朝支配層の歴史意識が明確に認められる点に留意すべきであるという、洪性珉「朝鮮王朝の中国史書編纂から見た朝鮮型中華主義――『御定宋史筌』「遼傳」の分析を中心に」朝鮮史研究会一一月例会発表（二〇一五年一一月二一日、専修大学）の指摘があることを付言しておきたい。

このような視点から見れば、古来、朝鮮半島の王朝は中国皇帝の天下的な世界認識の下に、臣下として自己を位置づけていたことになる。とりわけ高麗時代に入って科挙制度が導入され（九五八年）、中国的な教養が官僚選抜の基準になってからは、高麗、朝鮮王朝と時代が降るにしたがって支配層の人々は中国的な世界観に自己を重ね合わせてゆき、しだいに中国の皇帝を中心とする天下的な世界認識を、そこに包摂される一員として共有するように至ったと見られる。

実際に、高麗時代に編纂された現存最古の史書である『三国史記』（一一四五年）や、朝鮮時代に編纂された『高麗史』（一四五一年）は、そのような世界観をもった官僚知識人の価値観から編纂されている。その結果、高麗時代やそれ以前の朝鮮半島に興亡した王朝の世界観に関わる諸事象は、自分たちの理想とする中国的な天下観から取捨選択されたり、指弾されたりしているので、それらは同時代の王朝に生きた支配層の意識を必ずしも十全に史書のなかに反映させているとはいいがたい面がある。

というのも、儒教官僚による官撰の『三国史記』とは別に、私撰の『三国遺事』（一二八〇年代）をはじめとする史書や同時代資料（出土文字資料）などによると、官撰の史書には伝えられていない高麗以前の独自の世界観や世界像をかいま見ることができるからである。それらの姿はいまだ全容を知るには不十分ではあるが、ここでは、それらの出土文字資料や編纂史料から断片的にうかがえる自己を中心とした独自の世界観や世界像の一端について論じてみたい。

（2）　高句麗の世界像

高句麗（?～六六八年）は、紀元前一世紀には中国側にその存在が知られており、漢王朝が設置した郡県との対立抗争からしだいに中国東北地方、朝鮮半島北部に勢力を拡大する。三世紀初頭には、公孫氏政権の介入によって分裂するものの、その一派が現在の中国・集安に都を構え、その後一〇人の王たちが王位を継承した。長寿王（四一二～四九一）は父・広開土王の死後三年の、殯《もがり》を経て亡骸を陵墓に移した際に立碑（四一四年）している。そこには広開土王が歴代諸王の陵墓の傍らに各々石碑を建てたこと、さらに歴代陵墓の墓守人に混乱なきように三三〇戸からなる守墓役体制を整備し、それらを前提に守墓役に関わる法令を宣布したことを六メートル余りの巨碑に記している。これが広開土王碑である。

石碑の構成は、高句麗王家の由来とその世系、広開土王一代の武勲、墓守人三三〇戸のリスト、広開土王の遺詔、守墓役に関わる法令からなる。そこに広開土王一代の武勲が記されたのは、墓守人たちの出自が高句麗の政治秩序（支配、服属関係）に関わっていたからであり、それに基づいて広開土王は守墓役体制の整備に多大な功績があったからこそ、武勲と守墓役記事は一体のものとして記されたのである。そのような碑の冒頭に高句麗王家の由来は次のようにある。

惟《こ》れ、昔、始祖鄒牟王《すうむおう》の創基するや、北夫餘《きたのかたふよ》自り出ず。天帝の子、母は河伯《かはく》（河の神）の女郎なり。卵を剖《さ》きて世に降り、生まれながらにして聖□有り。□□□□□駕を命じ、巡行して南下し、路は夫餘の奄利大水《えんりたいすい》に由る。王、津に臨みて、言いて曰く、「我は是れ皇天の子、母は河伯の女郎、鄒牟王なり。我が爲に葭《あし》を連ね、亀を浮かばしめよ」、と。声に応じ、即ち爲に葭を連ね、亀を浮かべ、然る後に造《はじ》めて渡る。沸流谷《ふつりゅうこく》の忽本の西に於いて、山上に城きて都を建つ。世位を楽まず、天、黄龍を遣わし、来り下りて王を迎えしむ。（□は判読不能の文字）

見られるように、始祖の鄒牟王の父母は、天帝と河伯（河の神）の娘であり、卵が割けて産まれ、その後に、北方の夫餘から大河を渡り高句麗の地に至り建国したと記している。高句麗は四二七年に集安から平壌に遷都するが、四三五年に平壌を訪れた北魏の使者・李敖《りごう》は、高句麗の建国神話をほぼ上記のように伝えている（『魏書』高句麗伝）。つまり、遅くとも四世紀末には、高句麗人たちは天帝を父として河伯の娘を母とする始祖を戴くという建国神話をもっていたことは疑いない。

また、広開土王碑には、「国岡上広開土境平安好太王」（諡号《しごう》）の「永楽五年」（三九五年）から「永楽廿年」に至る八年八条の武勲を年代記的に記している。その武勲記事は、広開土王が自ら出陣した戦争と、軍隊の派遣を命令した戦闘の二種類からなるが、戦闘の理由は、高句麗王の「属民」である碑麗（契丹の一部族）、百残（百済）、新羅、東夫餘の諸族が「朝貢」しなかったり、属民としての誓いを破ったり、敵国（倭）と造反したりしたときであった。その際に広開土王は武力で諸族を征討し、その過程で得た王一代の戦果は「城六十四、村一千四百」であったという。

碑文は冒頭に、王家の出自が天帝の子であると宣言し、武勲記事には、高句麗独自の年号（永楽）が使用されたり、属民の諸族に「朝貢」を求めたりしているように、そこには高句麗を中心とする世界観が表明されている。

このことを裏づけるように、五世紀前半と推測される中原高句麗碑（韓国忠州市）には冒頭には、「五月中、高麗太王祖王令□新羅寐錦《みきん》、世世爲願如兄如弟、上下相和守天、東夷之寐錦（下略）」（□は空格）とあって、高麗太王と新羅寐錦（新羅固有の王号）とが「天」の下に支配服属関係にあり、新羅王は「東夷」として位置づけられていたことが知られている。また同碑文には、新羅王の衣服をはじめ高官にも衣服が賜与されていたことを明記し（「教諸位賜上下衣服」）、漢代に高句麗王以下、その臣下たちの衣服が賜与されていたことに倣って、高句麗王が新羅に同一の儀礼を強いていたことがうかがえる。

このように高句麗が広開土王の時代には、自己を中心とする独自の世界観が実在していたことは明らかである。ただ留意すべきは、そこには同時代の中国王朝への深い顧慮が前提となっていることである。たとえば、二つの碑には、「皇帝」号ではなく「太王」号を用いていたり、王命は、「詔」「勅」を避けて諸侯の命令である「教」を用いていたりする点は高句麗独自の世界観を検討する際に軽視できない。また広開土王碑の武勲記事には、中国史書に高句麗の勝利が伝わっていても中国王朝との戦闘が徹底的に排除されており、あくまでも高句麗王を中心とした秩序世界が構想されている。中国の存在を無視しては自己の秩序が成り立たないことを強く意識しながらも、自己を中心とした秩序世界が追求されていたのである。

（3）　新羅の世界像

中原高句麗碑に見られるように五世紀の新羅は、高句麗の強い政治的統制下におかれていたが、六世紀に至ると北進して高句麗領域を侵食し、それらの新付の領域に国王が巡行碑を建立する。真興王（五四〇〜五七六）の建立した石碑は現在まで五つが確認されているが、その一つの磨雲嶺《まうんれい》碑（五六八年）には、冒頭に新羅の年号（太昌元年）を記し、次のような王者としての世界観を宣布している。

帝王は建号し、己を修め、以て百姓を安ぜざるはなし、然るに朕の歴数（機運）、躬《みずか》ら仰ぎて太祖の基を紹《つ》ぎ、王位を纂承するに当たり、身を兢《つつし》んで自ら慎み乾道《けんどう》（天道）に違《たが》うことを恐る。又た天恩を蒙り、運記を開示し、神祇に冥感し、符（天命をあらわす自然現象）に応じて算に合う（天命に応じる）。因りて斯《すなわ》ち四方は境を託し、広く民土を獲《え》て、隣国は信を誓い、和使は交々《こもごも》通ず、府（俯）して自ら惟忖《いそん》する（おもう）に、新古の黎庶（たみぐさ）を撫育するも猶お道化（徳化の行きわたること）は周《めぐ》らず、恩施は未だ有らずと謂う。是《ここ》に於いて歳は戊子に次《やど》りて秋八月、巡狩管境して、民心を訪採し、以て労賚《ろうらい》（ねぎらい施す）せんと欲す。

冒頭の年号の後には「真興太王」と記して皇帝号を称してはいないものの、上記のように「帝王建号」、「朕」といった字句を用いながら、天命と徳化の思想に基づいて辺境を行幸し、新付の領域民を慰撫した様子が描かれている。ここには新羅王が中国皇帝のごとく天下的な世界観によって自己を中心とする世界を構想してした事実を見てとることができる。

実際に、新羅は五三六年に年号を定め（「建元」）、六五〇年に唐の年号を用いるまで、独自の年号を用い続けたことが『三国史記』にも伝わっている。それと同時に、五二〇年に官位制度とそれにともなう独自の衣服制度を定め、六四九年に唐の衣服へと改めるまで固有の衣服制が存続していた。これに対して、『三国史記』の編纂者・金富軾《きんふしょく》は、新編の年号については中国の立場から「論賛」を加え、それ以前の新羅が臣下としての分を越えた立場を批判し、また唐の衣服制を導入して夷俗を中華の制に改めたことを評価している。

こうした新羅の唐への臣従政策の背景には、新羅が高句麗や百済の激しい攻撃をしのぐ戦略として唐の軍事的支援を必要としたことにあり、そのために唐の冊封を受け入れることで、固有の年号や衣服制度を改めて臣下の礼を採ることになったのである。このような経緯で唐の天下的世界に自らを位置づけようとしたのであるが、その内実は決して単純ではなかった。

たとえば、唐に投降した百済遺民・祢軍《でいぐん》の墓誌（六七八年）によると、新羅王は「僭帝《せんてい》」（分を越えて帝になぞらえる）と記され、高句麗遺民を庇護するなど唐に反抗的であることが唐の立場から批判的に記されている。このような事実は『三国史記』に反映されており、新羅が高句麗王族の安勝らを旧百済領域内の金馬渚《きんばしょ》（益山《えきさん》）に安置し、新羅王が安勝を高句麗王として冊封していることを伝えている（六七〇年）。『三国史記』は安勝を冊立した主体（新羅王）の称号を伝えていないが、それは形式的には祢軍墓誌が伝えているように「帝」でなければならない。

新羅は百済、高句麗滅亡後に、六七一年から六七六年まで唐と激しく戦闘を繰り広げており、高句麗遺民を内部に抱え込みながら唐に交戦する事態は、新羅の自己保存の闘いであり、自己の世界を防遏《ぼうあつ》する行為そのものである。しかし、新羅の「僭帝」としての立場は唐との戦闘という極限状況で生み出されたというよりは、六世紀初頭以来の自己を中心とした秩序意識に基づいていたと見なすことができる。さらに遡っては、六世紀以前の王に即位する三姓（朴、昔、金）の各姓の始祖が卵から出生したり、始祖が天下ったりした説話が『三国史記』に伝わることも、元来、独自の世界観を保持していたことを裏づけているといえよう。

（4）『三国史記』『東国通鑑』の世界像

今日の歴史理解によれば、新羅の三国統一（統一新羅）とは、唐の勢力を朝鮮半島から駆逐する六七六年を指すが、朝鮮最初の通史である『東国通鑑』（一四八五年）には編纂者の按文として明記（後述）されているように、三国統一（「平定麗済合為一」）とは、あくまで高句麗が滅亡した六六八年であって、その後の唐との戦争は、新羅の臣下としての分を越えた叛逆的な行為と評された（「既に一たるの後、王（文武王）又た自ら満《おごり》て侈心《ししん》（傲慢な心）遽《にわか》に萌《き》ざし、高麗（高句麗）の叛衆を納《い》れ百済の故地に拠り、敢えて天兵（唐軍）を拒ぐ、徳に背き犯して大邦（唐）の讐《あだ》と為り、坐して貶削《へんさく》（官爵剝奪）せらる、恥づ可きの甚しきなり」巻九、文武王一九年条）。

見られるように、『東国通鑑』の編者である徐居正らにとって新羅の対唐戦争は、臣下としてあるまじき行為であるものの、当時の新羅が唐への抗戦を主体的にどのように認識していたかはまったく別の問題である。その一端は『三国史記』にもその痕跡がうかがえる。

すなわち、『三国史記』に叙述された新羅と唐との戦闘記事は、新羅固有の記事と中国側の後世に編纂された史書からの引用記事を混在させているために、難渋な構成になっており、その叙述はきわめて難解である。そうした原因の一つに、編纂時の立場や思想からは、新羅側に伝来していた戦闘記事にはそのまま従えず、中国側の史料を多用したことに由来するものと見られる。そもそも『三国史記』は中国史書から大量の外交記事が引用され、三国の外交は中国王朝の冊封関係を基調として叙述されているのである。

注目すべきは、仁宗（一一二二～一一四六）が『三国史記』編纂を命じた当時の高麗士大夫たちの歴史意識であって、かれらは中国の五経や史書に通暁しているものの、自国の歴史に無知であることを仁宗は慨嘆している事実である（金富軾「進三国史表」）。このような編纂事情を踏まえれば、『三国史記』はいわば中国中心史観をコードにして中国文語文（漢文）で叙述された自国史という一面をもっていることが浮き彫りになる。さらに『三国史記』に先立って、史書がなかったわけでなく、『旧三国史』といわれる史書がありながら、新たに史書編纂が命じられた歴史的な背景にも留意すべきである。

というのも、『三国史記』編纂の一〇年前の一一三五年には、僧妙清《みょうせい》が高麗の国王号を皇帝に改め（称帝）、独自の年号を立てれば、高麗が天下を統一し周辺国を臣属させ金国をも隷属できると主張し、直後に平壌に拠って叛乱を起こしたが、その叛乱を鎮圧したのがほかならぬ金富軾であったからである。

『三国史記』編纂当時に『旧三国史』がありながら、あらためて史書を編纂した理由については、従来、編年体の史書であったものを紀伝体として編補したとか、新羅の王族の血を引く金富軾が高句麗中心史観から新羅中心史観に改めたといった指摘があるが、こうした理解は編纂当時の状況を考慮するとあまりに矮小にすぎる。むしろその本質は金富軾が生きた時代の国内・国外（金の勃興と遼・北宋の滅亡）における諸情勢の激変にこそ求めるべきであろう。

つまり、儒教的名分論から三国の歴史を再構築することこそ、金富軾が『三国史記』を撰述しなければならなかった目的であったはずである。とりわけ、同時代における妙清の北進を唱えるスローガンと叛乱は、唐から新羅王が官爵を剝奪されながらも唐軍と戦闘を繰り広げた新羅と二重写しになる危ういものにならざるをえない。前述したように唐・新羅間の戦闘記事が難解である理由の一端は、金富軾の名分論では理解しがたい新羅側に残った軍事関係の史料のあり方にあったと推察される。

(5)　高麗の世界像

ところで妙清が、称帝、建号を唱えたのは決して特別な事態ではなかった。高麗は、建国当初より国内において王は朕を称して命令を制、詔と記し、王都の開城を「皇都」と称していたのである。たとえば、『高達寺元宗大師恵真塔碑』(九七一年)は、光宗(九四九〜九七五)の命令を「皇帝陛下詔して曰く」とすら刻している。

また、そのような高麗の姿勢を支えていたと考えられる独自の世界観を伝えているのが檀君《だんくん》神話である。僧一然《いちねん》が編纂した『三国遺事』には、三国の建国以前に先だって、檀君王倹《おうけん》をその劈頭に掲げている。すなわち、それに拠れば、おおよそ次のようにある(意訳)。

『古記』によると、昔、桓因《かんいん》(帝釋天《たいしゃくてん》)に桓雄《かんゆう》という庶子があり、天下のことを思い人々を救いたいと考え、従者を率いて太伯山頂の神壇樹の下に天降り、人の世を治めた。あるとき熊と虎が人になりたいと祈るので、桓雄は二頭によもぎと蒜《にんにく》を与え、百日、日光を避けて過ごせば人間になれるであろうと言った。熊は二一日目に女身となったが、虎は忌むことができず人間になれなかった。女身に化した熊は、さらに壇樹の下で妊娠するよう願った。すると桓雄は変身して結婚し、熊女は檀君を生んだ。檀君は唐堯(中国古代の帝王)の即位五〇年に平壌に都を定め、朝鮮と称した。その後、都を白岳山阿《あ》斯達《したつ》に移して、一五〇〇年間国を治めたが、周の武王が箕子を朝鮮に封じたので、蔵唐京に移り、また阿斯達に隠れて山神となった。

『三国遺事』は一三世紀末に編纂されたことから、この檀君神話も一三世紀の高麗時代の産物と見なされてきた。当時は、高麗がモンゴルの蹂躙にあったときであり、それゆえ、檀君神話は抵抗精神の拠り所として唱えられたというのである。実際に、その当時に盛んであった仏教や道教の思想的な影響を叙述の随所にみてとることもできる。一方、『三国遺事』とほぼ同時期の書『帝王韻記』(李承休)に引用されている『本紀』は、『三国遺事』が引用している『古記』と同系統の史料であるが、そこには、「尸羅《しら》（新羅）、高礼（高句麗）・南北沃沮《よくそ》・穢《わい》・貊《はく》はみな檀君の領域である」と記されており、檀君王儉の支配領域は、朝鮮半島の全域に及んだと伝えている。

こうした檀君神話を記す『古記』や『本紀』がいつまで遡るかについては所説あるが、文献考証のうえで、一一世紀（田中俊明）まで遡ることは間違いない。いずれにしても、檀君神話が自国を中心にした天下的世界認識に基づいていることが認められ、諸族の統合を当為とする世界観とそれらの諸族に君臨する偉大な帝王としての檀君王儉の姿を見てとることができる。

古代以来、中国王朝の葛藤のなかで、中国王朝から冊封を受け、臣従しながらも、繰り返し、各王朝に独自の世界観が浮上する背後には、高麗が君主の雅号として「海東天子」と称したように、自分たちの君主も、中国の皇帝と同じように天から天命をうけた天子であり、かつ中国皇帝の君臨する天下とは異なる東方の天下を統治するという多元的な天下観をもっていたがゆえと考えられる。

（6）近代朝鮮の世界像

二〇〇九年に韓国学界では新羅の三国統一をめぐって論争が繰り広げられた。「統一新羅」という歴史表象は、前近代には存在せず、近代の発明であるとの指摘をめぐってである。すでに述べたように、今日の「新羅統一」とは、『三国史記』に見られる百済、高句麗の滅亡（六六八年）を起点としたものではなく、百済・高句麗滅亡後に、新羅の討伐をも企てた唐との戦争を経て新羅が唐勢力を駆逐した六七六年を起点とする、いわば「二段階統一論」に立脚している。ここには、『三国史記』や『東国通鑑』にはない近代的な「民族」による主体的な統一論をみることができるのである。

しかも、こうした前近代には見られない六七六年を起点とする統一新羅論の歴史上の起源を求めてゆくと、日本人・林泰輔《はやしたいすけ》の『朝鮮史』（一八九二年）に遡ることができるという（尹善泰《ユンソンテ》）。これを翻訳した大韓帝国期の金沢栄《キムテギョン》、玄采《ヒョンチェ》などの教科書を通して近代韓国に受容され、さらに一九二〇～三〇年代を経て、韓国知識人たちにとって統一新羅のイメージは、新羅統一を民族形成の画期として理解するなど、高句麗・百済滅亡後の新羅による唐軍の駆逐は、民族の形成と民族文化の淵源として確固と位置づけられるに至る。

重要な点は、こうした認識の大転換をもたらした林泰輔の統一新羅論には、朝鮮半島から清の勢力を排除しようとした同時代における近代日本の欲望が投影されていることであって、そのような認識は、近代的な国際秩序から従前の中国中心の華夷秩序を相対化し、そうした秩序の凌駕を企図した近代日本の世界観、国家観から生み出されたという事実である。

韓国における「統一新羅」をめぐる論争は、新羅人の世界観、それに対してまったく異なる評価を下す高麗・朝鮮王朝の知識人の世界観、そのような世界観を壊した近代日本人と、それを主体的に継承あるいは批判する現代韓国知識人の世界観（世界像）という幾重にも堆積された世界観の転変を、はしなくもあぶり出すことになった。しかしながら、たとえ歴史表象の大転換の契機が近代日本人の史書にあったとしても、「統一新羅」の創出は、近代朝鮮人たちの主体的な営為と見なさざるをえない。なぜなら、それは近代国民国家の民族と文化の創出期にあって、その途上で国家を喪失した植民地朝鮮の知識人たちが企図した創造的な国家言説の始まりとしての意味をもっていたからである。

（李　成市）

4　ベトナム

一〇世紀の独立初期から、「ベトナム」王朝は中国に朝貢し冊封を受ける一方で、少なくとも丁部領《ていぶりょう》（位九六六?〜九七九年）の政権以後には、独自の皇帝号と年号、官衙《かんが》と官爵や国家儀礼の体系、銭貨（円形方孔の銅銭が中心）などをもつ帝国であろうとし続けた。本節のねらいは、一九世紀まで存続したベトナム王朝国家において、「北国」（中華帝国）と対等な南の中華という主張がどのような論理構造をもち、どのように形成・表出されたかを、国号、歴史と神話、「天下」観などに即して論じることにある。そこでは、通例の「近代から見た（非歴史的な）伝統」でなく、ベトナム王朝国家が形成された中世の側から歴史的に見ることが重視されるであろう。

（1）国号が示すもの

現在の北部ベトナム（唐代の交州）で一〇世紀に成立した国家は、初めて皇帝を称した丁部領以後、一八世紀末まで「大越」と自称した（その間、中国からは宋代に交阯《こうし》〔趾〕、一一七四年以後は清代中期まで安南と呼ばれる）。従来は『大越史記全書』に従い、丁部領の国号は「大瞿越《だいくえつ》」で大越は李聖宗の一〇五四年からの国号だとされてきたが、丁部領の都ホアルーや李朝（一〇〇九～一二二六年）が一〇一〇年に建設したタンロン（ハノイ）で、「大越国軍城磚《せん》」と刻まれたレンガが多数発見されており、当初から大越の国号を用いたいことは明らかである。ただし、「大きい」の意味のチューノム「瞿」を用いた口語的表現「瞿越」も使われたらしい（「大瞿越」はおそらくこれを誤解して不要な「大」を重ねたもの）。金石文には同様の「巨越」（一一〇七年の天福寺洪鐘）、「鉅越」（一一五九年の「鉅越国太尉李公石碑銘序」）などの表記も見られる。陳朝以降には「皇越」の表現も散見するので、国号の核は「越」で、それにさまざまな修飾語を付加する、というのが元来の観念だったろう。

大越の国号は、「越」（という地域、人々）の代表」という特定の地域性やエスニシティを表す。タンロン遺跡から出土した「大越国李家第三帝龍端太平四年」（一〇五七年）の銘入りタイルや、金石文に見える「皇越陳朝第六帝」（一三三五年の「磨崖紀功碑」）などの表現は、「越」（大越、皇越）という一貫した国号をもつ国家のなかで王朝交替が起こるという論理を示す。中国で「大」や「皇」を冠するのは個々の王朝名であるのと、対照的な論理である。ところが陳朝（一二二六～一四〇〇年）末期に政権を握った胡季犛《こきり》は、朱子を批判し自らを周公になぞらえる一方で、陳朝を簒奪すると国号を大虞《だいぐ》を改める。堯の摂政から帝位についた舜（虞舜）を意識していたものと考えられる。都もタインホアの西都に移した胡朝は、それまでの大越とかなり違った国家を目指した可能性があるが、わずか七年で明の侵攻により滅びたため、詳しいことは判明しない。いずれにせよ大虞の国号は、中華世界の正統に連なることを主張する一方で、特定のエスニシティは示さない。

明から独立した黎朝（一四二八～一五二七、一五三二～一七八九年）は大越の国号を復活させるが、大越王朝国家の全盛期を築いた黎聖宗《れいせいこう》（位、一四六〇～九七年）は「天南洞主」と号し、その時代の制度・詩文などを集めた書物が『天南余暇集』と呼ばれるように、「中華世界の天下の南半」を意味する天南という呼称も散見する。江戸幕府の外交書簡集『外蕃通書』（第一二冊）にも、広南阮氏政権の創始者阮潢《こう》が日本商人に与えた「天南国大尉瑞国公、客商に暁示せるの書」が二点、収録されている。

一六世紀から大越は分裂時代に入る。鄭《てい》氏政権（一五九二〜一七八六年）下の北部では、大越の国号を廃したわけではないが、中国を「上国」、中国領を「内地」と呼び、自国を安南と呼ぶような表現法が定着してゆく。名目上ハノイの黎朝の支配権を認めていた中南部の広南阮氏政権（一五五八〜一七七七年）では、一七世紀末から自分の政権を大越と呼び始め（日本やシャムとの外交には「安南」も使うが）、一七一〇年には国璽「大越国阮主永鎮之宝」などを作成する。ここでは大越（自称）対安南（中国からの他称）という対比が、中南部対北部の対比に置き換えられている。

広南阮氏の流れをくみ、現在の北に攻め上って「南北一統」を実現した阮朝（一八〇二〜一九四五年）は、単純な大越の後継者ではなかった。阮朝の創始者阮福暎《ふくえい》（映）は一八〇二年に西山朝を倒すと、「南越国長阮福映」の名前で清の冊封を請うたが、南越の国号は広東・広西を思い出させるとして清朝は拒否し、語順を入れ替えた「越南」の国号で冊封した。阮朝もこれを受け入れ、ここに国号の自称と他称が一致した。ただし吉開将人が発見した清の軍機処の記録（軍機処録副奏摺）によれば、阮福映は、南越を不可とする清の意向に対し「交趾（北部ベトナム）は宋代以来安南と称してきましたが、越裳《えっしょう》（ここでは中部ベトナムを意味する。一八世紀までの大越の地理概念では今のフエを含む「順化」とダナン以南の「広南」をあわせ「順広」と呼ぶ）・真臘《しんろう》（カンボジアから奪った嘉定つまり今の南部ベトナムか）を有したことはありません。私の先祖が南方に建国してようやく越裳・真臘を併有して別に一国をなし、順化に都しました。順化はいにしえの越裳（周代に南方から朝貢したとされる）の地です。典籍を調べると越裳は交趾の南にあるので、そこで南越を国号にしました……東西二粤《えつ》（広東・広西）は百粤の粤であるのに対し、わが国が称する南越は越裳の越で、天朝（清）の封域とは実際の区別があるので、（清側の）嫌疑は無用であります」と反論している。阮朝の正史『大南寔録《じつろく》』には、一七九八年五月段階で、敵の西山朝が「南越を奄有」していたといった記事もある。阮朝が南越を称した（西山朝を滅ぼす以前から「南越国長阮福映」の名で清と接触し、当初は問題にされていない）のは、漢代の広東にあり一三世紀以降のベトナム年代記が正統君主としてきた趙氏南越を意識したためというより、ベトナム戦争中にも南北ベトナムを指す語として使われた「南越」「北越」の、前者の方に近い意味で用いたものかと思われる。

一八三八年になると阮朝は、中国に知らせずに国号を「大南」と改め、ここに自称と中華世界での他称が一致しない状況が復活する。改称の理由として明命帝は、広南阮氏は越裳の地を有したので「大越」と号したがそれは安南（北部ベトナム）の別称としての大越とは違う。ところが阮朝「大越南」も暦書で「大越」の称を踏襲したところ、無知な輩が安南＝大越と混同して困る。それを避けるために「大南」の略称を用いる。「大越南」は今後も使ってよいが大越は二度と使ってはいけない、と述べる（『大南寔録』正編第二紀明命一九年三月条）。結果として、「越」という地域性ないし漢族と違ったエスニシティは放棄され、「中華世界の南方」（の帝国）という抽象的な概念だけが――同じく「東方」をあらわす「大東」という朝鮮半島国家の呼称と同じ意味で――表出されたことになる。阮朝支配者たちが「チャイニーズ」を「明郷《みんきょう》」「清人」などと呼び、自民族を「漢人」「漢民」と呼んだことはよく知られている。

（2）　帝国の神話と歴史

広東にあり九三〇年代には北部ベトナム支配を試みた劉氏の「南漢」も、九一七～九一八年には大越と自称していた。広州と交州は唐代以前から嶺南の首邑の地位を争っており、「五代十国」時代にも「越（この場合は広東・広西から北部ベトナムまでの地域）」の代表の座を争う意識があったと思われる。しかし宋が南中国を統一すると、「南中国の半独立国家（十国ならぬ十一国？）の一つ」という北部ベトナム国家の路線は、変更を余儀なくされ、かわって「中華世界南半を支配する帝国」というイデオロギーと神話や歴史が構築されてゆく。九八〇年ないし一〇七六年の宋の侵攻に際しては、宋軍と大越軍が対峙した戦場で、「南国の山河には南帝が居している。（北の中国と南の大越が）截然《せつぜん》と分定されていることは天書に書いてある」云々という神の声が聞こえたとされる。一四二七年末、明の支配をはねのけて独立した黎利の参謀阮廌《げんち》（グエン・チャーイ）が起草した対明独立宣言「平呉大誥《へいごたいこう》」は、

おもうにわが大越の国はまことに文献の邦であり、山川の境域がすでに独自のものであるうえ、風俗もまた南北それぞれ異なっている。趙［佗《た》］、丁［部領］、李、陳がわが国を始めてから、［わが国は］漢、唐、宋、元とそれぞれ並び立つ（各帝

一方）帝国をつくってきた。

と述べる。ここには、大越が「中華世界の一員ではあるが（文献之邦）独自の領域（山川之境域）、文化（風俗）、王朝・歴史（自趙、丁、李、陳……）をもつ、北（中国）と同等の（各帝一方）自立した存在である南」だという自意識が示されている。古田元夫はこれを「南国意識」と呼び、前近代ベトナムにおける国家意識の確立と見なした。初期王朝は主に仏教や民間信仰（竜崇拝が有名）によって自己の神聖化をはかったが、一四世紀以降には儒教が「南国」の帝権の支えとなってゆく。李朝が一一五四年に大羅城南門に築いた圜丘《えんきゅう》壇はどんな祭祀を行ったか不明だが、胡朝（一四〇〇～〇七年）以後は南郊壇で天地を祀るという、中国では皇帝以外に許されない（ゆえに朝鮮半島では躊躇してほとんど行わなかった）行動をとる。また、「中国と対等」な大越は独自の華夷秩序を必要とするから、占城（チャンパー）や真臘（カンボジア）、哀牢《あいろう》（タイ・ラオス系諸勢力）を一〇世紀から藩属国ないし朝貢国と見なしてきたが、黎朝は一四八五年に「諸藩使臣朝貢京国例」を制定して、占城、老撾（ラオス）、暹羅（シャム）、爪哇（ジャワ）、［満］剌加（マラッカ）等国」をすべて朝貢国と規定した。

　こうした「南国意識」は、具体的な神話・建国説話と歴史にもとづかねばならなかった。李朝のそれらの状況は断片的にしか知り得ないが、陳朝では、資治通鑑式のコメント入り通史（年代記）のスタイルを作ったとされる黎文休の『大越史記』（一二七二年上進。現存せず）、現存最古の年代記である『大越史略』（一四世紀末という通説は誤りで、おそらく一三三〇年代以前の書）、陳朝が封号を与えた神々の由来を集めた李済川の『粤甸《えつでん》幽霊集』（一三二九年の序文を付す）などが編まれる。ちなみに、なぜ紀伝体の断代史でなく編年体の通史が編まれたかは判明しないが、東南アジアでは天地創造から自分の王朝までの通史ないし史伝を編む伝統が一般的に存在する。コメントについては、『大越史記全書』に引用されて伝わる『大越史記』の「黎文休曰く」を見ると、たとえば南越の趙佗（武帝）について「大舜は東夷の人だが五帝の英主となった。文王は西夷の人だが三代の賢君となった。つまりよく国をなすを知る者は、地の広狭、人の華夷で区別するのでなく、ただ徳だけを見るのだ」云々と述べたうえで、「北人」が犯せない越の帝権を築いた武帝の功績を称える。中華世界の神話や歴史との比較においてベトナムのそれを論評する、という枠組みがそこで明示されている（『大越史記全書』の呉士連以下もこれを踏襲する）。

その後一五世紀にかけては、神話・建国説話や歴史の体系化が進み、一五世紀末には、呉士連の『大越史記全書』（一四七九年上進。その後一八世紀末まで増補改訂が続く）、それに武瓊《ぶけい》・喬富《きょうふ》らの神話伝説集『嶺南摭怪《れいなんせっかい》』（原書は陳朝期の陳世法によって編まれたものと主張）など、今日でも正統と見なされる書物が成立する。それらの中核となる「鴻厖氏伝《こうぼう》」によれば、中国の伝説上の皇帝である炎帝神農氏と、婺僊《ぶせん》、洞庭君などの血を引く「貉竜君《らくりゅうくん》」が、「帝来」の娘である「嫗姫《おうき》」と結婚し百卵ないし百男を生む。のち父母は別れ五十子ずつが父母に従った、一方の長男が「雄（碓、雒）王」となって最初の国家「文郎国」を建国し一八代続いた、その境域は東は海、北は洞庭湖、西は巴蜀、南は占城に及んだと主張する。今や「越」は嶺南だけでなく、古代中国の南方にあった「百越」すべてを包含した（「平呉大誥」の「呉」は、明朝の旧称を示すだけでなく、春秋の越王句践《こうせん》が呉王夫差を破った故事もほのめかしている）。

もっとも、近世考証学はベトナムにも影響する。一八世紀北部では、呉時仕らが編んだ『大越史記前編』のように、文郎国の境域や鴻厖氏が二六二二年続いたという年数などを荒唐無稽と批判する言説が出現する。呉時仕はまた、南越の趙佗を皇帝としたり後漢末の交趾郡の太守士燮《ししょう》を王とするような、「南中国の割拠政権」を正統君主と位置づける陳朝以来の史観にも、「広東桂林の越」は自分たち「交趾九真の越」とは別だというナショナリスティックな感情から批判を浴びせる（その呉時仕にして自国を安南と呼ぶのだが）。中南部出身の阮朝が『大越史記全書』に替えて編纂した『欽定越史通鑑綱目《きんていえつしつがんこうもく》』（一八五六年上進）でもこれらを受け入れて、鴻厖氏の年数は記さず、文郎国の境域とされた「十五部」についても、当時のベトナムの領域内に比定する説を紹介する。趙佗は「王」、士燮は単なる漢の郡守として扱う。なお阮朝は、本紀にあたる『大南寔録』と『大南列伝』（あわせれば紀伝体になる）、制度史の『大南会典事例』、地理書『大南一統志』などをつぎつぎ編纂し、「大越」とは違った国体（上記のように北部でなく順広を故地とする）の正当化につとめている。

（3）天下の意味

大帝国の周辺国家が「脱帝国」をはかる場合、一般論として「小帝国」と「プロト国民国家」の二つの方向性が現れる。

東アジアないし中華世界はとくに、二つの方向性が交錯するさまが鮮明に表出される空間である。「南中国の割拠政権」の道を早期に閉ざされた「ベトナム」王朝国家は、朝鮮半島の諸国家と同じく中国との朝貢・冊封関係を維持しながら、支配者の称号や年号その他においては日本に劣らずはっきりと独自の皇帝権を主張するという、ユニークな道を歩んだ。そこで主張される正統性を空間としてとらえると、「天南」「大南」の国号や鴻厖氏の建国説話に見られる「中華世界の南朝」や、嶺南～北部ベトナムの小帝国など、かなりの幅が見られた。

ところで中国史研究において、「天下」は中華世界全体を指すかそれとも現実の中国の領域を指すかという論争がある。ではベトナムの場合はどうだったろうか。最後にこの問題を考えてみたい。

中華世界の南半の支配者という自己主張にもかかわらず、天下はベトナム全国を指し、中外や内外、海内《かいだい》などの表現と同様の意味で使われるのが普通だったと考えられる。「天下の諸税例を定めた」（『大越史記全書』、一〇一三年）、「天下人民の訴訟はことごとく開皇《かいこう》王に委ねて裁決し皇帝に報告させた」（同、一〇四〇年）、「天下の文学ある者を試験して、翰林院《かんりんいん》の官に充てた」（同、一〇八六年）、「天下を定めて十二路とした」（同、一二四二年）、「天下の版図《はんと》（行政区分）を定めた」（同、一四九〇年）などの行政的な記録はもちろんだが、黎利が明を撃退して「天下を混一した」「百戦をもって天下を得た」（いずれも一四二八年条）という表現も、天下はベトナムの意味で使われている。どちらも現実の領域に即した「天下の版図」と、「中国から独立した帝王の気をもち中国人が手出しできない」風水的国土観（桃木［二〇〇五］などで紹介した）を結びつければ、近世北部ベトナムには、プロト国民国家的と呼んでよいような天下＝国土意識が成立していたと考えられるかもしれない。もっとも、一三九〇年に大越に猛攻撃を加えていた占城王制蓬莪《せいほうが》が戦死した際、その首を前にした陳芸宗（上皇）が「（長年の宿敵の首を見るのは）漢の皇祖が項羽の首を見たのと違いがない。これで天下は定まった」と語った（『大越史記全書』）とされるのは、大越が占城を「天下を二分する強敵」と見ていたあらわれであると考えられなくもない。

近世に領域に加えられた中部以南の空間は（そこは北部側からはあくまで「服従しない辺境」にすぎなかったが）、上記のように、阮氏によって北部と別の国家と認識されている（順広のほか嘉定＝真臘も支配すると主張する点では、それ自体が帝国性をもつ）。広南阮氏は一七〇一年に独自の地図を作成しており、一七四四年、広南阮氏で初めて独自の王号を称した阮福濶《ふくかつ》（黎朝皇帝を否定はしておらず、黎朝の年号は使用を続ける）は、「わが国家は烏州《うしゅう》（順化の雅称）に発迹した」と述べている（『大南寔録前編』）。これらを踏まえて考えると、阮福暎が西山朝を滅ぼした直後の一八〇二年六月に見える「天下は定まったばかり（天下初定）」（『大南寔録』）という表現も、天下＝ベトナム一国と考えるよりも、「複数の国家を含む越の世界」と理解すべきであるように思われる。おそらくこうした南北の違い、一国的天下観と複数の国家を含む帝国的天下観の併存などをかかえつつ、阮朝ベトナムは「近代世界」に組み込まれる。それは短期的にはフランスに侵略を許す「弱点」だったが、長期的には「南北違ったやり方での抗仏・抗米戦争」や「地域的・民族的多様性を活かしたドイモイ」などの基盤にもなってゆく。

（桃木至朗）

参考文献

荒野泰典・石井正敏・村井章介編『外交と戦争』（アジアのなかの日本史2）東京大学出版会、一九九二年。

荒野泰典・石井正敏・村井章介編『近世的世界の成熟』（日本の対外関係6）吉川弘文館、二〇一〇年。

井上智勝「『蛮族』たちの『中華』――近世期日本・朝鮮・ベトナムの小中華意識と国家祭祀」『新しい歴史学のために』第二七九号、三六～五一頁。

井野邊茂雄『新訂増補　維新前史の研究』中文館書店、一九四二年。

岩井茂樹「朝貢と互市」、和田春樹ほか編『岩波講座　東アジア近現代通史1　東アジア世界の近代19世紀』岩波書店、二〇一〇年。

小沢栄一『近代日本史学史の研究　幕末編』吉川弘文館、一九六六年。

――『近世史学思想史研究』吉川弘文館、一九七四年。

開国百年記念文化事業会編（鮎澤信太郎・大久保利謙執筆）『鎖国時代日本人の海外知識』東洋文庫、一九五三年。

金興圭「『新羅統一』の言説は植民史学の発明なのか――植民主義の特権化から歴史を救い出す」『創作と批評』第一四五号、二〇〇九年、ソウル（韓国語）。

坂本太郎『史書を読む』中央公論社、一九八一年。

高木昭作『将軍権力と天皇――秀吉・家康の神国観』青木書店、二〇〇三年。

武田幸男『朝鮮の歴史と文化』放送大学教育振興会、一九九六年。

坪井善明「ヴェトナム阮朝（一八〇二－一九四五）の世界観」『国家学界雑誌』第九六号（九・一〇）、一四九～一六五頁。

徳川光圀修・徳川綱條校・徳川治保重校『大日本史』全一〇〇冊（紀伝）、一八五二年。

徳川光圀修・徳川綱條校・徳川治保重校『大日本史』全三三一冊（紀伝志表・目録）、侯爵徳川家、一九〇六～〇七年。

徳川光圀修・徳川綱條校・徳川治保重校『訳註大日本史』川崎紫山訳、全一二巻、大日本史普及会、一九六四～七四年。

トンチャイ・ウィニッチャクン『地図が造ったタイ――国民国家誕生の歴史』石井米雄訳、明石書店、二〇〇三年。

中村栄孝「十五世紀朝鮮の歴史叙述に関する覚書」『天理大学学報』第六一号、一九六九年、四六～六六頁。

成沢光『政治のことば』講談社現代学術文庫、二〇一二年（原著、一九八四年）。

橋本雄『週刊朝日百科日本の歴史23　室町時代2　足利義満が目指したもの』朝日新聞出版、二〇一三年。

羽田正編『東アジア海域に漕ぎ出す1　海から見た歴史』東京大学出版会、二〇一三年。

尾藤正英「皇国史観の成立」同著『日本の国家主義――「国体」思想の形成』岩波書店、二〇一四年。

古田元夫『ベトナム人共産主義者の民族政策史――革命のなかのエスニシティ』大月書店、一九九一年。

三谷博「ナショナリズムの生成――『内・外』峻別、『忘れ得ぬ他者』の力学」同『明治維新を考える』岩波現代文庫、二〇一二年。

――「『アジア』概念の受容と変容――地理学から地政学へ」渡辺浩・朴忠錫編『韓国・日本・「西洋」――その交錯と思想変容』慶應義塾大学出版会、二〇〇五年。

三谷博・並木頼寿・月脚達彦編『大人のための近現代史　一九世紀編』東京大学出版会、二〇〇九年。

村井章介・三谷博編『琉球からみた世界史』山川出版社、二〇一一年。

本居宣長『馭戎慨言』鈴之屋、一七九六年（本居宣長全集第八巻、筑摩書房、一九七二年）。

桃木至朗「近世ベトナム王朝と『わが国』」木村汎・グエン・ズイ・ズン、古田元夫編『日本・ベトナム関係を学ぶ人のために』世界思想社、二〇〇〇年。

――「ベトナム王朝国家における『国土』『歴史』『伝統』」『歴史評論』第六五七号、一九～三三頁。

――「複数形のベトナム史、閉じないベトナム史」秋田茂・桃木至朗編『歴史学のフロンティア――地域から問い直す国民国家史観』大阪大学出版会。

――『中世大越国家の成立と変容』大阪大学出版会、二〇一一年。

森平雅彦『モンゴル帝国の派遣と朝鮮半島』山川出版社、二〇一一年。

山内弘一『朝鮮からみた華夷思想』山川出版社、二〇〇三年。

山本達郎編『ベトナム中国関係史』山川出版社、一九七五年。

尹善泰「統一新羅の発明と近代歴史学の成立」黄鍾淵編『新羅の発明』東国大学出版部、二〇〇八年、ソウル（韓国語）。

――「統一新羅を語り直す――金興圭の批判に対する反論」『創作と批評』第一四六号、二〇〇九年、ソウル（韓国語）。

吉開将人「『越南』国号問題再考――軍機処録副奏摺に見る阮福映」東南アジア史学会第八五回研究大会発表（二〇一一年六月一一日、北海道大学）。

李成市「六－八世紀の東アジアと東アジア世界」『岩波講座日本歴史』第二巻、二〇一四年。

――「石刻文書としての広開土王碑文」藤田勝久・松原弘宣編『東アジア出土資料と情報伝達』汲古書院、二〇一一年。

李成市他「祢軍墓誌訳註」『史滴』第三四号、二〇一二年。

渡辺浩『東アジアの王権と思想』東京大学出版会、一九九七年。

Gourou, Pierre, *Les paysans du delta tonkinois, étude de géographique humaine*, Paris et la Haye: Mouton & Co., 1936.

Woodside, Alexander B., *Vietnam and the Chinese Model, a Comparative Study of Vietnamese and Chinese Government in the First Half of the Nineteenth Century*, Cambridge（Mas.）: Harvard University Press, 1971（1986）.

第5章　ギリシアの世界像
——ヘロドトスのジェンダー認識と異民族観を中心として——

栗原麻子

1　世界史家としてのヘロドトス

（1）「歴史の父」ヘロドトス

本章では前五世紀の歴史家ヘロドトスの世界史叙述におけるジェンダー認識と異民族観について考察する。

前一世紀ローマの弁論家キケロはヘロドトスを「歴史の父」と呼んだ（『法律について』巻一・五）。その真意はともかく、ヘロドトスが初めて神話的な系譜学と一線を画し、人間の事蹟を探求したことから、かれをギリシア・ローマ世界における歴史叙述の「父」と呼ぶことには一定の正当性がある。

ヘロドトスの『歴史』は、時間的・空間的ひろがりにおいて世界史的な（universal）傾向を帯びていた。その特徴の第一点目は、自国史・自民族史に対象を絞らなかったことである。ヘロドトスは、ギリシア人と異民族との戦いを、知られる限りの地理的・民族誌的・歴史的証拠を駆使して叙述・検討した。第二点目は、同時代史に対象を限定しなかったことである。ヘロドトスは検証可能性の高い現代史とそれ以前の歴史を区別していたが、その探求は遡れる限りの過去に及んでいた。『歴史』は時間的な契機においても空間的な契機においても世界史的特徴を備えていたといえる。

しかも、ヘロドトスの叙述対象は、政治・軍事史に限定されることなく全体史的傾向を帯び、その考察対象は、諸民族の習俗や私的領域における活動など、人間の営為の全体に及んでいた。ヘロドトスは「全体としての世界を理解するための方法としての歴史をはじめて発見した」(Immerwahr, 1966, p. 5) のであった。トゥキュディデスにほとんど登場しない女性が、ヘロドトスに頻出するのも (Blok, 2002, p. 226)、ヘロドトスの全体史的傾向のひとつの表れである。

以下、ひきつづき『歴史』執筆の背景とその世界史的性格、およびその世界の空間の広がりについて確認する。そのうえで、ヘロドトスの世界史認識における異民族・ジェンダー観の考察に入りたい。異民族と女性はいずれもギリシア人男性にとっての他者であり (Cartledge, 1993)、男性中心主義とギリシア中心主義は不可分の関係にあった。ヘロドトスの他者理解の根底に、かれ自身引用する詩人ピンダロスの「ノモスこそ万象の父」という詩句が示す文化的相対主義があったことを導きたい。最後に同時代のローカルな歴史認識やその後のギリシア歴史叙述とヘロドトスの関係についても言及しておきたい。[1]

(2)　東西交渉史の「探求」

ヘロドトスは、前四八四／三年頃小アジアのハリカルナッソスに生まれ、僭主追放運動に加わって成功した後、同郷人の妬みを避けて亡命した (藤縄、一九八九、三四一〜三八七頁)。各地で自作を読み聞かせながら調査活動を行い、遅くとも四二〇年代前半までに『歴史』を完成させたといわれる。[2]

著作全体の目的は、序言に端的に述べられている。

本書はハリカルナッソス出身のヘロドトスが、人間界の出来事が時の移ろうとともに忘れ去られ、ギリシア人や異邦人(バルバロイ) の果たした偉大な驚嘆すべき事績の数々——とりわけて両者がいかなる原因から戦いを交えるに至ったかの事情——も、やがて世の人に知られなくなるのを恐れて、自ら探求したところを書き述べたものである (松平千秋訳、一部改変)。

『歴史』の目的は人間の驚嘆すべき事績の「探究」であり、またその対象は、ギリシア人とバルバロイの間の東西抗争史であるという。

「探究」という点で、ヘロドトスはイオニアの自然哲学の潮流のなかにあった。その所説には、イオニアの自然哲学者たちの見解が随所に反映されている。自説を提示するために先行説を批判するヘロドトスの方法もまた、イオニアの流儀であった（Thomas, 2000 ; 2006）。

なかでも過去に対する合理的な「探求」という意味で、ヘロドトスに先行すると考えられるのは、前ミレトスの人ヘカタイオスである（Momigliano, 1978, p.3）。神話と系譜学は、ギリシア世界において、世界との関係性を表現する手段であった（Price, 2012, pp. 23-27 ; Calame, 1996）。ヘカタイオスは『系譜学』で、先人たちがさまざまな矛盾する神話上の系図を蒐集してきたことを批判し、神話・伝承の取捨選択を行った（Bertelli, 2001）。また『世界周記』では、地中海周辺の民族誌をアジアとヨーロッパの二部構成にまとめている。ヘロドトスは、『系譜学』から過去についての「探究」を、『世界周記』から世界の空間的広がりに対する関心を継承したが、神話的過去を検証不可能と考え「人間のなしたことごと」に分析対象を限定した。その意味でヘロドトスはヘカタイオスの批判的継承者であった。

東西抗争の物語という意味では、ヘロドトスはホメロスの叙事詩の継承者であった。ホメロスの『イリアス』は、ギリシア連合軍とトロイア人との抗争を描いている。ヘロドトスは、トロイア戦争を、フェニキア人らアジア人とギリシア人の間で繰り返された女性の略奪合戦の一環と見なし、さらにペルシア戦争をその報復として位置づけた。ペルシア戦争を、女性をめぐる因果応報の結果と見なすヘロドトスの東西抗争史観は、かれが滞在していたアテナイで人口に膾炙していたらしく、ヘロドトスの同時代人であった喜劇作家のアリストファネスが『アカルナイの人々』（第五一五行以下）でこれを揶揄している。

このようにヘロドトスの世界史的構想は、イオニア自然哲学と、東西の抗争を描くパンヘレニックな叙事詩の伝統を二つながら引き継いでいた。

(3)　年代の骨組み

現実の人間世界の過去を時間軸のなかに位置づけるためには、神話的過去とは異なる時間のフレームワークが必要となる。ところが当時ギリシア世界には世界史を書くための、共通の年代決定の枠組みが存在しなかった。そこでヘロドトスが採用したのが、オリエントの世界帝国の王の在位年による年代表記である。前五四六年のサルディスの戦いにおけるリュディアのクロイソス王とペルシアのキュロス王の邂逅を起点として、まずは両国の起源をたどり、アッシリア、メディア、ペルシアと続くオリエントの諸帝国の系譜を受けて、ペルシアが帝国の拡大につれて接触した諸民族の事情が、説明される(Immerwahr, 1966, p. 24)。やがてイオニアのギリシア人がペルシアと接触することによって、初めてギリシア史に話の本筋が移るのである。最後はダレイオスの後嗣クセルクセスが、ギリシアに対する報復を断念しアジア本土に戻ったところで、再びペルシア建国者であったキュロスの忠告に話を戻して『歴史』を閉じている。

2　ヘロドトスの空間認識における中心と辺境

(1)　知られる限りの世界

空間的な広がりに目を向けてみよう。ヘロドトスの記述対象は、現在のわれわれの目から見れば地球のごく一部を描いているに過ぎないが、かれの知る限りの「居住世界」(オイクメネ)全体に及んでいる。その意味でもヘロドトスの構想は世界史的であった。当時、イオニアの知識人のあいだで主流となっていたのはヨーロッパとアジアとリビアに三区分する方法である。この三区分法による世界図は、陸地の北半分をヨーロッパ、南半分をアジアとリビアとし、その周縁を円形のオケアノス(大洋)が取り囲むシンメトリカルで幾何学的なものであった。ヘロドトスはこれを一笑に付す(巻四・三六)。インダス川以東のアジアの南端とアフリカの南端には海があることが知られていたが、ヨーロッパの北方とアジアの東部については信頼に足る情報がないとして判断を保留する立場をとる(巻三・九八、同一一五)。ヘロドトスにとって世界の果ては未知であった。ともかくヘロドトスは、幾何学的な世界像に対して部分的な訂正を加えながら、三大陸区分を慣習的な地理的区分の方法として踏襲し（巻四・四二〜四五）、ペルシア支配下に入った各地域について民族誌的叙述をくりひろげる。

(2) アジア

アジアはペルシアの支配地域と一致すると見なされている（巻一・四）。ペルシア支配下の諸地域については、ヘロドトスはそれまでの著作によってもたらされた情報と、ペルシア帝国内部での伝聞（Fowler, 2006）に、実地見聞の結果を付け加えて執筆を行ったと見られる。ヘロドトスは陸路スサを起点として王の道を歩き、海路エウフラテス川を下ってバビロンまで旅行した可能性がある（藤縄、一九八九、一二二〜一三六頁）。

しかしその周縁部については情報が乏しい。アジアの東方については、ペルシアのダレイオス大王の命でスキュラクスがインダス川流域を調査し、さらにインダス河口からスエズ湾までを航海している。しかしインダス以東については、無人の砂漠として描かれている（巻三・九八）。アラビアは、乳香などの香料の産地として紹介されているが、わずかに触れられるにすぎない。

(3) リビア

アジアとリビアの境界は、ヘロドトスの同時代の常識ではナイル川であるが、ヘロドトスはこれを否定し、エジプトの境界でアジアとリビアを区分するべきだと主張している（巻二・一六〜一七、巻四・四五）。エジプトはヘロドトス以前からギリシア人にとって商用や観光でなじみ深い土地であり、ヘロドトスも実際にこの地を訪れ、現地の神官から情報収集をし、さらにナイルを上流まで遡上し、可能な限り実見している（藤縄、一九八九、一五三〜一五七頁）。

エジプトの西にはリビアが広がっている。リビアは三区分法に従えば、アジアやヨーロッパと肩を並べる大陸である。だが、ヘロドトスはこの通説的理解に反論を加える。アジア大陸には今日の小アジアとアラビア半島が突き出ている。アラビア半島とリビア大陸は紅海で慣習的に分けられるが、実際にはつながっており、リビアはアジア大陸から突き出た半島のようなものであるととらえられている（巻四・四一）。リビアの地中海南岸には「沿岸のリビア人」の居住地域が帯状に広がっており、その南側には野獣生息地帯が、さらにその南方のオアシス地帯には「極限の人々」の居住地域が、そしてその南方には今日のサハラ砂漠が広がっていると認識していたという。

「沿岸のリビア人」はいくつもの種族に分かれている。しかしヘロドトスの情報は、西方に行くにしたがって伝承と混じり合ってしまう。ナサモネス族は一夫多妻で乱婚的である。ナサモネス族の西方にはマカイ族が、その南側にはギンダネス族が住んでいるが、この種族の女性は交わった男性の数を足輪で誇示している。そこから海に突き出る岬にはロトファゴイ（蓮食い族）が住むとされる。これはホメロスの『オデュッセイア』（巻九・八二〜一〇四）でオデュッセウスが漂流の末出会った、伝説上の人々である。

リビアの南方はエチオピアとなる。エチオピアには「長命族」が住み、「太陽の食卓」の伝承を確認するためにペルシア王カンビュセスが使節を派遣したという（巻三・一七）。エチオピアの南のことはよくわかっていない。

（4）ヨーロッパ

最後にヨーロッパに居住する民族としてヘロドトスは、ギリシア人とマケドニア人のほかに、黒海の北方のスキュタイ人とトラキア人について詳説している。黒海方面の情報はペルシアの遠征によって蓄積されたほか、ギリシア人自身が植民と交易を通じて知見を広めていたと思われる。ヘロドトス自身も実際に黒海北岸を訪れたらしい（藤縄、一九八九、一九五頁）。

黒海北方のキンメリアにはスキュタイ人が居住していた。しかしそこから先の世界についてはヘロドトスの叙述は急に伝承めく。スキュタイ人のうち農耕スキュタイ人の諸部族の北方には無人の土地が広がり、その向こうにはアンドロファゴイ（食人族）が住んでいた（巻四・一八）。また、農耕スキュタイ人の東方には、森林地帯の北側のステップ地帯に遊牧スキュタイ人が住んでおり、その東方には王族スキュタイ人が、さらに東方にはサウロマタイ人が居住している（巻四・二一）。これは、スキュタイ人が伝説上のアマゾネスと通婚し形成した民族であった。その先の禿頭族の居住地を越えると山岳地帯となり、その先には「やぎ頭の男たち」や「六カ月眠る人」が住むというヘロドトス自身受け入れがたいと述べる伝承があり、また禿頭族の東方にはイッセドネ人が住んでいる（巻四・二五〜二六）。最後に最北の地には、ヒュペルボレオイ人（極北人）

の存在が伝えられている（巻四・一三一～一三三）。これらのほかにヘロドトスは北方からの銀や琥珀の存在についてふれているが、北方の海の実在性や一つ目のアリマスポイ族や怪鳥グリュプスの伝承については真偽の判断を保留している（巻四・二七）。

黒海北方にはトラキア人も居住し、ペルシアに支配されていた。トラキア人はギリシアに奴隷を供給しており、沿岸部のトラキア人とギリシア人の間には直接の交流があった。かれらは、多妻制であったり入れ墨をしていると伝えられている（巻五・六）。

以上がヘロドトスの描いた「居住空間」の分布の概要である。

（5）想像のなかの他者——文明と野蛮

このようにヘロドトスの世界は、よく知られた中心部と、中間地帯の遊牧民の世界、そしてホメロス以来共有されてきた、想像世界の住民たちが住む辺境に分かれている。M・ロセッリーニとS・サイードによる共著論文（Rossellini and Saïd, 1978）が論じるところでは、ヘロドトスの描く辺境住民は、獣的な状態と文明の対比のなかでその中間に属する。農耕を知らず野生（アグリオス）の植物を食し、調理も犠牲式も知らずに生肉を食す。あるいは家畜のように公然と交わり、あるいは乱交する。[3]それに対して辺境住民よりも内側に居住する民族は、結婚も公私の区別も知っているが、いまだその規範は厳格でない。かれらは辺境住民よりは文明的であるが、ギリシア人に比べれば野蛮を残し、婚姻を知るものの乱交に対して寛容である。男女の区別を厳密にしない民族があれば男女の役割が逆転する民族もある。これらの民族は、ギリシアから離れるほど文明から遠ざかる。ヘロドトスは文明と野蛮を対比する構造のなかで、ギリシア人とは異なる男女関係の規範を未開と結びつけ、ギリシア人との類似性が高いほど文明度が高いと見なしているというのである。

しかしギリシアから遠ざかるに従って文明の程度が減ずるというような、ギリシア中心主義的な図式を、ヘロドトス自身のものととらえることは難しい。ヘロドトスは「あらゆる民族によいところがある」として辺境住民にもよさを見いだす、「均衡観」（中務、一九八六・二〇一〇、一四七～一七二頁）を備えていた。また模式的な理解を排して実見を重視するヘロドトスの調査方法にも適合しないためである。

ヘロドトスが、世界地理の模式的理解よりも重視したのは、個別の情報であり、「見ること」と「聞くこと」であった。情報が与えられている限り、その情報に対するヘロドトスの判断は価値自由的であったように思われる。観察と調査による知見を重視することによって、ヘロドトスは図式的なギリシア中心主義を免れることができた。ところが、直接「見ること」も、見た人に確かめることもできない想像世界の住民については、ギリシア人との差異を重んじるヘロドトスの傾向と相まって、これらの民族にギリシア人の慣習と対照的な「野生」の要素を見いだす伝承が修正されることなく、そのまま書き留められたものであろう。想像のなかで、世界の果ては野生の地であり、さもなければ太古の理想郷であった。

3　ヘロドトスの描く女性たち(4)

(1)　アマゾネスとスキュタイ人

そのような想像世界の住民の代表格ともいえるのが女戦士アマゾネスである。ヘロドトスは次のようなバージョンを伝えている（巻四・一一〇～一一七）。アマゾネスがスキュタイ人の住む地域にたどり着いたとき、スキュタイ人は最初、それが男性の戦士集団と疑わず交戦するが、遺体をみて自分たちが戦ったのが女性だと知り、戦うよりもむしろ彼女たちと番《つが》い、強い子を得たいと考えた。そこで、彼女たちに求愛するために、まずは少年から成年に至る過渡期の若者（エフォボス）の集団を、アマゾネスの宿営地のほど近くに野営させ、彼女たちをまねて集団生活を送らせる。エフェボスたちは徐々に宿営地の距離を縮め、やがて野外で次々とカップルとなった。やがてかれらは結婚する。ところが、アマゾネスたちは、スキュタイ人の若者たちがスキュタイ社会のなかに入ることを求めたのに対し、それを拒絶し、むしろスキュタイ人の若者たちがアマゾネスの社会に入ることを求めた。アマゾネスたちはスキュタイの女のように女の仕事ができず、男のように戦闘するのであって、スキュタイの女と馴染むことができないというのである。そこでスキュタイ人の若者たちは、一旦スキュタイに戻ると財産分与を受け、アマゾネスたちと新たに集団を形成したという。

アマゾネスの存在は、ギリシア人のイマジネーションのなかで、女性支配への恐怖を喚起していた。その恐怖自体が、アリストファネス喜劇にも見られたような男女の役割転換の潜在的可能性をギリシア人が認めていたことの反映であったともいえるだろう。ヘロドトスは驚きこそすれ彼女たちの社会を否定しない。これは、性的役割分担が文化的産物であるという認識がヘロドトスにあったことを示している。

(2)　あべこべの国エジプト

ヘロドトスが直接調査に赴くことができたエジプトについては、より実地の調査に基づく習俗が記録されている。エジプトはヘロドトスにとって最古の文明であった。ヘロドトスはエジプト人の習慣を、ギリシア人との対比のもとに、倒錯した独自のものとして描くが、そこにも差異の認識と驚嘆が見られる。ヘロドトスの目に映ったエジプトはあべこべの国であった。とくに男女の役割について、次のように述べられている。

エジプト人はこの国独特の風土と他の河川と性格を異にする川に相応じたかのごとく、ほとんどあらゆる点で他民族とは正反対の風俗習慣をもつようになった。たとえば女は市場へ出て商いをするのに、男は家にいて機織りをする。［中略］また荷物を運ぶのに男は頭に載せ、女は肩に担う。小便を女は立ってし、男はしゃがんでする。［中略］両親の扶養については、息子の場合はその意思がなければ全く強制されることがないが、娘はたとえその意思がなくても絶対的に義務付けられている［後略］（巻二・三五）。

ヘロドトスの目には、エジプトの女性の立場は、ギリシア的な規範とは相反するように見えたのである。しかしヘロドトスは、ここでも価値判断を保留し、これをただ驚きの対象としている。

（3）　社会秩序と女性

ところでヘロドトスの描く女性たちは、辺境の想像世界においても、エジプト誌においても、それぞれ自分たちの文化規範に則って行動している。この原則は、リュディアやペルシアの女性たちにもあてはまる。

リュディアやペルシア王の周辺には王を取り巻く妃や愛人の姿が描かれる。専制君主の女性関係をヘロドトスはヒュブリス（驕慢）と結びつけて論じるが、女性たちに加えられたヒュブリスは、それぞれの社会規範に基づいた女性たちの報復を受けることになる。たとえばリュディア王カウダウロスは、人前で肌を見せないというリュディア人の文化規範に反して王妃の裸体を覗き見させたことで、王妃の指示により寵臣ギュゲスの王権簒奪に遭う（巻一・八～一二）。ペルシア戦争敗北時のペルシア王クセルクセスは、抑制の利かない性愛から弟の娘を愛人とする過剰（ヒュブリス）が悲劇的結末を招いた（巻九・一〇八～一一三）。いずれにおいても女性たちは、事態の推移に主体的に関与している。女たちは、それぞれの文化の体現者として行動しているのである。

ギリシア悲劇に現れる女性たちは秩序破壊的であり、アッティカ法廷弁論に現れる女性は、家庭秩序に従順な存在として好意的に描かれるか、秩序からの逸脱者として糾弾されるかのどちらかであるが、ヘロドトスに現れる女性は総じて秩序の体現者である、とデヴァルトは述べている（Dewald, 1981, p. 91）。描かれる女性像が現実をそのまま映しているととらえることはできないが、『歴史』に描かれる女性たちには、社会秩序との強い連関が認められる。

まず第一に、リュディア王カンダウレスとペルシア王クセルクセスの例に見るように、ヒュブリスによる家秩序の破壊は、しばしば国家秩序の破壊を含意していた（Blok, 2002）。またこれらの事例に登場するカンダウレスの妻やクセルクセスの妻らを含め、女性は、個人であれ集団であれ、消極的にであれ積極的にであれ、それぞれの倫理観に従いながら、その文化的規範（ノモス）の制約のなかで秩序形成に寄与しうる存在として描かれている（Dewald, 1981）。第二に、ヘロドトスには、オリエント側・ギリシア側を問わず、女性を通じて権力が継承される事例が数多く見られる（Tourraix, 1976）。すでに見たギュゲスの事例がそのひとつである。権力継承を正当化する補完的な要素として女性の存在が語られていることが注目される。

以上のように、ヘロドトスの歴史像においては、女性のあり方や行動に決定的な役割を見いだすことができる。これはヘロドトスの関心が政治・軍事に限られず、全体史的傾向を有していることの反映である。

(4) アテナイのジェンダー規範とヘロドトス

ここで比較のためにヘロドトスが執筆活動を行ったアテナイのジェンダー規範について概観しておこう。同時代のアテナイでは、女性は必要以上に人目に触れないことが規範とされてきた。女性は終世、男性の後見下におかれ、外出時の一人歩きを抑制され、相続権もなく、家庭内での権威は端々にうかがわれるものの、公的な場での政治的発言権を一切与えられていなかった。

それに対して市民男性は、市民権を有するという点で特権的であった。その「男らしさ（アンドレイア）」は、言論の自由に基づく思慮深さに裏づけられた抑制の効いたものであることが望ましく、また戦場では重装歩兵の「男らしさ」が、ほかの戦闘形態に比べて規範的であると見なされた（Roisman, 2005：Balot, 2004）。それにともない制度外の暴力に対して制約が課されるようになる。アテナイにおいて「男らしさ」は協調的価値観に適合して、「文明化」されたのである。

重装歩兵として槍で戦うことは、バルバロイと対比的に、ギリシア的な男性像と見なされていた。アイスキュロス『ペルシア人』やエウリピデス『ペルシアの女たち』は、自由なギリシア人男性が、自由のために自発的に戦うのに対して、バルバロイは隷属と強制によって戦うという共通理解に立っている。アテナイ人の「男らしさ」が節度と結びついていたのに対して、バルバロイのそれは抑制に欠けると見なされていたため（プラトン『ラケス』一九七b）、「男らしさ」の語を避けて「猛々しさ（アラゾネイア）」と表現されている（Hall, 1989, p. 124）。テオフラストスは、野生種の植物と野蛮人の男らしさのあいだに、抑制を知らないという点で類似性を認めているという（Foxhall, 1998）。

かくしてバルバロイは、ギリシア的な「男らしさ」の理想から排除され、女性や奴隷と同様に「臆病さ（アナンドレイア）」と結びつけられるか、野蛮と見なされるようになった（Roisman, 2005）。前四世紀後半に、ペルシアに対抗してパンヘレニックなギリシア人の連合を説いたイソクラテスは、ギリシア人の「男らしさ」とバルバロイの「臆病さ」を対比している（四・一五二、五・一三七）。ヒッポクラテスでは、「男らしさ」はアジアには備わらないとされ、アジアは本来勇敢なものですら柔弱にすると述べられていた。非ギリシア人の女性化は、ペルシア戦争後の図像表現においても進行していったことが確認されている（Lissarague, 2002）。

このような異民族に対するジェンダー表象がときに政治的な意図をともないうることをヘロドトスは熟知していた。かれは、エジプトのセソストリス王の記念柱の意図が、無条件で屈服した民族を女性性と結びつけることによってその怯懦を示そうとするところにあったと看破している（巻二・一〇二）。ヘロドトスはまた、「男らしさ」「女らしさ」が民族に固有なものではなく文化規定的であると考えていた。元来リュディア人は最も「男らしさ（アンドレイア）」を備えた民族であったと見なされていたにもかかわらず（巻一・七九）、ヘロドトスの描くクロイソスは、武器のかわりに楽器を携えさせることによってリュディア人が「女のように（柔弱に）」なるだろうとキュロスに進言している（巻一・一五五）。また、すでに見たようにヘロドトスはエジプト誌において、ギリシア人が男性領域に属すると考えていた行動を、女性に認める文化があることを理解していた。

さらにヘロドトスは、男らしさが女性にも備わっていると考えていた。男性の特質である「男らしさ（勇気）」の語を、女性に使用することに躊躇せず、ヘロドトスは故国ハリカルナッソスの僭主であったアルテミシアに自ら「アンドレイア」の持ち主であると自称させ（巻八・六八）、かつクセルクセスに彼女の武勇をもって「我が勢の男が女のごとく、女が男のごとくである」（同八八）と感嘆の辞を述べさせている。

ヘロドトスはまた、すでに見たように、アマゾネスを重装歩兵の武具を身につけた戦士としての有能さにおいて評価し、結婚後も戦士であり続けながら国政にも携わる存在として描いていた。これはギリシア人の市民男性の役割を、誇張してあてはめたのである。ヘロドトス自身はギリシア的な男らしさにより高い価値を認めていたが、ジェンダーが社会的構築物であることを理解していた。

4　ヘロドトスとオリエンタリズム

(1)　ヘロドトスの異文化理解

ヘロドトスのジェンダー理解について確認された相対主義的傾向は、そのまま異文化理解にもあてはまる。かれは、異民族の慣習を、ギリシア性を照射する鏡としてみつめていた。諸民族の驚嘆すべき慣習をギリシア的な慣習との対比のもとに理解し、また対比を通じて逆にギリシア的なるものを明らかにし、ギリシア人の「鏡像」(Hartog, 1999) として描いたのである。オリエントを対象として、自己の鏡像としての異民族を描いたという意味では、ヘロドトスの世界像にオリエンタリズムを見いだすことが可能である。

ヘロドトスの地理認識において、アジアとヨーロッパの区分は、東西の対立という作品全体のテーマと関わる重要性を帯びていた。アジアとヨーロッパを分けるのは、ヘレスポントスでありエーゲ海である。遡れば、ホメロスの描いたトロイア戦争もまた、エーゲ海を挟んだギリシア勢とトロイア勢の対立であった。ヘロドトスはそれを東西抗争の前史ととらえて、ペルシア戦争を描いたのであり、東西を対比する思考は、ヘロドトスの生きた前五世紀のギリシアのなかに深く根付いていた。『歴史』は、ダレイオスがその境界を踏み越えたところに始まり、クセルクセスが、アジアとヨーロッパの境界であるヘレスポントスに架けた橋が落ちるところで終わっている。ヘロドトスにとってアジアとヨーロッパの境界は東西対立の構造の基本になっているといえるだろう (Immerwahr, 1966)。

(2)　ノモスこそ万象の父

しかしながら、そこにアジアを蔑視することでギリシア文化の優位性を理解しようとする意図は認められない。ここでヘロドトスの特徴として次の二点を指摘しておきたい。

第一に、第2節において述べたように、ヘロドトスの叙述においては、アジアとヨーロッパの境界線さえもが批判的考察の対象であった。ロザリンド・トーマスは、ヒッポクラテスの『空気・水・土地』をはじめとする同時代の医学書とヘロドトスのあいだの影響関係を論証しながらも、環境決定論に対してヘロドトスが批判的であったと指摘している。(5)ヒッポクラテスがアジアとヨーロッパの住民の気質を物理的環境要因によって対比的に説明し、人的環境要因の影響を例外的に認めるにとどまるのに対して、ヘロドトスは、人的環境要因を重視し、人間社会の規範が気候・風土だけではなく文化的な産物であると見なしていた。しかもヘロドトスは、「実際どこの国の人間にでも、世界中の慣習の中から最もよいものを選べと言えば、熟慮の末誰もが自国の慣習を選ぶに相違ない。このようにどこの国の人間でも、自国の慣習（ノモス）を格段にすぐれたものと考えているのである」（巻三・三八）と述べるのである。

(3)　ヘロドトスの僭主（テュラノス）観

第二に、ヘロドトスにとってアジア的専制君主像は、ギリシアの僭主にも共通のものであった。この点は、ギリシア人のバルバロイ認識を論じるうえで、重視されてもよい。ヘロドトスの「国制論」（巻三・八〇～八二）において類型的に論じられるところでは、王制の陥りがちな欠点に、僭主（テュラノス）の恣意による法の逸脱と女性に対する横暴（ヒュブリス）がある。

このようなステレオタイプは、同時代のギリシア語文献における、ギリシアの自由とオリエント的専制の対比のなかにも見出すことができる。先行するアイスキュロスの悲劇『ペルシア人』には専制的な王クセルクセスに対する、ギリシア・ポリスの自由の勝利が歌い上げられていた。しかし、ヘロドトスにバルバロイ蔑視を確認することは難しい。

オリエント的専制のモチーフとしてとりわけ重要なのが、オリエント君主の行動に見られるヒュブリスである。ヘロドトスの叙述は、リュディアとペルシアの君主を描く際に、最初は懸命に統治していた王が、のちにヒュブリスに陥るというパターンをとることが多い。前述のカンビュセス王は妃に対する節度を欠いたエロスゆえに、ギュゲスに暗殺され王統の断絶を招いた。冒頭のクロイソス王の驕慢然り、クセルクセスの驕慢然りである。そしてこれらの君主は、そのヒュブリスを女性に対しても発揮する（巻三・八〇）。ヒュブリスによる王の没落は、因果応報の教訓として読まれるべきであり、同様のヒュブリスは、ギリシア側の僭主たちについても語られているのである。そもそもヘロドトスは専制君主のイメージを、アジア側に固定的に押し付けているわけではない。むしろそれは、東西問わず、権力につきもののヒュブリスの姿なのであった。オリエントの専制君主とギリシアの僭主は、鏡の両面としてとらえられていたのである（Hartog, 1999, pp. 322-325 ; Dewald, 2003）。オリエントの専制君主への隷従を拒んでペルシア戦争に勝利したアテナイに、ヘロドトスは次なる「僭主」の姿を見いだしていた可能性もある（Raaflaub, 1979）[6]。

（4）その後のペルシア表象とヘロドトスの特殊性

ところがヘロドトスが描いたペルシア王の系譜は、やがてペルシア支配者層の軟弱さ、贅沢に馴れ宦官とハーレムの女性たちに影響されるという頽廃的イメージと結びつけられ、ギリシア人の敵ペルシアに対する否定的表象を形成していくことになる（Brian, 2011）。ヘロドトスはキュロスを理想の王としながら、その後継者であるカンビュセスを残虐な専制君主のヒュブリスの事例として描き、賢君ダレイオスの手で回復するものの、その子クセルクセスのヒュブリスによってペルシアのギリシアに対する敗北が導かれたところで筆をおいた。ところが前四世紀のプラトンの『法律』は、同様にペルシア王の系譜をたどりながら、クセルクセスに至ってペルシアの頽廃が不可逆的なものとなり、以後持ち直すことなくペルシアの国勢は下降線をたどっているという事実に反する理解を示すようになる。

またアリストテレスは、すでにヘロドトスが書き留めていたエジプトとペルシアにおける被支配民の隷属体質を、アジアとヨーロッパの対比をより際立たせるかたちで固定化している。アリストテレスは、バルバロイはギリシア人よりも、アジア人はヨーロッパ人よりも隷属的であり、怒りもせずに隷属を受け入れると述べている（『政治学』一二八五ａ二〇）。ペルシアに対する過小評価と退廃的イメージが形成されていったのである。

国家祭典で上演されたギリシア悲劇では、アイスキュロスの『ペルシア人』を嚆矢として、弓矢や戦車、富や金、跪拝礼、抑制の利かない感情によってオリエントの登場人物が表現された。Ｅ・ホールは『バルバロイの発明』において、これを最初の疑いなきオリエンタリズムの表象と評している（Hall, 1989, p. 99）。

これら反バルバロイ的な言説は、そのほとんどがアテナイ人かアテナイに滞在した知識人の手になるものであった。そのアテナイ社会の事例からは、自民族中心主義的な世界観が、日常的な国際交流と並行して形成されていったことを知ることができる。すでにペルシア戦争以前から、小アジアにはギリシア人が住まい、ペルシア帝国内部には多くのギリシア人行政官がいた。エジプトは商業とテオリア（祭儀見物）の格好の行き先であった。前四世紀に入っても依然として、ペルシア有力者やトラキアの王族を含む個々の外国人とアテナイの国家は友好関係を結び、権益の確保に努めていた。またアフリカ北岸とトラキアはアテナイの主たる穀物供給元であり、アテナイの外港には商業活動に携わる外国人が数多く滞在していた。在留外国人の活力に注目したクセノフォンは、前四世紀アテナイで「在留外国人の大部分を占める、リュディア人、フリュギア人、シリア人そのほかあらゆる国のバルバロイ」について語っている（『ポロイ』第二、三節）。

ところが個々のバルバロイとの交流にもかかわらず前四世紀の法廷弁論では、出自に非ギリシア人の血が混じっていることは、抗争相手を貶めるための常套句であった（Dover, 1974）。バルバロイであることがその人間の価値に必ずしも対応しないという反省は、すでに前四世紀末のエウリピデスの悲劇でも繰り返されているが（Said, 2002）、その背景にステレオタイプなバルバロイ観がすでに成立していたことを踏まえるべきであろう。

ヘロドトスが主題としたペルシア戦争の記憶もまた、トロイア戦争とともにバルバロイに対するギリシア人の勝利の象徴として、パルテノン神殿の図像に表現され、後世に引き継がれていった。前四世紀にはアレクサンドロス大王が、敵としてのバルバロイ表象をかれのペルシア遠征に利用している。ペルシア戦争のイメージはローマに引き継がれ（Spawforth, 1994）、やがてギリシア独立戦争やイラク戦争など、ヨーロッパのオリエント表象に利用されていくことになる（Bridges, Hall and Rhodes, 2007）。

このような同時代の自民族主義とバルハロイ蔑視と一線を画してヘロドトスが文化的相対主義を堅持していることは特筆すべきことである。

5　世界史の形成とローカル・ヒストリー

(1)　ローカルな過去と多声的な世界史

これまで見てきたように、ヘロドトスは、一つの国家、一つの民族に限定せず、ギリシア世界全体、さらには知られる世界全体を対象とし、それを一書にまとめた。それぞれの地域には、それぞれの伝統と地域的な観点に基づく過去の伝承があり、そしてそのさまざまなローカルな集団は、歴史叙述に限定されないさまざまなかたちで、共通の記憶を醸成していたと考えられる。ヘロドトスの叙述はそれらのローカルな記憶とどのような関係にあり、それをどのように整合的に統合したのであろうか。ここではギリシアの例に即して考えてみたい。

集合的記憶の形成の中心を担っていたのは、祭礼と奉納であった。たとえばアテナイでは、アッティカ北岸のラムヌースに、ペルシアへの報復を誓って復讐の女神ネメシス神殿が建てられ(パウサニアス、一・三三・二／Parker, 2005, p. 406)、市内のアクロポリスにはペルシア戦争を記念してパルテノン神殿が再建された。アポロンの聖地デルポイには、ギリシア各ポリスがペルシア戦争への加護に感謝して奉納した像や宝物庫が立ち並び、古代オリンピアの祭典がおこなわれたオリュンポスとともに、ギリシア史の展覧場の様相を呈していたという(Scott, 2010)。

それぞれのポリスはまた、建国神話を管理し、関連する祭礼をとり行うことによって、過去を操作しポリス・アイデンティティの形成をはかっていた(Gehrke, 2001)。リビアのキュレネでは前四世紀の初めに建国者の誓いとその誓いの背景となる建国譚が刻まれ、それを記念する全員参加の祭礼が規定されていた(Calame, 1996)。過去を追体験することは、集合的記憶を醸成することである。戦死者に対する葬送演説では、繰り返しアテナイの過去と現在の栄光のなかに戦死者が結びつけられた(Loraux, 1986)。建国神話は、国家イデオロギーに沿って操作され、作り替えられた。N・ロロによるアテナイ建国神話の研究は、アテナイ市民権の成立過程で、初代の王エレクトテオスがアッティカの国土から母親なしに生まれたという、アテナイ人の土着神話に適した神話が採用されていったことを示している(Loraux, 1981)。

ペルシア戦争の記憶もまた、神話上のアマゾネスや巨人族との戦いと並んで、アテナイの再建したパルテノン神殿のレリーフを飾ることとなった。今日に残る民会・民衆法廷での弁論のかずかずは、祖先の栄光への言及と国家の過去について言及するなかで、ペルシア戦争に言及している。

ローカルな記憶に対する関心はヘロドトス以前の叙事詩のなかにも見いだされる。ヘロドトスの叔父リュグダミスはギリシア人の一部族であるイオニア人の民族詩を歌いあげ、前五世紀の詩人シモニデスのプラタイア讃は、ペルシア戦争でのギリシア勢の活躍を韻文のかたちで記録している（Boedeker, 1995）。散文では、スキュラクスが、カリア人の国家ミュラサの僭主ヘラクレイデスによるイオニア反乱への貢献を伝記的に語り、ペルシア戦争におけるカリア人の貢献をギリシア世界に知らしめたという（*FGH* 798T1）。これらはペルシア戦争が、過去に対する記述のひとつの契機となっていたことを示している（Drews, 1973, p. 34）。ヘロドトスの『歴史』は、このような、ギリシア世界のペルシアに対する関心の高まりのなかで執筆されたのである。さらに、前五世紀末のヘラニコスが『ペルシア誌』だけでなく、アッティカをはじめ各国年代記の著者でもあり、ランプサコスの人カロンが『ペルシア誌』のほかに、『クレタ誌』、『リュビア誌』、『ランプサコス年代記』、『諸都市の起源』といった歴史を記し、キオスのイオンが『キオスの起源』を初めて散文にまとめたことは（Pearson, 1939）、そもそも都市や民族にまつわる伝承を文字化する機運が、ヘロドトスの同時代に高まっていたことを示している。

ところがそのような過去に対する関心にもかかわらず、ヘレニズム以前にギリシア人の国家が歴史叙述に介入したことを示す記録は残っていない（Bertelli, 2001, pp. 71–72）。アテナイの場合にもアルコンの執務年代のリストのような記録の存在が想定されているが、そのような記録を建国にまつわる伝承とともにはじめて年代記のかたちでまとめたのは他国出身のヘラニコスであったと考えられている（Jacoby, 1949, p. 59）。最初のアッティカ年代記が、外国人によって各国年代記の企画の一つとして形成されたことは、ローカルな歴史記述が国家の意図とは無縁に成立したことを示している。

かつてはヘロドトスの作品はこのような年代記から発展したものと考えられていたが、二〇世紀初頭にヤコービによって最初のアッティカ年代記の執筆時期が前五世紀末に引き上げられたことによって、ヘロドトスのアテナイに関する情報はオーラルなものに依拠する部分が大きかったと考えられるようになった。ヘロドトス自身が掲げる「見ること」と「聞くこと」を重視する調査方針は、文字よりもオーラルな情報を信用する社会のあり方を反映している（Murray, 2001）。ヘロドトスがつたえる伝承には、実際には物語の都合から一つのうわさを二つに分解したり、先行する学者たちから得た情報を直接の見聞と偽ったり、といった創作の手が入っているが（Luraghi, 2001）、表向きヘロドトスは、伝承を採取したままに記録するという立場をとっている（Dewald, 1987 ; Munson, 2001, pp. 20-44 ; Blok, 2002）。ときに伝承の信憑性についてのコメントを差し挟みながらも、語られるままに過去についての集合的記憶を記録するという形式をとることで、結果的におよそ現実的でなかったり神話的であったり相互に矛盾するローカルな伝承を叙述のなかに組み込み、ローカルな情報と普遍史的な歴史叙述のあいだの矛盾を解消することができたのである。この多声的な性格が、ヘロドトスの「世界史」における複眼的な叙述を保証しているのである。

（2）帝国継起説の形成とヘロドトスの後継者たち

このように、ヘロドトスによって創始された世界史的な歴史叙述と、ヘラニコスをはじめとする各国年代記は、前者が後者のなかから発展したわけでも隔絶していたわけでもなく、相互に影響し合っていたと考えることができる（Fowler, 2006, pp. 34-35, 39）。しかしながらこの二つの潮流は、その後のギリシア人によって、別個のものと認識されていく。ハリカルナッソスのディオニュシオスは、年代記作者たちや、建国神話を語った叙事詩作家を一国・一民族のことを記録するにすぎない群小史家とみなし、ヘロドトス、トゥキュディデスといった大歴史家と区別している。古代においてヘロドトスの継承者と見なされたのは、前五世紀末にペロポネソス戦争の因果関係を叙述したトゥキュディデスであった。実際トゥキュディデスは、ヘロドトスの歴史を「つくり話」として批判しながら意識し、ヘロドトスが筆をおいたところからアテナイとスパルタの間のペロポネソス戦争を同時代史として分析している。

トゥキュディデスの歴史は、ヘロドトスの全体史的傾向を否定して政治・軍事史に特化し、空間的にもギリシア世界の全体に範囲を限定し、また時間的にも、検証可能性のある現代史に対象を絞って、ギリシア世界全体を巻き込んだペロポネソス戦争を記録した。その続きを、クセノフォンとテオポンポスが書き継いだ（Gray, 1991／藤縄、一九八二）。前四世紀の間に北方のマケドニアがギリシア世界における存在感を強め、アレクサンドロスの大遠征によって東方への知見が広まるのに呼応して歴史家の関心の中心も遷移し、ローマの拡大によってギリシア的世界像のなかに西方が組み込まれていく（Romm, 1992）。

空間的に知られる限りの世界について時間的にもできる限り遡及するという意味での世界史（universal history）をヘロドトスから引き継いだと見なされたのは、ヘラクレスの子孫の帰還（すなわちドーリス人の侵入）以降のすべてを対象としたエフォロスであった。紀元後一世紀ローマの歴史家ディオドロスは、ヘロドトスとエフォロスをおよそ、「居住世界」の営為について叙述した先達と見なしている（巻一・三七・六、巻五・一・四、巻一六・七六・五）。ポリュビオスはエフェロスを全体史の祖として尊敬しながらも、自身はギリシア世界に対する勝者ローマの「現代史」を書き継いで、ローマ傘下の「居住世界」についての現代史を執筆した。歴史家たちが次から次へとそれまでの著作の続きを書き継ぐことによって、アッシリアからメディア、ペルシア、ギリシア、そしてローマへと歴史の舞台が東から西に次から次に移行しつつ、リレーのように歴史が「接ぎ木」され、時間的な広がりを獲得していくことになったのである。アロンソ＝ヌニェスの表現を借りれば、ヘロドトスは「帝国継起説の無自覚な創始者」（Alonso-Nuñez, 2003, p. 147）であった。「歴史の舞台」が強大な国家から国家へ遷移しつつ、ひとつの連続した歴史を形作るという発想は、やがてヘブライズムと融合することでキリスト教的世界史像を形成することになる。(7)

注

（1）ヘロドトス理解の変遷については藤縄（一九八九）、近年の動向については、中務（二〇一〇）、桜井（二〇〇六）に教えられるところが大きかった。大戸（二〇一二）は脱稿直後に出版されたため十分に参照することができなかった。

（2）『歴史』には、民族誌的要素とペルシア戦争史が混在している。この二つの要素を発展的・段階的にとらえたヤコービは、当初民族誌を意図していたヘロドトスが、ペロポネソス戦争の開始を目の当たりにするなかで、ペルシア戦争史の着想を得るに至ったと考えた。現在では、成立過程の問題とは切り離して、ヘロドトスの叙述がひとつの統一的なプランのもとに構成されていることが重視されるようになっている（Immerwahr, 1966）。本章もその立場にたつ。

（3）①コーカサス山中の人々（家畜のように公然と交わる、野生種を食する、巻一・二〇三）、②インド人（「畜生同様に」公然と交わる、巻三・一〇一）、③漁労による生食（巻三・九八）、④人肉食、生肉（巻三・九九）、⑤野生種の採取（巻三・一〇〇）、⑤マッサゲダイ（妻を共有し、馬車の口に箙《えびら》を掛けはばからず交わる、巻一、二一六、人肉食、一・二一六）、⑥ギンダネス人（多くの男との交わりを誇りとする、巻四・一七六）、⑦ロータス食らい（巻四・一七七）、⑧アウセエス人（妻を共有、正規の結婚によって同棲せず、家畜同然に交わる、巻四・一八〇）。

（4）アマゾネスおよびヘロドトスのジェンダー観については栗原（二〇一四）を併せて参照のこと。

（5）トーマスの検証によれば、ヘロドトスのジェンダー観については栗原ロドトス本人の見解として物理的環境要因が民族の気質を形成したと述べられることはない。そのような見解は常に第三者の口から語られる。しかし、ヘロドトスが物理的環境要因の影響も念頭においていたことは、後述するリュディア人の軟弱化や、キュロスが民族の軟弱化を恐れて発言した、豊かな土地と勇敢な民は両立しないとする見解（巻九・一二二）を、ヘロドトスが効果的に用いていることからも、否定しがたい。

（6）ヨーロッパと専制が結びつけられているのと同様に、アジアと自由の結びつきについて、①巻一・九五（メディア人がアッシリアに対して自由を求めた）。②巻一・一二五～七、二一〇（ペルシア人がメディアへの隷属を好まず自由を求めた）。③巻三・八二。および藤縄、八〇～八二頁を参照のこと。ただしその自由は、いずれも外国の君主に対する自由である。それに対して内的な政治的自由については、民主制を主張するオタネスに対し、王制を主張するダレイオスと寡頭制を唱えるメガビュソスはともに、ペルシアの民衆が横着で暴虐であるため、政治的主権をもたせることが国益にかなわないとする立場に立つ（巻三・八一）。これはアテナイが民主制によって強大になったとされるのと対照的である。ヘロドトスはまた、エジプト人について「ヘパイストスの祭司が王となったのを最後として、エジプト人も自由の身となったわけであったが、エジプト人は王を上に戴かなくては片時も過ごせぬ国民であったので」云々と述べている。アジアの国民の隷属的なイメージについてはさらなる考察が必要であろう。

（7）世界史（universal history）の形成について、藤縄（一九八三）、ローカルな歴史叙述との関係についてClark（2008）を参照のこと。「接ぎ木」とは藤縄謙三が一九八八年度に京都大学で行った「西洋史講義」中の表現である。

参考文献

大戸千之『歴史と事実——ポストモダンの歴史学批判をこえて』京都大学学術出版会、二〇一二年。

栗原麻子「民主制下アテナイにおける『おんな男（ホ・ギュンニス）』と『男のなかの男たる女（へ・アンドレイオタテ）』」『西洋古代史研究』第十四巻、二〇一四年、一～二二頁。
桜井万里子『ヘロドトスとトゥキュディデス――歴史学の始まり』山川出版社、二〇〇六年。
中務哲郎「ヘロドトス『歴史』の序文・終章・キュクロス観」『西洋古典学研究』第三四号、一九八六年、二六～三七頁。
――――『ヘロドトス「歴史」――世界の均衡を描く』（書物誕生　あたらしい古典入門）岩波書店、二〇一〇年。
藤縄謙三『歴史学の起源――ギリシア人と歴史』力富書房、一九八三年。
――――『歴史の父　ヘロドトス』新潮社、一九八九年。
Alonso-Núñez, José Miguel, *The Idea of Universal History in Greece: from Herodotos to the age of Augustus*, Amsterdam: J.C. Gieben, 2002.
Alonso-Núñez, José Miguel, "Herodotus' Conception of Historical Space and the Beginnings of Universal History," Peter Derow and Robert Parker, *Herodotus and His World*, Oxford: Oxford University Press, 2003.
Balot, Ryan K., "Pericles' Anatomy of Democratic Courage," *American Journal of Philology*, 122.4, 2004, pp. 505–525.
Bertelli, Lucio, "Hecataeus: From Genealogy to Historiography," Lurahgi, Nino（ed.）, *The Historian's Craft in the Age of Herodotus*, Oxford: Oxford University Press, 2001.
Blok, Joseph, "Women in Herodotus' Histories," Bakker, Egbert J., Hans van Wees, and Irene J. F. de Jong, *Brill's Companion to Herodotus*, Leiden: Brill, 2002.
Boedeker, Deborah, "Simonides on Plataea: Narrative Elegy, Mythodic History," *Zeitschrift fur Papyologie und Epigraphik*, 107, 1995, pp. 217–229.
Brian, Pierre, translated by Antonia Nevill, "History and Ideopogy: The Greeks and Persian Decadance," Thomas Harrison（ed.）, *Greeks and Barbarians*, Edinburgh: Edinburgh University Press, 2011.
Bridges, Emma, Edith Hall and Peter Rhodes, *Cultural Response to the Persian Wars*, Oxford: Oxford University Press, 2007.
Calame, Claude, *Mythe et histoire dans l'Antiquité grecque. La création symbolique d'une colonie*, Lausanne: Payot, 1996.
Cartledge, Paul, *The Greeks: A Portrait of Self and Others*, Oxford: Oxford University Press, 1993（ポール・カートリッジ『古代ギリシア人――自己と他者の肖像』橋場弦訳、白水社、二〇〇一年）.

Clark, Katherine, *Making Time for the Past*, Oxford: Oxford University Press, 2008.

Dewald, Caloline, "Women and Culture in Herodotus' Histories," Helen Foley (ed.), *Reflections of Women in Antiquity*, 1981.

———, "Form and Content: The Question of Tyranny in Herodotus," Kathryn A. Morgan (ed.), *Popular Tyranny: Sovereignty and It's Discontents in Ancient Greece*, Austin: University of Texas Press, 2003.

Dover, Kenneth, *Greek Popular Morality in the Time of Plato and Aristotle*, Oxford: Basil Blackwell, 1974.

Drews, Robert, *The Greek Accounts of Eastern History*, Cambridge, Mass: Harvard University Press (Center for Hellenic Studies) 1973.

Flower, Michael, "Herodotus and the Persians," C. Dewald and J. Marincola (eds.), *The Cambridge Companion to Herodotus* , Cambridge: Cambridge University Press, 2006.

Fowler, Robert L., "Herodotus and His Prose Predecessors," Carolyn Dewald and John Marincola, *Cambridge Companion to Herodotus*, Cambridge: Cambridge University Press, 2006.

———, "Herodotus and His Contemporaries," *Journal of Hellenic Studies*, 116, 1996, pp. 62-87.

Foxhall, Lin, "Natural Sex: An Attribution of Sex and Gender to Plant in Ancient Greece," Lin Foxhall and John Salmmon (eds.), *Thinking Men: Masculinity and its Self-Representation in the Classical Tradition*, London, New York: Routledge, 1998.

Gehrke, Hans J., "Myth, History, and Collective Identity: Uses of the Past in Ancient Greece and Beyond" Nino Lurahgi (ed.), *The Historian's Craft in the Age of Herodotus*, Oxford: Oxford University Press, 2001.

Gray, Viviane, J., "Continuous History and Xenophon, Hellenica 1-2. 3. 10," *American Journal of Philology*, 111.2, 1991, pp. 201-228.

———, "Herodotus and Images of Tyranny: The Tyrants of Corinth," *American Journal of Philology*, 117.3, 1996, pp. 361-389.

Hall, Edith, *Inventing the Barbarian: Greek Self-Definition through Tragedy*, Oxford: Oxford University Press, 1989.

Harrell, Sarah E., "Marvelous Andreia: Politics, Geography, and Ethnicity in Herodotus' Histories," Rosen, M. Ralph and Sluiter Ineke (eds.), *Andreia: Studies in Manliness and Courage in Classical Antiquity*, Leiden: Brill, 2003 , pp. 77-94.

Hartog, Franois, (trans. Janet Lloyd), *The Mirror of Herodotus: The Representation of the Other in the Writing of History*, Berkeley: University of California Press, 1999 (orig. 1991).

Hornsblower, Simon, "Herodotus' Influence in Antiquity," C. Dewald and J. Marincola (eds.), *The Cambridge Companion to Herodotus*,

Cambridge: Cambridge University Press, 2006.

Immerwahr, Henry R., *Form and Thought in Herodotus*, Cleveland: Press of Western Reserve University, 1966.

Jacoby, Felix, "Herodotos," Pauly-Wissowa, *Realencyclopaedie der classischen Altertumswissenschaft, Suppl. II*, Stuttgart: 1913.

———, *Atthis: The Local Chronicles of Ancient Athens*, Oxford: Oxford University Press, 1949.

Lissarague, Francois（trans. Antonia Nevill）, "The Athenian Image of the Foreigner," Harrison, Thomas（ed.）, *Greeks and Barbarians*, Edinburgh University Press, Edinburgh, 2002.

Loraux, Nicole, *Les enfants d'Athéna: idées athéniennes sur la citoyenneté et la division des sexes*, Paris: Maspero, 1981.

———, *The Invention of Athens: the Funeral Oration in the Classical City*, Cambridge, Mass.: Harvard University Press, 1986.

Luraghi, Nino, "Local Knowledge in Herodotus' Histories," Id.（ed）, *The Historian's Craft in the Age of Herodotus*, Oxford: Oxford University Press, 2001.

Momigliano, Arnold, "The Place of Herodotus in the History of Historiography," *History*, 43, 1958.

———, "Greek Historiography," *History and Theory*, 17, 1978, pp. 1–28.

———, *Classical Foundation of Ancient Historiography*, Berkeley, 1990.

Munson, Rosaria Vignolo, *Telling Wonders: Ethnographic and Political Discourse in the Work of Herodotus,* Ann Abor: The University of Michigan Press, 2001.

Murray, Oswyn, "Herodotus and Oral History," Nino Lurahgi（ed.）, *The Historian's Craft in the Age of Herodotus*, Oxford, Oxford University Press, 2001.

Parker, Robert, *Polytheism and Athenian Society*, Oxford: Oxford University Press, 2005.

Pearson, Lionel, *Early Ionian Historians*, Oxford: Oxford University Press, 1939.

Price, Simon, "Memory and Ancient Greece", Beate Dignas and R.R.R. Smith（eds.）, *Historical &Religious Memory in the Ancient World*, Oxford: Oxford University Press, 2012.

Raaflaub, Kurt A., "Polis Tyrannos. Zur Entstehung einer politischen Metaphr," G. Bowerstock, W. Burkert and M.C.J. Putnam（eds.）, *Arktoouros*, Konstanz, 1979.

Roisman, Joseph, *The Rhetoric of Manhood: Masculinity in the Attic Orators*, Barkeley: University of California Press, 2005.

Romm, James, *The Edges of the Earth in Ancient Thought: Geography, Exploration, and Fiction*. Princeton, 1992.

Rossellini, Michelle and Suzanne Saïd, "Usages des femmes et autres nomoi chez les sauvages d'Hérodote: essai de lecture structural," *ASNP* (3rd series) 8. 1978, pp. 949–1005.

Saïd, Suzanne, "Greeks and Barbarians in Euripides' Tragedies: The End of Differences?" Harrison Thomas (ed.), *Greeks and Barbarians*, New York: Berkeley, 2002.

Scott, Michael, *Delphi and Olympia: The Spatial Politics of Phanhellenism in the Archaic and Classical Periods*, Cambridge: Cambridge University Press, 2010.

Spawforth, Anthony, "Symbol of Unity? The Persian-Wars Tradition in the Roman Empire," Hornsblower, Simon (ed.), *Greek Historiography*, Oxford: Oxford University Press, 1994.

Thomas, Rosalind, *Herodotus in Context*, Cambridge: Cambridge University Press, 2000.

———, "The Intellectual Milieu of Herodotus," C. Dewald and J. Marincola (eds.), *The Cambridge Companion to Herodotus* , Cambridge: Cambridge University Press, 2006.

Tourraix, Alexandre, "La femme et le pouvoir chez Hérodote," Dialogues d'histoire ancienne, vol. 2, 1976, pp. 369–386.

第6章　キリスト教的世界像

岡崎勝世

創世記冒頭には「はじめに神は天と地とを創造された」とあり、続いて六日間での天地創造が語られる。そこでは、太陽・月・星を創造したのは第四日だとされているのに、第一日から第六日まですべて、「夕となり、また朝となった」という言葉が繰り返されている。第三日までは太陽や月が存在しなかったはずなのに、夕と朝がどうして区別できたのだろうか。この問題はさまざまな立場から議論されてきたが、ニュートンは、太陽や月・星の創造は冒頭の一句ですでに語られているとして、夕と朝は第一日からあったと主張した。そして第四日の記述は地球に関するもので、原初の地球を包んでいた濃密なガスから不透明で重い物質が地表にしだいに落下し、その結果四日目になってやっと光が地上に到達するようになり、太陽や月、星が地上から見えるようになったことを述べているのだと説明した。

今日、この第一章は前五〇〇年頃にバビロンで編集された「祭司文書」の一部とされ、当時のユダヤ人祭司たちの観念を表現しているものとされる。しかし、ローマ時代のキリスト教徒が創世記を含むユダヤ教の教典を旧約聖書として継承した結果、唯一かつ全知全能の神による六日間での天地創造の物語も、キリスト教の教義の一部として受け継がれた。ヨーロッパでは、その後中世に至って宇宙の構造や諸天体の位置関係等々の問題にまで人々の関心が広がり、アリストテレスなどギリシア、ローマ時代の諸理論に依拠して宇宙論が体系化されるようになる。そこでも、さらに科学革命の時代にも、なおこの物語は宇宙論を根本で規定する力を保持していた。ニュートンがかれの力学的宇宙の体系と聖書との関係を検討しなければならなかったのも、こうした状況の反映であった。

キリスト教的世界史（普遍史）(1)は、このようなキリスト教的宇宙像と不可分の関係にあった。以下では、まず中世に形成されたキリスト教的宇宙像をダンテの『神曲』を素材として述べ、そこでの人間の位置を見ることで普遍史の任務を確認する。そして後半では古代における普遍史の形成から一八世紀におけるその終焉までを概観することにしたい。

1　キリスト教的宇宙像

（1）宇宙と時間――ダンテ『神曲』を中心に

ダンテの『神曲』は、「文字通りにとれば、……一四世紀のキリスト教徒が考えていた宇宙を詩人が旅行する物語」（クーン、一七二頁）となっている。その宇宙像は古代的宇宙像を基礎にしているがそれとも異なり、また、「科学革命」を通じて形成された力学的宇宙像とも異なっている。バターフィールドとともに今日の「科学革命」の概念の確立に大きな役割を果たした科学史家のコイレは、それを「コスモス」と一言で表現している（かれに従い、以後、とくに科学革命以前の宇宙像を指す場合、「宇宙《コスモス》」と表記する）。以下、まずダンテの「宇宙《コスモス》」の具体的内容、およびその時間論から見ていこう（図6－1）。

『神曲』は、周知のように地獄篇・煉獄篇・天国篇からなっている。そこではダンテはアリストテレスに拠って大地は球状であるとしているが、地球には三つの大陸のほか、地獄と煉獄もあると考えている。三大陸をアジア・ヨーロッパ・アフリカとし、アジアの東端をガンジス川（＝インド）、西の果てをヘラクレスの柱（＝ジブラルタル）としているのは、古代以来の伝統に従っている。また中世に入ってからの通念に従い、この大地の中央にイエルサレムを置いている。かれの考えで独特なのはアフリカ大陸を小さく考えて南半球全体を海の半球とし、この大海に一つの山（島）があるとする点である。オデュッセウスの霊に語らせているのだが（地獄篇、第二六歌）、トロイ戦争の帰路で、かれらはヘラクレスの柱から大洋に漕ぎ出し、南西方向に海原を五カ月にわたって突き進んだところで、一つの山（島）を発見した。かれらはこの山から吹いてきた飄風《つむじかぜ》に拒まれて上陸できなかったというのだが、この山こそ、「煉獄篇」の舞台となる「煉獄山」にほかならない。

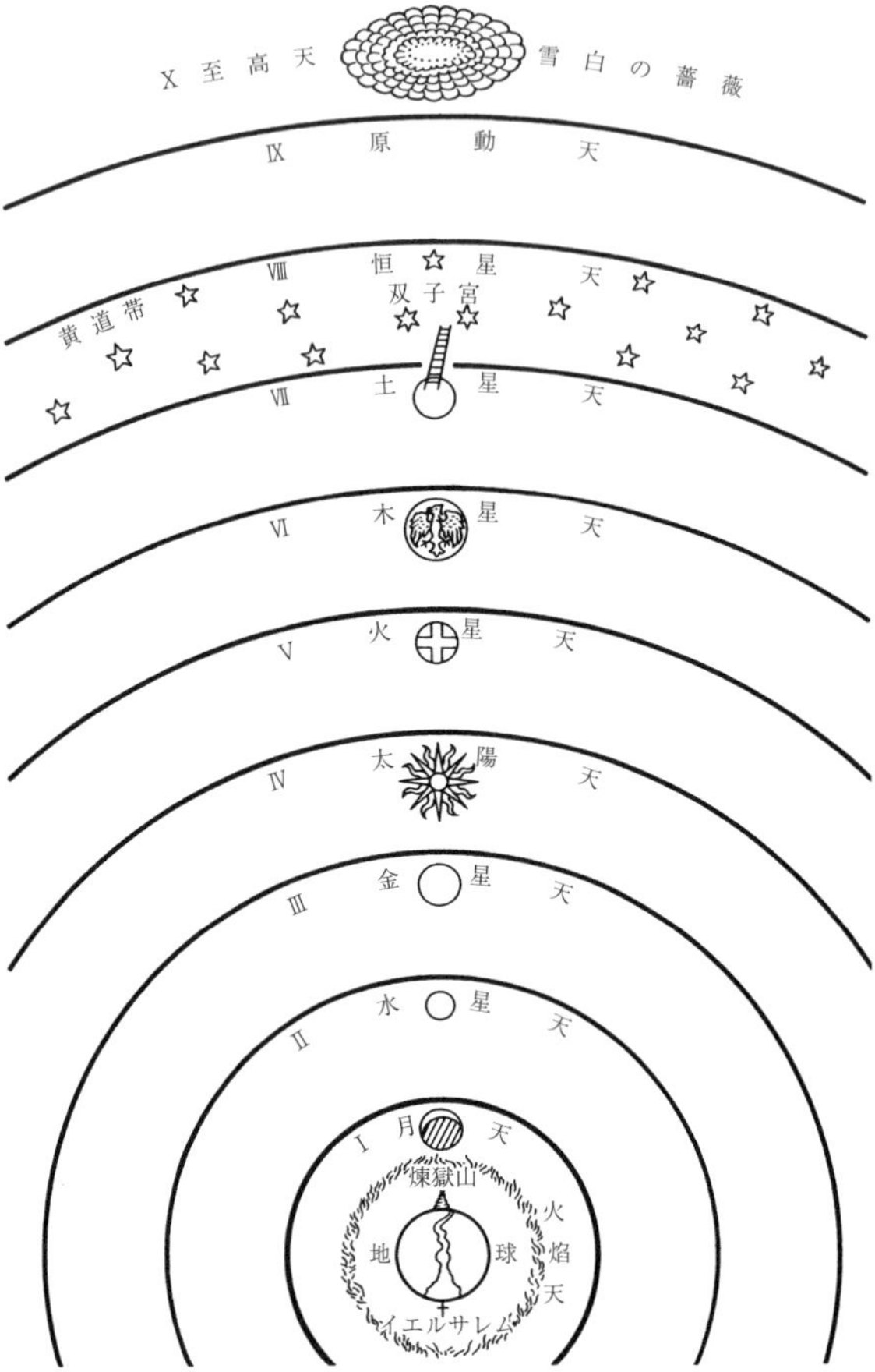

図6－1　ダンテの宇宙

出所：ダンテ『神曲Ⅲ　天国篇』寿岳文章訳，集英社，2003年，23頁。

地下にある地獄は九つの圏からなり、犯した罪の内容に応じ、入獄者にしだいに重くなる、多様な刑罰が与えられている。まずは「一切の望みは捨てよ　汝ら　われをくぐる者」（地獄篇、第三歌）の言葉が掲げられた地獄の門をくぐり、第一圏に達する。ここには異教徒の偉人やキリスト以前に生まれ洗礼を受ける機会のなかった人々などが配置され、そこにある「高貴な城」には、ダンテの案内者ヴェルギリウスやホメロスを含む古代ギリシア、ローマの詩人たち、ソクラテス、プラトン、アリストテレスらの哲学者、カエサルのほか、イスラーム教徒のサラディン、アビセンナ、アヴェロイスまでもが収容されている。次いで、パオロとフランチェスカらが愛欲におぼれた罪により暗黒のなかで烈風に苛まれる罰を受けている第二圏、教皇ニコラウス三世が聖職売買の罪で穴に逆さまに埋められ、二本の足だけが出ている姿で炎に焼かれている第八圏第三嚢《のう》等々を経て、地獄の最下層の「底井戸」に至る。ここは最も重い罪、恩ある主への反逆の罪を犯した者たちが収監されているところで、地獄の中心は、同時に地球の中心でもある。そこでは悪魔の頭目である三つ頭のルチフェルが、三名の最重罪人、イスカリオテのユダ、ブルータス、カッシオドールスをかじっていると記述されている。こうして地下の世界は、「高貴な城」の住人たちは別として、ただ地上的欲望のみに憑かれ、神を認識する能力も悔悟もない人々が永劫にわたって救済の希望を絶たれ罰せられている、賤《いや》しい世界として描かれている。

地獄をめぐったダンテは、さらにヴェルギリウスに導かれ、地獄から南半球地下を通ずる隠れ道を通って、煉獄山の麓に到着する。そこは、いつかは天上界に救済される霊たちが悔悟の勤行をつとめているところである。そしてこの山はイエルサレムの対蹠《たいしょ》点にあり、その頂上にあるのが、かつてアダムとイヴのいた「エデンの園」だとされている。

この後、ダンテがベアトリーチェに導かれてめぐる宇宙（天上界）は、九層からなっている。第八天までに置かれているどの天体も、単なる物体ではなく各々に一団の諸霊が配置されて固有の徳性を司り、地上の人間の運命に対する影響力を行使している。最下位にある天球が運ぶのは月であり、司っている徳性は、「誓い」である。次いで水星（現世の栄誉）、金星（恋）、太陽（智恵）、火星（信仰のための戦い）、木星（地上の正義）、土星（黙想）、恒星（聖なる凱旋《がいせん》＝天国での浄福）へと続く。第九天は「原動天」とされ、そこでは天使たちが宇宙全体に回転運動を与えている。最後に、宇宙の最も外側に存在するのが不動の第十天、至高天である。ここには純白の薔薇の形をした、至聖なる人々の霊の居所と神の御座がある。そしてかれの宇宙はこれ以上の広がりはなく、ここで閉じているのである。

以上がダンテの地獄・煉獄・天国の記述の概要であるが、地球と月の間の「火焔天」、土星天と恒星天の間の「ヤコブの梯子」を除けば、ダンテの天上界の記述は、第八天まではアリストテレス＝プトレマイオス的宇宙と同一の構造を有している。またアリストテレスも、「不動の動者」の居ます第九天の外については「天の外には場所も空虚も時間も存在しない」（『天体論』）としていた。プトレマイオスは恒星までの距離を地球半径の一万九八六五倍と見積もっていたが、かれの宇宙も、現在の数値で計算すると地球の公転軌道の内側に入ってしまう大きさの、閉ざされた宇宙であった。

ただし、古代の宇宙像を継承したのは構造についてであって、ダンテのそれは、これにカトリック的・キリスト教的世界観が結合した、「宇宙《コスモス》」となっている。それを創造したのは神であり、地球の中心＝宇宙の中心にある地獄という最も賤しい世界から地上の人間界、煉獄山を経て、上に向かうごとに高貴さを増す諸天体を通じ、最後に第十天にある神の御座に至るまで、そのあらゆる場所が、おのおのカトリック的価値と結合している。そして天界は、マクロコスモスとして、ミクロコスモスとしての人間諸個人の運命とも、分かちがたく結びついている。さらに個人を超えて、アダムから始まり最後の審判を経て神の国の実現に至る人類全体の救済までの歴史的過程もまた、この「宇宙《コスモス》」と一つに融合している。すなわちダンテの「宇宙《コスモス》」は、カトリック的・キリスト教的世界史とも結合しているのである。したがって、これが力学的宇宙に転換することは、単なる太陽や天体の位置の変化、あるいは天界の構造の変化ではなかった。その転換は、伝統的なキリスト教の信仰・世界観と結びつき、信者一人ひとりの人生行路から人類史全体までと結びついていた「宇宙《コスモス》」が崩壊することを意味していたのである。

このような「宇宙《コスモス》」は、プロテスタントにも引き継がれた。一六世紀には、一方でコペルニクスの『天球の回転について』（一五四三年）によって「コペルニクス革命」が開始された。しかしルターもカルヴァンも、いずれも聖書の記述に拠りながら、コペルニクスを聖書に反するとして強く否定したのである。(2) こうした「宇宙《コスモス》」を崩壊させたのが、一七世紀の「科学革命」であった。

『神曲』には以上のように典型的な形で「宇宙《コスモス》」が記述されているが、それだけではなく、現代では見られない、人類史に関わる「時間」（聖書的時間）が語られている。天国篇第二六歌でダンテはアダムと会話するのだが、アダムは、エデンの園にいたのは天地創造第六日の第一時から「第六時の次の刻となるまでの束の間」（＝六時間）だといい、楽園追放の後九三〇年間生き、その後、地獄第一圏の「高貴な城」で四三〇二年間を過ごしたと語っているのである。これは新約聖書外典『ニコデモ福音書（ピラト伝）』にある、「キリストの冥府下り」の物語が下敷きとなっている。この伝承は中世の宗教劇でも民衆に人気が高かった演目であったが、それによれば、イエスは十字架で息を引き取った後「復活」するまでのあいだに冥府に下り、アダムやモーセらをつれてそこを出たとされている。『神曲』では、「高貴な城」に、本来ならそこに住んでいるはずのアダムも、旧約聖書の預言者たちもいなかった。それは、このときに天国に昇っていたからなのである。

他方この数値は、ダンテが信じている、第六日目に創造されたアダムからイエスの復活までの人類史の聖書的時間を示している。数値の根拠となっているのはギリシア語訳聖書であり、**表6-1**にある聖書年代学のうち、エウセビオス＝ヒエロニムスの年代学によっている。中世前期ではベーダの年代学が大きな影響力を保持していたが、一二世紀以後、エウセビオス＝ヒエロニムスの『年代記』が、「ローマ教会によって権威あるキリスト教（聖書）クロノロジーとして公認され、その後長くキリスト教世界史像のバックボーン（背骨）あるいは枠組みとして、きわめて重要な役割をもつもの」（前川、一九八八、一二頁）となっていた。ダンテのこの年数計算もまた、カトリック的世界観の一環だったのである。

（2）「宇宙《コスモス》」における人間の位置と世界史の任務

「宇宙《コスモス》」における人間の位置について、物質的存在から天使などの神的存在に至る垂直的な関係、および大地上に広がる人間界という水平的関係の二側面から見てみよう。

まず垂直的関係については、「存在の連鎖」、およびそこでの「中間の環」という、これも今日とはまったく異なる、独特の観念と位置づけとがあった。

創世記では、人は神によって「土のちり」（第二章第七節、以下数字のみで記す）から創造され、楽園追放の際、神から「あなたはちりだから、ちりにかえる」（三〜一九）と宣告されている。他方、人には特別の地位が与えられ、神の似姿が与えられ、神から「地を従わせよ。また海の魚と、空の鳥と、地に動くすべての生き物とを治めよ」（一〜二八）と命じられている。さらに、智恵の実を食べたアダムについて、神は、「人はわれわれのひとりのようになり、善悪を知るものとなった」（三〜二二）と述べているのである。アウグスティヌスはこれに基づき、人間を「理性的で死すべき動物」と定義した。人間は、自然界に対する支配者という特別な地位を与えられているものの、死んで「ちりにかえる」という本性をもつ点では自然界の物質や生物とつながり、「理性」を有する点では神的な存在ともつながっている、中間的存在なのである。

こうした人間の位置を「宇宙《コスモス》」のなかで説明するのが、プラトン、アリストテレスに基づいて形成された、「存在の連鎖」の概念であった（図6-2）。それは最下等の命をもたぬ賤しい物質から人間より上位の神的存在に至るまで、あらゆる被造物が階層的秩序をなして連鎖しているとするもので、「中世を通じ一八世紀後半に至るまで、多くの哲学者、殆どの科学者、そして実に殆どの教育ある人々が疑わずに受け入れることになった宇宙の構造の概念」（ラヴジョイ、一九七五、六一頁）であった。「宇宙《コスモス》」における人間は、この「存在の連鎖」のなかで、聖人の諸霊や天使などの神的存在の居所である天

年代学論争

ベーダ（六七三―七三五）『時間計算論』（七二五）	オットー・フォン・フライジング（一一一一―五八）『年代記』（一一四六）	メランヒトン（一四九七―一五六〇）『カリオン年代記』（一五三二）	スレイダヌス（一五〇六―五六）『四世界帝国論』（一五五六）	スカリゲル（一五四〇―一六〇九）『時間修正論』（一五八三）	ペタヴィウス（一五八三―一六五二）『年代表』（一六三三）	アッシャー（一五八一―一六五六）『世界年代録』（一六五〇―五四）	ボシュエ（一六二七―一七〇四）『世界史論』（一六八一）	ペズロン（一六三九―一七〇六）『古代復元』（一六八七）	『普遍史』「イギリス人の世界史」二三巻、（一七三六―六四）	ガッテラー（1727–99）『普遍史序説』（一七七一）『世界史試論』（一七九二）	『世界史』（一七八五）
0	0	0	0	1	1	1	1	1	1	1	1
1656	2262	1656	1656	1656	1656	1656	1656	2256	1307	1656	1656
2023	3409	2023	2024	2024	1782	2083	2083	2513	2384	2022	2084
2493	3786	2453	2454	2454	2453	2513	2513	3943	2814	2453	2699
2973		2933		2933	2972	2992	3001	4816	3294	2973	3178
3389	4962	3286		3361	3393	3416		5287	3718	3395	3604
3423		3356		3390	3468	3468	3468	5337	3770	3425	3629
3469	4992	3425		3430	3484	3487		5351	3788	3464	3670
3952	5500※	3963	3954	3948	3980	4000	4000	5873	4305	3983	4181
				AD1=3, 950	AD1=3, 984	AD1=4, 004	AD1=4, 004	AD1=5, 873 *	AD1=4, 305 *	AD1=3, 984	AD1=4, 182

表6－1　聖書年代学と

	『聖　書』						タルムード	ヨセフス（三七―一〇〇）『ユダヤ古誌』（九三―九四）	ヨセ・ベン・ハラフタ（?―一六〇）『世界秩序の書』	ユリウス・アフリカヌス（一七〇―二四〇）『年代誌』（二二一―二二一）	エウセビオス（二六三―三三九）＝ヒエロニムス（三三一―四二〇）『年代記』	アウグスティヌス（三五四―四三〇）『神の国』（四一三―四二六）
	ギリシア語70人訳		ヘブライ語版		サマリタン版							
	一般的写本	コンスタンチノープル版	正典	異本	正典	異本						
天地（アダム）創造	0	0	0	0	0	0		0	0	0	0	0
大洪水	2242	2262	1656	1656	1307	1307	1656	2662	1656	2262	2242	2262
アブラハムの召命	3389	3469	2023	2083	2384	2384		3318		3277	3259	3409
出エジプト	3819	3894	2453	2513	2814	2814	2448	3748	2448	3707	3689	3839
第1神殿の造営（ソロモン第4年）	4529	4495	2933	3093	3294	3406	2928	4340	2928	4451	4168	4318
第1神殿の破壊（ゼデキア第11年）	4683	4919	3357	3523	3718	3836	3338	4810	3338		4610	
キュロス第1年（捕囚からの解放）	4735		3409	3575	3770			4880		4943	4641	
第2神殿再建開始（ダリウス第2年）	4753	4995	3427	3583	3788		3404		3404		4681	
イエス生誕	5270	5508	3994	4111	4305	4424	3760 3761 3762	5440		5500	5199	5349
	*						F. 65頁		ラビ・ヨセ F. 64頁	F. 68頁		

＊：*An Universal History, from the earliest account of time to the present*, 23 vols（65Pt.）, London 1736–64, Vol.1,Pt1.
F：Jack Finegan, *Handbook of Biblical Chronology*, 1964.（三笠宮崇仁訳『聖書年代学』岩波書店，1972年）
出所：筆者作成。

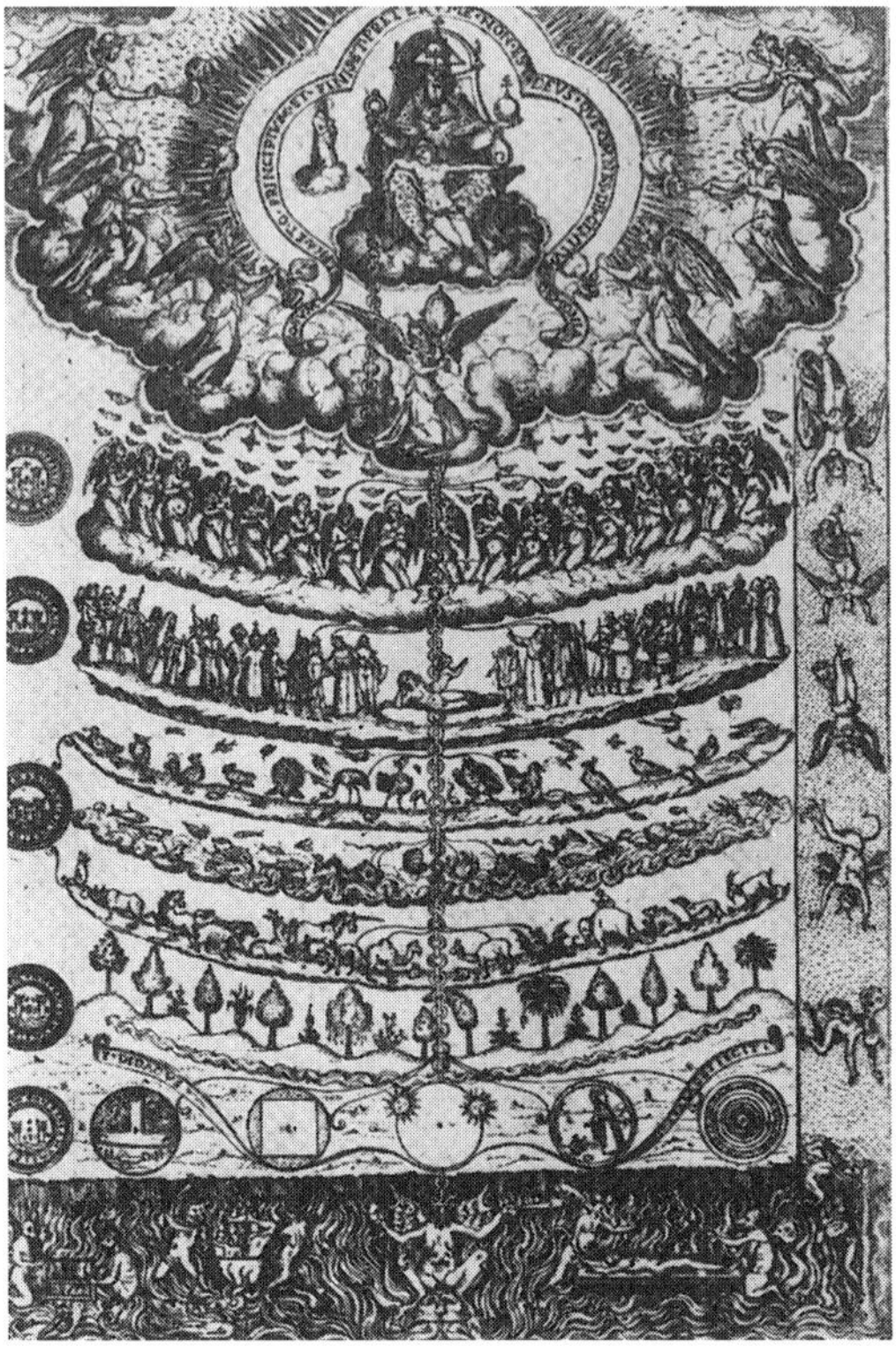

図6－2　存在の連鎖

ディダクス・ヴァラデス『キリスト教的修辞学』（1579年）より。アリストテレスの「自然の梯子」と聖書とに拠って「存在の連鎖」を描いている。最下層の地獄から始まり，四元素からなる生命をもたない鉱物や被造物としての天体などの世界，次いで創世記にある「緑のもの」（＝植物界）の上に「家畜，野の獣，地に這うすべての生き物」，「水中に群がる生き物」，「空の鳥」の順で動物界を描き，その上に「神の似姿」を与えられた人間，さらに上には諸聖人や天使の世界と神とが描かれている。横並びでおのおのの世界の多様な種を並べ，上下に図全体を貫通し，同時に各段階を連結している一本の鎖によって，「宇宙《コスモス》」全体が「存在の連鎖」となっていることを示している。
出所：丹治愛『神を殺した男』講談社メチエ，1994年，26頁より。

界と動物以下の自然界との中間にあり、両者の特質を持ちかつ両者をつなぐ、「中間の環」であった。ダンテが描いた人間は「宇宙《コスモス》」のなかで月下界の三大陸に住む存在であり、この大地自体もまた、地下の地獄に通じていると同時に、煉獄を通じて頭上に広がる天界にも通じている、「中間」の場所にあった。人間は、こうした中間的位置にあることによって、地獄へも天国へも向かいうるという、まことに緊張に満ちた危うい位置にある。ダンテは近代以後に生きるわれわれとは根本的に異なった位相において人間をとらえていたのであり、『神曲』は、このような「宇宙《コスモス》」における「危機的に中間的」（渡辺、二〇〇〇、八七頁）な存在としての人間の根本問題、その救いと滅びとをめぐる問題に迫った一大叙事詩だったのである。

水平的広がりのなかで見た場合、人間界はキリスト教徒・異教徒・怪物からなると考えられていた。筆者は、これをキリスト教的三重構造の世界と呼んでいる。

人間界に関する「大航海時代」以前のヨーロッパ人の考え方を示すものに、「T－O図」や「サルター図」（一三世紀、図6－3）、「ヘレフォード図」（一三〇〇年頃）などの世界図がある。これらはいずれも世界は三大陸からなり、全体が平円盤状であるとしている。そしてこの大地には、三種類の人間が描かれている。ヨーロッパに住むキリスト教徒、アジアとアフリカに住む異教徒たち、およびその周辺部に住む怪物たちである。

一本足のスキアポデス、無頭で目が肩についているブレミアエ、イヌの頭を持つキュノケファルス等々の怪物たちは古代ギリシア人がすでに記述していたが、このような古代の怪物たちをキリスト教的な三重構造の世界に組み込んで中世に伝えたのは、アウグスティヌスであった。かれは『神の国』において、「もしもそれらの種族が、理性的で死すべき動物という定義によって包含されるのなら、それらはすべての者の最初の父祖であるあの同一の人間に起源を得ているのだと認めなければならない[3]」と述べていた。これを受けて後述するフライジングのオットーも、最後の審判に関する考察のなかで「あらゆる欠点や汚点から解放されてあるべきである生活へのよみがえりに際して、巨人があのように巨大に、また小人があのように小さく、あしなえや弱者があのように弱々しくまた見苦しい姿で、エチオピア人があのように醜い膚の色をしてよみがえると考える必要はない。……また怪物や胎児については、〝理性的で死すべき動物〟という定義に当てはまるものは全て起き上がり、生きるか死ぬかを定められると考えるべきだと思う」（第八巻第一二章）といい、かれらがよみがえる際には、かれら各々《おのおの》が望むとおりの姿を与えられるだろうと述べ

図6－3　サルター図（13世紀）

中世の世界図の代表的なものの一つで，イギリスで詩篇（Psalter）の注釈書に描かれたもの。平円盤状の大地の中心がイエルサレム，東が上で頂点は円のエデンの園（アダムとイヴの顔が描かれている）。ドン川・黒海とナイル川，地中海によってアジア，左下のヨーロッパ，右下のアフリカの三大陸を分け，全地は海（オケアノス）で囲まれている。右端のアフリカ南端部に，さまざまな「怪物」たちが描かれている（大英博物館蔵）。

ている。このように怪物たちもアダムの子孫＝人間界の構成員とされ、等しく神による救済の対象となるはずの存在と考えられていたのである。

中世ではもちろん、大航海時代に海に乗り出した人々も、インドにはさまざまな怪物がいると信じていた。『オセロ』には、ブレミアエが登場する。シェイクスピアの時代にもなお、当時の観客たちにとって怪物たちは実在するものだったのである（伊藤、一九九八）。

「宇宙《コスモス》」における「中間の環」として三重構造の人間界に住む人類は、創造から終末・最後の審判に至る歴史を通じて救済される。キリスト教的世界史（普遍史）は、この救済の道筋を、神の救済計画の実現過程として記述することを任務とするものであった。

この普遍史を伝えたのは、文字媒体のみではない。楽園追放、ノアの大洪水等々から最後の審判に至る普遍史を彩る数々の物語は、ミケランジェロのシスティーナ礼拝堂の天井画などに見られるような教会を飾る絵画や種々の図像などによって、今日も見ることができる。これらはいずれも、視覚を通じて解説され、語られた普遍史だったのである。

2　キリスト教的世界史像——普遍史

（1）　聖書とキリスト教的世界史記述

創世記は、アダムとイヴの楽園追放以後、いったんノアの大洪水でノアの家族八名に戻り、この人類の第二の祖ノアの三名の息子たち、セム・ハム・ヤペテの子孫が世界に拡散して、人類世界が形成されたと説いている。セム嫡流の子孫がヘブライ人（ユダヤ人）であり、傍系の子孫はアジア人、ハムの子孫はアフリカ人、ヤペテの子孫はヨーロッパ人となった。以後の時代については出エジプト記でのエジプトのほか、列王紀などの史書には、ヘブライ人の歴史のみでなくアッシリア、カルデア（新バビロニア）、ペルシア、ギリシア人の歴史も記述されている。また預言書の一つ、ダニエル書には、四つの世界帝国が継起するが、第四の世界帝国の終焉が同時に人類史の終末であるとの預言が記され、新約聖書のヨハネの黙示録はその終末をさまざまな象徴を駆使して記述し、第四の世界帝国がローマ帝国であることを暗示している。古代に発生した「普遍史」は、こうした聖書の記述を直接的基盤として人類史を記述した。とくに「直接的基盤」というのは、聖書の一言一句を神の言葉とし、それを基礎かつ枠組みとして記述されるという、普遍史の特徴を強調するためである。

また創世記第五章と一一章にはアダムの系譜とセムの系譜が詳しい年数を添えて記述されており、これに基づいて聖書年代学が生まれた。普遍史を支えたのは、この天地創造から終末までの年数を示す、「創世紀元」(Anno Mundi; 世界年代とも呼ばれる)による年号体系であった。他方、キリスト紀元(ディオニシウス暦)は五二五年になって生まれるが、当初は「イエス前」という年号もなく、それはあくまで創世紀元の補助であった。

天地創造と終末という始まりと終わりがあり、神の国の実現に向かうという方向性をもつ「時間」のなかで人類史が展開されることも、普遍史の特徴である。しかもその「時間」は、短かった。詩篇(第九〇)「モーセの祈り」には、「あなた[神]の目の前には千年も……昨日のごとく」という一句がある。使徒教父文書の一つ「バルナバの手紙」には、この句と六日間での創造の完成とを結びつけ、「主は六千年の間に全てを完成されるであろう」[4]と書かれている。すなわち天地創造後六〇〇〇年で終末を迎えるというのである。この「人類史六〇〇〇年」の観念は普遍史にも大きな影響を与え、そこから、普遍史は強い終末観によって彩られることにもなった。現代でも、それは間近な終末を強調して登場してくる原理主義的な新興宗教の根拠となっている。ヘブライ語聖書ではイエス生誕が創世紀元四〇〇〇年頃、したがって現在は天地創造後六〇〇〇年頃と計算されるからである。

普遍史は、古代から一八世紀まで書き継がれた。これを時代別に、古代的普遍史、中世的普遍史、それに宗教改革以後の、対立するプロテスタント的普遍史とカトリック的普遍史からなる、近世的普遍史に大別することができよう。

(2) 古代的普遍史――アウグスティヌス『神の国』

「キリスト教年代学の父」ユリウス・アフリカヌスに始まる古代的普遍史を完成し、またその後の普遍史の出発点となったのが、アウグスティヌスである。

かれは、『神の国』（四一三／四二六年）で、歴史全体を救済という目的に向かって進む神による人類教育の過程とする歴史観、「救済史観」を打ち立てた。そして創世紀元で年号を示しつつ、人類史を「神の国」と「地上の国」の対立・抗争の過程として描いた。神の救済計画を担うのは旧約聖書の時代ではユダヤ人であり、その教育の諸段階を、アダムの創造、ノアの大洪水、アブラハムの召命《しょうめい》等々、「神の国」に関わる画期的諸事件によって、五つの時代に区分した。「地上の国」については、四世界帝国論に基づき、アブラハム時代以後にアッシリア、ペルシア、マケドニア（ギリシア）、ローマの四つの世界帝国が多くの諸民族を従えながら継起するとして描いている。そしてイエス生誕・キリスト教の成立とローマ帝国成立とを画期として人類史最後の第六期が始まるが、二つの国各々《おのおの》で同時にこうした画期的事件が起こったのは神の計画によるものとし、これ以後は「神の国」の担い手がキリスト教会にかわり、また、この第四の帝国が滅亡するときは、人類史も終末を迎えると考えている。このような世界史の構成は、この後現れるさまざまなタイプの普遍史にほぼ共通するものとなった。

かれの記述を「古代的」とするのは、そこでは、神話を含むギリシア人、ローマ人など各民族の古代的歴史像が組み込まれているからである。さらにアウグスティヌスの歴史記述は、人類史の開始から終末までを語っているとはいえ、その終末は古代ローマ帝国の滅亡と重ねられていたからである。またかれが描く「キリスト教的三重構造の世界」も、インドを東の果てとし、人間世界は自由なヨーロッパ人・隷属的なアジア人・怪物からなるとする、「古代的な三重構造の世界」を引き継いだものだったからである。

（3）　中世的普遍史――フライジングのオットー『年代記』

中世的普遍史は、フライジングのオットーの『年代記』（一一四六年）[5]によって完成した。天地創造からローマ時代までについては、本書はアウグスティヌスの丸写しといってよいほどである。「キリスト教的三重構造の世界」も、アウグスティヌスをそのまま継承している。だが、かれの特徴は、中世ヨーロッパ史の記述にある。

アウグスティヌスの「ローマ」はラテン人のローマ帝国であり、この第四の世界帝国が滅びるときは、人類史も「終末」を迎えるはずであった。しかしそうならなかったのはなぜか。この問題を、かれは「帝権移動（translatio imperii）」という論理で説明した。これによれば、西ローマ帝国の滅亡は「第四の帝国」の滅亡を意味しない。皇帝権は消滅せず、ギリシア人（東ローマ帝国）に引き継がれ、カール大帝時代に教皇の仲介によってフランク人に移動し、現在のドイツ人諸皇帝に引き継がれているというのである。この論理は教皇インノケンティウス三世のとき教会で公認され、教会法にも取り入れられて、教皇の至上権の法的な根拠とされた論理でもある。こうしてかれは、四世界帝国論を理論的に拡張することで、西ローマ帝国滅亡後の時代＝中世を普遍史に包摂することに成功したのである。

かれはまた、コンスタンティヌス帝以後の時代を、「混合状態の教会」（第五巻序文）の時代と規定した。すなわち、教皇とキリスト教徒皇帝とを焦点とする、今日の表現でいう「楕円ヨーロッパ」の時代とし、それはハインリヒ三世時代に頂点を迎えた後、叙任権闘争後は没落に向かっていると考えている。このキリスト教ローマ帝国の滅亡は同時に終末となるはずであり、かれもまた、終末が間近に迫っていると信じていた。

最後に、かれが使用した年号にも注目したい。そこでは、全時代を支配しているのは創世紀元による年号である。イエス生誕はユリウス・アフリカヌスによって創世紀元五五〇〇年とされており、イエス以後の時代に対しては、かれはキリスト紀元の年号を併用している。だがそれは、ローマ史の記述で添えられているローマ建国紀元の年号などと同様、創世紀元による年号の補助手段として利用されているのである。さらに、「イエス前」という年号は、使用されていないのである。

（4） 近世的普遍史――プロテスタント的普遍史とカトリック的普遍史

宗教改革は、普遍史にも分裂をもたらした。ルターの片腕となって宗教改革を指導したメランヒトンの『カリオン（ツァリオン）年代記』（一五三二年）により、プロテスタント的普遍史が形成されたからである。その最大の特徴は、ローマ教皇（とトルコ）を、「アンティクリスト」としていることである。アンティクリストが現れるのは終末のときであり、本書もまた、終末が差し迫っていることを強調している。また聖書中心主義により、カトリック的普遍史よりも厳格に聖書の記述に従っている。その一例は、古代以来アッシリアとされてきた第一の世界帝国を「カルデア人の帝国」としたことである。もともとダニエル書第二章では、第一の帝国はネブカドネザルのカルデアであると明記されていた。そこでアッシリアとカルデアを含めて「カルデア人の帝国」とすることで、これに合致するよう修正したのである。また、中心とする聖書を、伝統的に聖書年代学の基礎に置かれてきたギリシア語訳聖書ではなくヘブライ語聖書としたことも、普遍史に大きな変化をもたらした。かれはノアの死とイエス生誕で人類史を三期に区分し、イエスの生誕を三九六三年と計算している。エウセビオス＝ヒエロニムスのそれと比較すると、人類史の「時間」が一二〇〇年も短縮されたことになる。こうして、宗教改革以後、同じく聖書を直接的基盤としながらも、プロテスタント的普遍史とカトリック的普遍史が対立・競合する時代となった。

なおカトリック的普遍史では、フライジングのオットーが読み継がれるなど、基本的には中世以来の立場が引き継がれた。そのうちとくに一八世紀にまで大きな影響を与えたのは、後述する、ボシュエの『普遍史』（一六八一年）であった。[6]

3　普遍史の危機と普遍史の崩壊

(1)　普遍史の危機

普遍史は、近世に入ると危機を迎える。危機はさまざまな側面から起こってきた。[7]ルネサンスと宗教改革の流れから聖書の批判的研究が発展し、そこから、普遍史の直接的基盤となっていた聖書の位置が動揺し始めた。研究が発展した最大の原因は、プロテスタントたちが、その聖書中心主義から、真の聖書を探求したことにあった。だがその探究の過程で、基本的聖書にはギリシア語訳聖書、ヘブライ語聖書、サマリタン版聖書の三種類があり、しかもそれぞれに手写を通じて多くの異本が生じていて、それらから導かれる普遍史の年号も、さまざまに異なることが明らかとなってきた（前掲表6－1参照）。さらに、すべてが神の言葉ではなく、明らかに人間が書き記したと考えられる文章が聖書に存在することがラ・ペレール、ホッブズやスピノザによって明らかにされるなど、普遍史の基礎を脅かす事態が生じてきたのである。[8]

他方、「大航海時代」を通じて、三大陸からなる平円盤状の世界も、キリスト教的三重構造の世界も否定された。地球には四つの大陸があり、「新大陸」にも人が住んでいて怪物などいないことが判明した。またイエズス会士による中国史の紹介は、ルネサンスにおけるヘロドトスのエジプト史の「再生」などとともに、「聖書的時間」を脅かすものとなった。いずれも天地創造よりはるかに古い始点をもつ歴史を記しており、しかも、中国の史書は神話を排除し、日食など天体現象も記録していた。普遍史記述者たちには、この高度な質を有する中国史書が示す、その歴史の古さを否定することができなかったのである。(9)

さらに「科学革命」が、危機を一層深刻にした。コペルニクス、ガリレオ、デカルトを通じてニュートンの『プリンキピア』(一六八七年)に至り、無限に開かれた宇宙を前提とする力学的宇宙論が確立され、「宇宙《コスモス》」の崩壊が決定的となったのである。もっともニュートン自身は、普遍史擁護の立場に立っていた。最初に紹介したニュートン的方法による創世記解釈は、かれの宇宙論と聖書との間には矛盾がないとの信念に基づく議論の一環であった。とはいえ、力学的宇宙論の立場での諸研究、とりわけ地質学を先兵として自然史、地球史の研究が進むと、聖書的時間への疑念が広がった。六日間での天地創造や、そこから現在までをたかだか六〇〇〇年とする短い「時間」が、否定されはじめたのである。

(2)　年代学論争

近世的普遍史の時代は、また「年代学論争」の時代でもあった。それは、プロテスタントとカトリックの間での分裂に加え、さらに普遍史自体の危機が深まるなかで、聖書年代学者たちがさまざまな立場から普遍史擁護のために行った努力を反映したものであった。前掲表6-1のメランヒトン以後にある例が、その代表的な年号体系である。

ユグノーを代表するスカリゲルは天文学を年代学に取り入れ、近代的年代学の創始者となった。かれの対立者ペタヴィウスはイエズス会士で、初めて「イエス前」を含むイエス紀元の年号を、ただしあくまで創世紀元の年号の補助としてだが、体系的に使用した。

アッシャーはクロムウェル時代のピューリタンの年代学者で、イギリス国教会はじめ大陸でも広い支持を得ていた。ボシュエはフランス・カトリック教会の最高指導者で、「近代化されたアウグスティヌス的歴史観」(前川、一九八八、九八頁)による記述を展開したが、かれの年号は、アッシャーのものとほぼ同一である。このため、二人の年号体系は、ヨーロッパで最も広く使用された。科学史などの書物で、科学革命時代のものとしてよく前四〇〇四年に天地創造を置く年号体系が紹介されるが、それは、このアッシャー＝ボシュエのものである。

ここまでは、すべてヘブライ語聖書を基礎としている。カトリックでは、ギリシア語訳聖書を基礎とするエウセビオス＝ヒエロニムスの年代学を公認してきた。しかしカトリックのペタヴィウス、ボシュエも、この伝統から離脱しているのである。これに対しシトー派のペズロンは、ギリシア語訳聖書による年号を主張した。ヘブライ語聖書では不可能だが、ギリシア語訳聖書によれば三皇五帝以後の中国史をノアの大洪水以後に組み込めることが、大きな理由であった。だが、同じことはサマリタン版聖書によっても可能である。「イギリス人の世界史」とも呼ばれ、多数の学者を糾合して編まれた『普遍史』はイギリスの近世的普遍史を代表するものだが、その年号体系はサマリタン版聖書に依拠している。

年代学論争の最後に位置するガッテラーは生涯創世紀元によって記述した最後の歴史学者であったが、後に述べるシュレーツァーとともに普遍史から世界史へと転換した。

（3）普遍史の崩壊

一八世紀後半になると、さまざまな潮流の動きが普遍史の危機を決定的なものとした。聖書の批判的研究では、一七五三年、アストリュックがモーセ五書は時代の異なる人間集団が書き残した複数の文書を編集したものだという決定的証拠を発見した[10]。これにより、普遍史も聖書年代学も、その基盤を失うことになった。一方、リンネが『自然の体系』第一〇版（一七五八年）で人間を「ホモ・サピエンス」と命名し、普遍史的な「中間の環」ではなく、「自然の体系」のなかに分類し、位置づけた。また自然史では、ビュフォンが『自然の諸時期』（一七七八年）を著した。かれは、ニュートンの力学的宇宙観とその前提である「外界の何ものとも関係なく均一にながれ」るという、「絶対的時間」に基づいて地球史を観察した。その結果、人間の歴史は約六〇〇〇年間だが、地球は太陽から分離したときの火の玉状態から現在に至るまで七万五〇〇〇年経過していると実験に基づいて主張し、自然史の時間を、伝統的な聖書的時間から解放した。

最後に、「大航海時代」の諸発見から、地球大の人間世界の形成と発展を説明する、新しい歴史記述が求められるようになった。このなかで、歴史全体を、神による人類教育ではなく、人間の文化（理性、精神）の進歩の過程としてとらえる啓

図6－4 普遍史から世界史への転換—シュレーツァー（A. L. von Schlözer, 1735～1809）—

A.『普遍史の観念』（*Vorstellung der UniveralHistorie,* 1775←1771/72年版を改訂） ⟶ **B.**『世　界　史』（*WeltGeschichte,* 1785→1792年版も同一の構成）

A.『普遍史の観念』	B.『世界史』
	7万5000年前
	自然史 （地球史）
6000年前	6000年前
Ⅰ．**始原世界**（Urwelt）：天地創造およびアダムからノアまで，1656年間。	Ⅰ．**始原世界**（Ur Welt）：アダムからノアまで—従来は1656年間とされてきたが期間は不明—
Ⅱ．**前世界**（Vorwelt）：ノアからキュロスまで1770年間，または AM.1657年のノアによる人類第二の出発から AM.3425（前558）年のペルシア帝国による最初の大統一まで 1．大洪水からモーセまで，800年間	Ⅱ．**無明世界**（Dunkle Welt）：なお寓話・伝説的な世界。現存する最古の歴史叙述者の出現まで。
2．モーセからキュロスまで，1000年間 a．モーセからトロヤまで，400年間 b．トロヤからローマまで，400年間 c．ローマからキュロスまで，200年間	Ⅲ．**前世界**（Vor Welt）：モーセからキュロスまで＝1000年間。まだ世界史叙述のない時代。 a．モーセからトロイ戦争まで＝400年間 b．トロイ戦争からサルダナパルスまで＝300年間 c．サルダナパルスからキュロスまで＝300年間
Ⅲ．**古代世界**（Alte Welt）：キュロスからクロヴィス，楊堅，マホメットまでの1000年間。または前558年のペルシア帝国成立からギリシア人ローマ人，パルティア人，中国人の諸帝国を通じて，西ローマ帝国滅亡（476年）に至る時代。 a．キュロスからアレクサンドロスまで b．アレクサンドロスからキリストまで c．キリストからテオドシウスまで d．テオドシウスからクロヴィスまで	⇨ Ⅳ．**古代世界**（Alte Welt）：キュロスからクロヴィス，ディザブロス，楊堅，マホメットまで＝1000年間。 a．キュロスからアレクサンドロスまで＝200年間 b．アレクサンドロスからキリストまで＝300年間 c．キリストからテオドシウスまで＝400年間 d．テオドシウスから中世まで＝100年間
Ⅳ．**中世**（Mittel =Alter）：「クロヴィス，楊堅，マホメットからコロンブスまでの1000年間。またはフランク人，中国人，アラブ人の諸帝国の開始から1492年のコロンブスのアメリカ発見まで」（141）。	Ⅴ．**中世**（Mittel Alter）：クロヴィスからディアズ，コロンブス，ルターまで＝1000年間。
Ⅴ．**近代世界**（Neue Welt）：アメリカ発見の1492年から今日までの300年間。	Ⅵ．**近代世界**（Neue Welt）：1500年以後。
※年号は創世紀元（AM.）も使用	※年号はキリスト紀元（B.C. を含む）のみを使用

（B の右側：Ⅲ～Ⅵ に「歴史時代」、Ⅳ～Ⅴ に「世界史記述の対象」）

シュレーツァーは『普遍史の観念』ではアダムから記述を開始し，創世紀元（A.M.）の年号を使用するなど，タイトル通り「普遍史」を記述していた。しかしその『世界史』は，近代的世界史の出発点を築くものとなった。創世紀元を廃棄してB.C. を含むキリスト紀元のみで年号を記し，ビュフォンに依拠して天地創造を約6000年前とする聖書的時間を拒否し，7万5000年前に地球史の出発点を置いた。アダム等の聖書の記述を「寓話・伝説的な世界」として歴史学の対象となる歴史時代から排除し，「古代・中世・近代」を，キュロス（アケメネス朝ペルシア）から始まる世界史の時代区分とした。トルコ人（トルコ系民族）に対し，ルターなどが与えていた「アンティクリスト」という普遍史的な位置づけではなく世界史の「主要民族」の地位を与え，その代表者として，クロヴィス，楊堅，マホメットと並んで突厥の可汗ディザブロスを挙げている（表は筆者が作成）。

蒙主義的進歩史観が提出され、また、人間の世界を、進歩の頂点に立つヨーロッパ人、進歩が停滞しているアジア人、文明以前の段階に止まる野蛮人からなる三重構造のものとしてとらえる考え方が形成されてきた。こうした流れを先導したのはヴォルテール、モンテスキュー、ルソーらであったが[11]、以後、世俗的・文化史的な啓蒙主義的世界史が各国で登場してきた。

ドイツでこの動きを代表するのが、ガッテラーを開祖とする「ゲッティンゲン学派」であった。図6－4は、その一人シュレーツァーの例を示したものである。かれもガッテラーも最初は普遍史を記述していたが、一七八五年以後、ともに「世界史（Weltgeschichte）」のタイトルで記述するようになった。二人の「世界史」の記述には、寓話・伝説と限定してではあるが、なお、アダムが登場する。しかし歴史時代については、ともに史料批判によって確認された事実に基づく記述を追求しており、このことは、科学的歴史学への出発点ともなった。とりわけシュレーツァーは、ビュフォンの自然史と人類史の受容を通じて歴史にも「絶対的時間」を取り込み、この時間の目盛りについては、創世紀元による年号を破棄して「イエス前」を含むイエス紀元のみで記すことを宣言した。イエス紀元を創世紀元から独立させることで、今日の「西暦」としての年号の使用を開始したのである。また普遍史的な時代区分も破棄し、これにかえて、古代・中世・近代の時代区分を世界史に導入した。内容も、ガッテラー同様に、啓蒙主義的な文化史を柱とする記述を行っている。かれが切り開いた地平は一九世紀歴史学の基礎となり、一部は現在に受け継がれている。

他方では、啓蒙主義の歴史を代表するギボンの『ローマ帝国衰亡史』（一七七六／八八年）がイギリスで、フランスでもコンドルセの『人間精神進歩史』（一七九三／九四年）が、同時代に著されている[12]。このようにしてヨーロッパ各国では、一八世紀末までには、普遍史の時代から啓蒙主義的世界史の時代へと移行する。「年代学論争」は一八世紀末に終結するが、それは伝統的キリスト教的世界史記述＝普遍史の終焉を、さらに啓蒙主義的・科学的世界史への転換をも意味した。また、この転換の時期は、アメリカの独立、フランス革命や産業革命などの時代とも重なっている。普遍史から世界史への転換は、普遍史の危機をもたらした上述のさまざまな動きの結果であった。しかし同時に、それはヨーロッパが新たな「世界」で優位を占めるに至った変化を反映したものであり、そしてそれ自体もまた、ヨーロッパの文化・社会・経済の全体的転換の一環でもあったのである。

注

（1）キリスト教的世界史は、中世では「（世界）年代記（Chronica）」、近世では「普遍史（Universal History）」などと呼ばれた。たとえばフランスのボシュエ（注6）、「イギリス人の世界史」（後掲表6－1参照）などのタイトルに使用され、とりわけドイツでは、大学で基礎教養として「普遍史」が広く講義されていた。そこで筆者は、啓蒙主義以後今日に至る「世界史」に対比する意味で、キリスト教的世界史記述を総称して「普遍史」と呼んでいる。

（2）ルターは『食卓談話』で、ヨシュア記（一〇～一三）に拠りながら、「天や太陽や月ではなく、地球が回転するのだということを証明しようとする新しい天文学者に、人々は耳を傾けている。……この馬鹿者は全天文学をひっくり返そうとしている。しかし聖書が証明しているように、ヨシュアが止まれと命じたのは、地球ではなく太陽だった」と述べている。

カルヴァンも、『創世記についての註釈』で、詩編第九三編の「まことに、世界は堅く立って、動かされることはありません」を引用しつつ、「一体誰がコペルニクスの権威を聖霊の権威より上に置いたりするだろうか」としている（クーン、一九八九、二九九頁以下）。

（3）アウグスティヌス『神の国（四）』服部英次郎・藤本雄三訳、岩波文庫、一九八六年。第一六巻第八章では「奇怪な人間の起源」が議論されている。引用は、一五〇頁。

（4）荒井献編『使徒教父文書』講談社文芸文庫、一九九八年、七三頁。なお、ペテロの第二の手紙には「愛する者たちよ。この一事を忘れてはならない。主にあっては、一日は千年のようであり、千年は一日のようである」（三～八）とある。神の一日を人間の一〇〇〇年間、人類史を六〇〇〇年間とする考え方は「大安息日主義（Great Sabbatism）」と呼ばれ、古代の多くの教父たちが共有していた観念であった。

（5）フライジングのオットー『年代記――二つの都の物語』（一一四六年）。英訳がある。*The Two Cities. A Chronicle of Universal Hisitory to the Year 1146 A.D. By Otto von Freising. Translated by Charles Christopher Mierow*, New York.: OCTAGON BOOKS, INC. 1966.

（6）ボスエ『世界史論』（仏蘭西カトリック思想家選5）（1）～（3）、岳野慶作訳、中央出版社、一九五八／五九年。本書は「世界史論」と訳されているが、原題は“*Discours sur l'histoire universelle*”であり、「普遍史」という言葉が使用されている。

（7）この時代のさまざまな「危機」については、P・アザール『ヨーロッパ精神の危機』（叢書・ウニベルシタス84）野沢協訳、法政大学出版会、一九七三年が詳しい。

（8）　先駆者となったのはユグノーのフランス人ラ・ペレールであった。ホッブズも、ラ・ペレール同様に、モーセ五書中にしばしば見られる、「今日に至るまで云々」といった、明らかに後世の人々が挿入したと考えられる多くの文章を検討し、「『モーセの五書』は、どれくらいあとかははっきりしないまでも、モーセの時代以後に書かれたことは十分に明らかである」（永井道雄・宗片邦義訳『リヴァイアサン』〔世界の名著二八〕中央公論社、一九七九年、三八二頁）と結論づけた。スピノザは、「モーゼ五書はモーゼに依って書かれたのではなく、モーゼの数世紀後の時代の他の人に依ってかかれたのである」（畠中尚志訳『神学・政治論』〔下〕岩波文庫、一九九五年、一七頁）とし、それを旧約聖書の預言者エズラと推定した。

（9）　中国とヨーロッパの関係については以下が参考になる。後藤末雄著、矢澤利彦校訂『中国思想のフランス西漸』（東洋文庫一四四）、平凡社、一九六九年。大野英二郎『停滞の帝国――近代西欧における中国像の変遷』国書刊行会、二〇一一年。

（10）　ジャン・アストリュックはこの結論を聖書で同一の事柄が二度記述されている、「ダブレット」の研究から導いた。たとえば創世記第一章では創造第六日目での人間の創造、第二章ではアダムの創造と、人間の創造が二度繰り返されており、前者では神は「エローヒーム」、後者では「ヤーヴェ」と呼ばれている。かれが創世記の神をエローヒームと呼ぶ部分、ヤーヴェと呼ぶ部分を切り離して各々をつなげると、ノアの大洪水の話など、並行する記述内容をもつ二つの文書が現れた。これによって、この記述が神を別々の名で呼ぶ二つの人間集団の文書から編集されていたことが、動かぬ事実となったのである。

（11）　歴史学全般に最も大きな影響を与えたのはヴォルテールであったが、モンテスキューはその風土論を通じての進歩史観への理論的寄与の面で、またルソーはその自然人の議論が先史時代の探求に向かわせた面で大きな影響を与えた。ヴォルテール『ルイ十四世の世紀』丸山熊雄訳、岩波文庫（全四冊）、一九五八／八三年（原書出版は一七五一年）。ヴォルテール『歴史哲学』安斎和夫訳、法政大学出版局、一九八九年（原著出版は一七六五年）。モンテスキュー『法の精神』野田良之訳、岩波文庫（原著出版は一八四八年）。ルソー『人間不平等起源論』本田喜代治・平岡昇訳、岩波文庫（原著出版は一七五五年）。

（12）　ギボン『ローマ帝国衰亡史』村山勇三訳、岩波文庫（全一〇冊）。コンドルセ著、渡辺誠訳『人間精神進歩史　一、二』岩波文庫。

参考文献

アリストテレス『天体論』（アリストテレス全集4）村治能就訳、岩波書店、一九六八年。

伊藤進『怪物のルネサンス』河出書房新社、一九九八年。

岡崎勝世『聖書 vs. 世界史』講談社現代新書、一九九六年。

――『キリスト教的世界史から科学的世界史へ――ドイツ啓蒙主義歴史学研究』勁草書房、二〇〇〇年。

――『世界史とヨーロッパ』講談社現代新書、二〇〇三年。

――『科学vs.キリスト教　世界史の転換』講談社現代新書、二〇一三年。

クーン、T.『コペルニクス革命――科学思想史序説』常石敬一訳、講談社学術文庫、一九八九年（原著は一九五七年）。

コイレ、A.『コスモスの崩壊――閉ざされた世界から無限の宇宙へ』野沢協訳、白水社、一九七四年（原著は一九五七年）。

コペルニクス、N.『コペルニクス・天球回転論』高橋憲一訳・解説、みすず書房、二〇〇四年。

ダンテ、A.『神曲』（I～III）寿岳文章訳、集英社文庫、二〇〇三年。

バターフィールド、H.『近代科学の誕生』（上・下）渡辺正雄訳、講談社学術文庫、一九七八年（原著は一九五七年）。

ビュフォン、G.-L.『自然の諸時期』菅谷暁訳、法政大学出版局、一九九四年（原著は一七七八年）。

フィネガン、J.『聖書年代学』三笠宮崇仁訳、岩波書店、一九七二年。

前川貞次郎『歴史を考える』ミネルヴァ書房、一九八八年。

ラヴジョイ、A.O.『存在の大いなる連鎖』内藤健二訳、晶文社、一九七五年（原著は一九三六年）。

渡辺正雄『文化としての近代科学』講談社学術文庫、二〇〇〇年。

第7章　イスラームの世界史観
——アレクサンドロスは「大王」か?——

山中由里子

1　「大王」の由来

(1)　日本における「大王」

紀元前四世紀にマケドニアからインドまでを征したアレクサンドロス三世。「アレクサンドロス大王」といった方がピンとくる人の方が多いかもしれない。書店に並ぶ本のタイトルの多くには「大王」がつく。二〇〇三年に東京国立博物館で開催された古代ギリシア美術の展覧会のタイトルは「アレクサンドロス大王と東西文明の交流展」であったし、同じ年に放映されたＮＨＫスペシャル「文明の道」第一集の題も「アレクサンドロス大王　ペルシア帝国への挑戦」であった。日本語においても、「アレクサンドロス三世」、あるいは「マケドニアのアレクサンドロス」よりも、「アレクサンドロス大王」の方が一般に通りがよいことは間違いないだろう。

しかしアレクサンドロスは、なぜ、いつ頃から「大王」(英語でいえば、ザ・グレート)と呼ばれるようになったのか。アレクサンドロスに征服された土地の人々もかれのことを「グレート」と思っていたのか。筆者はこれまでイスラーム以前と以後の西アジアにおけるアレクサンドロスをめぐる歴史観や伝承についての研究を行ってきたが、そのなかで「大王」という称号の由来と普及、そしてさまざまな時代や文化圏におけるかれの呼び名について考えるようになった。そこから見えてきたのは、われわれがいかに西洋中心主義的な世界史観を無批判に受け入れているかということである。このことをまず認識したうえで、西洋的歴史観を共有しない西アジアにおいて、とくにイスラーム以降の時代にどのような世界史観が築かれてきたのかということを、アレクサンドロスの事例を中心に見てゆこう。

「アレクサンドロス大王」という名は、欧米での呼称 Alexander the Great（英）、Alexandre le Grand（仏）、Alexander der Große（独）からきている。日本にアレクサンドロスに関する歴史的な情報が入り始めたのは江戸後期で、大王の呼称が普及したのは、おそらく明治期であろう。

江戸後期の漢学者、大槻磐渓（一八〇一～七八）による漢詩には次のようなものがある。

半生の威武　西洋に遍《あまね》し
青史に長く留む　赫赫《かくかく》の光
一《いっ》に功名の大帝に帰せしより
人の歴山《れきざん》王を艶説《えんせつ》する無けんや

これはナポレオンについて詠まれた「仏蘭西王詞十二首」の四首目の七言絶句であり、アレクサンドロスをしのぐほどのナポレオンの武功を称えている（大島、二〇〇四、一七〇～一七一頁）。磐渓は蘭学者、大槻玄沢の息子で、ヨーロッパの歴史・政治情報には通じていたようである。

「歴山王」という表記は、清以降の中国の文献に見られる、「亜歴山太」、「亜力山大」、「歴山王」などからきているのであろう。明治期に入ると、アレクサンダーの音訳に使われた「大」の文字に「王」が付いて「亜歴山大王」、「歴山大王」という漢字表記が使われ始めた。

福沢諭吉らとともに明六社を結成した啓蒙思想家の一人、西村茂樹が記した『万国史略』（一八七三〔明治六〕～七五〔明治八〕年）にすでに、「亞歴山得《アレキサンダル》大王」の章がある。その後の西洋の歴史、偉人伝の類――渋江保『世界英雄神髄』（東海堂、一九〇三（明治三六）年）、土屋詮教『西洋歴史』（修学堂、一九〇八（明治四一）年）、中村徳助『東西名士の修養』（菊地屋書店、一九一〇（明治四三）年）、福本日南『英雄論』（東亜堂、一九一一（明治四四）年）など――には、西洋文明史上屈指の偉人として「歴山大王」、「亜歴山大王」が頻繁に登場する。さらに、明治後半には、渋江保『歴山大王一統戦史』（博文館、一八九六（明治二九）年）、ジョン・ラングホーンによるプルタルコスの『英雄伝』の訳からの重訳である新井清彦訳『歴山大王蓋棺記』（文港堂、一八九七（明治三〇）年）、ドイツの歴史家ヨハン・グスタフ・ドロイゼンの『アレクサンドロス大王史』に基づいた幸田成友の『歴山大王』（博文館、一九〇〇（明治三三）年）など、アレクサンドロスに特化された伝記も現れている。

これらから「大王」が「ザ・グレート」の意味を表すものとしてアレクサンドロスの呼称の一部となったのであろう。

（2）「無敵の王」「アジアの王」「大王」

さて、ではこの「ザ・グレート」の呼称の起源はいつ頃まで遡ればよいのであろうか。アレクサンドロス自身は生前にの名で呼ばれていたのか。

パリのルーブル美術館に所蔵されている、いわゆる「アザラのヘルメス」は、紀元前三三〇年頃にアレクサンドロスの御用彫刻家リュシッポスが制作したアレクサンドロスの彫像に基づいたローマ皇帝時代（一〜二世紀）の複製である。アレクサンドロスと同時代の作品の姿を伝えるとされるその土台部分には、単に「アレクサンドロス／フィリッポスの子／マケドニア人」とギリシア語で刻まれている。

ギリシア・ローマの歴史家によるアレクサンドロス伝は、かれが生前には「無敵の王」（「無敵」はギリシア語で *aniketos*、ラテン語で *invictus*）、あるいは「アジアの王」などと呼ばれていた可能性を示している。たとえば、プルタルコスの『英雄伝』（二世紀末）によると、アレクサンドロスはペルシア軍を破ったガウガメラの戦いの後に、「アジアの王」と宣言されることになったという。

「大王」という称号自体がアレクサンドロスの時代のギリシア世界に知られていなかったわけではない。「偉大なる王」はアケメネス朝ペルシアの君主の呼称の一つであり、キュロス大王が紀元前五三九年、現イラク中部に栄えた新バビロニア王国を滅亡させた際に作らせた円筒印章（大英博物館蔵）にアッカド語で「余はキュロス、この世の王、偉大なる王、強大な王、バビロニアの王、シュメールとアッカドの王、この世の隅々まで支配する王」と刻まれている。このペルシア王の呼称「偉大なる王」のギリシア語訳の *megas basileus* という呼び名は、『ペルシア人』を記したアイスキュロス（紀元前五二五～四五六）の時代からギリシア人たちにも知られていたが、そこにはギリシア都市国家の民主制に相反する「東方の専制君主」という否定的なイメージがつきまとった（Pfister, 1964, p. 48）。

このため、アレクサンドロスが遠征先でペルシア風の宮廷儀礼や服装を取り入れ始めたという知らせはアテネの政治家・思想家たちには歓迎されなかった。東方的専制君主に成り果てたという皮肉をこめて「大王のアレクサンドロス」という呼び名が、修辞学者イソクラテスの周辺から出てきたのではないかと推察する歴史家もいる（Rosenberger, 1998, p. 489）。しかし、いずれにしてもアレクサンドロス自身が *megas basileus* を名乗ったという確固たる証拠は何もない。

ヘレニズム王朝の君主で自ら「大王」と最初に名乗ったのは、セレウコス朝の領土を拡大したアンティオコス三世（紀元前二四一～一八七）であるとされる。ただ、現存する文献のなかで、「アレクサンドロス大王」という名称が登場する最も早い例は、ローマの作家プラウトゥス（紀元前二五四～一八四）による「幽霊屋敷」という喜劇作品であるらしい（Rubincam, 2005, pp. 265-266）。奴隷トラニオの台詞に「アレクサンドロス大王とアガトクレスの二人は、とてつもなくでかいことをしたというではないか」という一文があるのである。ここで「アレクサンドロス大王」（ラテン語で *Alexander magnus* ＝偉大なるアレクサンドロス）は、いともさりげなく使われているので、すでに巷に普及していた名称であったのかもしれない。紀元前二世紀初頭には、アレクサンドロスと「大王」の結びつきは確固たるものとなっていたようである。

その後、アレクサンドロス大王という呼称はギリシア・ローマ世界に広がり、ポンペイウス（紀元前一〇六～四八）など、アレクサンドロスに倣って、「マグヌス」の称号を自らの名前に冠したローマの軍人や政治家が現れた。

2　西洋的歴史観から離れて

アレクサンドロスの死後にギリシア・ローマ世界に広がり、その後ヨーロッパに引き継がれた「偉大なるアレクサンドロス」という名称は、明治期に西洋史学の受容とともに「アレクサンドロス大王」として日本に定着した。では、かつてアレクサンドロスに征服された土地では、どのような名前で呼ばれてきたのであろうか。とくにイランにおけるかれの位置づけは非常に特殊であるので、簡単に紹介しておこう。

アレクサンドロスがイランに惨禍をもたらしたという遠い記憶は、ササン朝（二二四〜六五一年）創建時のプロパガンダにおいて利用され、アレクサンドロスは創建者アルダシールと対峙する悪魔的存在に仕立て上げられた。ササン朝時代に形作られた歴史認識におけるアレクサンドロスは、ゾロアスター教に対して、あるいはイラン国に対して三つの大罪――聖職者や王族の惨殺、聖典の焼尽・略奪、イランの王権の分割――を犯したとされた。そしてササン朝起源のゾロアスター教書に現れるアレクサンドロスは、「エジプトに住む憎きローマ人アレクサンドロス」、「かの敵、不運をもたらす異端者、邪悪で有害なエジプトのローマ人アレクサンドロス」、「憎きローマのアレクサンドロス」、「憎きアレクサンドロス」、「不運の悪党」、「不運と怒りに満ちた悪党」、「邪悪なギリシア人のアレクサンドロス」といったように、憎しみが込められた形容辞無しには語られない（山中、二〇〇九、四五〜九七頁）。

（1）アレクサンドロスの「イスラーム化」と聖書的な古代史観

七世紀以降のイスラームの拡大とともに、西アジアにおけるアレクサンドロス像とその呼称はさらに変容する。紀元後三世紀までにエジプトのアレクサンドリアで成立したとされる「アレクサンドロス物語」と呼ばれるアレクサンドロスにまつわる伝説的な物語群は、ギリシア語からシリア語、パフラヴィー語などさまざまな言語に訳されて西アジアにも広く流布するが、その一部はユダヤ・キリスト教の宗教説話に取り入れられる。さらに、この一神教のフィルターを通したアレクサンドロス伝承は、イスラームの聖典『クルアーン』の「洞窟の章」八二～九七節に「二本角」の話として取り入れられた。『クルアーン』にはアレクサンドロスの名前は現れないが、この世の東と西の果てまで突き進む布教者、野蛮な民族の侵攻を防ぐ守護者として描かれている「二本角」とアレクサンドロスが同一であるという議論は、早くからイスラーム学者たちのあいだでもとなえられていたようで、タバリー（Tabari）（九二三年没）の『タフスィール』（クルアーン注釈書）などには、二本角の節の注釈として、アレクサンドロスと結びついたイスラーム初期に遡る説話が挙げられている。このことによって、中世イスラーム世界においてアレクサンドロスは「二本角のアレクサンドロス」（アラビア語で *Iskandar dhu 'l-qarnayn*）と呼ばれ、神聖視された。

ここで『クルアーン』自体の歴史観について、一言述べておこう。『クルアーン』には、人類の始祖アダム、アブラハムやモーセなど、「最後の預言者」ムハンマド以前の預言者や『聖書』と共通する聖人が多く登場するが、『クルアーン』自体はそれらを時間軸に沿って位置づけようとはしていない。「アレクサンドロス」という名前とともに歴史的なコンテクストが完全に省かれ、寓意的なエッセンスのみが抽出されている「二本角」の一節においても、この傾向は顕著に現れている。初期のムスリム（イスラーム教徒）たちが、『クルアーン』が示すこのような「非歴史的」あるいは「超歴史的」な世界観を共有していたであろうことはよく指摘されている。[1] イスラーム初期に歴史叙述が存在しなかったわけではないが、それはもっぱらイスラーム共同体の誕生と拡大に関連したハディース（伝承）やハバル（情報）が中心で、イスラーム以前の古代文明に関する系統だった知識が歴史学に取り入れられるのは、九世紀半ば以降に万国史のジャンルが発達してくる時代を待たなければならない。

アレクサンドロスに関しても、八世紀半ば頃までは『クルアーン』の二本角と結びついた宗教説話的なエピソードが、おそらく断片的に流布していただけのようである。二本角アレクサンドロスが昇天して地上を見下ろし、天使に布教の使命を明かされたり、信徒を脅かす野蛮な民族ヤージュージュとマージュージュ（『聖書』のゴグとマゴグ）に対する防壁を建設するという内容の語りで、前述したように、タバリーの『タフスィール』などに引用された形でのみ現存している。これらは、「イスラーイーリーヤート」（イスラエルもの）と総称される、イスラーム的なコンテクストに置き換えられたユダヤ・キリスト教起源の説話群の一部をなしていたと考えられる。

このような説話がイスラーム教の一神教的過去を構築する素材となったのであるが、これらを時間軸に沿った叙述の枠組みにおいて整理・編集し、ムハンマドとイスラーム教の登場を、この世の始まり以来の預言者の歴史の中に位置づけたのは、イブン・イスハーク（Ibn Ishaq）（七〇四頃〜七六七年）であるといわれている。このような時間的連続性のある歴史的展望が明らかになってくる転換期は、ウマイヤ朝（六六一〜七五〇年）からアッバース朝（七五〇〜一二五八年）への移行の政治的な動乱の時代と重なる。東方イスラーム世界の非アラブ人の軍事力を頼りにウマイヤ朝を倒したアッバース家は、その政権の正当性を思想的にも示す必要があり、歴史の編纂はその手段の一つであった。アッバース朝は、ウマイヤ朝が行っていた非アラブの改宗ムスリム（マワーリー）に対する差別的な制度を廃し、とくにイラン系知識人の多くを官僚として帝国の運営に取り入れた。しかしユダヤ教、キリスト教、イスラーム教の融和を図ると同時に、イスラーム帝国の統一の理念において、預言者としてのムハンマドの優越性を明確にする必要があった。ムハンマドが神によって人類に遣わされた最後で最高の預言者であるという位置づけを確実にするためのムハンマド伝をまとめたのがイブン・イスハークである。

イブン・イスハークのムハンマド伝は、もともとは三部からなっていたと考えられている。この世の創造からイスラーム勃興以前の歴史が記された第一部は、『創世の書』または『創造物のはじまり』と呼ばれ、預言者の到来に至るアラビア史である第二部が『到来の書』、そして第三部は預言者・布教者としてのムハンマドの行伝『征服の書』である。併せて通称『行伝』（アラビア語でスィーラ）と呼ぶ。しかし現存する写本は、イブン・イスハークの当初の構想であったはずのこの三部構成のかたちでは残っておらず、第一部『創世の書』が含まれていない。だが、かなりの部分が断片的にではあるがタバリーなどの後の歴史家・解釈学者に忠実に引用されており、ゴードン・ニュービーは散在する引用を集めて、天地創造からアダムの誕生に始まり、ムハンマド以前の預言者や聖者に関する伝承を列伝的に並べるという構成において、英訳で復元している（Newby, 1989）。

二本角アレクサンドロスに関する伝承もイブン・イスハークの『創世の書』において、聖書的な古代史観の時間軸の流れの中に組み込まれた。しかし、伝承の内容としてはイスラーイーリーヤートの類の、歴史的具体性に欠ける宗教説話であったことには変わりない。「ルーム」（ギリシア・ローマを指す）のアレクサンドロス、あるいはアレクサンドリアの建設者アレクサンドロスと同一視されていながらも、ペルシア王ダレイオス、インド王ポロスなど実在した王とのやりとりは含まれていない。

（2）聖書的古代史観から万国史へ

より歴史的具体性をもったアレクサンドロスに関する情報は、ウマイヤ朝末期からアッバース朝初期にかけて、イスラーム以前の文明の歴史が翻訳を通してより明確になる過程で入ってくる。ササン朝ペルシアの列王伝『王書』はパフラヴィー語（中世ペルシア語）からアラビア語に訳され、イスラーム世界の歴史学に多大な影響を与える。古代ペルシアの列王伝ほどではないが、キリスト教年代記やギリシア哲学の影響も無視できなくなる。

この世の始まりからアラブ・ムスリム勢によってササン朝が滅ぼされるまでのイラン歴代の王の歴史を綴った『王書』は、イブン・アル＝ムカッファア（Ibn al-Muqaffa）（七二〇頃〜七五七年頃）というイラン系マウラー（改宗ムスリム）によってアラビア語に翻訳されたと考えられている。ササン朝時代末期に編纂された『王書』のパフラヴィー語原典も、イブン・アル＝ムカッファアによるアラビア語訳自体も散逸してしまっているが、後の歴史家たちに『列王伝』または『ペルシア列王伝』からの情報として部分的に引用されている形跡がある。これらの断片的な引用からは全体を再構築することは難しく、引用内容の異同からもさまざまな列王伝のバージョンが流布していたらしいことがわかる。しかし、大きな枠組みにおいては後に詩人フィルダウスィー（九三四〜一〇二五）がペルシア語で叙事詩化した『王書』（ペルシア語でシャー・ナーマ）と同様、この世の始まりから神話的・伝説的・歴史的な王や英雄の物語を時間軸に沿って構成したものであったと推察される。各王の治世の長さが記されていたため、世界史の年代考証の一つの重要な指標となった。

このペルシア列王伝の翻訳の影響は九世紀前半頃までに現れ始め、イスラーム世界の歴史学に転換期をもたらす。それまで主流であった聖書的な古代史観とペルシア古代王朝史が融合するとともに、宗教史から、より広い人類史あるいは文明史へと歴史家たちの関心は広がっていったのである。この九世紀半ばから一〇世紀前半にかけては、万国史の黄金期ともいえる。①イブン・クタイバ（Ibn Qutayba）（八二八〜八八九）、②ディーナワリー（Dinawari）（八九四頃没）、③ヤアクービー（Yaʿqubi）（八九七没）、④タバリー、⑤マスウーディー（Masʿudi）（八九三頃〜九五六頃）などによるアラビア語史書の古典的な作品がこの時代に生まれる。

① イブン・クタイバ

まずは、イブン・クタイバの『知識の書』であるが、クルアーン学校の講義用の読本であったとされ、高官が身につけるべき教養としての世界史が事典的なスタイルで記されている。預言者・聖人伝、諸宗教史、アラブ民族史、歴代カリフの伝記、著名イスラーム学者の伝記に関する章に続き、イエメン・メソポタミア・ペルシアの諸王朝史が綴られており、アレクサンドロスは、この最後のペルシア王に関する章に次のように登場する。

ダレイオスの息子のダレイオスはバビロニアにいた。そこにルームのアレクサンドロスが現れ、かれを倒し、服従させ、殺した。そしてペルシアの地を征服した。多くの人々を殺し、捕らえ、破壊を繰り返した。聖典を焼き、拝火殿をすべてとり壊すように命じた。そして捕らえたペルシア貴族を諸地方の統治者として残していった。どの支配者も自らを守り、自らの財を守った。これらが「小国の君主」である。それから四六五年間、この状態が続いた。そこにサーサーンの息子のバーバクの息子のアルダシールが現れた。かれはイスタフルの地の君主で小国の君主の時代以前の古い王族の血を引いていた。かれは自らがかれらの王の後継者であると考え、近隣のペルシア王や遠方の小国の君主たちに書状を送り、かれのもとに集まるように知らせた。

イブン・クタイバは「ペルシア列伝の諸書」をこの一節の情報源としているが、それはアレクサンドロスを古代ペルシア帝国の分裂と拝火教の衰退の要因とするササン王朝の「公式見解」を反映したものであったようである（山中、二〇〇九、二九五〜二九九頁）。

②　ディーナワリー

同時代のディーナワリーが記した『長史』は、講義用テクストであったとされるイブン・クタイバの書に比べると、読み物としてのおもしろさを意識したものであったようで、著述の文体および構成は物語的である。アダムに始まり、イスラエルの族長たち、諸預言者、イエメンとペルシアの諸王、アラブ・ムスリム軍とペルシア軍の戦い、ウマイヤ朝、アッバース朝のムハンマド・ムゥタシムの治世までといった構成になっている。古代史に関してはアラブの歴史よりもペルシア史の方に重点が置かれている。ディーナワリーが典拠としたのは、イブン・アル＝ムカッファアの『列王伝』訳の改編版にユダヤ・キリスト教的イスラーイーリーヤート、そしてムスリムの伝承を物語風に組み合わせた、九世紀初め頃に成立した『究竟の書』というテクストではないかとされる。

『長史』におけるアレクサンドロスに関する記述はかなり長く、その誕生、遠征、そして死までの物語がペルシア諸王の章に挿入されている。それ以前の歴史書に比べると、アレクサンドロスの生涯に関する情報の量がここで断然と増えるのである。そのあらすじは、前述の「アレクサンドロス物語」のデルタ系と呼ばれる系統のテクストとほぼ重なり、アラビア語の一貫したアレクサンドロス伝として、現存するテクストのなかでは早い例の一つである。ただし、ディーナワリーは物語をある程度簡略化し、空想的・非現実的なエピソードを省いている。たとえば、アレクサンドロスが北方の暗闇の国に入って出てきたとはあるが、生命の泉を探求する話、巨大な鳥や天使イスラーフィールによるアレクサンドロスの死の予告は含まれていない。海獣、言葉を話す木、馬頭の民族など、東方で出合ったという不可思議な生き物の話も省略されている。明らかに空想的な逸話は歴史にはふさわしくないと判断したのかもしれない。

あらすじ全体の紹介は長くなるので省略するが、とくに出生譚には注目すべきである。ディーナワリーはアレクサンドロスの出生に関して、フィリッポスの息子であるとする「ギリシア人の学者たち」とダレイオスの息子であるとする「ペルシア人」の意見が異なっていることを述べている。後者の説によると、ダレイオスはフィリッポスの娘を娶るが、その悪臭に嫌悪を感じ、国へ返す。すでにダレイオスの子を身ごもっていた彼女が生んだのがアレクサンドロスであるという。アレクサンドロスにペルシア王の血筋を与えてしまうという展開は、六世紀頃にパフラヴィー語から翻訳されたとされるシリア語の「アレクサンドロス物語」には見られない。シリア語版においては、ギリシア語原典と同じく、アレクサンドロスはマケドニアに逃亡してきたエジプト王ネクタネボスとオリュンピアスとの間に生まれたという設定になっている。おそらくこれがヒントとなって、ダレイオスの息子説が現れたのであろうが、「アレクサンドロス物語」の伝播過程のどの時点で、このような転換が起こったのであろうか。

前述のイブン・クタイバが参照した「ペルシアの列伝の諸書」のアレクサンドロスは王権の簒奪者、宗教の破壊者であり、それはササン朝の「公式見解」を反映したものであった。完全な敵とする説と、実はペルシア王の息子であったとする説と、九世紀にはおそらく両方のバージョンが存在していたのであろうが、ササン朝的歴史観においては「悪玉」であったアレクサンドロスがペルシアの列王伝へ組み込まれるに至った背景には、イランのイスラーム化がひとつの要因としてあったことが考えられる。アラブ・ムスリムにとって布教の戦士、野蛮な民族の襲撃を堰き止め信徒を守るイスラーム的英雄である二本角アレクサンドロスを、ペルシア王の系図のなかに取り入れることは、イスラーム的価値観を受け入れつつ、イラン民族の優越性を主張する恰好の手段であったといえよう（山中、二〇〇九、二九九～三一三頁）。

③　ヤアクービー

ヤアクービーの『歴史』はディーナワリーの物語的な歴史叙述と対照的に論理的で、天地創造から八七二年までの、知り得る限りの諸文明史を網羅しようとしているという意味で、真の万国史の登場といえる。たとえばインド、中国の王の歴史までも含んでおり、かれ以前、以降の歴史家と比較しても、ヤアクービーの『歴史』に匹敵する情報の幅をもつのは後述のマスウーディーの著作ぐらいであろう。

ヤアクービーはアルメニア、ホラーサーンに住み、イラン系地方王朝ターヒル朝（八二一～八七三年）に仕えた書記で、ターヒル朝が滅びるとともにエジプトに移っている。ターヒル朝に仕えていた際に、イラン系の知識人との交流があったと見られるが、ペルシア列王伝の神話・伝説的内容に対してはむしろ批判的な態度をとり、ダレイオス以前のイランの歴史の部分に関しては情報を慎重に取捨選択している。身体的に超人的であったり、異常に長寿であったりする伝説的な古代のペルシア王に関しては史実としては認められないことを、次のように述べている。

このような、理性が認めない、一連の戯れや馬鹿げたことが起こる、真実ではない話は、言い伝えや教養を身につけた王侯貴族の末裔の高貴な家柄の名士も含むペルシアの知識人や学者たちは、信憑性がないとし、認めず、語らないのである。

そしてダレイオスまでの王の事績は省き、名前と治世年数のみを簡略に記述するにとどめたうえで、「二本角と呼ばれるアレクサンドロスがダーラー（ダレイオス）を殺し、ペルシアの王権を分裂させ、〈小国の君主〉と呼ばれるようになる統治者たちに支配させた」と記している。当時のイランの知識人たちの歴史意識――古来の神話や物語に対する冷淡さ・不信感、アレクサンドロス以前の歴史的記憶の不確かさの認識――も示している記述で興味深い。

ヤアクービーの『歴史』において、ペルシア史の章以外でアレクサンドロスが登場するのは、ギリシア、およびインドの王の歴史の部分である。ヤアクービーは同書の「ギリシア人」の章のなかでギリシアの科学・哲学・宗教に関してかなり詳細な紹介をしているのに続いて、歴代のギリシア王（フィリッポス、アレクサンドロス、プトレマイオス朝）の治世について記している。

最初に（ローマの前に）ギリシアの諸王がいた。かれらはノアの息子ヤペテの子ユーナーンの子孫である。プトレマイオスが『カノン』において、最初の（ギリシア）王としているのはフィリッポスである。荒々しい暴君であり、七年間君臨した。その後を継いだのは息子のアレクサンドロスである。

ここでヤアクービーが参照している「プトレマイオスの『カノン』」とは、いわゆる「プトレマイオスの王名表」のことであると考えられる。アレクサンドリアの著名な天文学者プトレマイオスは、大星学書『アルマゲスト』中に分散する数学的な天文表を『簡易表』にまとめ直した。その際に、新バビロニア王国の祖ナボナッサルが即位した紀元前七四七年以降のバビロニア・アッシリア、ペルシア、ギリシア、ローマの歴代の君主の名と治世年数をあげた表を追加した（蔀、二〇〇四、三〇～五一頁）。天文学上の計算には、さまざまな紀年法に基づく年代の数え方に、統一した基準を与える必要があったからである。この表は、天文学のみならず、歴史学においても後代まで影響を及ぼし続けた。

続く一節ではアレクサンドロスのアリストテレスとの師弟関係、そして遠征の様子が比較的淡々と語られている。

その後を継いだのは息子のアレクサンドロスである。二本角と呼ばれる者のことである。かれの母の名はアル・ムフィード（オリュンピアスの転訛？）。哲学者のアリストテレスはかれの教師であった。かれはアレクサンドロスの価値を高め、王権を偉大にし、力を強固にした。そして知恵と理性と知識を身につけた。（アレクサンドロスは）勇気と力と高尚な野心に動かされ、様々な気候帯や地平圏の王に服従するよう書状を書いた。

それ以前のギリシアの王はバビロニアの地のペルシア人の王に貢物を納めていた。かれの王国の覇権と規模の大きさに比べ、周辺国は矮小であったからである。しかしかれ（アレクサンドロス）はペルシア王に服従するように強硬に要求した。そしてバビロニアの地まで進軍し、当時のペルシア王であったダレイオスの息子ダレイオスに戦いを挑み、殺した。こうして王国の財宝を手に入れ、王の娘を妻とした。さらにペルシアの地に至り、太守や首領たちを亡き者にし、国を征服した。

そこからインドの地に進んだ。インド王ポロスを迎え撃ち、倒した。そして以前に王であったカイハンをインドの王とした。それからアレクサンドロスはその地を離れ、東と西に赴き、この世を制覇するとバビロニアに戻った。イラク付近のジャズィーラ（メソポタミア北西）に近づいたところで、病に見舞われた。

アリストテレスの教師としての役割が強調されているところに、ギリシアの哲学書・格言集の影響がうかがわれるが、アレクサンドロスの遠征自体の描写はあまり詳しく描かれていない。

アレクサンドロスはヤアクービーのインド王の章にも登場する。アレクサンドロスがインド王ポロスの軍の戦象と苦戦し、ナフサと硫黄で満たし熱した銅像でそれらの象を撃退した様子が描かれている。アレクサンドロスは実際にガウガメラの戦いで戦象と初めて出合っており、さらにポロスとのヒュダスペスの戦いでは二〇〇頭ほどの象がインド側にいたとされ、かなり苦戦している。「アレクサンドロス物語」のギリシア語原典では、このエピソードが脚色され、アレクサンドロスが持ち合わせていた銅像を熱して象の前に投げ出し、それを鼻でつかんだ象が大火傷をして退散したという話になっている。ヤアクービーもこの「アレクサンドロス物語」の系統をくんだ伝承が典拠とされているようである。

ポロスとカイハンに関する記述が、インドの文献から直接得られた情報ではなく、ギリシア起源であり、アレクサンドロス物語とも関連があることはおそらく確かであろう。知り得る限りの情報を地域ごと、文明ごとに分類し、真の「万国史」を構成しようとした作者の意図がここに見られる（山中、二〇〇九、三一四～三二二頁）。

④　タバリー

先述の『タフスィール』（『クルアーン』注釈書）において、イスラーム初期の宗教伝承（ハディース）を多く集めたタバリーは、『歴史』も編纂している。同書は世の創造に始まり、九一五年までの歴史を扱っている。イスラーム以降の歴史は、年代記風に記されており、基本的に時間軸に沿って情報が構成されている。問題は、さまざまな時間軸が混在する前イスラーム時代の部分である。タバリーの主要な情報源は大きく二つの系統に分けることができよう。一方はイブン・イスハークなどのアラブの伝承学者たちが伝えてきた聖書的な宗教史、もう一方はイブン・アル＝ムカッファアなどの翻訳を通して普及したペルシアの列王伝である。前者はアダムに始まるムハンマド以前の預言者や聖者の伝記を時代順に連ねたもので、後者は原人ガヨーマルトに遡るペルシアの歴代の王の歴史である。創世観も異なるこれらの人類史をどのように統合するか、それがタバリーの歴史編集の大きな課題であった。ムスリムの歴史家としてかれは、この世の起こりから太古の歴史に関しては基本的に聖書的な枠組みに沿っているが、要所要所にペルシア神話の王を登場させている。タバリーは次のように説明している。

世界の過去の歴史は、歴代のペルシア王の列伝に沿って追ってゆくと、他のどの国の王朝史に基づくよりも、より平易に説くことができ、明解に見ることができるのである。なぜなら、支配者の系図がアダムまで遡り、王国が存続し、支配が永続した国は他にない。（中略）したがって、ペルシアの列王伝に基づいた歴史が、最も確実で、最も優れ、最も明解な情報を含んでいるのである。

私はアダムとその子孫、預言者と諸王の歴史について伝わった情報を、アダムがガヨーマルトと同一であるというペルシア人の説に反対する者の視点と、ペルシア人の祖ガヨーマルトと同一であるとする者の視点の両方から記すことにする。

王朝史を人類の祖まで辿ることができるというペルシア史の利点――それはササン朝によってつくりあげられた言説であるのだが、そこはタバリーは疑問としていない――を認め、年代考証の基準としての有効性を考慮している。ペルシア人が人類の祖とするガヨーマルトとアダムとが同一か否かという点において合意は得られていないことは指摘しながらも、聖書的な歴史観とペルシアの古代史観を並列して記すという方針を採用しているわけである。タバリーは相容れない要素を無理に均して融和しようとはせず、年代順に整理したのみであるが、しかしそのことによって、当時の歴史学上のさまざまな論点が浮かび上がってきている。

『歴史』のなかで、アレクサンドロスは古代イランの歴代の王の序列に並べられている。したがって、タバリーが『タフスィール』のなかで描いたような、歴史的な要素が排除された二本角アレクサンドロス伝承に比べると、時代的により明確な文脈のなかに置かれている。ときに矛盾する情報をかれが聞いたとおりに忠実に記録し、羅列しており、その点はアレクサンドロスの生涯を一貫した叙述に仕立てたディーナワリーと違っている。たとえば、アレクサンドロスとダレイオスの合戦までに至るやりとりに関しては、いくつかの説が並列して記述されており（その内の一つでは、アレクサンドロスはダレイオスに反抗する異母兄弟とされている）、ダレイオスが自らの側近たちに暗殺された経緯についても、何通りかの叙述が見られる。ダレイオスの死後の出来事――アレクサンドロスのインド・中国・チベット遠征、生命の泉を求める北方への旅、都市の建設、後継者たち――についての記述は比較的簡略である。

ペルシア王の妃として迎えられたフィリッポスの娘が体臭のひどさのために父のもとに送り返され、ペルシア王との間の子（すなわちアレクサンドロス）を産むという話など、多くのエピソードは、多少の違いはあるがディーナワリーの『長史』や、フィルダウスィーの『王書』と重なる。このことは、タバリーの情報源のなかに、アラビア語に訳されたペルシア列王伝に含まれたアレクサンドロス物語があったことを示す。

タバリーは『タフスィール』においては啓典注釈のために、歴史性の薄いユダヤ・キリスト教起源の話を引用しており、二本角とアレクサンドロスを同一視する説は確実に知っていたはずである。しかし『歴史』においては、アレクサンドロスの名前は二本角と結びつけられておらず、二本角がアレクサンドロスであるという説は意識的に避けられているようである。タバリーは「歴史的」な素材と「啓典注釈的」な素材を二つの異なった分類区分にきっぱりと分けて、歴史上のアレクサンドロスと神聖視された二本角を同じ書物のなかで混在させなかった（山中、二〇〇九、三二一〜三三〇頁）。

⑤　マスウーディー

最後に紹介するのは、「アラブのヘロドトス」とも呼ばれるマスウーディーである。バグダードに生まれ、預言者ムハンマドの教友の一人にまで遡る由緒ある家系に属したマスウーディーは、優れた教育を受けた後に、アッバース朝領土内外を広く旅した。伝承による知識に頼るだけでなく、幅広い分野の書物、知識人やユダヤ教・キリスト教・ゾロアスター教の聖職者との議論、商人や船乗りなどからの情報、そして自らの観察と経験を通して、アフリカから中国までの歴史・地理について記した。マスウーディーはギリシア科学・哲学の感化のもとに、歴史的現象と諸文明の特徴を自然環境との関わりにおいて分析し、王朝の興亡、人類の進歩に見られるパターンを抽出しようとした。時代の知の集大成を試みた博物学者であるが、後世の学者たちにあまり顧みられなかったのか、情報量があまりに膨大であったためか、その著書の写本は希少である。自らの作品中に言及されている自著三六書のうち、現存するのは二作品――『黄金の牧場と宝石の鉱山』と『提言と再考の書』――だけである。主著であったとされる『時代の情報』は、三〇巻ほどにもおよぶ大著であったとされるが現存しない。

まず前者『黄金の牧場』の大まかな構成を紹介する。本書はイスラーム以前、イスラーム以降の歴史に大きく分かれている。序には、マスウーディーが以前に記した書の概要、参考にした作者・伝承者のリスト、そして目次がある。前半の古代史の部分では、天地創造、アダム、大洪水、ノアによる世界の分割、アブラハム、アブラハムに続く預言者たちとイスラエルの王たち、イエス、イエスからムハンマドの間の「中間の時代」までは、聖書的・クルアーン的な世界の歴史が、ほぼ時代に沿って辿られている。続いて、インドの宗教・王朝史・風習についての章が入り、さらに地球全体を七つの風土帯に分けた地理、および天体の構造に関する概要が挿入されている。次に中国、トルコ、インド洋とつながる海と島々、ペルシア湾、マグレブ、コーカサス、ブルガリア、ロシア、メソポタミア、ペルシア、ギリシア、ローマ、エジプト、アフリカ、ヨーロッパ、アラビア半島、といった順に、地域ごとに民族の歴史、物産、動植物、地理などが紹介され、最後にさまざまな暦、世界各地の突出した建造物についての情報がまとめられている。

ムハンマド以降の時代を扱った後半は、基本的にイスラーム王朝の歴史のみを九四六年まで追った年代記的な構成となっているが、それに比べて前半部分の流れは、博覧強記な内容だけに直線的ではなく、決して明快ではない。わき道にそれた、読み物としてのおもしろい逸話も頻繁に挿入される。

マスウーディーの知の幅の広さは、単に情報量の多さにあるわけではない。かれは書物や旅を通してさまざまな文明にふれ、聖書的な人類史が決して普遍的なものではないことに気づいている。大洪水によってノア一家以外の人間が滅び、後の世はノアの三人の息子たちの子孫によって占められた、つまり世界中の民族はそれぞれ先祖を遡るとノアの息子たちのうちの一人に辿りつく、というのが、聖書的な人類史観である。先述のタバリーも基本的には、聖書的な歴史を枠組みとし、そこに古代ペルシア史を織り込んでいる。しかしマスウーディーは、インド、中国、ペルシアなど、大洪水に関してなんらの記録ももたない文明があることを指摘し、「全人類はノアの子孫」と「大洪水は全世界に及ばなかった」という二つの矛盾する説が共存するほど、この世は広いということを意識している。

『黄金の牧場』におけるアレクサンドロスの生涯に関する記述はギリシア史の章に含まれており、アレクサンドリアの建設については別に、エジプトの歴史の部分に詳しい描写がある。この書のギリシア史は、天文学者プトレマイオスの『簡易表』の影響を受けたエジプトの歴史家キンディー（八九七〜九六一）やかれ以前のアラブの歴史家たちがすでに伝えてきた情報に基づいているようである。アレクサンドロスに関する伝記的な情報は、一部のエピソードを除き、概略的である。アレクサンドロスが敵の王とどう戦ったか、難関をどのようにして乗り越えたか、といった軍事的・政治的側面には同書ではほとんど触れていない。また、生命の泉を求める話など、不可思議な冒険譚も紹介されていない。むしろ重点的に取り上げられているのは、哲学的・教訓的な挿話――アリストテレスとの関係、アレクサンドロスの死に際しての哲学者たちの追悼演説、インドの賢者とのやりとりなど――である。そこからは、偉大な師アリストテレスに学び、哲学者たちを常に侍らせ、インドの哲学の思考様式を学び、賢者と知恵比べをする哲人王というイメージが浮かび上がる。自らも広く旅し、学者たちと論議をしながら知を深めたマスウーディーであったからこそ、多くの書物や知識人から集めたアレクサンドロスに関する情報のなかから、とくにこの側面に共鳴したのかもしれない。

『黄金の牧場』のなかでもう一カ所アレクサンドロスについて興味深い記述があるのは、エジプト史の部分である。九四三年にマスウーディーは実際にエジプトに住み、遺跡を目にし、コプト教徒などから古代エジプトに関しての地元の伝承を集めていた。アレクサンドロス自身が建設したアレクサンドリアも訪ねていたようで、この都市の創建伝説について詳しい。そこにはアレクサンドリアで編纂されたといわれる「アレクサンドロス物語」のギリシア語原典に近い要素がいくつか見られる。とくに、建設現場を破壊する海獣を退治するために、木の大箱にガラスの丸窓をつけてピッチやヤニで防水加工をした潜水艦で、アレクサンドロスが二人の書記とともに海に潜る話などは興味深い。ヨーロッパで広まったバージョンと異なり、また西アジアに伝播したデルタ系「アレクサンドロス物語」とも違う、アレクサンドリア古来の伝承に通じるものではないかと考えられる。

晩年に書かれた『提言と再考の書』も一見雑然としているが、『黄金の牧場』より簡潔で、科学的なアプローチがより鮮明にうかがわれる。章立ては次のようなものである。序、天体の起こり、時間の区切り、四つの風（東西南北）、地球全体の形、七つの風土帯、世界の海、古代の七文明（ペルシア、カルデア〔メソポタミア〕、ギリシア、リビア〔エジプト、マグレブを含むアフリカ〕、トルコ、インド、中国）、ペルシア・ギリシア・ローマ・ビザンツ帝国のより詳しい王朝史、暦・年代計算、イスラーム以前のアラブ、年・月・曜日の名前、ムハンマド以降マスウーディーと同時代（アッバース朝第二三代カリフ、ムティーウ）までの年代記。

『提言と再考の書』にはアレクサンドロスの生涯についてまとまった叙述はなく、以前に記した著作『種々の知識と過ぎし時代の出来事』（九四三年以降に執筆、現存しない）にすでに書いたことの概要のみがある。そのアウトラインから推測できるのは、マスウーディーがペルシア列王伝系の歴史よりは、ディアドコイ戦争（アレクサンドロスの死後の後継者争い）とギリシア王朝の成立により詳しい情報源（ビザンツの歴史学を受け継いだキリスト教徒によるギリシア史？）を使っていたらしいということである。

また、諸国の暦・年代学に関する章の出だしにも登場する。マスウーディーの歴史思想が表れている興味深い一節なので引用する。

神の法に従う者にも異端者にも、古代においても現代においても、それを辿り、頼ることができる歴史をもたない民はない。（歴史とはその民族の）営為の大部分を昔から今日まで、故人から遺された者たちへ伝えるもので、重大な出来事、重要な事実、過ぎし時代、過去の世紀にあったすべての記憶を保存するものである。もしもこれらの事柄が記録されず、書きとめられていなかったならば、情報は途絶え、過去の痕跡は失われ、ものごとの起源は知られざるままになっただろう。まさにこのために、アレクサンドロスは従者たちにかれの事績を記録させ、かれの生涯、遠征を書きとどめさせたのである。世に知れわたったかれの偉業、賞賛された行為の記憶が消え去り、数多くの敵と戦い、王を抹殺し、国を滅ぼし、帝国を制したことが忘却の彼方に失われないようにと。なぜならかれは、いかに多くの人間が年代記を編むことや伝記や記録を記すことを怠るか、楽を好み、軽易に傾き、この仕事から逃れようとするかを知っていたからである。これに倣ってバーバクの息子アルダシールは、小国の君主たちを始末し、主権を手中に収め、その臣民を支配下に治めた際に、かれの生涯・遺言・治世・遠征について記録させた。ただし、かれ以前の歴史については忘れられたことを装い抹消した。かれ自身の治世と生涯で人々の記憶が途絶えるようにしたのである。このようにして（ササン朝）帝国の年代記は、最後の王、シャフリヤールの息子ヤズダギルドまできわめて正確に記録され続けた。

アレクサンドロスは自らの栄誉を後世に残すために歴史を書かせ、それが後世の歴史編纂の模範となった。ササン朝創始者のアルダシールはそれを逆手にとり、不都合なギリシア支配の時代の記憶を抹消した。マスウーディーの歴史家としての鋭い洞察力が表れている一節であるといえよう。歴史の編纂が政治的な動機で為政者たちによって操作されてきたことを認識し、これほど明確に指摘したイスラーム世界の歴史家はかれが初めてなのではなかろうか。

マスウーディーは、アレクサンドロスに関する情報の典拠としては、これまでのアラブ歴史家が主に依拠してきたペルシア列王伝、聖書的な世界史、二本角伝承は把握していたようである。しかし従来の資料や伝承のみに頼らず、自ら実地に見たことや、開拓した情報源を活用している。その幅広い探求と鋭い分析によって得られたかれの歴史観とは、さまざまな宗教共同体や民族による過去の記録の営みを多元的に認めるものであり、「人類の祖アダム」、「ノアの大洪水」といった聖書的な人類史の普遍妥当性は、相対化されている。アレクサンドロスの遠征は、ギリシア、アフリカ、シリア、ペルシア、インドの五つの地域にまたがる、類稀な世界史的な出来事としてとらえられているようである。

このような大きなヴィジョンをもつ一方でマスウーディーは、海獣の出現とアレクサンドロスの潜水など、史実としての信憑性が疑わしい非常にローカルな物語的伝承を疑問視することなく、むしろ好んで伝えている。この「おおらかさ」は、かれ独自の視野の広さゆえの特徴なのであろうが、一四世紀後半の大歴史家イブン・ハルドゥーンに、事実と虚構の判別をするべき歴史家としての資質を欠いていると論難される点である（山中、二〇〇九、三三一～三五三頁）。

その後の展開はというと、アッバース朝の衰退とともに地方王朝の力が増した一〇世紀後半、歴史学は新たな転機を迎える。西アジアにおける政治力学の変動のなかから、アラビア文字で書かれたペルシア語による世界史が現れると同時に「カリフを中心とする『イスラーム世界史』そのものが意味をなさなく」なり、権力と知識の地方分散により、イスラーム世界全体の通史・総合史の編纂が実際上難しくなってゆく（清水、一九九五、二七頁）。ペルシア語の世界史や地方史の文脈においても、アレクサンドロスは登場し続けるのであるが、紙幅が尽きたのでここでは取り上げない。

3　アレクサンドロス像に見る歴史観の変遷

以上、アレクサンドロスという事例を通して、古代から中世イスラーム世界へ歴史情報がどのように受け継がれたか、また歴史編纂の手法がどのように変化してきたか、その全体の大きな流れも見えてきたかと思う。すなわち、ウマイヤ朝期には、イスラーム的なコンテクストに置き換えられたユダヤ・キリスト教起源の説話がイスラーム教の一神教的過去を構築する素材とされた。これらを時間軸に沿った叙述の枠組みにおいて整理・編集し、ムハンマドとイスラーム教の登場を、この世の始まり以来の預言者の歴史のなかに位置づけたのがイブン・イスハークであった。そしてアッバース朝時代に入り、九世紀前半頃までには、古代ペルシアの列王伝がアラビア語に翻訳され、それまで主流であった聖書的な古代史観とペルシア古代王朝史が融合した。イスラーム共同体の歴史の構築から、より広い人類史あるいは文明史へと歴史家たちの関心が拡がってゆくのが、万国史の黄金期ともいえる九世紀半ばから一〇世紀前半にかけてである。この時代の代表的な歴史家としてイブン・クタイバ、ディーナワリー、ヤアクービー、タバリー、マスウーディーなどを挙げた。

中世イスラーム世界の歴史学を総体的にとらえたとき、アレクサンドロスの遠征を境に、エジプトからインドまでの広大な領域で衝撃的な権力の移行があったと認識されていたこと、つまり、アレクサンドロスが古代史の流れの大きな節目、歴史的な一大事件と見なされていたことは間違いない。このため、かれに対する歴史家の関心は高く、古代ギリシア・ローマ、ササン朝ペルシア、そしてユダヤ・キリスト教起源のさまざまな関連情報が集められた。この意味においてアレクサンドロスは、イスラーム以降の西アジアの世界史認識がそれ以前のさまざまな世界観を受け入れながら成立し、展開したものであることを示す格好の事例であるとともに、イスラーム以降の歴史観の変遷を示す格好の指標でもあるのである。

さらには、かれを通してイスラーム世界の歴史学に受け継がれなかったものも見えてくる。つまり、哲学や自然科学の領域においては受容されたギリシア・ローマの古典も、歴史の分野においてはアラビア語にはほとんど翻訳されず、イスラーム世界の歴史学の基盤とはならなかったのである。プトレマイオスによる天文学書はイスラームの年代学にも影響を与えているが、今日「歴史の父」と呼ばれるヘロドトスなどは中世イスラーム世界では知られていなかったようである。アレクサンドロスに関しても、古代ギリシア・ローマの史伝（アッリアノス、プルタルコス、クルティウス・ルフス、ディオドロス、ストラボンなど）は中世イスラーム世界の文献にはほとんど影響を与えず、歴史家たちのアレクサンドロスに関する記述の主要な素材となったのは、パフラヴィー語・シリア語を介して伝播したとされる伝説的な「アレクサンドロス物語」、アレクサンドロス物語に源泉をもちながらイスラームに先行する一神教のフィルターを通して宗教説話と化していた二本角伝承、ギリシアの格言集などに含まれた断片的な情報、そしてササン朝ペルシア創成期の政治的・宗教的プロパガンダを反映した否定的なアレクサンドロス伝承などである。したがって中世イスラーム世界の歴史家たちが知り得たアレクサンドロスは、現代の歴史学や考古学が明らかにしてきた、より「史実に近い」アレクサンドロス像からはほど遠いものであった。アレクサンドロスの「大王」という称号も共有されていなかったのである。

注

（1）“Ahistorical,” Donner, 1998, p. 114. “Meta-historical,” Khalidi, 1994, p. 35.

参考文献

大島英介『大槻磐渓の世界――昨夢詩情のこころ』宝文堂、二〇〇四年。

佐藤次高「歴史を伝える」林佳世子・桝屋友子編『記録と表象――史料が語るイスラーム世界』（イスラーム地域研究叢書8）東京大学出版会、二〇〇五年。

蔀勇造『歴史意識の芽生えと歴史記述の始まり』山川出版社、二〇〇四年。

清水宏祐「十字軍とモンゴル――イスラーム世界における世界史像の変化」歴史学研究会編『世界史とは何か』東京大学出版会、一九九五年、一九～四六頁。

山中由里子『アレクサンドロス変相――古代から中世イスラームへ』名古屋大学出版会、二〇〇九年。

Cahen, C., “History and Historians,” J. D. Latham, M. J. L. Young and R. B. Serjeant (eds.), *Religion, Learning, and Science in the ʻAb-*

basid Period, CHAL, Cambridge: Cambridge University Press, 1990, pp. 188–233.

Cheddadi, Abdesselam, *Les arabes et l'appropriation de l'histoire: émergence et premiers développements de l'historiographie musulmane jusqu'au IIe / VIIIe siècle,* Arles: Sindbad Actes Sud, 2004.

Donner, Fred M., *Narratives of Islamic Origins: the beginnings of Islamic historical writing,* Princeton: Darwin, 1998.

Duri, Abd al-Aziz. *The Rise of Historical Writing among the Arabs,* transl. Lawrence Conrad, Princeton: Princeton University Press, 1983.

Humphreys, R. S., *Islamic History: a Framework for Inquiry,* Princeton: Princeton University Press, 1991.

Khalidi, Tarif., *Arabic Historical Thought in the Classical Period,* Cambridge: Cambridge University Press, 1994.

Newby, Gordon Darnell, *The Making of the Last Prophet: a Reconstruction of the Earliest Biography of Muhammad,* Columbia, SC: University of South Carolina Press, 1989.

Noth, A., *The Early Arabic Historical Tradition: a Source-Critical Study,* Princeton: Darwin Press, 1994.

Pfister, F., "Alexander der Grosse. Die Geschichte seines Ruhms in Lichte seiner Beinamen," *Historia: Zeitschrift für Alte Geschichte,* Vol. 13, 1964, pp. 37–79.

Robinson, Chase, *Islamic Historiography,* Cambridge: Cambridge University Press, 2003.

Rosenberger, Veit, "*Wer machte aus Alexander, den Großen?*", *Historia: Zeitschrift für Alte Geschichte,* Vol. 47, No. 4, 1998, pp. 485–489.

Rubincam, Catherine, "A Tale of Two 'Magni': Justin / Trogus on Alexander and Pompey," *Historia: Zeitschrift für Alte Geschichte,* Vol. 54, 2005, pp. 265–274.

Spencer, Diana, *The Roman Alexander: Reading a Cultural Myth,* Exeter: University of Exeter Press, 2002.

Spranger, P. P., "Der Große. Untersuchungen zur Entstehung des historischen Beinamens in der Antike," *Saeculum,* Vol. 9, 1958, pp. 22–58.

Worthington, Ian (ed.), *Alexander the Great: a Reader,* London: Routledge, 2003.

第8章　中央ユーラシア遊牧民の世界像の形成

宇野伸浩

1　中央ユーラシア遊牧民の世界像の変遷

中央ユーラシアのモンゴル系・テュルク系遊牧民のあいだでは、どのような歴史が語られ、あるいは編纂され、そしてどのような世界像が形成されたのであろうか。中央ユーラシアの遊牧民の社会は、時代によってさまざまな社会状態を変遷してきた。無文字社会・部族社会の時代、文字を確得し国家形成をした時代、広大な帝国を築き文明地帯を支配下に入れた時代、チンギス・ハンの子孫がそれぞれの地域で支配階層を形成した時代など、さまざまに社会の状態が変化してきた。歴史文化は、多くの場合その社会の文字文化のあり方に依存しているため、その社会が文字文化をどの程度受け入れたか、あるいは独自に発展させたかにより、歴史文化のあり方が大きく異なる。また、宗教が世界観・歴史観に大きく影響するため、文字文化とともにどの世界宗教をどの程度受け入れたかにより、世界像は変化する。そのひとつの到達点が、一七世紀にチンギス・ハンの子孫によって完成された『蒙古源流』と『テュルク系譜』であり、チベット仏教的歴史観に基づく『蒙古源流』とイスラーム的歴史観に基づく『テュルク系譜』では、表現された世界像が大きく異なっていた。その一方で、この二つの歴史書はチンギス・ハンから著者に至る系譜を重視するという点で共通点をもっていた。このようなことを念頭に置きながら、中央ユーラシア遊牧民の歴史観と世界像の形成について、モンゴル帝国以後を中心に述べてみたい。

2　モンゴル帝国以前のモンゴル族の世界像――系譜意識の役割

(1)　チンギス・ハンの祖先の系譜

歴史文化は、文字文化に大きく依存するため、文字をもたない社会には歴史はないという考え方がある。しかし、文字をもたない社会にも、集団としての過去への記憶はあり、その過去への記憶は社会の維持に必要とされる場合があると筆者は考えている。その集団としての過去への記憶を「歴史」に含めて考えたい。ここでは、チンギス・ハン即位以前のモンゴル族部族社会の例を取り上げてみることにする。

チンギス・ハン研究に利用される主な史料には、モンゴル語の『元朝秘史《げんちょうひし》』、ペルシア語の『集史《しゅうし》』、漢語の『元史』『聖武親征録《せいぶしんせいろく》』がある。チンギス・ハンの時代にモンゴル部族は、文字文化を隣接するケレイト王国から取り入れたと考えられており、チンギス・ハン以前は文字文化をもっていなかった。しかし、この四史料のうち『元朝秘史』『集史』『元史』には、チンギス・ハンの祖先の歴史が書かれているので、これらの祖先の歴史はモンゴル部族が集団としてもっていた記憶や口承伝承に基づいて書かれたと思われる。そこで、これらの史料のチンギス・ハンの祖先の描き方から、かれらの集団としての過去への記憶のあり方について考えてみたい。

たとえば『元朝秘史』にチンギス・ハンの六代上の直系祖先であるハイドゥについて次のように書かれている。

ハイドゥの子達はバイ・シンホル・ドクシン、チャラハイ・リンク、チャウヂン・オルテゲイの三人であった。バイ・シンホル・ドクシンの子はトゥムビナイ・セチェンであった。チャラハイ・リンクの子はセングン・ビルゲ、そしてかれの子アムバガイ達はタイチウト族になった。チャラハイ・リンクの兄嫁から生まれたのはベステイという名をもっていた。ベスト族にかれ等はなった。チャウヂン・オルテゲイの子達はオロナル、ホンホタン、アルラト、ソニト、ハブトゥルハス、ゲニゲスの諸族にかれ等はなった（小澤、一九九七、三〇～三一頁）[1]。

ここに登場するタイチウト族は、チンギス・ハンの属するキヤト族にとって最大のライバル集団であり、チンギス・ハンはタイチウト族に捕虜になるという屈辱的な経験をした。タイチウト族とキヤト族は、六世代上のハイドゥを共通の祖先とし、五世代上で枝分かれしたことをこの史料は語っている。このような過去における集団の分岐が記憶され語りつがれ、それがチンギス・ハンの祖先の歴史として『元朝秘史』のなかに残ったと考えられるが、このような系譜意識は、単に祖先の歴史であるだけでなく、チンギス・ハンの時代の父系集団間の系譜上の距離を規定する。たとえば、タイチウト族とキヤト族がチンギス・ハンの五世代上で枝分かれしているのに対して、ジャジラト族とキヤト族はチンギス・ハンの三世代上で枝分かれしている。したがって、チンギス・ハンのキヤト族にとってジャジラト族はタイチウト族より系譜上の距離が近いことを意味する。

（2）父系集団間の紛争と系譜意識――「十三翼の戦い」

父系親族集団を形成したモンゴル部族社会において、異なる父系集団に属する個人間の争いは、父系集団間の争いに発展する。その争いが深刻な場合は、系譜関係の近い他の父系集団を巻き込み、利害が一致すれば、系譜関係が遠い父系集団、系譜関係がない父系集団も味方につけ、部族内の覇権をめぐる争いに発展することがある。重要な点は、父系集団間の関係は系譜関係によって認識されていたという点である。たとえば、「十三翼の戦い」と呼ばれるモンゴル部族内の覇権をめぐる初期の戦いは、チンギス・ハンとジャジラト族のジャムハとの間で、家畜をめぐるトラブルに起因する殺害事件から始まった。チンギス・ハンとジャムハは、系譜上では、四世代上のトゥムビナイ・セチェンを共通の祖先とする。この殺害事件は、第一にトゥムビナイ・セチェンの子孫間の争いであり、ジャムハもチンギス・ハンも系譜関係の近い集団を味方につけようとして、トゥムビナイ・セチェンを共通の祖先とする父系集団のうち、チンギス・ハンのキヤト族は、ジュルキン族、ハダルキン族、ブダアト族、ドゥクラト族を味方につけ、ジャムハのジャジラト族はノヤキン族、ウルウト族、マングト族を味方につけた。それにとどまらず、さらにジャムハは系譜関係が遠い集団からもタイチウト族、ハタキン族、サルジウト族やモンゴル部族内の系譜関係のない集団も味方につけたのに対して、チンギス・ハンは系譜関係が遠いネグス族、ホンキヤト族を味方につけた。その結果、チンギス・ハンとジャムハの争いは、モンゴル部族内の覇権をめぐる戦いに発展したのである（本田、一九九一）。

このように、部族社会の遊牧民は、ある集団とのあいだでトラブルや戦いが発生した場合、どの集団を味方にしどの集団と敵対するかを考え、系譜関係の近い集団で不十分であれば遠い集団も味方にする交渉をしたのであるが、その際の共通の基盤は、過去への集団的記憶としての系譜関係だったのである。このような意味で、遊牧民の部族社会は集団の過去への記憶として歴史を必要とした社会であり、常に系譜意識という歴史により現実の集団間の関係を規定された社会だったのである。

3　モンゴル帝国時代に編纂された歴史書

（1）チンギス・ハンを称賛するために脚色された『元朝秘史』

モンゴル帝国でモンゴル語を表記するために使われたウイグル式モンゴル文字は、テュルク語の一つであるウイグル語を表記するためにウイグル族が使用していた文字である。このウイグル文字をモンゴル系のケレイト王国が最初に導入し、そのケレイト王国を滅ぼしたチンギス・ハンがこの文字を採用してモンゴル語を表記するために使用した。文字を獲得したことによって、チンギス・ハンの命令や言葉が文字化され、またチンギス・ハンの法が明文化された（坂本、一九七〇／宇野、二〇〇二b／チョクト、二〇一〇）。このように国家の建設・支配の必要から導入された文字文化がその後発展し、そのなかから『元朝秘史』が生まれてくる。『元朝秘史』はチンギス・ハンの伝説上の祖先の歴史から始まり、チンギス・ハンの生い立ちと治世について詳述し、モンゴル帝国第二代君主オゴデイ・ハーンの治世までを扱った歴史書である。『元朝秘史』の作者、成立年代については諸説あり、成立状況については謎が多い（岡田、一九八五／森川、二〇〇七）。そのため、『元朝秘史』に見られる歴史叙述の方法がどのような文化の影響のもとで、どのように確立したかについては残念ながらよくわからない。『集史』などの他の史料との比較からわかることは、『元朝秘史』のチンギス・ハンについての記述は、史料に基づいて史実を把握しつつ、かなり大胆にフィクションを織り込みながらストーリーを組み立て、韻文と散文を組み合わせて作品化した歴史書であり、高度に発達した文字文化が背景にあると考えてよいと思われる。『元朝秘史』で語られる世界像は、有名な冒頭の文「チンギス・ハンの根源は、上《かみ》なる天神よりの命運《さだめ》をもって生まれた蒼《あお》い狼であった」に象徴されるように、シャーマニズム的な背景をもつきわめてモンゴル的・遊牧的世界であり、随所に狩猟・遊牧生活を連想させる表現がちりばめられている。しかし、史実をできるだけ正確に記すという『集史』『聖武親征録』『元史』に見られる歴史叙述の方針は『元朝秘史』には見られず、むしろ物語としての巧みさが勝った文学的な特質をもつ作品である。また、チンギス・ハンを実際より好感をもたれる人物として描いていることからして、チンギス・ハンを称賛するという政治的な立場から編纂された可能性が高い。(2) つまり、『元朝秘史』は、チンギス・ハンがテュルク系・モンゴル系遊牧民を統一して遊牧国家を建国し、支配者集団が文字文化を獲得した結果、チンギス・ハン以前の無文字社会の時代と比べて歴史文化のあり方が大きく変容し、文字を用いた歴史編纂が可能になった状況において生まれた歴史書である。建国者チンギス・ハンを称賛するために史実に大幅な脚色を加えているという点で政治的な目的をもった歴史書であり、また、モンゴル遊牧文化の特色を文学的表現を駆使して表現しているという点では、文学作品としての完成度の高い歴史書だということができる。

(2) イスラーム世界史にモンゴル族を位置づけた『集史』

モンゴル族がイランを支配下に入れ建国されたイル・ハン国では、セルジューク朝、ガズナ朝などのテュルク系王朝の宮廷で確立したペルシア語文字文化がさらに発展し、多くの歴史書が生み出された。とくに、ガザン・ハンの時代には、ガザン・ハンの宰相であり歴史家でもあったイラン人ラシードゥッディーンがラシード区と呼ばれる慈善複合施設を首都タブリーズ郊外に建造し、一大文化事業を展開した。そのラシード区でかれのさまざまな著作が生まれ、またその写本が作られたが、その作品の一つがペルシア語で書かれた歴史書『集史』である。『集史』はモンゴル史、世界諸民族史、地理誌、系譜集からなる全四巻の歴史書であるが、現存するのは第一巻「モンゴル史」と第二巻「世界史」のみである。『集史』第一巻モンゴル史の前半部分は、『アルタン・デフテル』と呼ばれるモンゴル語史料、モンゴル人からの聞き取り、ペルシア語・アラビア語のイスラーム歴史書などを用いて、モンゴル系・テュルク系諸部族の歴史、チンギス・ハンの祖先の歴史、チンギス・ハンの生涯と治世の出来事が記されている。その編纂方法は、厳密な史料分析に基づいており、たとえば、前述のタイチウト族の祖先については、二つの説を検討のうえ、チャラハイ・リンクムを祖先とする説の方が正しいと判断して採用している（宇野、二〇〇三、五四〜五六頁）。この点では、イスラーム世界で発達した歴史編纂、史料分析の伝統のうえにこの『集史』が編纂されたといえる。

ところで、イスラーム世界の歴史書には、人類の起源から歴史を説き起こし、イスラーム世界各地の王朝と民族を叙述し同時代に至る「イスラーム世界史」あるいは「イスラーム普遍史」と呼ばれる歴史類型がある。この「イスラーム世界史」は、『旧約聖書』の人類の起源に関する歴史観を継承しており、人類はアダムに始まり、洪水から方舟で生き残ったノアの三人の息子セム、ハム、ヤペテが人類のすべての民族の始祖だとする。「イスラーム世界史」を著した歴史家は、この共通の歴史観のなかで、自らの君主や国家を正当化するための論理を模索し、しばしば始祖の系譜上の位置を操作して自らの君主や国家の正当化に有利な歴史を選択・創造した。ラシードゥッディーンも、この「イスラーム世界史」の歴史観に沿って『集史』を編纂している。ラシードゥッディーンにとって最大の課題は、それまでの「イスラーム世界史」に存在しないモンゴル族をどのように歴史に登場させ、イランに建国されたイル・ハン国の君主がモンゴル族であることをいかに正当化するかであった。そこで、ラシードゥッディーンは、テュルク族の一部がモンゴル族になったと考えたうえで、テュルク系遊牧民をイスラーム化したとされる伝説上の人物オグズを登場させ、オグズに敗れてイスラーム化しなかった集団の子孫がモンゴル族になったが、そのモンゴル族をイスラーム化した人物こそがイル・ハン国の君主ガザン・ハンであるという独自の歴史解釈を生みだし、モンゴル族による支配の正当化とガザン・ハンの政策の歴史的意義の表明を行ったのである(3)。

モンゴル帝国は、強大な遊牧国家として文明地域を支配下に入れ、その地域のイラン系、テュルク系民族を統治し、イラン系イスラーム知識層を家臣・官僚に加え、ペルシア語をイル・ハン国の公用語とした。その結果、イスラーム世界の文字文化とともに、イスラーム世界の歴史観、世界像が積極的に導入され、それを基礎としてモンゴル族の歴史を含む「イスラーム世界史」が編纂されたのである。

書名 お買上の本のタイトルをご記入下さい。

◆上記の本に関するご感想、またはご意見・ご希望などをお書き下さい
文章を採用させていただいた方には図書カードを贈呈いたします。

◆よく読む分野（ご専門）について、3つまで○をお付け下さい。

1. 哲学・思想　2. 世界史　3. 日本史　4. 政治・法律
5. 経済　6. 経営　7. 心理　8. 教育　9. 保育　10. 社会福祉
11. 社会　12. 自然科学　13. 文学・言語　14. 評論・評伝
15. 児童書　16. 資格・実用　17. その他（　　　　）

〒
ご住所

Tel　　（　　）

ふりがな
お名前　　年齢　　歳　　性別　男・

ご職業・学校名
（所属・専門）

Eメール

郵便はがき

6078790

（受　取　人）

京都市山科区
日ノ岡堤谷町1番地

ミネルヴァ書房
読者アンケート係 行

以下のアンケートにお答え下さい。

求めの
書店名________市区町村________書店

この本をどのようにしてお知りになりましたか？ 以下の中から選び、3つま
○をお付け下さい。

A.広告（　　　）を見て　B.店頭で見て　C.知人･友人の薦め
D.著者ファン　E.図書館で借りて　F.教科書として
G.ミネルヴァ書房図書目録　H.ミネルヴァ通信
I.書評（　　　）をみて　J.講演会など　K.テレビ･ラジオ
L.出版ダイジェスト　M.これから出る本　N.他の本を読んで
O.DM　P.ホームページ（　　　　　）をみて
Q.書店の案内で　R.その他（　　　　　）

遊牧民が国家を形成するということは、多かれ少なかれ文明社会、農耕社会の要素を取り入れることを意味する。文明社会、農耕社会の要素とは、歴史文化を含む文字文化、都市文化、官僚制、農耕、商業、世界宗教などである。モンゴル帝国の歴史文化についていえば、文明社会から歴史編纂能力のある人間を家臣・官僚に取り込むことによって歴史の編纂が可能になり、あるいは文明社会から文字文化を担う人材を取り込み歴史編纂能力を持つ人材を育成することにより歴史の編纂が可能になり、イスラームの立場から自らの君主と国家を人類の歴史に位置づけた歴史書『集史』、モンゴル遊牧文化を文学的表現を駆使して表現するとともに建国者による支配の正当性を表明した歴史書『元朝秘史』が生まれ、中央ユーラシア遊牧民の世界に文字文化に基づく新しい歴史文化・世界像が形成されたのである。

4　モンゴル帝国以後のモンゴル系・テュルク系遊牧民の世界像

（1）モンゴル年代記と仏教的世界観――著者不明『アルタン・トプチ』、サガン・セチェン『蒙古源流』

モンゴル族とチベット仏教の出合いは、モンゴル帝国時代にあった。第二代オゴデイ・ハーンの息子ゴデンがチベットを侵略し、チベット仏教のサキャ派の僧パクパが、元朝初代皇帝フビライに仕え、パクパ文字発明の功績により帝師となった。チベット仏教だけでなく、モンゴル族は、モンゴル帝国・元朝の時代に、さまざまな世界宗教に出合った。しかし、その時代に編纂された『元朝秘史』には、世界宗教に基づく世界観・歴史観は見いだせず、前述のように、シャーマニズムの天神（テンゲリ）信仰をある程度基調としていた。モンゴル語で書かれるモンゴル年代記が、チベット仏教の世界観・歴史観の強い影響を受けるのは、一五七八年に、モンゴルのアルタン・ハーンがチベット仏教ゲールグ派のソナムギャムツォと青海で会見し、ソナムギャムツォにダライ・ラマの称号を贈り、これを契機にモンゴルにチベット仏教が再流入してから以後のことである。一六二〇年代から三〇年頃までに編纂されたとされる著者不明『アルタン・トプチ』は、冒頭の文に「尊き菩薩らの生まれ持つ者、徳を持つ者、尊きハン等の根源が、インド、チベットより発したことを、あれこれ集め述べよう」（森川、二〇〇七、一五四頁）とあるように、チンギス・ハンの祖先の歴史の前に、インド、チベットの王統が書かれており、チンギス家の根源がインドにあるという歴史観が示された。この傾向は、一六六二年頃に編纂されたサガン・セチェン『蒙古源流』においてさらに強まる。その序文には「古のマハー・サムバディ王以来順番に、／古にインド、チベット、モンゴルが、／古よりいかに盛大になったかを、かいつまんでここに、／古の多くの経典と合わせて語ろう、私は」とあり、本文の冒頭では、次のように世界の成立が語られる。これは、『倶舎論《くしゃろん》』などに記されているような古代インドの仏教的世界像がチベット年代記を経由して『蒙古源流』に登場したものである。

まず第一に外の器〔世界〕が定まったことといえば、三種のマンダラによって定まったのである。さて三種のマンダラとは、組織する者である風輪、揺り動かす者である水輪、〔それを〕支える者である地輪（金輪）〔である〕（森川、二〇〇七、二一四頁）。

世界の成立の章に続いて、初禅天の一人の天人が堕落して人間に生まれたという人類の起源が語られる。そして釈迦氏族の系譜と釈迦牟尼の生涯が述べられた後、インドの王統、チベットの王統、そしてチンギス・ハンの祖先の歴史が続く。このうち、世界の成立からチベット王統に至る歴史の大筋は、チベット年代記からモンゴル年代記に取り入れられたものであり、チベット仏教的世界像にもとづいているといえる（石濱、二〇一一、七六頁）。このようにして、チベット仏教的世界像のなかにモンゴルの歴史が位置づけられ、仏教的世界観にもとづく世界像が、『蒙古源流』において完成したのである（森川、二〇〇七／岡田、二〇〇四）。

（2）チンギス家の子孫が編纂したモンゴル年代記

『蒙古源流』に代表されるモンゴル年代記の特徴は、右に述べたように一つは仏教的世界観に基づくモンゴルの歴史像が完成したことであり、もう一つはチンギス家の子孫によって多くの歴史書が編纂されたことである。チンギス・ハンとその弟ハサル、ベルグテイの子孫は、みなボルジギンの姓を持ち、タイジという称号で呼ばれ、モンゴル社会において貴族階層を形成していた。一七世紀に清朝がモンゴル族を支配下に入れたとき、清朝はこのチンギス家の子孫であるタイジの上層に対して、清朝宗室《そうしつ》と同等の王公の爵位を与えて優遇した。また、下層のタイジに対して、一等タイジから四等タイジまでの爵位を与え、王公および一等タイジの中から行政組織である旗の長にあたるザサクを任命した（岡、二〇〇七）。このようにしてモンゴルの貴族階層は、清朝から特権階級として優遇されるとともに、清朝によってランク付けされ見事に管理されたともいえる。モンゴル族が清朝の支配下に入り安定化する一七世紀から一八世紀の時期に、モンゴルの各地で多くの歴史書が著されたが、そのなかにはチンギス家の子孫によるものが多い。たとえば、一七世紀には、サガン・セチェン『蒙古源流』、シャムバ・エルケ・ダイチン『アサラクチ史』、一八世紀には、ゴムボジャブ『ガンガイン・ウルスハル』、ロミ『蒙《もう》古世系譜《こせいけいふ》』、ラシプンスク『ボロル・エリケ』、メルゲン・ゲゲン『（メルゲン・ゲゲンの）アルタン・トプチ』が編纂された。(4)モンゴル族が清朝の支配下に入りその支配が確立していく時代に、モンゴル各地でチンギス家の子孫が歴史編纂に熱意をもったことは興味深い。その多くが、チンギス家の歴史とモンゴルの歴史を重ね合わせて歴史を叙述した。そのなかでも代表的な歴史書が『蒙古源流』である。『蒙古源流』は、モンゴルの王統、中国の王統、満洲の王統を並列して記述しており、清朝の支配下に入ったモンゴル族にもかつて独自の王権があったことを主張することが目的の一つにあったと思われる。また、モンゴル社会の貴族階層タイジの一人である著者が、チンギス家ボルジギン氏の歴史を柱にモンゴル族の歴史を叙述し、自らの一族がチンギス・ハンの末裔に位置づけられることを示すという形をとった。清朝の支配が強大化した時代であったからこそ、それに対抗するために、中央ユーラシアの歴史上最大の帝国を築いたチンギス・ハンに由来する王統の存在を歴史書という形で示し、自らがその末裔であることを表明することに意義を見いだしたのだと思われる（森川、一九九七・二〇〇七）。

（3）イスラーム世界で著されたモンゴル族の歴史と「チンギス統原理」

興味深い点は、チンギス家の子孫による歴史編纂が、中央アジアのイスラーム国家ヒヴァ・ハン国でも起きたことである。(5)モンゴル帝国以後のテュルク系遊牧民の文字文化・歴史文化については、近年関心が高まり、世界と日本で研究が進みつつある。(6)ここでは近年の日本の研究成果により述べることとする。

イル・ハン国時代に、ラシードゥッディーンがモンゴル族の歴史をペルシア語で詳述したことの影響は大きく、ラシードゥッディーンが書いたテュルク系・モンゴル系遊牧民の歴史、チンギス・ハンの治世を含むモンゴル帝国の歴史は、それ以後の中央アジアとイランにおいて、ペルシア語で編纂される歴史書のなかに形を変えながら継承されていった。『集史』以後にイル・ハン国で編纂された歴史書のなかでは、ハムドッラーフ・ムスタウフィー『選史』、バナーカティー『バナーカティー史』が『集史』の内容を継承している。さらに、一三七〇年にテュルク系遊牧国家ティムール朝が中央アジアに建国されると、ペルシア語による歴史書の編纂が活発に行われた。一五世紀前半に、ティムール朝の第三代君主シャールフの宮廷史家として活躍したハーフェズ・アブルーは、浩瀚《こうかん》な歴史書の編纂事業に従事したが、ハーフェズ・アブルーが、一四一七年にシャールフの命で編纂した『選集（マジムーア）』は、『集史』第一巻モンゴル史、第二巻世界史をそのまま取り込み、他の歴史書（バルアミーによる『タバリー史』のペルシア語訳、シャーミー『勝利の書』）とつなぎ合わせ、若干前後の歴史を補って編纂した歴史書であり、ハーフェズ・アブルーが『集史』を重視していたことがわかる。

ティムール朝の滅亡後、中央ユーラシアでは、チンギス家の子孫を君主に推戴したテュルク系遊牧民の国家が各地で建国されるようになる。チンギス・ハンの長子ジョチの第五子シバンの子孫を推戴したウズベク族の国家としては、シャイバーン朝、ヒヴァ・ハン国がある。シャイバーン朝では、無名氏『選史・勝利の書』、ムハンマド・サリーフ『シャイバーニー・ナーマ』などの歴史書がテュルク語の一つであるチャガタイ語によって編纂され、またヤズディー『勝利の書』などのペルシア語の歴史書がチャガタイ語に翻訳されるなど、チャガタイ語による歴史文化が発展した時代であった（堀川、一九九九、一六六〜一六七頁）。

ヒヴァ・ハン国は、シバンの子孫のイルバルスを初代君主として、一五一二年に、アラル海に注ぐアム川下流ホラズム地方南部のヒヴァを中心に建国された。初代君主イルバルスに仕えたウテミシュ・ハージーが一六世紀半ばにチャガタイ語で編纂した歴史書が『チンギズ・ナーマ』である。川口・長峰によれば、『チンギズ・ナーマ』の記述には、イスラーム的要素も認められるが、全体的には、チンギス家の権威が重んじられ、チンギス家の男系子孫以外はハン位につくことができないという、いわゆる「チンギス統原理」が強く認識されていたことを看取することができるという（川口・長峰、二〇〇八、XXV頁）。「チンギス統原理（Chinggisid Principle）」とは、モンゴル帝国以後、中央ユーラシアの草原地帯で消長を繰り返したさまざまな遊牧王権において、チンギス・ハンの男系子孫だけがハンを称することができるという原則が遊牧民の心を支配し続けたとする考え方である（宮脇、一九九五、八〇〜八三頁・一九九六）。

（4）チンギス家の子孫が編纂したチャガタイ語の歴史書『テュルク系譜』

ヒヴァ・ハン国は、一六四三年に即位したアブル・ガーズィーの治世に最盛期を迎えるが、チンギス家の子孫であるアブル・ガーズィー自身が著した歴史書が『テュルク系譜』である。興味深いことに、アブル・ガーズィーは一六〇五年生まれであり、一六〇四年生まれの『蒙古源流』の著者サガン・セチェンとまったく同時代人であった。

アブル・ガーズィーは、兄弟との激しい確執が続いたため、他国への亡命を繰り返し、一六二九年にはサファビー朝に亡命して一〇年間イスファハーンに滞在した。当時サファヴィー朝は最盛期を現出したアッバース一世の治世が終わったばかりであり、サファヴィー朝の繁栄を実感した亡命生活だったであろう。かれは滞在中にペルシア語史料とアラビア語史料を調べる機会を得ている。一六四三年頃ヒヴァに帰国して王位に即位すると、トルクメン族の勢力を制圧し、アストラ・ハン朝のブハラへの遠征を七回行ったが、その一方で歴史書の編纂にも取り組み、『トルクメン系譜』と『テュルク系譜』を執筆した。『テュルク系譜』は生前には完成せず、息子アヌーシュが継承して完成させた（Spuler, 1983）。『テュルク系譜』は天地創造、人類誕生から始まり、オグズ、チンギス・ハンの祖先を経てチンギス・ハンとモンゴル帝国の歴史を詳述し、その後にジョチの第五子シバン家の歴史を述べ、最後に自らの事績を記している。興味深い点は、自らの事績を記すにあたって、まず自身の父方・母方の先祖の人名をすべて挙げ、詳細に父方と母方の系譜を示していることである（Desmaisons, 1871-1874, pp. 313-314／阿布尔・哈斉・把阿禿儿汗、二〇〇五、二七八〜二七九頁）[7]。このように自身の系譜を詳細に記すことにこだわっていることからみて、自らがチンギス家の子孫であり、自分自身に至るチンギス家の系譜を柱として歴史書を編纂することに大きな意義を見いだしていたことが読み取れる。

ユーラシア大陸には一六〜一七世紀に、明朝、清朝、サファヴィー朝、オスマン朝、ムガル朝という数多くの安定した帝国が並び立ち、それらに囲まれた遊牧地域では、モンゴル帝国崩壊後もチンギス家の子孫が社会的権威を維持していた。ハルハ族が清朝の支配下に入ると、モンゴル高原にはチンギス家の子孫を君主とした遊牧国家が築かれる余地は残されていなかったが、大国の支配下に入らなかった西トルキスタンと南ロシア草原では、チンギス家の子孫を推戴した遊牧国家が建国される可能性があった。しかし、もはや遊牧地域から生まれた国家が、モンゴル帝国やティムール帝国の時代のように文明地帯・農耕地帯を支配下に入れることはなくなっていた。そのような時代に、テュルク系・モンゴル系の遊牧民の貴族層や支配者が自らのアイデンティティのよりどころを見いだすためには、チンギス・ハンの時代から自らの世代に至るテュルク系・モンゴル系遊牧民の王統を歴史書として示すことが有効な手段であり、その最も典型的な例が、チンギス・ハンの子孫自身がチンギス家の歴史を柱として歴史書を編纂することであった。このようにして、中央ユーラシアの遊牧民の世界では、世界宗教の宗教的世界観を基盤としつつ、チンギス家の王統の系譜を柱とする歴史観・世界像が形成されたのである。

注

(1)　人名のカタカナ表記は、統一を取るために小澤訳を変更した。また、小澤訳では、oboq は「氏族」と訳されているが、oboq は人類学でいう父系親族集団 lineage に当たると筆者は考えており、「氏族」と訳さない方がよいと思うので、oboq の訳語を「族」としておく。この『元朝秘史』の記述に対応する同じ内容が、『集史』「部族誌」タイチウト族の項にもある。

(2)　吉田（一九六八）、岡田（一九八五）、宇野（二〇〇九）、吉田（二〇一一）。

(3)　宇野（二〇〇二ａ）。近年の成果として、オスマン帝国における始祖伝承、歴史観の変遷を分析した小笠原の研究（二〇〇八・二〇〇九・二〇一四）があり、オスマン王家が「トルコ人」に所属するという系譜意識は、王家の正統性と権威を確保する手段として機能したとする（小笠原、二〇一四、一三四頁）。近代ナショナリズム以前に、「民族」と類似した、特定の人間範疇を指す概念がどのような役割を果たしたかを考えるうえで参考になる。

(4)　モンゴル年代記が編纂された場所はさまざまであり、外モンゴルではハルハのサインノヤン部で『アサラクチ史』、内モンゴルではオルドス部ウーシン旗で『蒙古源流』、ウジュムチン部右翼旗で『ガンガイン・ウルスハル』、ハラチン部で『蒙古世系譜』、バーリン部で『ボロル・エリケ』、ウラト部で『(メルゲン・ゲゲンの) アルタン・トプチ』が編纂された。なお、モンゴル年代記および『蒙古源流』については、モンゴル年代記に関する優れた解説書(森川、二〇〇七)および『蒙古源流』の格調ある訳注(岡田、二〇〇四)によるところが大きい。

(5) イスラーム世界でチンギス・ハンの子孫が執筆した歴史書としては、クリミア・ハン国の王族サーイド・ギレイ・スルタンが著した『サーイド・ギレイ・ハーン史』がある(川口、二〇〇九、一四九～一五一頁)。

(6) 近年の大きな成果は『チンギズ・ナーマ』の訳注(川口・長峰、二〇〇八)であり、川口(二〇〇九)も興味深い。ジョチ家の系譜の復元については、赤坂(二〇〇五)が詳しい。

(7) 『テュルク系譜』では、アブル・ガーズィーの父方の系譜は、チンギス・ハンを越えボドンチャル、さらには伝説上のボルテ・チノまで及んでいる。アブル・ガーズィーは父親が建国者イルバルスの父方の従兄の孫であり、母親がイルバルスの曾孫の娘であるので、父方、母方双方でチンギス家の血を引く。母方も七代上まで名前を挙げ、父方の系譜と合流することを示している。

参考文献

赤坂恒明『ジュチ裔諸政権史の研究』風間書房、二〇〇五年。

阿布尓・哈斉・把阿禿儿汗『突厥世系』羅賢佑訳、中華書局、二〇〇五年。

石濱裕美子『清朝とチベット仏教』早稲田大学出版部、二〇一一年。

宇野伸浩「根本史料を比較する 英雄の偉業を伝える『秘史』と『集史』」『草原の英雄〝蒼き狼〟の覇業』(チンギス・ハーン上巻)学習研究社、一九九一年。

――「『集史』の構成のおける「オグズ・カン説話」の意味」『東洋史研究』第六一巻第一号、二〇〇二年a、一一〇～一三七頁。

――「チンギス・カンの大ヤサ再考」『中国史学』第一二号、二〇〇二年b、一四七～一六九頁。

――「ラシード・ウッディーン『集史』の増補加筆のプロセス」『人間環境学研究』第一巻第一・二号、二〇〇三年、三九～六二頁。

――「チンギス・カン前半生研究のための『元朝秘史』と『集史』の比較考察」『人間環境学研究』第七号、二〇〇九年、五七～七四頁。

岡洋樹『清代モンゴル盟旗制度の研究』東方書店、二〇〇七年。

小笠原弘幸「オスマン王家の始祖としてのヤペテとエサウ――古典期オスマン朝における系譜意識の一側面」『オリエント』第五一巻第

一号、二〇〇八年、一一〇〜一三九頁。

――「古典期オスマン帝国における正統の創造――オグズ伝承の分析から」『史学雑誌』第一一八巻第一一号、二〇〇九年、一〜三五頁。

――『イスラーム世界における王朝起源論の生成と変容』刀水書房、二〇一四年。

岡田英弘「元朝秘史の成立」『東洋学報』第六六巻第一〜四号、一九八五年、一五七〜一七七頁。再録：岡田英弘『モンゴル帝国から大清帝国へ』藤原書店、二〇一〇年。

――『チンギス・ハーン』集英社、一九八六年。再版：『チンギス・ハーン』朝日新聞社、一九九三年。

――訳注『蒙古源流』刀水書房、二〇〇四年。

小澤重男訳『元朝秘史』（上）岩波書店、一九九七年。

川口琢司「一八世紀クリミアのオスマン語史書『諸情報の要諦』における歴史叙述――ペルシア語文献からの影響を中心に」森本一夫編著『ペルシア語が結んだ世界――もうひとつのユーラシア史』北海道大学出版会、二〇〇九年。

川口琢司・長峰博之編、菅原睦校閲『『チンギズ・ナーマ（Čingīz-nāma）』ウテミシュ・ハージー著　解題・訳註・転写・校訂テクスト』東京外国語大学アジア・アフリカ言語文化研究所、二〇〇八年。

坂本勉「モンゴル帝国における必闍赤＝bitikči――憲宗メングの時代までを中心として」『史学』第四二巻第四号、一九七〇年、八一〜一一一頁。

チョクト『チンギス・ハンの法』山川出版社、二〇一〇年。

堀川徹「民族社会の形成」竺沙雅章監修・間野英二責任編集『中央アジア史』（アジアの民族と文化8）角川書店、一九九九年。

本田實信「チンギス・ハンの十三翼」『モンゴル時代史研究』東京大学出版会、一九九一年。

――「十三翼はキヤト族の諸氏族連合だった」『草原の英雄〝蒼き狼〟の覇業』（チンギス・ハーン上巻）、学習研究社、一九九一年。

真下裕之「インド・イスラーム社会の歴史書における『インド史』について」『神戸大学文学部紀要』第三八号、二〇一一年、五一〜一〇七頁。

宮脇淳子『最後の遊牧帝国』講談社、一九九五年。

――「ロシアにおけるチンギス統原理」『ロシア史研究』第五八号、一九九六年、一六〜二四頁。

森川哲雄「サガン・セチェンと『蒙古源流』の編纂」『比較社会文化』第三号、一九九七年、一〇一〜一一五頁。

――『モンゴル年代記』白帝社、二〇〇七年。

吉田順一「元朝秘史の歴史性――その年代記的側面の検討」『史観』第七八号、一九六八年、四〇～五六頁。

――「『モンゴル秘史』研究の新たな展開にむけて」吉田順一監修、早稲田大学モンゴル研究所編『モンゴル史研究』二〇一一年、明石書店。

Desmaisons, Petr I., *Histoire des Mongols et des Tatares par Aboul-Ghāzi Behādour Khān*, 1871-1874, Petersbourg, rep. 1970, St. Leonards, Ad Orientem, Amsterdam Philo Press.

Spuler, B., "ABU'L-ĠĀZĪ BAHĀDOR KHAN", *Encyclopaedia Iranica*, 1983, London: Routledge & Kegan Paul.

第9章　アイヌの世界像
——アイヌ口承文学を通して——

坂田美奈子

1　口頭伝承とエスノヒストリー

本章では、アイヌ口承文学の分析を通して、アイヌ語文化における世界像を、他者関係認識というテーマを中心に読み解いていく。明治期以前に口頭伝承文化であったアイヌ社会においては、信仰や日常生活に必要な知識、先祖についての話、過去にあった出来事など、記憶すべき事柄は口伝で伝えられた。明治期以降、国の政策によってアイヌの公用語はアイヌ語から日本語へ転換させられ、そのプロセスと並行するようにアイヌ口頭伝承の記録が行われて、結果として膨大な数のアイヌ語テクストが残された。したがって今日に残るアイヌ口頭伝承は明治から昭和にかけて、アイヌの伝承者によって発話もしくは筆録された近現代資料である。口頭伝承は、それらが発話された時点より以前の事柄を内容としていることが多いことから、その内容の時間を特定することに関心が集まりがちである。しかしながら、口頭伝承にとって重要なのは「発話の現在」と「内容の過去」という時間の二重性そのものである。

口頭伝承が伝える情報内容については、しばしば「単純で稚拙」というイメージが抱かれがちであるが、それは文字文化に暮らすわれわれが口頭伝承の構成法や聞き方を知らないまま、文字で記述された言語表象と同じ読み方を不適切に口頭伝承にあてはめてしまう結果である。(1) とりわけ、アイヌ口頭伝承の場合、このような問題に加えて、記録に残る伝承の多くが韻文や散文の物語形式であるため、「口承文学」と総称され、かつ認識されている。しかしながら、口頭伝承の形式が文字文化におけるフィクション・ジャンルに属する言説と似ているように見えたとしても、両者の情報の性質や受容の仕方までもが「似たようなもの」であるとは限らない(2)。

一九七〇年代以降、世界各地の先住民史研究において、エスノヒストリーと呼ばれる学際的な分野が生まれ、それぞれの先住民が残した非文字資料から情報を読み取るための独自の方法論が模索されてきた(3)。先住民の言語文化はきわめて多様で、マヤ、アステカのような文字社会もあれば、インカのようにキープとよばれる独自の媒体を持っていた社会もある(4)。また一口に口頭伝承といっても、その社会の形態によって、伝承の種類、性質、社会的位置づけなどは多様であり、伝承の継承・管理がどのようにされるか、されないか、という点も一様ではない。したがって、先住民の伝承を資料として用いる場合、その文化において有意味な資料や伝承をその性質に基づいて読み取る方法を各自練り上げる必要がある。他方、個々の具体的な文化に基づいて開発された方法が、類似した別の先住民研究に生かすことができる場合も少なくない。

先住民社会はいずれもきわめて小規模な社会であるが、近代的学問編成のなかで醸成された多くの課題を共有しており、グローバルな比較研究・共同研究がきわめて高い意義をもつ分野である。そもそも先住民という問題自体が一六世紀から二〇世紀に及ぶ帝国主義の時代に端を発しているのであって、先住民史は帝国主義の歴史と表裏一体であり、そもそもグローバルな問題なのである。一方で各地のエスノヒストリーが明らかにしてきたことは、先住民史は帝国主義の歴史の単なるネガではないということ、われわれの知らない歴史認識のあり方がそこにはあるということである。本章はその日本のアイヌにおける一例である。

なお、アイヌには大きく分けて千島アイヌ、樺太アイヌ、北海道アイヌの三区分があり、言語・文化をそれぞれ異にする。しかしながら、本章においては資料および研究蓄積の不足から千島アイヌの口頭伝承にはふれることができず、樺太アイヌについても適宜言及するにとどめざるをえないため、北海道アイヌについての分析が中心となることをあらかじめ断っておく。

2　アイヌ語文化における物語の役割

アイヌ口承文学の代表的なジャンルは散文説話、神謡、英雄叙事詩である。散文説話は、主人公が神か人間かの違いによって、神々の散文説話と人間の散文説話に分けられる。後者は伝承者たちの認識において「過去に実際にあった話」と位置づけられ、事実これらの物語にはアイヌの伝統的な生活誌、和人との交易など明治以前の和人との関係についての描写が含まれている。神謡は神々が主人公／語り手で、サケへというリフレインをともないながら韻文で語られるという形式をもち、神々の視点で神々と人間との関係を物語る話が多い。実在的過去というよりは、アイヌの社会や文化に固有の世界観、価値観、行動規範を語る資料であるが、アイヌとその神々との関係はアイヌと異文化人との関係のあり方にも大きな影響を与えており、その意味で人間の世界を語る散文説話と補完的関係にある。

英雄叙事詩は神々や超人的英雄の戦いの物語であり、娯楽性が高く、少なくとも近現代アイヌのあいだでその内容は実在的過去とは認識されていない[5]。一方で英雄叙事詩には、イシカリやヨイチなど、歴史的なアイヌ集団の単位であり、現在の北海道に残る地名をその名にもつ超人的英雄、もしくは神々が登場する他、和人や、サンタ（サンタン）、カラプト（樺太）といった、現在のサハリン～アムール川下流域地方と推定される地名を冠した人々も登場する[6]。主人公ポンヤウンペの居城のあるシヌタプカは現在の浜益（北海道日本海側）に比定されている。このように英雄叙事詩の世界は、アムール川下流域からサハリンを経由し北海道へ至るサンタン交易の文化圏を含みこんでいる。登場人物たちの衣装もまた、金属性のベルトや笠の着用など、日本近世後半以降の北海道アイヌの風俗とは異なり大陸的である。英雄叙事詩の起源を樺太に求める見解もある（児島、一九八九、四三頁／本田、二〇一〇、一六一頁）。

サンタン交易とは、アムール川下流域からサハリンにかけての先住民たちが清朝や日本人を相手に行っていた毛皮交易のことで、この交易が活発化するのは、一六八九年のネルチンスク条約によって清露国境が画定し、アムール川下流域で清の辺民制度が本格化して以降である。樺太アイヌと中国王朝の関係自体は古く、元の時代に遡るといわれる。一五世紀初頭には明と朝貢関係に入り、一四三〇年代に明の辺民制度は後退するが、それ以降も大陸からサハリンにかけての先住民間交易は維持されて、一七三二年には清の辺民制度がこの樺太アイヌに及ぶ（佐々木、一九九六）。この交易ルートの南端では一六八〇年代に北海道最北端のソウヤ場所が設置され、一七九〇年には樺太南端に白主場所が設置された。坂倉源次郎の『北海随筆』（一七三九年）によれば、白主場所設置以前のソウヤ場所には樺太アイヌやサンタンが交易に訪れていた（谷川、一九六九、四〇五頁）。白主場所が開設され、和人の交易船が樺太に直接赴くようになって以後、そこがサンタン交易の南の拠点となって、樺太アイヌやサンタンの北海道への往来は途絶えたと考えられる。

大陸からサハリンにかけての諸民族と関係が深かった樺太アイヌの口頭伝承は、資料数が限られており、研究蓄積も北海道アイヌと比べて厚いとはいえないのが現状である。とりわけ英雄叙事詩のサンプル数はきわめて少ない。比較的資料にめぐまれている散文説話をみると、樺太アイヌの伝承にはサンタン、ウィルタ、キーレン、和人といった多様な隣接諸民族が登場する。[7]北海道アイヌの散文説話における異文化人がほぼ和人に限られているのに対し、樺太アイヌの散文説話にみえるのはより多民族的な世界である。両者の散文説話世界の構成員の差は、そのまま北海道アイヌと樺太アイヌが生きた世界に対応している。

北海道アイヌの伝承における、英雄叙事詩的世界と後述する散文説話的世界の関係をどのように考えるべきか、明確な回答を出せる問題ではない。主人公たちが自在に空を飛び、殺されても何度となく甦り、荒唐無稽の戦いを繰り広げる英雄叙事詩の物語群は、先述したとおり近現代のアイヌにとって非現実的で、史実としては認識されていなかった。[8]中川（二〇〇九、二二三頁）は、サンタ、カラプトといった地名についても、伝承者たちにはどこにあるかわからないほど遠い土地の名であっただろう、と述べている。この点で、砂沢クラ（一九八三、三四〜三六頁）が祖父モノクテ（一八三七〜一九一〇）から聞いたという次のような伝承は、英雄叙事詩的世界と散文説話的世界の間をつなぐ解釈の一例を示している。[9]曾祖父の祖父の時代、アイヌはアトゥイヤコタン（海の向こうの国＝大陸）に交易に行っていたが、毒酒を飲まされ殺された。以来、アトゥイヤコタンには行かず、ヤユンモシリ（わが国）の青森などへ行くようになり、酒を飲まされても死なないで帰ってくるようになったのだ、と。この言い伝えによると、交易先の和人の国の名は松前ではなく、青森となっている。英雄叙事詩において、和人の国は「サムトゥカリ」「サントゥカリ」という名で登場することがあるが、この地名は金田一京助（一九九三、一五頁）によれば津軽または松前であるという。また、英雄叙事詩では主人公の両親がカラプトやサンタで毒酒を飲まされ殺害される、というモチーフが頻繁に現れる。英雄叙事詩のモチーフと先祖の言い伝えが重なりあう珍しい事例だが、交易世界の変容の歴史が、松前藩や幕府の政策という文脈ぬきに説明されている点が興味深い。

以上のようにアイヌ口頭伝承は、それぞれのジャンルの性質に従った分析によって、いずれもアイヌの世界観や歴史認識を理解するための有効な資料となるが、以下では散文説話と神謡を中心にその世界観を読み解いていく。

3　神々との関係——他者との関係モデル

アイヌの神々（カムイ）には自然神と文化神がある。前者には火や水、雷などの自然現象、クマ、フクロウ、キツネなどの動物、そのほかアイヌの主食であったシカやサケを人間にもたらす食べ物の神や疱瘡や麻疹といった伝染病の神がある。これらはアイヌを取り巻く自然環境であり、人間のためになるもの、人間の力の及ばないものなどがカムイとされた、といわれている（アイヌ民族博物館、一九九三）。

一方、文化神と呼ばれるのはオキクルミ、サマイエクル、アイヌラックルなどの名を持つ神で、アイヌにアイヌ文化、すなわち狩猟の仕方や生活道具の作り方、神の祭り方などを教えた神であり、アイヌの祖神ともいわれる。これらの神々の相互関係については、地方差がある。オキクルミとサマイエクルは兄弟神で、オキクルミが弟、サマイエクルが兄ということになっている。そのうち片方が賢く、片方が愚か者ということになっているのだが、北海道南西部においてはオキクルミが賢く、それ以外の地域においてはサマイエクルが賢いことになっている。また、アイヌラックルという名についても諸説ある。沙流地方ではオキクルミの別名といわれているが、別の神だという意見もある。アイヌの自然神は現代風にいうところの自然環境に相当するが、アイヌの世界観における自然神とアイヌの関係の特色を把握することは、アイヌと和人の歴史的関係を考えるうえで重要な手続きである。というのも、それはアイヌにとって和人との関係に先立つ他者関係であったといえるからである。

伝統的なアイヌ社会は数多くの神々に囲まれ、神々と関係を結ぶことで成立していた。アイヌの生業は狩猟、漁労、採集、農耕からなるが、たとえば狩猟の獲物は、神々が人間のもとを客として訪れたものとされていた。神々は神の国では人間の姿をしていて、人間の村へ遊びにくるときにクマやフクロウの装束を身につけて降りてくる。毛皮や肉はアイヌへの土産で、アイヌはそれらを受け取り、返礼として酒や食物、アイヌの祭具であるイナウなどの土産を神々に持たせて神の魂を神の国に送り返す。これが「送り儀礼」と呼ばれるものである。いわゆる狩猟とはアイヌの世界観においては神々とアイヌの出会いのことである。神々は心根の良い人間のもとを好んで訪れるので、猟運がよいことは人間として善良であることの証でもある。サケやシカはアイヌの主食であったが、これらに関しては、食べ物の神が倉で管理をしていて、山や川に降ろしているものと考えられた。したがって、人間が非礼なことをすると神々が怒り、食べ物を倉にしまってしまうので飢饉になるのだと考えられた。

神々と人間の関係においては、土産の交換が行われる。人間の作る酒、食べ物、イナウを神々は欲し、またアイヌの村が楽しそうにみえるので、神々は土産を携えてやってくる。アイヌと神々の関係は、厳かな神々が人間に一方的に恩恵を与え、それに対し人間が一方的に感謝し祭り上げるという関係ではない。その意味で神々とアイヌとは互いに対等な関係にある。

神々は人間にさまざまな恵みをもたらすと同時に、アイヌに危害を加えたり、苦しめたりもする。ただし、ここで注意が必要なのは、特定の神が本質的に善神だったり、反対に悪神だったりするわけではないという点である。たとえばクマ神は山の神であり原則として重要な神であるが、なかには人間を殺してしまう悪神もいる。疱瘡神はアイヌの村を全滅させてしまう恐ろしい神であるが、善神として現れて、伝染病からアイヌを守ってくれることもある。アイヌの世界観のなかで重要なのは、善悪が神々の属性に附属するのではなく、個々の神々の性質として判断される点である。どの神にも善いものと悪いものがいるのである。さらにいうと悪神が永遠に悪神であり続けるとも限らない。悪神が人間に懲らしめられ、反省して心を入れ替えて人間の守り神になるという物語は数多くある。

以上のような神々との関係は、アイヌにとって、原初的な他者関係のモデルである。神々と人間は互いに敬いながらも対等に対話できる関係であり、互いに互いの持てるものを交換しあう関係であること、神々の善悪は神の属性によって決まるのではなく、個々の神々の性質として判断されること、悪神もまた善神に変わりえること、このような他者関係モデルは、アイヌ口承文学における対和人関係表象にそのまま応用されている。

4　和人との関係

(1)　その神話的起源

本節ではアイヌ口承文学に通底する対和人関係認識を読み解いていく。和人をアイヌ語でシサムというが、直訳すると「隣人」という意味になる。和人がアイヌにとって最も近い異文化人であったことがこの呼称からもうかがえる。西洋人と接触した南北アメリカや南太平洋の先住民が、西洋人との最初の接触についての伝承を数多く残しているのに対し、アイヌの伝承には和人との最初の接触を語る物語が見あたらない[10]。そのかわりに、和人は所与の存在として神話に登場する。たとえば、一九一八（大正七）年に新冠出身のサンキロッテという男性が伝承した「カムイオイナ」という神話に、和人が登場する。しかも敵対者ではなく、アイヌラックㇽの援軍として現れるのである（金成・金田一、一九七一、三二九〜三三〇頁）。この神話の前半は地上の世界の始まりとアイヌラックㇽの出自を説明しており、後半はアイヌラックㇽが魔女に誘拐された許嫁を救出するエピソードとなっている。単身で魔神の国に乗り込んだアイヌラックㇽは大勢の魔神を相手に戦うが、そこへ天にいる父神によって派遣された援軍が姿を現す。この援軍は天津鳥、雲でできたアイヌたち、雲でできた和人たちからなっている。アイヌと和人は同じ乗り物に乗り、別々の歌を歌っている。この三者がアイヌラックㇽとともに魔神たちと戦うのである。この物語の類話は一九三五（昭和一〇）年に平賀トゥモンテ（久保寺、一九七七、五八九頁）によっても語られ、鍋沢元蔵も自ら記録している（門別町郷土史研究会、一九六九）。また、同じ乗り物に乗り、それぞれ異なる歌を歌うアイヌと和人、というモチーフ自体は、他の神話にも登場する。たとえば「カムイオイナ」の伝承者サンキロッテによる「ポロオイナ」（金成・金田一、一九七一）や平目カレピアの「狐の神の自叙」（久保寺、一九七七、一四三〜一四五頁）がある。後者は狐の神を主人公とする神謡で、オキクルミの怒りを買ったキツネの神が人間の国から追放されるが、その際、青草で船をつくり、青草でつくったアイヌを六〇人、和人を六〇人乗せて、共に旅立つ。

複数の神話に登場する神、アイヌ、和人の「三位一体」モチーフのなかで、神々とアイヌと和人は同じ敵と戦う味方同士であったり、運命を共にするメンバーであったりする。神ではなく人間であるアイヌと和人は共に同じ乗り物に乗りながら、異なる歌を歌うが、それは同じ地上にあり、隣接して存在しながら、言語や文化の異なる存在であることを示唆している。この「三位一体」モチーフは、アイヌにとっての地上の世界を理念的に概念化しているといってよいだろう。それぞれの姿で地上に降り立つ神々、言語文化を異にするアイヌと和人によって、世界は構成されているのである。

アイヌの伝承に和人との最初の接触の物語が見られず、和人が所与の存在として神話に登場するのは、アイヌから見たアイヌ－和人関係が、アメリカや南太平洋における先住民と西洋人との関係とは異なる性質のものであったことを示唆している。この点で参考になるのは北東アジア先住民の伝承である。ニヴフ、チュクチ、ユカギールなど北東アジア先住民の伝承には、隣接する先住民が天地創造のときに一緒に作られたという神話があり、隣接異民族は世界の初めから存在する。[11] アイヌにとっての和人もまた、北米インディアンやポリネシア人にとっての西洋人のように、海のかなたから突然現れ、その後の生活を一変させる異文化人ではなく、初めからいる隣の「先住民」であったといえるだろう。

（2） 交易相手／友人としての和人

文化神神話に和人が登場するもうひとつのパターンは、交易先として言及されるものである。類話の非常に多い神謡に交易船の神の物語がある。これには地域によってオキクルミが和人の国へ交易に行くものと、サマイェクルが交易に行くものとがある。[12] 物語の筋は共通しており、最初に無礼なサマイェクル（またはオキクルミ）が立ち木を切り倒そうとするが、木の神は怒って身を固くし、切り倒すことができない。次にオキクルミ（またはサマイェクル）が立ち木の神に対し、「船をつくらせて下さい。そうすれば交易に行き、木の神様にもたくさん供物をいたします」と丁寧に挨拶すると、木の神は身を柔らかくしてオキクルミ（またはサマイェクル）によって船につくられ、和人の国へ船出する。和人の国で山ほどの食べ物や和産物を積み込んで帰り、船の神（木の神）は末永く大切に祭られて暮らす、という物語である。

アイヌの日常生活を題材とする神謡や散文説話においても、和人はやはり第一に交易相手として現れる。先述したとおり、アイヌの生活文化は文化神から授けられたものであり、アイヌの生活は文化神の生活の似姿である。したがって和人との交易もまた、アイヌの行うべき営みとして位置づけられる。

日本近世史研究において、和人とアイヌの交易関係は政治経済的支配という文脈のなかで説明されてきた。それは歴史学が基本史料とする松前藩や幕府その他和人による文献が、近世東アジア的世界観に則り、「蝦夷」を文化的に劣った者、かつ支配の対象と見なしているためであるが、同時に近現代人としての和人研究者もまた社会進化論的世界観に基づいて同様のアイヌ観を継承したためでもある。しかしながらアイヌ口承文学において和人との関係は、支配関係という構図におかれることはほとんどない（坂田、二〇一一）。これは、アイヌ口承文学が単なる娯楽にすぎず、現実社会の深刻な問題を扱うことができないため、ではない。先に述べたように、アイヌの物語群は「単なる娯楽」以上のものであるし、また、後で論じるように、アイヌ口承文学のなかには、和人によるアイヌの抑圧・暴力の問題を扱った物語もある。和人が支配関係に固執し、アイヌがこれに言及しないのは、やはり両者の認識論およびそれに基づく社会関係上の理念の違いによるといえるだろう。

（3）　生存ユニット

民族誌的なアイヌの世界観についての説明は、多くの場合アイヌと神々（自然）との関係をその対象としている。他方、歴史学において積み上げられてきたアイヌ‐和人関係史は人間の世界のみを対象としている。アイヌと神々の関係、アイヌと和人の関係は、それぞれ異なる学問分野の対象となっている。しかしながら、アイヌ口承文学にみえる世界は、神々とアイヌと和人（およびその他異文化人）からなる世界であって、アイヌが神々や和人（異文化人）との関係をどのように維持・管理してきたかを述べている。交易を通して結びついているのはアイヌと和人の二者だけではなく、神々とアイヌと和人の三者である（図9‐1参照）。和人はアイヌの神々とは直接関係を結ぶことはできないため、常にアイヌを介して、和産物と

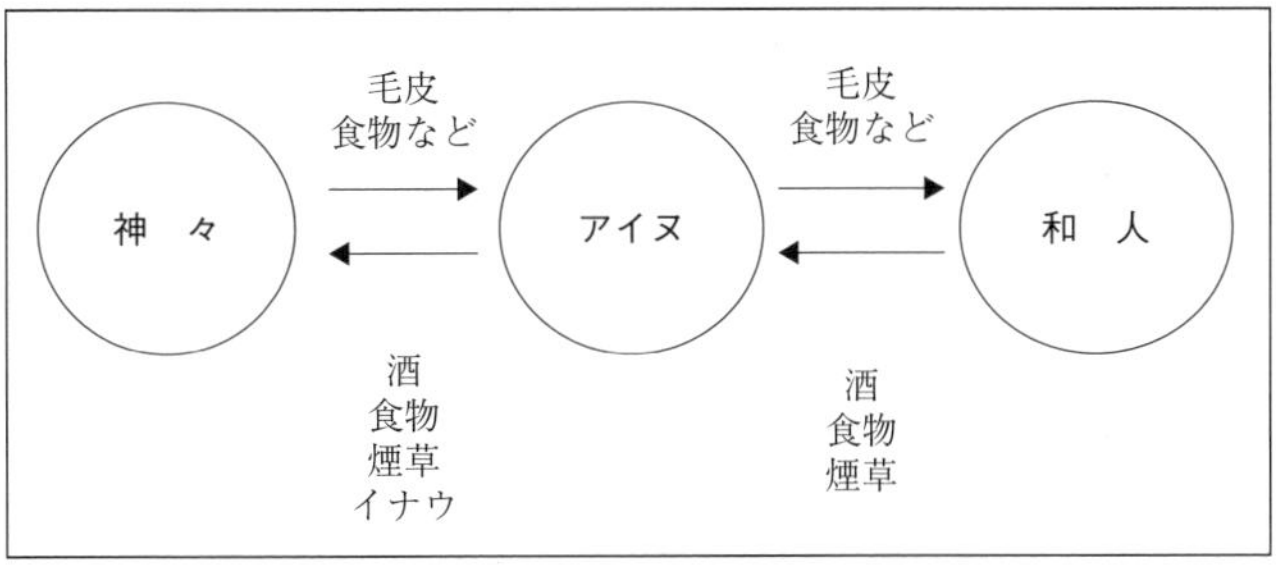

図9－1　アイヌ口承文学における生存ユニット

出所：筆者作成。

神々の土産が流通する。その意味では当然ながらアイヌ中心の世界観である。アイヌと和人との関係は、このトータルな三者関係のなかで考えなければならない。

この三者関係は、**図9－1**に示したとおり、水平な関係である。神々がアイヌの上位にあるわけではなく、和人がアイヌの上位にあるわけでもない。互いに独自の役割と能力を持つがゆえに、それぞれの産物を交換できるのであり、相補的な関係である。この交易関係の連鎖する範囲がアイヌにとっての生存ユニットといえる。生存ユニットとは、生きものが生存のために必要とする関係の連鎖のことである[13]。アイヌの世界は神々や和人といった他者関係を含みこんで成立している。

この三者関係において、もうひとつ重要な点として指摘したいのは、アイヌ－和人関係が神々－アイヌ関係のアナロジーになっているという点である。第**3**節で述べたように、神々との関係はアイヌにとって原初的な他者関係モデルであり、それがアイヌと和人との関係を認識するときに応用されているのである。アイヌと神々との関係は先に述べたとおり、対等な立場でものを言いあえる関係であり、互いに敬いあう関係にある。和人との関係もしかり、なのである。水平な関係という理念は、神々の世界、アイヌ社会、それぞれの内部においても貫徹されている。アイヌは数多ある神々のあいだにも厳格なハイアラーキーを想定しない。アイヌの神々には「重い神」と「軽い神」の別はあるが、それ以上厳密な神々の順位は想定されていないようである。どの神もそれぞれ独自の役割と能力があるのであり、単純に優劣を比較できるものではないためである[14]。また、前近代のアイヌ社会は国家を形成せず、コタンとよばれる一～十数戸からなる集落が共同体の単位であって、それを統括するコタンコロクㇽは村長と訳されるが、政治的統率者ではない。村で問題が生じれば村人の合議で解決されるのであり、コタンコロクルの役割は話し合いの調停役である（Watanabe, 1972）。

他者との関係を身分秩序や支配関係という垂直の枠組みを通さずにものを考えられないのは和人の認識論と社会の特徴であって、アイヌにおいて、他者関係の原則は個々人の対等な関係にあるのである。

（4）シサム（隣人）としての振る舞い方を知らぬ和人

先述したとおり、アイヌ語で和人をシサム（隣人）というが、すべての和人がよき隣人というわけではない。理不尽にアイヌを虐待する和人もまた、アイヌの物語にしばしば登場する。和人によるアイヌの虐待や労働搾取の問題は歴史学がアイヌ－和人関係を考えるときの中心的なテーマのひとつである。一方、アイヌ口承文学においては、「和人によるアイヌの虐待」が、対和人関係モチーフの「中心的」位置をしめているわけではない。和人を語る数々の物語のなかに、アイヌを虐待する和人も登場するというべきであろう。

和人による悪行は、①和人経営の漁場におけるアイヌの虐使、②和人男性によるアイヌ女性への乱暴、③和人によるアイヌの理不尽な殺害、といったタイプが多い。ことに①②については日本史学研究においても、大きな関心を集めてきたトピックであり、アイヌが和人に政治経済的に支配されてゆくプロセスがいかに理不尽かつ暴力的であったかを示す事例として論じられてきた。

一方、和人によるアイヌの虐待を語るアイヌ口承文学は、われわれを別の問いへと導いてゆく。漁場での和人によるアイヌの虐使を主題とする物語における最終的な解決は、和人とアイヌの協力による平和な漁場の経営であったり、漁場を逃亡し、山奥で和人と関わることを避けて暮らすことであったりする（坂田、二〇一二）。和人は近世蝦夷地においては明らかに外来者である。和人がアイヌにとって有害な行為を重ねるならば、アイヌには和人を追い出すという選択肢もあるはずである。しかしながら、アイヌの物語群に基づけば、そもそも自分に不都合な存在を排除すれば問題が解決される、という発想そのものがアイヌ的ではない、といえる。

アイヌが和人を排除する行動を歴史的にも物語上も選択しなかったのは、アイヌ社会の弱さのためではなく、その世界観のためであると考えるべきだろう。アイヌは常に自らの思い通りにならない存在と共に生きている。つまり神々と和人である。神々は自然現象や動植物からなる自然環境である。先に述べたように、神々のなかにはアイヌに危害を加える悪神もいるが、善神と悪神の別は個体差の問題であって、クマ神でもキツネの神でも善いものと悪いものがいる。したがって、たとえば、あるクマ神が人を殺したからといって、あらゆるクマ神を人間の世界から追放することは正しい行いではない。神々との関係モデルが和人との関係を考える際にも応用されるのは先に指摘したとおりである。このようなモデルを通して考えれば、和人が非道を働いたとしても、和人一般が悪であると単純化することなく、悪い和人が懲らしめられ、平和な隣人関係が回復することが最良の解決と見なされる意味が理解できる。

神々と和人とは、アイヌ世界の始まりから存在する他者であり、生存ユニットを構成するメンバーである。そして神々も和人もアイヌの自由になる存在ではない。本来協力関係にあるべきものではあっても、存在を消したり、関係を断ったりすることのできる相手ではない。したがって、アイヌ口承文学的認識論においては、はじめから和人を締め出す、という選択肢は浮上しない。悪神や非道な和人という存在を制御しつつ、いかに生存ユニットを維持するか、アイヌ口承文学はその事例集なのである。

5　近代アイヌにとっての口承文学的過去

神々・アイヌ・和人からなるアイヌ口承文学的世界は、日本国家に編入され、日本語とアイヌ語のバイリンガルである伝承者たちによって語り／書き残されたものである、という点を再度思いだそう。これまで述べてきた世界は、伝承者たちにとって先祖の昔である。一方で、伝承者たちは日本式の教育を受け、そのなかで日本の歴史を学び、日常的に和人によるアイヌへの蔑視を経験してもいた。そのかれらが多様な和人との関係を伝え残したことの意味は重い。

幕末維新期にかけて、北海道は大きな障害もなく日本国家の領土として編入された。アイヌの抵抗はほとんどなかった。通史的には、アイヌ社会が場所請負制下の労働や疱瘡の流行などによって、幕末の時点で衰退していたとされ、日本の近代移行期には、アイヌはすでにほとんど問題にしなくともよい存在であるかのように認識されている[15]。一方で近年の研究では、幕末に至るまで自立的に和人と取り引きするアイヌの漁業経営者の存在が注目されてきた（小林、一九九三／田島、一九九五／谷本、一九九八）。アイヌ社会の衰退が、スムーズな北海道の日本領化を可能にした、という理解は適切といえるのか、文献史学内部においてさえ疑問の余地はある。

近現代のアイヌの伝承者たちは、遠い先祖の昔から、アイヌが神々と和人とのさまざまな関係を経験し、乗り越え、維持してきたことを、和人的な歴史教育とは別に、口頭伝承によって学んでいた。それが日本人として生まれたアイヌである伝承者たちにとって、自らの現在を理解するための歴史的理解の源でなかったといえるだろうか。和人との関係を維持することは、アイヌ口頭伝承的認識論においては、敗北ではなく、むしろアイヌの伝統的世界を維持することなのである。

和人は前近代東アジア的世界観、近代における社会進化論的世界観を通してアイヌを認識し、古くから支配下にあった隣接異民族が最終的に日本へ包摂された、と認識してきた。常に「支配者」として振る舞いたがる和人とその歴史認識に対し、アイヌ口承文学は決して「被支配者」として物語を語りはしない。友好関係、相補的関係を理念とした関係を述べることによって、アイヌは和人が押し付けようとする歴史を跳ね返し、かつ自らの現在を、和人が考えるのとは別の意味とやり方で肯定することができる。アイヌは征服されたのでも敗北したのでもない、先祖の昔同様、和人との関係に苦労しながらも、それを含んだアイヌの世界を維持し続けているのである。

注

（1）口頭伝承には聞き手に意味を伝達するための「文法」があり、それに則した解釈が必要となる。たとえばFoley（1991）はホメロスやユーゴスラビアの叙事詩の分析をもとに、口頭伝承で多用される定型句が、単なる決まり文句や記憶を効率化する手段ではなく、語り手と聞き手の間で共有された、ニュアンスに富んだ意味の塊であり、聞き手をテクスト外のコンテクストに導くサインであると述べている。このサインの意味を共有しているか否かによって、物語の深みを理解できるかどうかが左右される。口頭伝承は語り手と聞き手の関係において成り立つ。両者が物語的教養を共有し、語られる物語は聞き手の頭のなかで完成されるのである。その他、口頭伝承および口承由来のテクストの聞き方／読み方についての議論は Foley（2002）を参照。

（2）口頭伝承の内容は、フィクションか否かという単純な二者択一の問題として扱うことはできない。たとえば Fogelson（1989）はチェロキー族に伝わる、実際に発生した形跡の見られない事件の伝承について、それが長期にわたるチェロキー族の社会組織の変化をひとつの出来事として形象化したものであることを明らかにして、このような形象化の仕方を epitomizing event（縮図的出来事）と呼んで概念化した。

（3）北米におけるエスノヒストリーの歴史については Krech III（1991）および Harkin（2010）を参照。

（4）キープとは縄に結び目をつくって情報を記録する媒体であるが今日では、それがインカの歴史などを記録していたことが明らかになっている（Urton, 2002）。

（5）伝承者たちの認識とは裏腹に、英雄叙事詩は、アイヌ口承文学研究史上では最も早くその「歴史の反映」が主張されたジャンルであり、近年最もその「歴史の反映」が疑問視されているジャンルでもある（本田、二〇一〇）。英雄叙事詩に登場するレプンクㇽ（異文化人）とヤウンクㇽ（本土人＝アイヌ）の戦いについて、知里（一九七三）、榎森（一九八二）はオホーツク文化人と擦文文化人の戦いの反映を見、海保（一九七四）はシャクシャインの戦いの反映を見ようとした。しかしながら、レプンクㇽは必ずしも特定の文化的属性を持つ人々を指示する呼称ではなく、むしろ漠然と「外国人」を指す呼称であって、個々の物語によって異なる人々がイメージされている。英雄叙事詩に属する物語はそれぞれ多様な内容を語るので、英雄叙事詩というジャンルを主語にして特定の歴史的出来事の反映を議論することは困難である。一方、中川（二〇〇九）は、イシカリ、ヨイチなどの地名を冠した登場人物たちの関係性を分析することを通して、アイヌ社会の地域間関係を考える可能性を示している。

（6）英雄叙事詩にはまれに西洋人も登場するが、筆者が知る限りでは、遠島タネ伝承「外国船来航」（志賀、一九九四）、八重九郎伝承「ポンオタストゥンクㇽとその息子を助けた狼の神の物語」（北海道教育庁生涯学習部文化課編、一九九四）の二例のみである。前者は、口演形態としては英雄叙事詩的だが内容的には散文説話的であって、一七九六（寛政八）年のブロートン船のエトモ来航についての伝承と考えられている。八重の伝承ではロシア人が交易相手として現れる。

（7）樺太アイヌの口頭伝承テクストについては金田一（一九九三）、北原（二〇一四）、知里（一九七四）、山本（一九六八）、Pilsudki（1912）を参照。

（8）吉田巌は一九一一（明治四四）年に萱野コワワッテ（一八七五〜一九四八年、平取町出身）から、嘘をつく者のことをポンヤウンペ（英雄叙事詩の主人公）と呼ぶ、と聞いている。「その意味は、ポン・ヤウンペの伝説あまりに、奇怪に過ぎ、まことと思われぬ、それで嘘をつく者をそういったのだ」（吉田、一九五七、三九頁）。英雄叙事詩が伝承者たちにとって非現実的と認識されていることについては奥田（二〇一〇、五一～五二頁）も指摘している。

（9）川村モノクテは代々のイシカリ・アイヌ首長の血を引き、明治期の上川アイヌ（石狩川上流地域）の首長であった（旭川市史編集会議、二〇〇二、八九〇頁）。

（10）最初の接触についての伝承は、エスノヒストリー研究において大きな関心を集めてきたテーマである（たとえば Harkin〔1997〕, Lutz ed.〔2007〕, Gose,〔2008〕など）。

（11）ニヴフについてはクレイノヴィチ（一九九三、二六四～二六五頁）、服部（二〇〇〇、一六七頁）、チュクチについてはコックスウェル（一九七八、二四頁）、ユカギールについては荻原（一九九六、一一一～一一二頁）を参照。

（12）オキクㇽミが交易に行くヴァージョンには、平目カレピア「海船の神の自叙」（久保寺、一九七七、三二七～三二八頁）、サマイェクㇽが交易に行くヴァージョンには、杉村キナラブク「けなしたオキクㇽミには肉を固くし誉めた国造りの神《サマイエクル》には肉を柔らかくした、やちだもの自叙」（中川・大塚、一九九〇、一九九～二〇八頁）などがある。

（13）ベイトソンは種を単位として進化論を考えたダーウィンに対し、生物が生存する単位は種ではなく、種プラス環境であると述べた。環境を破壊する生きものは自ら滅ぶのであり、生存のために切り離せない関係性の範囲を生存ユニットとし、これがものを考えるときの単位であるとした（ベイトソン、二〇〇〇、六三九～六四〇頁）。アイヌ口承文学はアイヌや和人といった民族・文化の差異にはきわめて敏感である一方、その差異の意識は必ずしも民族自決的な方向へは向かわない。差異ある存在が組み合わさって世界が形成されるのであり、アイヌ口承文学的世界はベイトソン的な生存ユニットの概念と重なりあう。

（14）葛野（一九九〇、三五～三七頁）はアイヌにとっての重要な神々を列挙したあとで「アイヌはこの神様が一番で、この神様が三番だとはいわないの。みんなおんなじレベルをもってるのがアイヌの神様なの」と述べている。

（15）児島（二〇〇四、三三五頁）は、アイヌからの武力的脅威が存在しなかったことによって、北海道開拓は「植民地化」ではなく「内国化の過程」として認識された、と指摘している。

参考文献

アイヌ民族博物館監修『アイヌ文化の基礎知識』草風館、一九九三年。
旭川市史編集会議編『新旭川市史』二、旭川市、二〇〇二年。

榎森進『北海道近世史の研究』北海道出版企画センター、一九八二年。

荻原眞子『北方諸民族の世界観――アイヌとアムール・サハリン地域の神話・伝承』草風館、一九九六年。

奥田統己「アイヌ文学から歴史をどう読み取るか」本田優子編『伝承から探るアイヌの歴史』札幌大学附属総合研究所、二〇一〇年。

海保嶺夫『日本北方史の論理』雄山閣、一九七四年。

金成まつ筆録・金田一京助訳注『アイヌ叙事詩ユーカラ集』Ⅱ、三省堂、一九七一年。

北原次郎太編、和田文治郎筆録『樺太アイヌ説話集』二、北海道大学アイヌ・先住民研究センター、二〇一四年。

金田一京助「北蝦夷古謡遺篇」『金田一京助全集』九、三省堂、一九九三年。

葛野辰次郎「カムイとアイヌ」札幌学院大学人文学部編『アイヌ文化に学ぶ』札幌学院大学生活協同組合、一九九〇年。

久保寺逸彦『アイヌ叙事詩神謡・聖伝の研究』岩波書店、一九七七年。

クレイノヴィチ、E. A.『サハリン・アムール民族誌――ニヴフ族の生活と世界観』枡本哲訳、法政大学出版局、一九九三年。

児島恭子「一八、一九世紀におけるカラフトの住民――『サンタン』をめぐって」北方言語・文化研究会編『民族接触――北の視点から』六興出版、一九八九年。

――『アイヌ民族史の研究――蝦夷・アイヌ観の歴史的変遷』吉川弘文館、二〇〇四年。

コックスウェル、C. F.『北方民族（上）の民話』渋沢青花訳、大日本絵画、一九七八年。

小林真人「場所請負制下の余市アイヌの生活と社会――文政から幕末期を中心にして」『北海道開拓記念館研究報告』第一三号、人文編、一九九三年、一七～三〇頁。

坂田美奈子『アイヌ口承文学の認識論〈エピステモロジー〉――歴史の方法としてのアイヌ散文説話』御茶の水書房、二〇一一年。

佐々木史郎『北方から来た交易民――絹と毛皮とサンタン人』日本放送出版協会、一九九六年。

志賀雪湖「遠島タネ媼の伝承――亮昌寺アイヌ語音声資料」『アイヌ民族博物館研究報告』四、一九九四年。

砂沢クラ『ク　スクッㇷ゚　オルシペ――私の一代の話』北海道新聞社、一九八三年。

田島佳也「場所請負制後期のアイヌの漁業とその特質」田中健夫編『前近代の日本と東アジア』吉川弘文館、一九九五年。

谷川健一編『日本庶民生活資料集成』四、三一書房、一九六九年。

谷本晃久「近世アイヌの出稼サイクルとその成立過程――西蝦夷地「北海岸」地域を事例として」『研究年報〈学習院大学文学部〉』第四五号、一九九八年。三九～一〇八頁。

知里真志保「ユーカラの人々とその生活」『知里真志保著作集』第三巻、平凡社、一九七三年。
――――『知里真志保著作集』一、平凡社、一九七四年。
中川裕「アイヌ英雄叙事詩成立過程の時間層――ユカラにおけるイシカラ人の役割」『口承文芸研究』第三二号、二〇〇九年、二九～四二頁。
中川裕校訂、大塚一美訳『アイヌ民話全集Ⅰ』北海道出版企画センター、一九九〇年。
北海道教育庁生涯学習部文化課『八重九郎の伝承』（二）一九九四年。
本田優子編『伝承から探るアイヌの歴史』札幌大学附属総合研究所、二〇一〇年。
服部健『服部健著作集』北海道出版企画センター、二〇〇〇年。
ベイトソン、グレゴリー『精神の生態学』佐藤良明訳、新思索社、二〇〇〇年。
門別町郷土史研究会編・発行『アイヌの叙事詩』一九六九年。
山本祐弘『北方自然民族民話集成』相模書房、一九六八年。
吉田巌『愛郷譚叢』帯広市教育委員会、一九五七年。
Fogelson, Ramond D. "The Ethnohistory of Events and Nonevents", *Ethnohistory*, 36-2, 1989, pp. 133-147.
Foley, John Miles, *Immanent Art: From Structure to Meaning in Traditional Oral Epic*, Bloomington and Indianapolis: Indiana University Press, 1991.
———, *How to Read an Oral Poem*, Urbana and Chicago: University of Illinois Press, 2002.
Gose, Peter, *Invaders as Ancestors: on the Intercultural Making and Unmaking of Spanish Colonialism in the Andes*. Toronto: University of Toronto Press, 2008.
Harkin, Michael, *The Heiltsuks: Dialogues of Culture & History on the Northwest Coast*, Lincoln and London: University of Nebraska Press, 1997.
———, "Ethnohistory's Ethnohistory: Creating a Discipline from the Ground Up", *Social Science History*, 34（2）, 2010, pp. 113-128.
Krech Ⅲ, Shepard, "The State of Ethnohistory", *Annual Review of Anthropology*, 20, 1991, pp. 345-375.
Lutz, John S. ed., *Myth & Memory: Stories of Indigenous-European Contact*, Vancouver: UBC Press, 2007.
Pisudski, Bronisław, *Materials for the Study of the Ainu Language and Folklore*, Cracow: Imperial Academy of Science（Spasowicz

Fund) "Spółka Wydawnicza Polska", 1912.
Urton, Gary, *Narrative Threads: Accounting and Recounting in Andean Khipu*, University of Texas Press, 2002.
Watanabe Hitoshi, *The Ainu Ecosystem: Environment and Group Structure*. Tokyo: University of Tokyo Press, 1972.

第10章　メソアメリカの世界像
——征服前からスペイン統治下の変容まで——

井上幸孝

1　メソアメリカとアンデス

メソアメリカとは、現在のメキシコから中米にまたがる文化領域を指す。一九四三年にドイツ人研究者キルヒホフが提唱して以来、アステカやマヤなどを含む大文明圏の名称として定着している（小林、一九九五、二一～二三頁／井上、二〇一四、一八～三八頁）。本論に入る前に、まずはアメリカ大陸の二大文明圏の存在を簡潔に概観しておきたい。

（1）　古代アメリカ

アメリカ大陸には、一万二〇〇〇年以上前にベーリンジアを経由して人類（新人）がアジアから到達した。その後、しだいに南へと拡散したこれらモンゴロイド系の人々によって、この大陸では二つの大きな文明圏——メソアメリカとアンデス——が形成されることとなった。一四九二年のクリストバル・コロン（英語名クリストファー・コロンブス）の航海を嚆矢として、アメリカ諸地域は西欧の支配を受けることになるが、それ以前、数千年にわたってこれら二大文明圏を中心に独自の文明・文化が繁栄したのだった。

北米から中米にかけてのメソアメリカでは、先古典期（前二〇〇〇～後二〇〇年）にメキシコ湾岸のオルメカやオアハカ盆

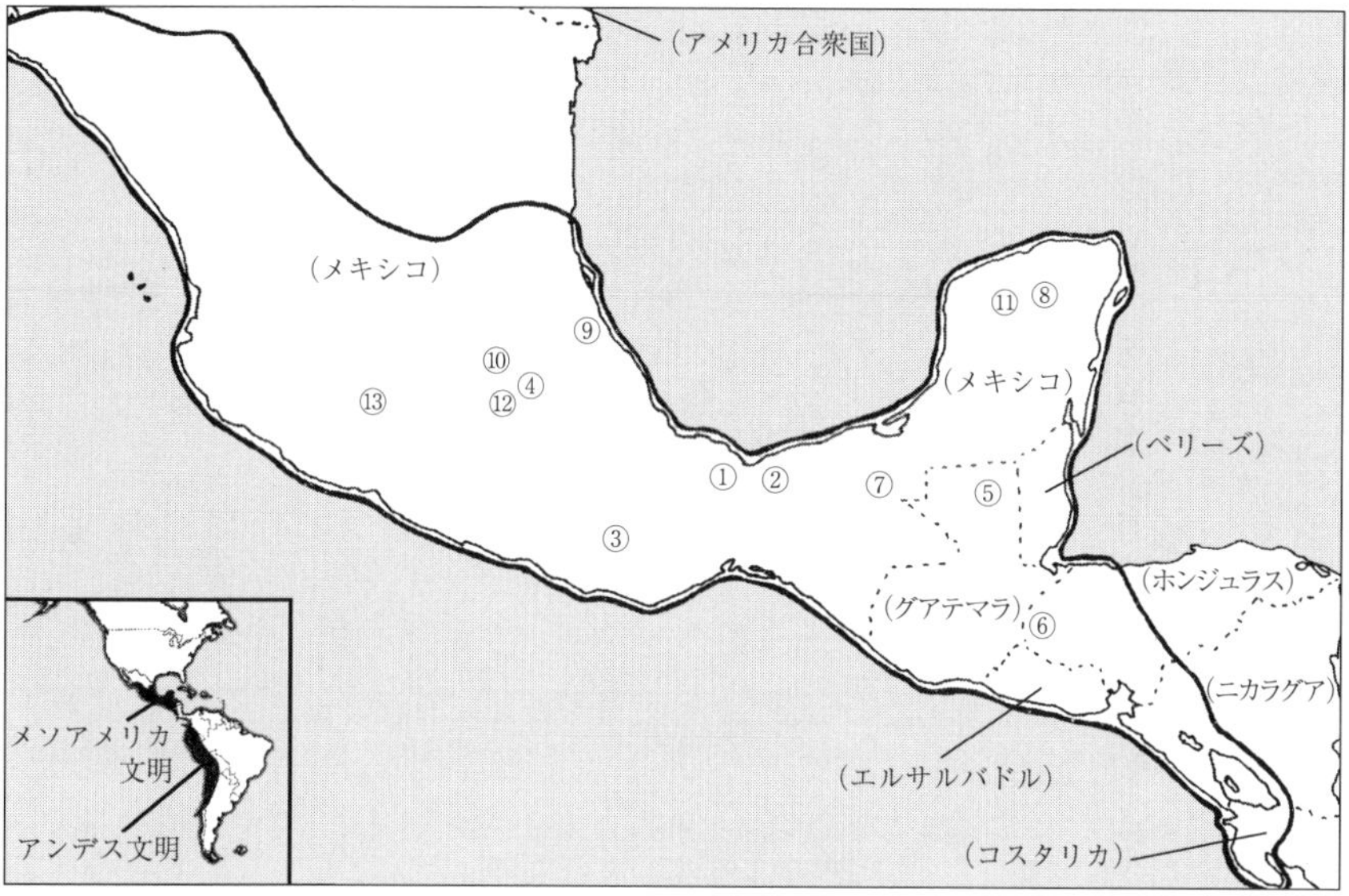

図10－1　アンデス・メソアメリカ両文明圏の位置とメソアメリカ内の主要遺跡

①サン・ロレンソ
（前1200～前900年，オルメカ文化）
②ラ・ベンタ
（前900～前400年，オルメカ文化）
③モンテ・アルバン
（前500～後750年，サポテカ文化）
④テオティワカン
（前150～後550年，テオティワカン文化）
⑤ティカル
（後292～869年，マヤ文化）
⑥コパン
（後426～820年，マヤ文化）
⑦パレンケ
（後431～799年，マヤ文化）
⑧チチェン・イツァ
（後700～1200年，マヤ文化）
⑨エル・タヒン
（後800～1100年，トトナカ文化）
⑩トゥーラ
（後900～1150年，トルテカ文化）
⑪マヤパン
（後1150～1441年，マヤ文化）
⑫テノチティトラン
（後1325～1521年，アステカ文化）
⑬ツィンツンツァン
（後1350～1522年，タラスコ文化）

出所：筆者作成。

地のサポテカなどの文明が発祥した。その後、古典期（二〇〇～九〇〇年）には、メキシコ中央高原のテオティワカンや、メキシコ南東部から中米諸国にかけてのマヤ諸都市（ティカル、コパン、パレンケなど）が最盛期を迎える。後古典期（九〇〇～一五二一年）には、メキシコ中央高原のトルテカ文化や同高原のメキシコ盆地を拠点とする「アステカ王国」、ユカタン半島低地部のマヤ諸領、メキシコ西部のタラスコ（ミチョアカン）王国などが繁栄した（図10－1）。

他方、南米のペルー沿岸部とそれに接するアンデス山脈からなる南北に長い帯状の地域では、高低差の激しい自然環境のなかで独自の文明発展をみた。形成期（前三〇〇〇〜紀元〇年）のチャビンをはじめとして、地方発展期（〇〜六〇〇年）のモチェやナスカといった文化が花開いた。続くティワナクやワリの発展（六〇〇〜一〇〇〇年）を経て、地方王国期からインカ期にかけて（一〇〇〇〜一五三二年）は、シカンやチムー王国、さらにはアンデスの広域支配を実現したインカ帝国の繁栄が見られた。

（2）メソアメリカとアンデスの違い

一六世紀初頭まで存続したこれらアメリカ大陸の「古代」文明に言及する際、日本ではしばしば「インカ・マヤ・アステカ」のような混同を招く表現が用いられる。しかし、マヤ、アステカをはじめオルメカ、サポテカ、テオティワカンなどの文化は北中米にまたがるメソアメリカを舞台に、チャビン、ナスカ、ワリ、インカなどの文化は南米に位置するアンデスに花開いた[1]。両者は、いわゆる旧大陸の諸文明（とくに「四大文明」）とは異なる文明の発祥・発展の道筋をたどった。

メソアメリカ文明とアンデス文明の間には一部に共通点も認められるものの、両者の間の違いも大きい。たとえば、前者では主食のトウモロコシ（石灰を用い粉に挽いてトルティーリャなどにする）への依存度が高い農耕文化が営まれたが、後者ではジャガイモを中心に多様な食生活が営まれた。また、メソアメリカにはマヤ文字に代表される独自の文字や、現在では「絵文書」と呼ばれている文書の使用が見られたが、アンデスには文字がなくこれにかわってキープ（結縄）による記録手段が発達した。メソアメリカとアンデスの混同は、旧大陸にあてはめてみれば、黄河文明とインダス文明を一緒にして語ることと大差ないとすらいえる。

2　メソアメリカの世界観と歴史観

メソアメリカの宗教・世界観に関する研究は、欧米や現地の研究者を中心に多くの蓄積がある。メソアメリカ文明のなかでも比較的新しい時代（とくに後古典期後期、一二〇〇〜一五二一年）については、征服前後に先住民が作成した絵文書が多く

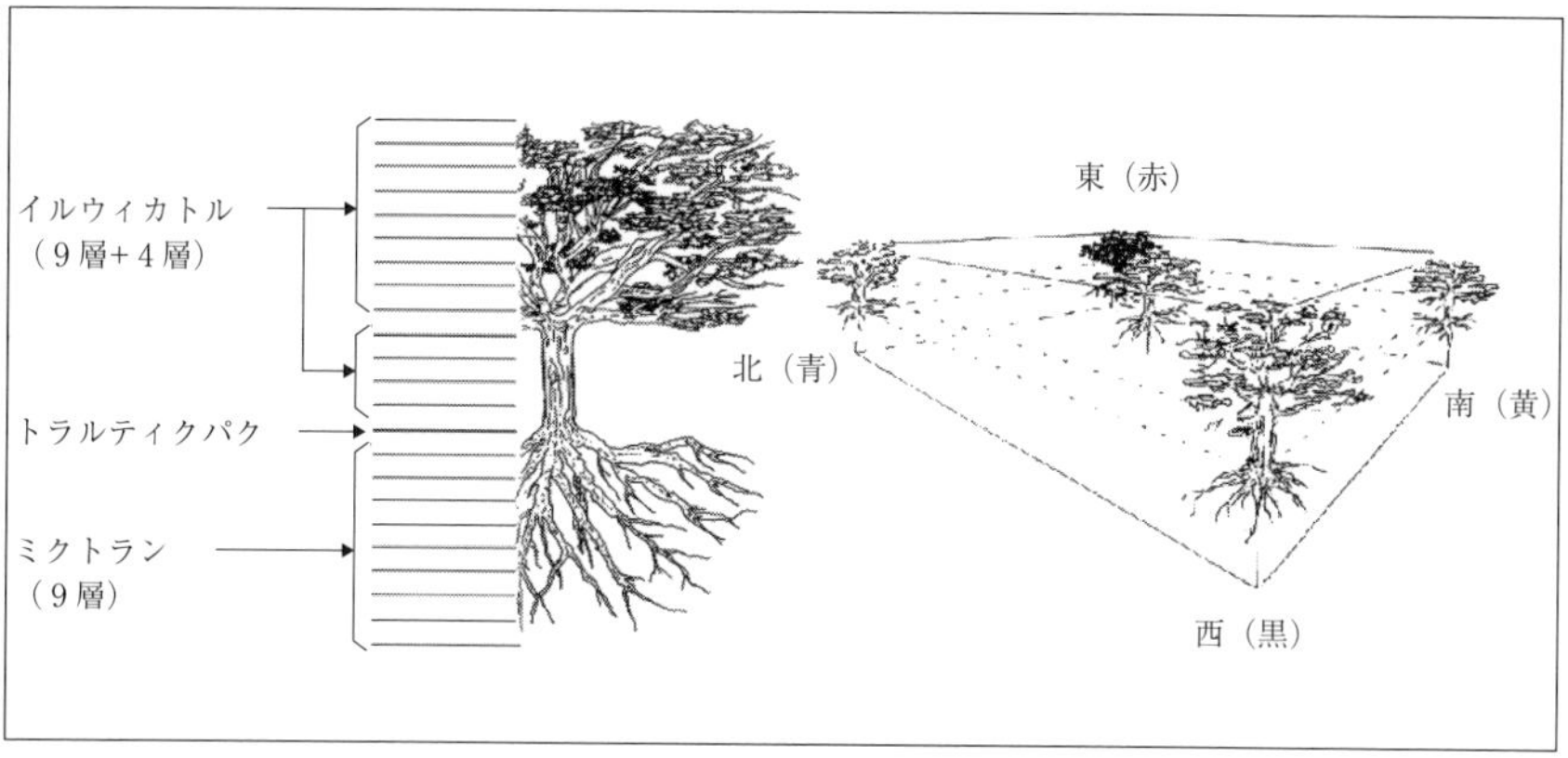

図10－2　ナワ人の世界像

宇宙樹の根の部分が地下界，幹が天界の下部４層，枝葉が天界の上部９層に相当し，地下界と天界の間に人間の住む地上が位置する。四方および中央に位置する宇宙樹は天を支えるとともに，人間の領域である地上と神の領域である天界・地下界とをつなぐ役割を果たしていた。

出所：López Austin（1994, p. 20, 100）を基に筆者作成。

残されているうえ、ヨーロッパ人到来後にスペイン人や先住民の血を受け継ぐ人々がアルファベットで書き残した記録もふんだんにあり、情報量が多い。以下では、メキシコ中央高原のナワ人（いわゆるアステカ人）[2]の記録を中心に、マヤ、オアハカ、ミチョアカンなど他の主要地域に関する情報も取り入れながら、征服以前のメソアメリカの人々が思い浮かべた宇宙（世界）のイメージを概観したい（図10－2）。

（1）世界観

垂直（上下）方向に関して、宇宙は大きく分けて三つの部分からなっていた。ナワトル語では、イルウィカトル（天界）、トラルティクパク（地上）、ミクトラン（死者の地、地下界）という。天界はそのなかで一三層に分かれており、上の九層は主に神々が住む「天」、残る四層は天体など地上から見えるものが位置する「空」であった（López Austin and Millones, 2008, p. 53）。天界の最上層は、メソアメリカ特有の二元性概念（相互補完的な対立項によりさまざまなものの成り立ちを説明する陰陽に似た思考）を象徴する至高神オメテオトルの棲家であった。

天界の下に位置するのが「この世」である。この地上世界は人間が生活する領域で、ここには天界や地下界から神々の影響力が流れ込んだ。人間世界の下方には地下界が位置し、これもまた九層に分かれていた。地下界の最下層には、死者の地の神ミクトランテオトルが住み、通常の死に方をした人間（出産や戦争で死んだ者などは除く）は、死後、同伴する犬の助けを得ながら、地下界へ旅をしなければならないと考えられていた。

水平面で見ると、メソアメリカ人は、世界を正方形の広がりをもつ空間と考え、これを東西南北の四つに分けて認識していた。四隅にはそれぞれ宇宙樹（セイバなどの木の場合もあれば、巨大な怪物としてとらえられる場合もある）が存在し、中心にも同様の宇宙樹があると考えられることが多かった。これら四本ないしは五本の宇宙樹は、地上世界をその上下と結びつけていた。宇宙樹の内部にはマリナリと呼ばれる撚《よ》り糸状の通路があり、神々そのものや神々の力はこのマリナリを通して天界や地下界から地上に達し、人間生活に影響を及ぼしていた。

各々の方位および宇宙樹にはさまざまな属性が与えられていた。たとえば、異なる色が方角ごとに割り振られ、マヤ人のあいだでは、東＝赤、北＝白、西＝黒、南＝黄、中心＝緑（青）[3]であった。これら四方の色（赤、白、黒、黄）はトウモロコシの主要な品種の色であるとともに、中心の緑は権力の象徴としても用いられた貴重な翡翠の色に相当する（青山、二〇一二、二六〜二七頁）。なお、この配色についてはメソアメリカ内の各文化によって異同があり、ナワ人の場合は、東＝赤、北＝青、西＝黒、南＝黄であった。

各方位からは、日々、神々の力が人間世界に流れ込んでいた。その順序は、東→北→西→南……であり、左回り（反時計回り）はメソアメリカの儀礼において頻繁に見られる動きでもある。ナワ人のあいだでは、東＝「葦《あし》」、北＝「火打石の刀」、西＝「家」、南＝「兎」という暦の記号が属性として割り与えられており、一〜一三の数との組み合わせによって年が数えられ、時が進んでいった。それゆえ、神々は時を生みだす存在で、場合によっては、時間そのものとすら見なされた。実際、さまざまな神々を統合した至高神は、サポテカ語ではピーエ・ショー（「時の源」）もしくはピーエ・タオ（「偉大なる時」）と呼ばれていた（López Austin, 2001, p. 249）。

（2）時間観念

メソアメリカの暦法は、二六〇日暦と三六五日暦の併用を基本としていた。ナワ人の場合、二六〇日暦は一〜一三の数字と二〇の記号の組み合わせで、「一・ワニ」、「二・風」、「三・家」…「一三・葦」などのようにそれぞれの日に名が付けられていた。三六五日暦は、二〇日単位からなる一八の「月」(アトルカワロからイスカリまで)に分けられ、それぞれの月には特定の神々への儀礼が行われた(井上、二〇〇七、七八頁)。一八カ月の最後には五日間の「ネモンテミ(無為の日々)」があり、これを併せて三六五日としていた。神聖暦の二六〇日暦と太陽年の三六五日暦の組み合わせは、太陽年で五二年経つと一巡し、その節目には「年を束ねる儀礼(新たな火の儀礼)」が行われていた(井関、二〇〇四)。

以上からも見てとられるように、メソアメリカの人々は循環的な時間観念のなかに生きていた。二〇一二年末には右でふれた五二年よりもはるかに長い周期である古典期マヤの長期暦(一八七万二〇〇〇日で一巡する暦)が区切りを迎えた。西洋的な時間観念に基づいてこれを解釈し「マヤの終末予言」と喧伝した者もいたが、当時のメソアメリカの人々の考えに従えば一つの周期の終わりは同時に新たな周期の始まりである。そこに「世界の終末」という発想を持ち込むのは直線的時間概念に基づいた曲解にすぎない。

メソアメリカの人々にとって、神的な世界と人間の世界での出来事は不可分であった。ナワトル思想・文学の専門家であるレオン＝ポルティージャは、ナワ人の「歴史」に関わる概念として、イトロカ(伝承、字義通りには「話されること、語られること」)とシウアマトル(編年史、字義通りには「年々の書」)があると指摘している(レオン＝ポルティーヤ、一九八五、六〇頁)。とはいえ、「伝承」が現代人の考える神話に相当し、「編年史」がわれわれの概念で言うところの歴史に該当すると単純に置き換えるべきではない。現代人が神話と歴史の間に設けている明確な境界線は、古代メソアメリカの人々にはなかった。神々の世界の出来事として語られる創生神話は、そのまま人類創造の話へとつながっていた。さらに、特定の人間集団の歴史的起源の物語についても、実在の地名や人物名をともなって出来事が語られる一方、しばしば神々がそれらの出来事に関与したり登場したりする。その一例が、起源の地アストランを出発し、守護神ウィツィロポチトリに導かれて長旅を続け、やがて「アステカ王国(4)」の中心都市の一つとなるテノチティトランを創設したメシーカ人の移住譚である。

(3)　メシーカ人の移住譚

おおむね、かれらが語る移住物語は、次のような筋書きである。メシーカ人は、ある時、北方の遠い起源の地アストランを出発し、守護神ウィツィロポチトリに導かれながら長旅の末にメキシコ盆地へ到着し、苦難の末に、ついには守護神の神託により盆地内の湖中の島に都市テノチティトランを建設する。しかし、その叙述にはしばしば神話的な内容が織り込まれている（井上、二〇一一）。

たとえば、チコモストクと呼ばれる場所をかれらは通過するが、ナワトル語で「七つの洞窟」を意味するこの場所は、言葉（ナワトル語）を獲得したり、文明的要素を授かったりする神話的変容の地であった。実際、メシーカ移住史の主要史料の一つである『アスカティトラン絵文書』では、これら七つの洞窟は巨大な怪物の腹部（子宮）として描かれている（*Codex Azcatitlan*, 1995, Planche 5）。

また、重要な供犠であった人身犠牲の発祥にふれる挿話もこの移住譚のなかで語られる。天から降りてきたミミシュコアという神々をメシーカ人が殺害することで生贄の儀礼が始まったとされる。無論、メソアメリカでは人身犠牲の儀礼ははるか以前から行われており、いわば神話的な意味合いで生贄の発祥がこのストーリーのなかに織り込まれていると考えるべきである。

さらに、コアテペク（「蛇の山」）という場所において、集団の守護神ウィツィロポチトリが「誕生」した神話も移住譚の一部をなしている。女神コアトリクエは空から落ちてきた羽根のせいで身籠るが、娘コヨルシャウキらは不貞を犯したから懐妊したと考え母親殺害を試みる。そしてコヨルシャウキらが母コアトリクエに襲いかかった瞬間、完全武装したウィツィロポチトリが母の胎内から産まれ出て、コヨルシャウキを八つ裂きにしたというエピソードである。後のメシーカ人はテノチティトランの大神殿をコアテペクと重ね合わせ、この挿話を喚起させるかのように、大神殿の裾には肢体をばらばらにされたコヨルシャウキの彫刻(5)を据えた（井関、二〇一〇）。

3　植民地下での世界観と歴史観の変容

現代人が区別する「歴史」と「神話」の双方が縦糸と横糸のように織り込まれ、循環的な時間観念を有していたメソアメリカ人にとって、一六世紀以降のヨーロッパ人による征服とキリスト教の強制は、その世界観・歴史観を激変させるものであった。二〇世紀前半、フランスの歴史家リカールは、軍事的征服の一方で「精神的征服（魂の征服）」という側面があったと提唱した（Ricard, 1986）。だが、その精神的征服の実態とは、カトリック一色に変容するかさもなければ完全なる拒否かといった単純なものではなかった。そもそも当初から先住民のキリスト教信仰の受容には積極的・消極的なさまざまな反応の度合いがあった（Klor de Alva, 1982／平田、二〇〇〇、四五～四六頁）。本節では、一六世紀末から一七世紀前半にかけての先住民エリートの例を取り上げ、スペイン植民地支配という新たな状況のもとで歴史的正統性や連続性をいかに維持しようとしたかというかれらの思考の一端を覗いてみたい。

（1）テソソモクの歴史記述

エルナンド・デ・アルバラード・テソソモク（一五三〇年代？～一六〇九年以降、以下テソソモクと表記）は、テノチティトランのメシーカ人の王家直系の子孫で、コルテス到来時の王モテクソマ・ショコヨトルの孫に当たる（Romero Galván, 2003b, pp. 313–317）。この人物がアロンソ・フランコなる人物とともに作成したとされる『クロニカ・メシカヨトル』は、一七世紀初頭にアルファベット表記のナワトル語で書かれたメシーカ王家の歴史である（Romero Galván, 2003a, pp. 143–152）。

コルテスによるメキシコ征服（一五二一年）から九〇年近くが経過し、キリスト教化が急速に進められた後に書かれた『クロニカ・メシカヨトル』において、守護神ウィツィロポチトリの扱いは難しいものとなっていた。征服後もメシーカ人という集団ばかりかその王家の血筋も続いているなか、過去の栄光の歴史を書きとどめるのは必然であった。しかし、キリスト教宣教師たちによってかつての神々は「悪魔」であると宣告されていた。実際、テソソモクもウィツィロポチトリのことを

「偽りの神」、「悪魔《ディアブロ》」[6]などと呼んでいる（Alvarado Tezozómoc, 1992, pp. 12–13, 32）。

当然ながら、メシーカ人の歴史を語るうえで、前節で見た移住譚は欠くことができない重要な一部である。しかし「悪魔」がアストランからテノチティトランまで人々を導いてきたというストーリーはもはや成立しえない。先祖の歴史を無に帰することなく、植民地支配下でメシーカ人という集団のアイデンティティを維持し続けるべく折り合いをつけるのは、次のような解釈であった。

「[……] 神《ディオス》は、かれらがその棲家、その居住地を離れ、ここにやってきて各地へ広がるようお望みになられた。そうすれば、やがて真の光が届き、到達し、定着するからであった。すなわち、スペイン人たちがかれらを訪れてかれらの生活を正し、かれらの心、かれらの魂《アニマス》が救われることになるからであった」（Alvarado Tezozómoc, 1992, pp. 12–13）。

（2）チマルパインの歴史記述

次にドミンゴ・チマルパイン・クアウトレワニツィン（一五七九〜一六六〇?、以下、チマルパインと略記）の例を見ておきたい。かれはメキシコ盆地南東部のチャルコ地方の貴族家系に生まれ、若い頃から長年、メキシコ市の外れに位置するカトリック教会に仕えた（Romero Galván, 2003b, pp. 331–334）。一〇編ほどの記録文書（現在ではまとめて『歴史報告書集』および『日記』と呼ばれている）をアルファベット表記のナワトル語で書き記した。

チマルパインはスペイン人にアクセスが難しい先住民語の情報源に多く触れ、主にメシーカ人や出身地チャルコの先住民の情報を解釈して、キリスト教徒の歴史と矛盾しない先住民史を構築しようとした。かれの歴史記述はキリスト教の神による天地創造から始まる（Chimalpain Cuauhtlehuanitzin 2003a, pp. 14–29）。先に見たメソアメリカの世界観も大きく修正され、中世以来のヨーロッパで一般的だった天動説に基づいた宇宙像が採択されている（Inoue, 2002, pp. 46–47）。

年代記的な記述のなかで、チマルパインは「神の摂理に基づいた時間の流れ」に先住民史を接合しようとする。たとえば、古代チチメカ人が新世界に辿り着いたとする「一・兎」年（西暦五〇年）の出来事は、「我らが主である神《ディオス》が世界を創造なさってから五二四八年」、「ディルビオ〔スペイン語で洪水の意〕と呼ばれる世界の洪水から三〇〇六年」、「世界の中心である大都市《アルテペトル》ローマが建設されてから八〇一年」が経過したときのことと説明される（Chimalpain Cuauhtlehuanitzin, 2003a, pp. 62–63）。また、テソソモクのメシーカ移住の場合と同様、チマルパインもまた、これら古代人が到来したのはキリスト教の神の思し召しであったと位置づけている[7]（Chimalpain Cuauhtlehuanitzin, 2003a, pp. 60–61）。さらに、かれの年代記的記述には、随所でヨーロッパの歴史的出来事が織り込まれ、たとえば、一四八四年には、メキシコ盆地の政治史の記述のあいだに、突如としてスペインにおけるコロンの詳細な動向の叙述が挿入されている（Chimalpain Cuauhtlehuanitzin, 2003b, pp. 156–159）。

だからといって、チマルパインはスペイン人が書く歴史を鵜呑みにし、無批判に受け入れたというわけではなかった。チマルパインが利用したヨーロッパ人側の情報源の一つに、ハインリヒ・マルティン[8]が書いた『天文学およびヌエバ・エスパーニャの自然誌』がある。チマルパインは、スペイン征服以後の歴代総督および副王の記述をする際には同書の一部をほぼ逐語的にナワトル語に訳している。ところが、征服前から征服後にかけてのテノチティトランの歴代統治者に関してはマルティンの叙述とはまったく異なる独自情報を記している[9]（Chimalpahin Quauhtlehuanitzin, 2006, pp. 144–151/Martínez, 1981, 152–155）。同様に、チマルパインはロペス・デ・ゴマラ[10]の『メキシコ征服』（一五五二年、サラゴサ刊）の写本も作成しているが、この写本においてチマルパインはナワトル語の地名や人名、さらにはメキシコでの出来事の記述を事細かに修正している（Schroeder *et al.* 2012）。すなわち、チマルパインは、スペイン植民地支配下の規範に従いつつも、先住民エリートにしか利用できない情報源を用いながら先住民の歴史を独自に書き記し、再構成しようとした。

テソソモクやチマルパインをはじめとする「先住民クロニスタ」たちのこうした試みは、征服後一世紀ほどの間に、旧支配者層であったメキシコ盆地の先住民貴族が自分たちの過去の歴史を抹消することなく新たな規範に接合しようとした知的挑戦であったといえる。スペイン語でスペイン人読者を想定して書かれた歴史書[11]もある一方、かれらはしばしばアルファベット表記のナワトル語で歴史を書き残した。すなわち、先スペイン期の伝統的な歴史的記憶を新たな時代の規範にあわせ、自らの子孫に伝えようとしたのである。

4　世界史研究とメソアメリカ

（1）　メソアメリカ先住民の文化

メソアメリカ人の思想は、ヨーロッパ人による征服後、急激な変容を強いられた。しかしながら、現代先住民村落へ一歩足を踏み入れれば、あるいは現代の民族誌の研究成果を一瞥するだけでも、かれらが押し並べて西洋化してしまったなどという短絡的な評価はまったくあてはまらないことに気づく。現代の村で行われる儀礼や行事が表面上カトリックの暦や形式に則っていても、それを構成する論理やそこで繰り広げられるさまざまな行為には、随所にメソアメリカ的な要素が見え隠れする。

無論、一六世紀前半の征服時と二一世紀初頭の現代先住民を比較し、約五世紀の時間差を超えて単純に結びつけるのには慎重でなければならない。だが、本章で取り上げた植民地時代の先住民エリートの知的営為からもわかるように、その変容の過程はいわばオセロのごとく白が黒に変わるような性質のものではなかった。意識的・無意識的を問わず、メソアメリカ先住民は、カトリック信仰を所与の前提とする新しい規範のなかで、伝統的文化要素を部分的に保持しつつ、強制された新たな要素を積極的に取り入れたり、それらを独自に解釈したりすることで文化的創造を積み重ねてきた。それゆえ、メソアメリカの文化は、ただ過去の遺物として博物館や学術書だけに押し込められるという性質のものではない。長年にわたる試行錯誤や取捨選択の末に現代の人々の生活にまで受け継がれてきた点を無視することはできない。

（2）　世界史研究とメソアメリカ

メソアメリカを含め現代の非西洋地域の先住民文化の生成過程を探るという作業は、とくに西欧に大きく比重を置いた歴史学研究において半ば取り残されてきた。というのも、かつて先住民への眼差しは「植民地化し、文明化（西洋化）させていく対象」という西洋人側の観点に大きく依拠していたためである。しかしここ半世紀ほどの間に、かれらを歴史的主体として見ることが一般化し、メキシコやペルーなどアメリカ大陸の現代先住民文化が形成されてきた歴史的過程を解明しようとする研究の層も厚くなった。

二一世紀初めの現在、日本では新たな世界史のとらえ方を模索しようとの動きがある。そうした動向のなか、西洋に包摂された先住民社会を取り上げてかれらの主体性を拠り所にこれまで主流だった「勝者の歴史」を「敗者の歴史」に書き換える提案をし、過去の西洋中心の歴史記述と正反対のものを強要しても、歴史学的に大きな成果は得られないだろう。抵抗か同化か、拒絶か西洋化かといったような二項対立で単純化してしまうことなく、その「狭間」を詳細かつ丁寧に見ていくことこそが必要と筆者は考える。絡み合った糸を解くような地道な作業ではあるが、これを少しずつ明らかにしていくことで、征服以前の社会についての理解が深まるとともに、植民地支配以降の、ときに複雑な文化生成の過程が解き明かされていくだろう。その作業は、旧大陸中心の文明史観を問い直すと同時に、西洋側から語られることが多かった近代の史的展開について、従来とは違った角度から見直すきっかけとなるのではないだろうか。

注

（1）この安易な混同を「マヤ・アステカ・インカ・シンドローム」と名付けた青山は、それが「四大文明」に重きを置いた世界史教育によって助長され、バランスのとれた文明史観の妨げになっていることを指摘している（青山、二〇〇七、一二～一七頁／青山ほか、二〇一〇、一七頁）。

（2）一八世紀以降に使われ始めた「アステカ人」という用語は学術的正確さを欠くため、本章ではこの表現を避ける。ナワ人とはナワトル語を話す人々の総称で、ナワ人のなかには、テノチティトランのメシーカ人のほか、チャルコ人、アコルワ人、「アステカ王国」の支配下になかったトラスカラ人などさまざまな都市国家を形成した諸集団が含まれる。

（3）メソアメリカ先住民言語では、西洋言語における「緑」と「青」の色の区別は曖昧でしばしば同じ色を指す。

（4）「アステカ王国」とは、実際にはテノチティトラン、テツココ、トラコパンという三つの都市国家（アルテペトル）の連合を指す。この連合は、三都市同盟（Triple Alianza）もしくはエシュカン・トラトロヤン（ナワトル語で「三つの場所の統治」）と呼ばれるが、三都市による統治形態は、メキシコ中央高原においてそれ以前から存在しており、「アステカ王国」もその政治概念を踏襲したものであった。

(5) 直径三メートルを超えるコヨルシャウキの彫刻は、一八世紀に見つかった「太陽の石」(直径約三・七五メートル)、今世紀になってから発見された「トラルテクトリの彫刻」(縦横約四メートル)に次ぐメシーカの石板モニュメントである。

(6) 以下、ナワトル語文中にスペイン語の借用語が使用されている箇所は、ルビもしくはカタカナ表記で示す。

(7) なお、現存する『クロニカ・メシカヨトル』の写本作成者はチマルパイン自身であり、神意に基づく先メシーカ人の先祖の到来というテソソモクの解釈をチマルパインは知ったうえでこのような解釈をしたと考えられる。

(8) ハインリヒ・マルティン(西語名エンリコ・マルティネス)は、一五五〇年代にハンブルクで生まれ、スペインを経由して一五八九年にメキシコに渡った。スペイン王室の天文学者および異端審問所の通訳官を務め、一六三二年に没した。

(9) ツィンマーマン版ではチマルパインの『日記』とマルティネスの著作の重複する部分が併記されている(Chimalpahin Quauhtlehuanitzin, 1965, pp. 80–84)。

(10) フランシスコ・ロペス・デ・ゴマラ(一五一一~一五五九)は、北部スペイン生まれで、若い頃にイタリアに渡った後、征服者コルテスの礼拝堂付き司祭を務めた。新大陸には一度も渡航しなかったが、コルテスらの情報をもとに『インディアス全史』(その第二部が『メキシコ征服』として知られる)を著した(ゴマラ、一九九五、三〇三~三〇五頁)。

(11) 『ヌエバ・エスパーニャの歴史(チチメカ人の歴史)』など、アルバ・イシュトリルショチトルがスペイン語で書いた一連の歴史的著作はその典型例である(Alva Ixtlilxóchitl, 1985)。

参考文献

青山和夫『古代メソアメリカ文明――マヤ・テオティワカン・アステカ』講談社選書メチエ、二〇〇七年。

――『マヤ文明』岩波新書、二〇一二年。

青山和夫・坂井正人・井上幸孝・吉田栄人・多々良穣「日本の歴史教育における先コロンブス期アメリカ大陸史とよりグローバルな『真の世界史』」『考古学研究』第五七巻第三号、二〇一〇年、一五~一九頁。

井上幸孝「アステカ社会における環境利用と自然観――湖の開発、水と山の儀礼」坂井正人・鈴木紀・松本栄次編『朝倉世界地理講座――大地と人間の物語14・ラテンアメリカ』朝倉書店、二〇〇七年、七一~八〇頁。

――「メシーカ人の旅物語――アステカ移住譚の形成と歴史」専修大学人文科学研究所編『移動と定住の文化誌――人はなぜ移動す

るのか』彩流社、二〇一一年、一五～四二頁。

井上幸孝編『メソアメリカを知るための58章』明石書店、二〇一四年。

井関睦美「年を束ねる儀礼――先スペイン期メシーカ人による伝統の解釈と再生産」慶應義塾大学文学部民族学考古学研究室編『時空を超えた対話――三田の考古学』六一書房、二〇〇四年。

――「アステカ王国拡大期におけるコヨルシャウキ女神の図像変化」『古代アメリカ』第一三号、古代アメリカ学会、二〇一〇年、四一～五二頁。

小林致広編『メソアメリカ世界』世界思想社、一九九五年。

ゴマラ（F・ロペス・デ・ゴマラ）『拡がりゆく視圏』清水憲男訳、岩波書店、一九九五年。

関雄二『アンデスの考古学（改訂版）』同成社、二〇一〇年。

平田和重「ベルナルディーノ・デ・サアグンの『対話集』」『ラテンアメリカ・カリブ研究』第七号、二〇〇〇年、四四～五二頁。

ミラー、M.・タウベ、K.『図説マヤ・アステカ神話宗教事典』武井摩利訳、東洋書林、二〇〇〇年。

レオン＝ポルティーヤ、M.『古代のメキシコ人』山崎真次訳、早稲田大学出版部、一九八五年。

レシーノス、A.原訳『マヤ神話――ポポル・ヴフ』林屋永吉訳、中公文庫ＢＩＢＬＩＯ、二〇〇一年。

ロペス＝アウスティン、A.『月のうさぎ――メソアメリカの神話学』篠原愛人・北條ゆかり訳、文化科学高等研究院出版局、一九九四年。

――「メソアメリカの宇宙観（1）」岩崎賢・井上幸孝訳『イベロアメリカ研究』第二三巻一号、上智大学イベロアメリカ研究所、二〇〇一年、七五～九四頁。

――「メソアメリカの宇宙観（2）」井上幸孝・岩崎賢訳『イベロアメリカ研究』第二三巻二号、上智大学イベロアメリカ研究所、二〇〇二年、一一三～一三三頁。

Alva Ixtlilxóchitl, Fernando de, *Obras históricas*, ed. de Edmundo O'Gorman, México: UNAM, 1985, 2 tomos.

Alvarado Tezozómoc, Fernando, *Crónica mexicáyotl*, trad. de Adrián León, México: UNAM, 1992.

Broda, Johanna and Félix Báez-Jorge (coords.), *Cosmovisión, ritual e identidad de los pueblos indígenas de México*, México: CONACULTA/FCE, 2001.

Cervantes, Fernando, *The Devil in the New World: The Impact of Diabolism in New Spain*, New Haven: Yale University Press, 1994.

Chimalpahin Quauhtlehuanitzin, Domingo de San Antón Muñón, *Die Relationen Chimalpahin's zur Geschichte México's. Teil 2: Das*

Jahrhundert nach der Conquista (*1522–1615*), Aztekischer Text herausgegeben von Günter Zimmermann, Hamburg: Cram, de Gruyter, 1965.

———, *Annals of His Time*, Ed. by James Lockhart, Susan Schroeder and Doris Namala, Stanford: Stanford University Press, 2006.

Chimalpain Cuauhtlehuanitzin, Domingo Francisco de San Antón Muñón, *Primera, segunda, cuarta, quinta y sexta relaciones de las Différentes Histoires Originales*, ed. de Josefina García Quintana/Silvia Limón/Miguel Pastrana/Víctor M. Castillo F., México: UNAM, 2003a.

———, *Séptima relación de las Différentes Histoires Originales*, ed. de Josefina García Quintana, México: UNAM, 2003b.

Codex Azcatitlan, Paris: Bibliothèque nationale de France / Société des Américanistes, 1995.

Códice Borbónico, Austria: Akademische Druck- und Verlagsanstald/Madrid: Sociedad Estatal Quinto Centenario/México: FCE, 1991.

Códice Fejeérváry-Mayer, Austria: Akademische Druck- und Verlagsanstald /Madrid: Sociedad Estatal Quinto Centenario/México: FCE, 1994.

Códice Vaticano A, Austria: Akademische Druck- und Verlagsanstald/México: FCE, 1996.

Flannery, Kent V. and Joyce Marcus (ed.), *The Cloud People: Divergent Evolution of the Zapotec and Mixtec Civilizations*, New York: Percheron Press, 2003.

Inoue, Yukitaka, "Visión sobre la historia de un indígena del siglo XVII novohispano: Las *Diferentes historias originales* de Chimalpahin," *Cuadernos CANELA*, vol. 13, Confederación Académica Nipón-Español-Latinoamericana, 2002, pp. 41–52.

Kirchhoff, Paul, Lina Odena Güemes and Luis Reyes García, *Historia tolteca-chichimeca*, México: FCE, 1989.

Klor de Alva, Jorge, "Spiritual Conflict and Accommodation in New Spain: Toward a Typology of Aztec Responses to Christianity," in George A. Collier *et al.* (ed.), *The Inca and Aztec States 1400–1800*, New York: Academic Press, 1982, pp. 345–366.

Levin, Danna and Federico Navarrete (coords.), *Indios, mestizos y españoles. Interculturalidad e historiografía en la Nueva España*, México: UAM/UNAM, 2007.

López Austin, Alfredo, *Tamoanchan y Tlalocan*, México: FCE, 1994.

———, "La religión, la magia y la cosmovisión," en Linda Manzanilla/Leonardo López Luján (coords.), *Historia antigua de México IV: Aspectos fundamentales de la tradición cultural mesoamericana*, México: INAH/UNAM/Miguel Ángel Porrúa, 2001, pp. 227–272.

López Austin, Alfredo and Luis Millones, *Dioses del Norte, dioses del Sur*, México, Era, 2008.

Martínez, Henrico, *Reportorio de los tiempos y historia natural de Nueva España*, ed. facsimilar, México: CONDUMEX, 1981.

Navarrete Linares, Federico, *Los orígenes de los pueblos indígenas del valle de México. Los altépetl y sus historias*, México: UNAM, 2011.

Ochoa, Lorenzo and Gerardo Gutiérrez, "Notas en torno a la cosmogonía y religión de los huaxtecos," *Anales de Antropología*, vol. 33, 2000, pp. 91–163.

Ricard, Robert, *La conquista espiritual de México. Ensayo sobre el apostolado y los métodos misioneros de las órdenes mendicants en la Nueva España, de 1523–1524 a 1572*, México: FCE, 1986.

Romero Galván, José Rubén, *Los privilegios perdidos. Hernando Alvarado Tezozómoc, su tiempo, su nobleza y su*, Crónica mexicana, México: UNAM, 2003a.

——— (coord.), *Historiografía mexicana I: Historiografía novohispana de tradición indígena*, México: UNAM, 2003b.

Sahagún, Bernardino de, *Florentine Codex: General History of the Things of New Spain*, Translated by Arthur J. O. Anderson/Charles E. Dibble, Santa Fe: The School of American Reasearch/The University of Utah, 13 vols., 1953–1981.

Schroeder, Susan, Ann J. Cruz, Cristián Roa-de-la-Carrera and David E. Tavárez (eds.), *Chimalpáhin y La conquista de México. La crónica de Francisco López de Gómara comentada por el historiador nahua*, México: UNAM, 2012.

第11章　サン（ブッシュマン）の世界像

今村　薫

1　カラハリ狩猟採集民サン

（1）　サンという人々

サンは、南部アフリカのカラハリ砂漠に住む狩猟採集民である。ブッシュマンと呼ばれることもある。かれらは現在カラハリ砂漠という乾燥地に限定して暮らしているが、かつては東アフリカから南アフリカにかけて広く居住していたことが、化石人骨、石器、居住跡、岩壁画などの証拠から推測される。かれらは、少なくとも二万年前には、南部アフリカ一帯に住んでいたという。また、最近、遺伝子を分析した研究からも、かれらが最も古くからアフリカに住んでいた人々であることが指摘されている。

南部アフリカには、サンの他にサンとよく似た体型と言語をもつコイコイ（かつてホッテントットと呼ばれた）という民族がいる。サンとコイコイは、ともに舌打ちによく似たクリック子音を交えて話し、言語学的に近縁でありコイサン語族に分類される。また、どちらも小柄でほっそりしており、アフリカ人グループに属してはいるが、皮膚の色が黄褐色で頬骨が高く、アジア人に似た容貌を持つ人も多い。サンとコイコイは同じ起源の人々であったが、サンが狩猟採集生活を続けたのに対し、コイコイは遅くとも二〇〇〇年前には、東アフリカの異民族の影響を受けて家畜を飼うようになったとされる。

かれらは、アフリカ大陸の南半分に広く分布していたが、一五世紀頃までには南下を続けるバントゥ諸族に遭遇して遊動域を狭めた。バントゥとは、サハラ以南のブラック・アフリカに広く分布する大言語集団であり、多くのアフリカの民族がこの集団に分類される。バントゥはナイジェリアからカメルーンにかけてが発祥の地であるが、拡大と移動を繰り返し、一五世紀には南部アフリカに到達してサンとコイコイを北から圧迫した。

さらに一七世紀には、ヨーロッパ人の入植者が南から侵入し、サンとコイコイの土地の収奪や迫害を行った。この過程で、牧畜民であったコイコイは、大半が絶滅したか、あるいは、ケープタウン周辺の混血グループに吸収され、二万人程度がナミビアの一部に残っているにすぎない。

サンは、一時は絶滅したかと思われたのだが、一九世紀になって、宣教師、旅行者、狩猟家などがカラハリ砂漠の奥地にまで踏みこむようになると、次々と生存が確認され、西洋諸国から強い関心を集めるようになった。それは、絶滅したと考えられていた「幻の民」を、宣教師や冒険家が「発見」したことによって、人間の最も原初的な「未開社会」への「文明人」たちの想像力がかきたてられることを意味していた。こうして「惨めで貧しい人々」、あるいは真逆の「高貴なる野蛮人」の世界に、好奇の視線が注がれるようになった。その後、日本人を含めた先進国の研究者によるかれらの社会・文化に関する実証的研究が始まったのは、一九五〇年代になってからであった（コイコイとサンの歴史については田中、二〇〇八を参照）。

人類学者たちによるサン研究にとって大きな転機となったのは、「カラハリ・ディベート」の名で知られる、サンの狩猟採集生活の成立と歴史的背景に関する論争であった。この論争は、一九八〇年代後半に「修正主義」陣営の代表者であるウィルムセンらが、それ以前になされたサン研究の多くを、没歴史的な解釈をしている「伝統主義」として批判することからはじまった（Wilmsen, 1989）。かれらの主張は、外界から孤立した純粋な狩猟採集社会が先史時代から続いてきたという考え方は幻想であり、サンは近隣の多民族を含めた、より大きな政治経済的システムのなかで下層に追いやられた人々の集合にすぎないというものであった。その後、「伝統主義」と呼ばれた研究者らは改めて反駁し、カラハリ・ディベートは今日に至るまで決着はついていない。しかし、この論争は、いかなる狩猟採集社会であっても外部から孤立した社会であったわけではなく、かれらが周辺から直接的、間接的な影響を受けつつ独自の歴史を築いてきたことを浮き彫りにし、人類学のみならず、考古学、歴史学、政治学的研究にも大きな影響を与えた（丸山、二〇一〇、一八頁）。

現在、サンはボツワナ、ナミビア、アンゴラ、南アフリカにまたがって、およそ一〇万人が住んでいると推定される。サンという人々は一九八〇年公開の映画「ブッシュマン」で一躍有名になったが、「ブッシュマン」という名称には「藪のなかの原始人」を意味するという批判もある。かわって使われる「サン」という呼び名は、コイコイによる「他称」であり、しかも「家畜を持たない人」「無宿の浮浪者」という軽蔑をこめた言葉である。しかし、狩猟採集民であるサン全体を表す「自称」がないのが現状であり、苦肉の策として当面は「サン」をカラハリ狩猟採集民全体の名称とするしかない。かれらは、グイ、ガナ、ナロ、ジュントワ、コーといった一〇以上の言語集団からなる。

筆者が調査を行ったボツワナ共和国のカデという集落には、グイとガナという二つの言語グループのサンが住んでいた。グイ語とガナ語は方言程度の違いしかなく、互いのコミュニケーションにまったく困らない。近年はグイとガナの間の婚姻も増えてきた。

（2）　昔の出来事と民話

かれらの社会は、経済的に、社会的に、そして政治的に平等主義を志向するといわれる。貧富の差がほとんどなく、職業などの社会的分業が見られず、政治組織が未発達で首長などの政治的なリーダーがいないからである。このような社会に生きるサンたちは、自分たちの起源や移動、過去におきた重大な出来事などを語り継ぐようなことはなかった。つまり、記録して後世に残すべき「自分たちの物語」をもたなかった。それは第一に、かれらには、他集団に対抗して自分たちのアイデンティティを確立するといった政治的意識がほとんどなかったからある。第二に、サンたちの時間に関する概念が私たちのものとは異なっているからである。かれらに聞き取り調査をしていても、ある事柄が昨日のことなのか、それとも一〇年前のことなのかが判然としないことがある。また、ある老人に昔の狩猟の体験を聞いているときに、急にその話が民話の世界に転換することもある。

しかし、かれらは四世代程度遡った先祖の名前まで知っており、その祖先の行動や性格までを今生きている人のように語ることがある。かれらは、生まれてきた子どもの名前を、その子が母親のお腹のなかにいたときの出来事にちなんでつける習慣があるので、個人の名前はそのまま両親が体験した出来事や個人史を表している。私が長年付き合ってきたグイとガナという言語集団の、グイとはかれらの言葉で「林」を意味し、ガナはある「泉」につけられた地名である。そして、グイ人とガナ人が初めてカラハリ砂漠で出会った出来事は物語として残っている。

この物語は中川（一九九六）によると以下のようである。「キベレ」と呼ばれるバントゥ系の一集団が、殺戮を繰り返しながらガナ人のキャンプ地に接近した。ガナ人たちはマクーケという先導者に率いられて戦いながらその地を逃げ、ムシャケベを先導者とするグイ人たちのキャンプ地である水場までやってきた。ここでガナ人たちはグイ人たちに受け入れられて一緒に住むことになった。

この「キベレ」とは、南部アフリカの民族アマンデベレのことであり、この物語はアマンデベレがボツワナ東部に侵攻した一八三七～三九年の出来事であると推定される（大崎、二〇〇一）。さらにアマンデベレのボツワナ侵攻は、オランダ人などの白人入植者が、勢力をひろげ土地を占拠していったことの影響によるという。

このような、「自民族の記憶」に関する話をかれらが語ることはきわめて珍しい。かれらが語る物語のほとんどは、動物や鳥が人間の言葉を話していた頃の太古の物語、すなわち民話である。かれらの民話に登場するのは、いたずら者の神と、人間と動物たちである。この「神」は、世界の外側にいる絶対神なのではなく、こちら側の世界（人間が認識しうる自然世界と超自然世界からなる）に存在する、他の精霊よりは少しは力を持っている「カミ」である。カミは人間の姿をしたり、動物になったりする。

かれらの世界観は、以上のような物語のなかで語られるほかに、日常生活で実践される儀礼によって伝えられる。この章では、サンの民話や儀礼から、かれらの世界観を描く。かれらの「世界」は、カミ、動物、そして人間から構成される。人間に分類されるのは、年長者と年少者、男と女、そして異民族である。サンの伝統的な生活の概略のあと、カミ、動物、男女、年長者と年少者、異民族の順に、かれらの世界を構成するものを説明したい。そして、サンがなぜ外に向かって自分たちの世界を語らなかったのか、かれらの歴史の始まりを問うことについて考えてみたい。

（3）グイ／ガナの伝統的な暮らしと現在

グイとガナは、一九七九年に井戸が設置されるまでは、伝統的な狩猟採集生活をおくっていた。カラハリ砂漠の年間降雨量は平均して四〇〇ミリ足らずだが、年によって変動が大きい。カラハリ砂漠には氷河時代の降雨の跡である「化石化した川床」はあっても、水が流れる川は現在はない。五カ月の雨季の間に気まぐれのように降る雨は、窪地にたまって池をつくるが、それも数カ月で干上がってしまう。

したがってかれらは、水資源と植物にあわせて、頻繁にキャンプを移動させた。キャンプのメンバーは流動的で、いつでも分裂したり合流したりする。このような離合集散は、食糧資源にあわせて行うこともあれば、喧嘩などの社会的葛藤が原因の場合もある。一つのキャンプを構成するのは、一家族の数人から二〇家族が集まった一〇〇人程度までと幅がある。家族は、夫婦と未婚の子どもたちからなる核家族で、家族ごとに丸い草葺《ぶ》き小屋を建てる。

グイ／ガナの伝統的な生業は狩猟採集である。かれらが食用にする植物は八〇種類以上、動物は四〇種類を超える。採集植物のうちウリ科の野生スイカから得た水分は、飲料用以外にも身体を洗うなどさまざまな用途に使われた。ウリ科の根茎は、食用としてだけでなく、水分を絞り取るための水源として重要である。また、野生の豆はカロリーと栄養素に富む。

かれらは、狩猟で得た肉を親族やキャンプのメンバー全員に徹底的に分配することが知られている。このような食物分配は、肉だけでなく、採集した食物や購入したトウモロコシ粉を料理したものにも及ぶ。かれらは、物だけではなく体験をも分かち合い、ダンスもまた共有の対象である。ダンスに参加しそびれた人は「私にダンスを分けなかった」といって他の人々を非難することがある。

かれらの社会は、貧富の差もなければ、恒久的なリーダーも存在せず、後述するように神の権威も存在しない。かれらは過酷な自然のなかで、ただ「ともに生存するために分かち合う」ことを軸に生きてきたのである。

このようなカラハリの奥地にも近代化の波が押し寄せ、グイとガナも一九八〇年代には、政府によって設置された井戸のまわりに定住するようになった。この定住地には、学校や診療所、法廷、集会所が整備されていた。この定住地は動物保護区の中にあったが、さらに一九九七年に政府によって保護区外へ再移住させられた。

人々は、道路工事や民芸品製作で現金を得るようになり、トウモロコシ粉や紅茶、砂糖、また、石鹸や衣料などの日用品を金銭で購入するようになった。

2　グイ／ガナの創世神話

（1）グイ／ガナの「カミ」

かれらはガマという超越者の存在を信じている。ガマは、この世界を造った創造主であり、人間に悪も善ももたらすという。雨を降らせて野生の動植物を育て、人間を狩りでの成功に導くなどの恵みをもたらすのはガマだが、逆に、太陽で大地を干上がらせ、人々を飢えと渇きで苦しめるのもガマである。

かれらの会話に出てくるガマは、もっぱら悪の部分が強調される。たとえば、「ガマが身体に入って病気になった」「ガマのせいで狩りに失敗した」のように、悪いことが起きれば、それはガマの仕業である。そのために、かつて人類学者はガマを「悪霊」「悪魔」と訳していたことさえある（この経緯については菅原、一九九六を参照）。善悪にかかわらず、人智を超えたこと、あるいは自分の責任にできないことは、すべてガマのせいにされる。

（2）民話のなかのカミ

ガマは、昔話や物語に登場するときは、「ピーシツォワゴ」と呼び名を変える。ピーシツォワゴは、創造神的な性格をもつが、同時に、民話の世界でトリックスターといわれる「いたずら者」の地位を与えられている。たとえば、かれらの居住地を東西に貫く化石化した川床の由来について、「ピーシツォワゴが、狩りの途中に毒蛇に睾丸を咬まれ、痛みにもだえ苦しみながら、睾丸を引きずりながら湖を目指して歩いた跡」と民話は語っている。このピーシツォワゴは、湖にたどりつき、水に飛び込んでワニになったという。

このように、民話に出てくるピーシツォワゴは、人間の姿をしたり、動物になったりする。

また、ピーシツォワゴは人間への罰として太陽をつくり、これに対抗して人間は月をつくったという。この太陽と月の起源について以下のように語られる。

昔、ピーシツォワゴはエランド（羚羊の一種）を一頭飼っていた。エランドをアカシアの林のなかで飼い、アカシアの蜂蜜でエランドを育てていた。

ところがある日、ピーシツォワゴが蜂蜜を採集に行ったすきに、ピーシツォワゴの息子たち（人間）が、そのエランドを食べてしまった。

採集から戻ってきたピーシツォワゴは、エランドが食べられたことに気づき怒った。かれは、解体されたエランドの腸から糞を絞りとり、あたりにまき散らした。同時に、口に水を含んで、その糞に吹きかけた。

すると、その糞は、たくさんのエランドに変わった。

ピーシツォワゴは、さらに、アフリカオオノガンの羽根をとって、それを細枝にひっかけて空高く打ち上げた。その羽根は空にとどまって太陽になり、赤く燃えさかって地上のすべてのものを焼き尽くした。

人々は、悶え苦しみ、砂を掘ってその窪みに身を横たえて熱さをしのいだ。それでもその熱さに耐えきれず、人々は大声で泣き叫んだ。

すると、その叫びは木立になり、人々はその木陰で休むことができた。

そして、夜になった。熱さがおさまったので、人々は家に帰ろうと思ったが、真っ暗で何も見えない。それで人々は、地中からガラー（丸くて白い根茎をつける植物）を土中から掘り出し、空に向かって投げた。

その白い根茎は、空にとどまって月になり、人々の家路を照らした。

カミ（ピーシツォワゴ）は、創造者であり太陽を創った。太陽は、人間への罰としてこの世界に存在する。じっさいグイ／ガナは、太陽をしばしば悪者扱いする。「太陽が、われわれを焼き殺す」とはかれらが日常よく口にする言い回しである。

大切なエランドを人間に殺されたカミは、おおいに怒り、エランドの糞をまき散らした。狩猟動物の腸のなかの糞は、疾病観のところで述べるように、「薬」として用いられるようなマジカルな力を持ったものとされる。

カミは自分の力を人間に誇示するためにエランドを生みだしたが、それは、結果として人間にエランドをもたらす恵みとなった。エランドは、カラハリ砂漠に生息する大型の羚羊である。脂肪が多く、まるまると太った動物であるが、敏捷で跳躍力にすぐれている。エランドは、狩猟の肉として好まれるだけでなく、人間の女性の理想形であり、多産を象徴する。少女が初潮を迎えたときに行う儀礼を「エランド」と呼び、この儀礼で踊るダンスのことも「エランド」という。この民話は、エランドはカミが愛でる動物であることを示している。

また、この民話によると、人間はカミの息子とされ、カミに対抗して木々や月を創り出す力を持っている。ここでも、カミと人間の立場は対等に近い。

（3）現実主義者の死生観

現実的なグイ／ガナの人々は、「死後の世界」というものを想定しない。「亡くなった人はどうなるのか」と尋ねると、「しばらく砂の中に埋もれている。そのうち砂と混ざりあってなくなってしまう」と答えるだけだ。

亡骸は砂に掘った穴に埋め、その穴を埋め戻すときに同じキャンプに住む人々が、砂を一つかみずつ手にとって穴に投げ込む。これが唯一の儀式である。塞いだ穴の上に少し砂を盛り、それをトゲのついた枝で覆うが、これは、動物に死体を荒らされないためである。かれらにとっては、死んだ人のことは、早く忘れ去ることが重要であり、したがって死者の墓を特別なものとして作ることはしないし、それを再び訪れるようなこともけっしてない（田中、一九七八、一八六頁）。

かれらの死生観において、亡くなった人が子孫に禍福をもたらすことはなく、祖先崇拝も行われない。

3　グイ／ガナの自然観

（1）　民話に登場する動物

グイ／ガナの民話を収集した田中によると、民話のほとんどに動物が登場する。「物語のなかの動物たちは、いずれもそれぞれの動物としての特徴をもちながら、つねに人間の姿として登場する。その昔動物と人間は不可分な存在であり、動物が人間と同じ振舞いをするかと思えば、人間もまた知らぬうちに動物になり変わっている」（田中、一九九四、六九頁）。

これらの話は、「トビウサギの前足はなぜ萎えているのか」といった動物の形態や生態を説明するもの、知恵者のウサギが悪の代表であるライオンをやっつけるといったかれらの価値観を投影したものなどである。これらのなかに、「昔はダチョウだけが火を持っていたが、その火をピーシツォワゴ（カミ）がダチョウを騙して手に入れ、人間に分け与えた」という興味深い「始まりの話」もある。

動物の物語だけでなく、実際にブッシュのなかで出くわした動物の生態や行動もさかんに語られる。菅原（二〇〇〇）によると、鳥の鳴き声は、たとえばライオンの接近を人間に知らせる「お告げ」であり、動物の異常な様態は、それを見た人間の近親者の死と結びついた「凶兆」なのである。

次の話題である「儀礼における人間と動物の関係」で詳しく説明するが、かれらは野生動物と人間には相互に感応し、通じ合う回路があると考えているようだ。このような考え方は、ユーラシア北方狩猟採集民において指摘されている「初原的同一性」（煎本、二〇一〇）の概念と共通している。初原的同一性とは、人間と自然との同一性と二元性という二つの矛盾する見方を統合するための説明原理であるという。

アフリカの狩猟採集民であるグイ／ガナも、本来的には同一であった人間と動物が、人間が動物を狩ることで両者の間に区別が生じた。しかしながら、かれらは儀礼や日常生活において、いまだに動物と通じる回路を確保しているのである。

（2）　儀礼のなかの動物

かれらは病気の「治療」や「薬」のことをツォーという。初潮儀礼や結婚のときに行う儀礼などもツォーというので、かれらにとって、治療と儀礼は同義である（儀礼の詳細については、今村〔二〇一〇〕を参照されたい）。

かれらは、成長段階に応じて食べてはいけない動物の肉が決まっている。たとえば、初潮を迎える年齢に達した少女は、クーズーとダイカーの肉を食べてはいけない。そして、初潮が始まると、クーズーとダイカーの肉は食べてもよくなるが、今度はゲムスボック、スティーンボック、ハーテビースト、トビウサギ、ヤマアラシの五種類の動物の肉を食べることが禁じられる。禁じられている肉を食べると、少女が肉に「ナレ」して下痢や嘔吐に襲われるといわれる。

「ナレ」はこの文脈では、「食あたりする」あるいは「酔う」と訳せるが、「感知する」という意味で使う場合もある。たとえば、「ハンターは、罠に獲物がかかっていると、罠を見に行く前から自分の腋が燃えるように熱くなり、獲物をナレする」のように用いる。筆者は、「ナレ」を、より広い意味で「感応する」と解釈している。

この肉食回避の儀礼を支えるかれらの信念は以下のように整理することができる。①野生動物と人間には相互に感応し合う回路がある。②その回路の存在によって、動物と人間は感応しあうが、人間はその成長段階によっては動物の肉に過敏に反応することがある。③この「過剰反応」の治療に、動物の「身体物質（身体、および身体の周辺にある物質）」を使う。

肉食回避の場合は、動物から人間へ一方的に影響力が及んでいるが、次に述べる初潮儀礼においては人間から自然および動物への影響力が強調される。

（3）　初潮儀礼による自然への治療

グイ／ガナの少女は、一五～一六歳になって初潮を迎えた瞬間から、その後「若い女」に成長するまでの長期間（一年から数年間）、さまざまな儀礼行為や禁忌事項を守らなければならない。これらの一連の儀礼および儀礼に付随する行為の全体が、「初潮儀礼」である。

初潮儀礼全体に流れる一大テーマは、「少女の影響力」であろう。儀礼期間中の少女は、人間、動物、自然のすべてに影響を与え、同時に動物と自然から力の行使を受ける。
儀礼中の少女が作った料理は、それを食べた男たちの歯と腹を痛くするといわれ、そのような少女からの悪影響を防ぐための儀礼が行われる。しかしまた、少女は弓矢を「治療」して狩猟での成功をもたらす「良い力」も持っているとされる。その力ゆえに、初潮儀礼中の少女は、矢に「薬」を塗っては次々と矢を放つ儀礼を行う。「薬」とは植物からつくった呪薬である。この儀礼によって、豊猟が約束されるという。

また、儀礼中の少女は野生動物の名前を変えて呼ばなければならない。たとえば、ゲムスボックは「顔に白黒模様のついたもの」、スティーンボックは「小さな足でちょこちょこ歩く」と呼びかえなければならない。もし、少女が本当の動物の名前を口にすると、その動物はすべてナレして（感づいて）ハンターが狩ろうとするずっと以前から逃げてしまう、あるいは逆に人間に襲いかかるという。

一年近くに及ぶ初潮儀礼のうち、もっとも華やかなものは、女性たちが集まって踊る「エランド」である。同じキャンプだけでなく、他のキャンプの女たちも少女を祝福して集まってくる。そして、スカートをめくって大きなお尻を突き出し、臀部と乳房を左右に揺らして誇示しながら踊る。

この踊りには、男性は近づいてはいけないことになっている。しかし、例外的に数人の老人が踊りに加わることがある。老人は、二本のエランドの角に似せた枝を頭につけて女たちの踊りの輪にはいる。これは、一頭のオスのまわりに複数のメスが群れているエランドの様子を描写したものである。

「エランド」を踊っている間は、少女と同じキャンプに住む男たちは決して大型動物の狩りに行かない。少女と動物は通じ合い、男たちは狩りに失敗するからだという。

ここで、再びナレの意味について考察する。ナレ（感応する）という動詞は、初潮儀礼において次のように用いられる。

①儀礼中の少女が動物の名前を口にすると、動物は少女にナレして狂暴になる。したがって、儀礼期間中は、少女は動物の呼び名を変える。

②初潮儀礼中は、動物が少女にナレして人間の動きを察知する。狩りの獲物は逃げ去ってしまう。
③女たちが集まって少女のために初潮儀礼のダンスを踊ってやると、動物は少女にナレして狂暴になり、人間に襲いかかる。

このように、ナレとは、人間と動物が相互に通じ合う回路をもち、その回路によって感応し合うことである。この回路によって、人間は動物をなだめ、動物は人間の世界で起きていることを知るのである。

儀礼期間中の少女は、カミとも交流をもつ。少女が儀礼を守って、経血のついた砂を正しく始末したり、皮の帽子を被りつづけたりすると、カミは雨を降らせ、植物を実らせ、動物を太らせるが、少女が儀礼を怠ると、雨雲は怒って通り過ぎ、カミは狩猟を成功させないという。

初潮儀礼は、思春期の少女の自意識を高め、感受性を鋭敏にし、少女が新しく生まれ変わることを目指している。相互的な「感応しあう」世界において、少女の自然への意識は、そのまま自然から人間への意識として返される。少女の変容は自然からの応答でもある。人々は、少女の感受性を使い、少女の成熟とともに自然が豊穣になることを願っているのである。その意味で、グイ／ガナの初潮儀礼とは、大いなる自然を「治癒」させ、かれらの生活世界を新生させるものなのである。

4　女性と男性

(1)　女　性　観

グイ／ガナ社会における女性の位置づけ、あるいは男性との関係はどのようなものだろうか。一般に狩猟採集社会は、男女の関係は比較的対等だといわれるが、しかし、男性は狩猟によって価値のある肉を獲得し、分配するので社会的に優位であるという意見もある。グイ／ガナでも狩猟は男性の仕事として重要視される。また、「月経中の女は、狩猟道具に触れてはいけない」というタブーが存在する。しかし、これは日本式の「女は穢れているから」という理由によるものではなく、

「月経中の女が触れた弓矢や槍で動物を刺すと、その獲物は、月経中の女のように、出血しながら平気で走って逃げていくから」という、きわめて即物的な理由によるものである。これは、動物と人間は超自然的な回路によって互いに通じ合っているというかれら独特の世界観を表現したものでもある。

また、月経期間中以外は、女性は狩猟道具に触ってもよい。それどころか、狩猟を成功させるための儀礼（おまじない）を行うのはしばしば女性なので、女性が狩猟に積極的に関わっているといえる。初潮儀礼のなかにも「弓矢の治療」という豊猟祈願の儀礼が組み込まれていることは先述したとおりである。狩猟を成功させるマジカルな力を女性が握っているのである。

狩猟採集民については、「男性は狩猟、女性は採集」という相補的な性別分業が強調されがちだが、グイ／ガナでは、男女とも採集を行う。また、女性でも、採集の途中で羚羊の幼獣やウサギを見つければ、持っている掘り棒で撲殺して獲物を狩ることもある。鳥用の罠を仕掛けたり、犬を連れて積極的に狩りを行う女性もいる。罠猟を夫婦で行うこともある。

このように、生業における性別役割分担の程度においても、また、男女の関係においても、男性と女性は相補的であり、かつ対等である。次に述べる「ザーク」という性的関係においても女性と男性は相称である。

（2）　ザーク関係

グイ／ガナは、ザークという婚外性関係をもつことが知られている（Tanaka, 1989）。このザーク関係は、社会的に承認されたものであり、その点でいわゆる「不倫」とは異なる。結婚している夫、あるいは妻が、配偶者の「同意を得て」、他の異性と恋愛および性的関係を結ぶというものである。かれらが理想とするザーク関係は、二組の夫婦が互いのパートナーを交換する、いわゆる夫婦交換である。かれらはこの形態を「大きなザーク」あるいは「小屋を分け合う」と表現する。「大きなザーク」では、二組以上の夫婦が、食物も性も共有し合って核家族を超えた緊密な共同体を形成する。

さまざまな社会では、「婚外の性関係は許されない」と規範をもつ一方で、男性については婚外性関係を容認するというダブルスタンダードである場合が多い。これは、子どもの父親を明確にするために、社会が女性の性をコントロールしているからであろう。しかし、グイ／ガナの社会は、子どもを作った「生理的父親」が複数いてもかまわないという独自の生殖理論とも相まって、女性の性に規制をかけることを放棄している。その結果、性や結婚に関する規範は、男性と女性で相称的になっている。

5　年長者と年少者

（1）「恨み」という疾病

かれらの社会はアフリカのいろいろな民族で見られる年齢階梯などの、組織だった年齢カテゴリーはもたないが、年長者は、年少者に対してある種の力を振るうことができると信じられている。

食物回避を解くときの儀礼において、年長者が自らの手から年少者に食物を与えて食べさせること自体が、タブーであった食べ物を食べるときの「薬」になると考えられている。

また、「恨み」という病気の原因は、年長者から年少者へ向けられた恨みや怒りが原因とされる。若者が、狩猟で得た肉を年長者に分けなかったり、息子が遠くの土地へ働きにいったきり両親に何の連絡もしなかったりした場合、両親や年長者たちが心を痛める。このような年長者たちの恨みや愛着によって、年長者たちの身体は物質化した「恨み」で満たされ、その「恨み」が今度は若年を襲う。「恨みによる病気」の症状は、若者が野生動物に襲われたり、交通事故にあったり、急に心臓病になったり、難産で命を落としそうになるなど多様である。

この病気の治療のために開かれる「恨みの儀礼」では、年長者たちが水で手を洗い、水に「手の汚れ」を溶かしこむ。人間の恨みや執着、すなわち欲望が、身体を「汚れを持っている状態」にするという。この欲望による「汚れ」こそが「恨み」のそもそもの原因である。人々は、病の原因物質である「汚れ」を水に溶かし出すことによって、「汚れ」を「薬」にかえる。次に年長者たちは丸く輪になって立ち、中心に「恨み」の病気に苦しむ若者を立たせる。そして、その「薬」の入った水を若者に降り注ぐ。さらに、若者にその水を飲ませる。このようにして、若者を病気から回復させる。かれらにとって儀礼とは、隠れているもの、潜んでいるものを明らかにしていく過程であり、儀礼そのものが即治療であり、癒しなのである。

「恨み」は、アフリカに広く見られる「呪い」や「邪術」を連想させる。しかし、グイ/ガナの「恨み」は親族内の年長者から年少者へ向けられるものに限定されており、「犠牲者」である若者は決して死ぬことはない。また、「恨み」を仕掛けた「犯人」を追及することもない。これらの点で、「恨み」は呪いや邪術とは異なることを強調しておきたい。

(2)　部族社会以前の社会

グイ/ガナの社会には、超越者であるカミや権威が存在しない。また、かれらの社会では、年長者が優位に立つが、年少者に命令したり支配したりはできない。「恨み」の儀礼でさえも、むしろ年長者の自制によって儀礼が完遂するのである。

アフリカの多くの民族の伝統的社会は、親族集団を核とし、その集団の長老たちが政治的権力をふるう部族社会であった。部族社会では、呪いや邪術は人々に社会的規範を守らせる装置として機能している。

一方、グイ/ガナ社会は部族社会以前の社会である。かれらの社会には権威が存在しないので、制度の内と外、あるいは制度内での善と悪といった範疇に曖昧な部分を残している。かれらは、狩猟採集民として移動し、離合集散を繰り返した限りにおいては、堅牢な制度も、永続性を保証する権威も創出する必要がなかったのである。

6　異民族

グイ/サンの研究者であるシルバーバウアーは、グイがどのように人間をカテゴリー化しているかについて、「自己」を中心とした同心円構造を示した。「自己」から同心円構造の中心部は近親者で占められ、外縁へ向かうにつれて他者たちの疎遠さは増していく。そして最後には人間と非人間とを隔てるホリゾントに行きつくのである（Silberbauer, 1981 : 62）。

このようなカテゴリーの周辺部は、かれらにとっての民族カテゴリーに相当する。つまり、かれらは、「グイあるいはガナ」「カベコ（隣接する別のサンの集団）」「テベ」「白人」そして「人間」と分類している。このなかの「テベ」とは、ボツワナ共和国の多数派であるツワナおよび、ツワナの一支族であるカラハリたちのことである。ツワナとカラハリはバントゥ系民族で農耕と牧畜を行う。「テベ」という民族カテゴリーがグイ／ガナの昔話に出てくるときは、グイ／ガナに隣接して暮らすカラハリを指す場合が多い。

テベは特定のグイやガナと親しくなり、毎年かれらのキャンプを訪ね、グイやガナの娘を妻にすることもあった。グイ／ガナも、親しい関係を結んだ「自分のテベ」の村を訪問することもあった。テベがカラハリ砂漠の内奥までやってきたのは、野生動物の毛皮や肉を求めてのことだった。とくに、ツワナ語でカイキョといわれる「税金」のために、テベはしばしばグイ／ガナの居住地を訪れた。テベはカラハリ砂漠では、グイ／ガナの助けなしには狩猟はおろか生きていくことすらできない。テベは焚火のなかに煙草を投げ入れ、煙草の匂いでサンを呼び寄せたという話も残っている。

かれらの語りに出てくるテベは、いかにも傲慢である。「あるグイの男性は、テベのために毛皮の包みを担いでやってくるが、テベはしばらくグイを無視して座ったままでいる。グイの男性が荷をほどいて毛皮を差し出すと、テベはやっと立ち上がってその男性に水をやる。それからテベはおもむろにグイの男性に煙草を一つかみ渡す」といった語りでかれらとテベの関係を描写する（今村、二〇一〇、一一五頁）。

このような語りのなかで定型的に出てくるのが、テベとグイ／ガナの対照的な態度である。テベはいつも悠然と椅子に腰かけ、グイ／ガナは砂の上に坐っているのである。菅原（一九九八、二二八頁）は「この対比こそ、両者の日頃の優劣関係が身体のありかたのレベルで具現されているといってもよい」と主張している。

また、グイ／ガナはテベの呪術を恐れ、テベに対して根強い不信感を抱いている。テベは、命をも奪う強力な呪いを人々にかけるとされる。たとえば、落雷で人が死ぬと、その後にグイ／ガナの間できまって語られるのは、どのテベが誰に呪いをかけたかということである。

しかし、一方でグイ／ガナはテベに依存している。煙草、砂糖、紅茶などの嗜好品から、槍先や矢尻に使う鉄のような必需品でさえも、テベを通してグイ／ガナが外部世界から手に入れてきたものである。また、グイ／ガナはときおりテベのために仕事をする。獲物の生皮をなめしたり、テベのヤギを世話したり、テベの畑の囲いを灌木で作ってやったりするのである。そして、テベはわずかな報酬をグイ／ガナに与える。

グイ／ガナのテベへの不信、恐れと依存、反発しつつも引き寄せられ依存せざるを得ない心理的・経済的つながり。このような相矛盾する態度は、そのまま現在のボツワナ政府に対するサンたちの政治状況と一致するのである。

7　語られることと語られないこと、語る必要がなかったこと

ヨーロッパ人によるサンの「発見」の歴史からわかるように、「文明人」にとって「未開人」とは先史時代から時間が止まった人、極端に言えば世界観をもたない人々であった。しかし実際は、サンは近隣の多民族を含めた集団間の相互交渉のなかで、現在の世界観と生活型を築いてきたのである。

グイ／ガナたちは、日常的に集まってはよく語らう。その語りの内容は、個人の体験や他人の噂話であったり、雨や動植物など自然についての情報だったり、民話であったり多岐にわたる。とくに、他者に優越することに価値をおかない狩猟採集社会においては、人々は直接的な教示をよしとしないので、小うるさい教訓話とは無縁な、純粋な「物語」を楽しむことに人々は没頭する（Biesele, 1993, 44-45）。語ることの第一の目的は「娯楽」である。

そして、語ることによってかれらの世界観の一部である「動物との回路」「自然やカミへの処し方」が暗喩的に伝えられる。語ることの第二の目的は、世界を自分たちの成員に伝えていくことである。

しかし、語られないまま世代を超えて伝えられることも多い。かれらは儀礼や日常の実践を通して、世界観や人間観を伝えていく。かれらが生きる世界には権威が存在せず、男女の関係も対等である。そしてかれらはカミの存在を認めつつも、通常はきわめて現実主義的である。たんたんと目の前の現実に対処して生を切り開いていく。生き延びるために食料や行為、情報を人々と共有する。

誰が何のために誰に向かって語るのか、これが歴史を問うことの始まりであろう。サンは権威を中心に凝集した社会を組

織してこなかったので、自集団への強い帰属意識を形成してこなかった。その結果、自集団に対峙する他集団、他民族というものが存在しなかった。かれらは、声高に自らを語らなければならない他者というものをもたない社会を維持してきたのである。

参考文献

今村薫『砂漠に生きる女たち――カラハリ狩猟採集民の日常と儀礼』どうぶつ社、二〇一〇年。

煎本孝「人類の進化と北方適応」（特集：人類史の空間論的再構築――移動、出会い、コンフリクト）『文化人類学』第七四巻第四号、二〇一〇年、五四一～五六五頁。

大崎雅一「セントラル・カラハリ年代記」田中二郎編『カラハリ狩猟採集民――過去と現在』京都大学学術出版会、二〇〇一年、七一～一一四頁。

菅原和孝「狩猟採集民の宗教的世界と自然観――アフリカ南部グイ・ブッシュマンの社会より」有福孝岳編『現代における人間と宗教――何故に人間は宗教を求めるのか』京都大学学術出版会、一九九六年、二九～五九頁。

――『語る身体の民族誌――ブッシュマンの生活世界（1）』京都大学学術出版会、一九九八年。

――「ブッシュマンの民族動物学」松井健編『自然観の人類学』榕樹書林、二〇〇〇年、一五九～二一〇頁。

田中二郎『ブッシュマン――生態人類学的研究』思索社、一九七一年。

――『砂漠の狩人――人類始源の姿を求めて』中央公論社、一九七八年。

――『最後の狩猟採集民――歴史の流れとブッシュマン』どうぶつ社、一九九四年。

――『ブッシュマン、永遠に。――変容を迫られるアフリカの狩猟採集民』昭和堂、二〇〇八年。

中川裕「言語芸術と民族誌――グイクエ＝ブッシュマンの詩学」田中二郎・掛谷誠・市川光雄・太田至編著『続自然社会の人類学――変貌するアフリカ』アカデミア出版会、一九九六年、八一～一一六頁。

丸山淳子『変化を生きぬくブッシュマン――開発政策と先住民運動のはざまで』世界思想社、二〇一〇年。

Biesele, Megan, *Women Like Meat: The Folklore and foraging ideology of the Kalahari Ju/'oan*, Bloomongton and Indianapolis: Witwatersrand University Press, 1993.

Silberbauer, G. B., *Hunter and Habitat in the Central Kalahari Desert*, Cambridge: Cambridge University Press, 1981.
Tanaka, J. "Social Integration of the San Society from the Viewpoint of Sexual Relationships", *African Study Monographs*, 9 (3): 55–64.
Wilmsen, E. N., *Land Filled with Flies: Political Economy of the Kalahari*, Chicago: University of Chicago Press, 1989.

第Ⅱ部　近現代の世界史

第12章　啓蒙主義の世界(史)観

弓削尚子

1　バロックの宮殿に描かれた世界

ドイツ南部に位置するマイン河畔の都市ヴュルツブルクに、ドイツ・バロックを代表する建造物、ヴュルツブルク宮殿（レジデンツ）がある。一九八一年に世界遺産に登録されたこの建物の「階段の間」の天井には、約六〇〇平方メートルの巨大なフレスコ画が描かれており、訪れる者を圧倒する。イタリア・ヴェネツィアの画家ジョヴァンニ・バッティスタ・ティエポロ（一六九六〜一七七〇）がヴュルツブルクの司教で領主のカール・フィリップ・フォン・グライフェンクラウに招聘され一七五三年に完成させた。フレスコ画は、グライフェンクラウの栄光が「世界の四大陸」におよび、世界中から敬意を表されているという趣旨で描かれたのだが、現代ここを訪れる者にとっては、一八世紀半ばの世界イメージを伝える稀有な図像史料である。

階段を上り始めた訪問者が最初に目にするのは、「アメリカ」のモチーフである。中心に描かれているのは、上半身裸で右足を腿《もも》からあらわにしたネイティブ・アメリカンの女性である。大陸の寓意を女性像で表するのはよくある手法で、一説には大陸や土地を意味するラテン語 Terra が女性形であるためだといわれている。「アメリカ」の女性は、頭に色とりどりの羽飾りをつけ、ワニに勇ましくまたがっている。後方にはヨーロッパ風の衣装をまとったネイティブの男性がカカオ飲料

図12－1　ヴュルツブルク宮殿「階段の間」

出所：Krückmann, P. O., *Heaven on Earth Tiepolo*, München 1996.

の入った器を持ち、その脇には上半身裸の男性がサトウキビの束を抱えている。女性の前方には、花や果実が盛られた「豊穣の角」が描かれ、「アメリカ」が肥沃な大陸であることを示している。他方、右側前方には人間の頭部がいくつか転がり、その横では肉が焼かれるというカニバリズムの光景を認めることができる。空には暗雲が立ち込め、全体的にやや暗い印象を受ける。

階段を踊り場で折り返すと、「アフリカ」と「アジア」が左右にそれぞれ描かれている。「アフリカ」の中心にあるのは、ラクダに乗ったアフリカ人女性で、「アメリカ」の女性と同じく乳房をあらわにしている。頭から胸元にかけられたスカーフとスカートの白が彼女の漆黒の肌に映えてまぶしい。彼女の足元には、重要な交易品の象牙が置かれている。前方左には、羽根がヨーロッパの宮廷で重宝された駝鳥《だちょう》が描かれ、その横ではエジプトの商人たちだろうか、船の積み荷をチェックしている。前方右側の隅にはナイル川の神である髭をたくわえた老人が座っている。

「アジア」の中心は、ターバンを巻き、鮮やかな青の衣服で全身を包んだ女性である。象に乗る姿は躍動的で、スカートから片足がはだけて見えている。象の鼻の先が奇妙な形をしており、牙のはえぎわも不自然だ。画家のティエポロは実物の象を見たことがなく、ムガル帝国に関する旅行記などをもとにそれらしく描いたようである。左端に描かれた雌トラも、腹部に人間の女性の乳房のようなものが四つ描かれて奇妙である。「アジア」の女性の足元には、両手首をつなぎとめられた裸の男が横たわっている。アリストテレスによって言及され、モンテスキューが『法の精神』で指摘した「アジア的専制」の暗喩なのだろう。その一方で、アジアが文明の揺籃地であったことが右側に示されている。アルメニアのアルファベットと思われる文字が刻まれたブロックが置かれ、後方にはキリストが十字架刑に処されたカルバリの丘が描かれている。

さらに階段を上り、訪問者の正面に現れるのが「ヨーロッパ」である。ティエポロは「ヨーロッパ」が、「階段の間」において窓から光が差し込む最も明るい位置に描かれることを意図していた。黄金の刺繍《ししゅう》が施された壮麗なドレスをまとい、落ち着いた面持ちのヨーロッパ人女性が玉座に半ば横たわっている。彼女の豪華な衣装はヨーロッパの富を表し、描かれた建造物は高度な技術を示している。彼女は「アメリカ」「アフリカ」「アジア」の女性たちとは異なり、動物にまたがることはなく、どこかを目指して移動するわけでもない。彼女がいるところ、そこが目的地である。彼女の上方には、この宮殿の主人であるグライフェンクラウの肖像画が掲げられている。「ヨーロッパ」の女性の右側には肉付きのよい牛が描かれ、農耕・酪農の民を暗示している。牛の前には大きな地球儀が置かれ、パレットを手にした画家が世界各地の「ヨーロッパ」の征服地を赤く塗っている。画家は上を見上げてグライフェンクラウに視線を投じている。「ヨーロッパ」の女性の左後方にはカトリック司祭の帽子や十字架のついた装具が見えるが、前面に描かれているのは、彼女のために音楽を奏でる楽団や大砲にまたがった将校、本に没頭する哲学者らの姿である。ヨーロッパの豊かな学芸や技術こそ文明の証ということなのであろう[1]。

「啓蒙の世紀」と呼ばれるヨーロッパ一八世紀においては、世紀半ばまで世界は四つの大陸からなっていた。ティエポロがヴュルツブルクを去った後、ヨーロッパの啓蒙の光はようやく最遠隔地にある南太平洋諸島を照らし出し、南洋諸島やオーストラリア大陸の輪郭を明らかにしていった。古代ギリシア以来、北半球にある大陸とバランスをとるべく、南半球には巨大な「南方大陸《テラ・アウストラーリア》」があるという神話は、イギリスの学術探検家ジェイムズ・クックの第二回航海（一七七二〜七五年）によって終止符が打たれた。一五世紀末の「新大陸発見」はヨーロッパのキリスト教的世界観を根底から揺るがしたが、「啓蒙の世紀」における「第五の大陸の発見」は、キリスト教的世界観の「合理性」にさらなるダメージを与え、人々を新たな世界観へと導いた。ティエポロのフレスコ画では、ヨーロッパにおけるキリスト教のモチーフは後景に退き、四大陸の天頂に描かれているのは、古代ギリシアの最高神アポロンであって、救世主キリストではない。アポロンは、「フォイボス（光り輝く者）」とも呼ばれ、太陽神と同一視される。ヴュルツブルク宮殿の訪問者は、階段を上りながら、「アメリカ」から「アフリカ」「アジア」「ヨーロッパ」へ、闇から光へ、すなわち「未開」から「文明」へと歩みを進めることになる。ワニにまたがったアメリカ女性、ラクダに乗ったアフリカ女性、象で移動するアジア女性はすべて片手を掲げ、進むべき方向を示している。彼女たちの目的地は、ヨーロッパにほかならない。この宮殿の「階段の間」は、人類の進歩を信念とする啓蒙の世界観を表した空間芸術なのである。

実際に、一八世紀半ばを過ぎると、ヨーロッパ各地の啓蒙思想家たちは進歩史観に基づく世界の歴史や人類の歴史を書くようになった。その序章には、アダムとイヴの物語も、ノアの大洪水への言及もない。代わって、世界各地に関する新たな情報を資料として、人類の「自然状態」や「いまだ啓蒙されていない状態」が「人類の歴史の始まり」と見なされるようになった。本章では、このような啓蒙主義の世界観、および世界史観について考えてみたい。

まず、一八世紀の地理学上の「発見」をおさえ、「啓蒙の世紀」の世界イメージを概観するとともに（第**2**節）、こうした世界各地に関する新たな情報を受けて、一五世紀末のアメリカ大陸「発見」以降、くすぶっていたキリスト教的世界史観への疑義と世俗化された新たな歴史叙述について考察する（第**3**節）。そして最後に、二一世紀のグローバル世界を生きるわれわれが探究する「新しい世界史」への示唆を引き出すために、啓蒙主義の世界史観の可能性と限界に踏み込んでみたい（第**4**・**5**節）。

2　啓蒙の世界観

（1）　世界を照らす啓蒙の光

「啓蒙の世紀」は一七世紀末のイギリスから始まるというのが、多くの歴史家たちの間で一致した見解である。絶対時空間の概念や普遍的な力学理論体系を構築したアイザック・ニュートンの主著『プリンキピア』（一六八七年）が刊行され、神を理性的に解釈しなおそうとする理神論や、人間には生まれながらの権利があるとする自然権思想の礎となったジョン・ロックの『人間悟性論』と『統治二論』（ともに一六九〇年）が世に出た。啓蒙主義はやがてスコットランド、フランス、ドイツ語圏などにいくつかの拠点をもちながら、広くヨーロッパ一八世紀を覆いつくす思潮となった。啓蒙思想家たちの知的ネットワークは国境を軽々と越えて紡がれ、啓蒙主義に感銘を受けた君主の開明的な政治政策も展開された。他方、啓蒙主義によって研ぎ澄まされた批判の精神と理性の重視は、理不尽な宗教教義に疑いをもたらし、科学技術を発展させるとともに、中世的な経済体系や専制的な統治権力を打破する革命の原動力ともなった。(2)

地球規模の視野に立つと、「啓蒙のヨーロッパ」の成立には、その外的要因も看過することはできない。長期の旅に耐えうる航海技術の発達によって、この世紀には多くの探検旅行が企画された。雑誌メディアや書籍数が増大するなかで、世界各地の「発見」に関する最新情報が雑誌記事として読者に迅速に伝えられ、旅行記は重要なジャンルとなっていった。こうした過程において、啓蒙の光を投じるヨーロッパと、その光に照らし出される非ヨーロッパという主体・客体の二項軸が固定され、知の権力をもつ「啓蒙のヨーロッパ」という自負が、旅行家たちにも、旅行記を手にする読者たちにも芽生えていった。

この時代の主な探検旅行を概観しておこう。(3)ティエポロの「アメリカ」にはワニ、カカオ、サトウキビなどが描かれている。ワニが生息するアマゾン川流域を有していたのは、南米大陸に広大な植民地帝国をもつスペインとポルトガルであった。しかし、残酷なコンキスタドールの古傷を有する両国は、地理的にも実質的にも「啓蒙のヨーロッパ」の周縁に位置し、領土内の学術的探査を積極的に推進するパトロンではなかった。むしろ、北米大陸やカリブ諸島で探検と入植を競っていたイギリスやフランスから、博物学者兼探検家という多くの「闖入者《ちんにゅうしゃ》」が南米大陸に上陸した。カカオについては、博物学の厖大な収集家で、後に大英博物館の設立に貢献した医師のハンス・スローン卿が注目し、ミルクと砂糖とを調合して「健胃剤」としてロンドンで販売した。ディドロとダランベール編集の『百科全書』における「アメリカ」の項目をみると、砂糖、タバコ、インディゴのほか、梅毒の治療薬であるユソウボクなども重要な貿易品として挙げられている。一九世紀への転換期には、ドイツ人のアレクサンダー・フォン・フンボルトが中南米を旅して、自然地理学的、人類学的な「発見」を数々行い、「ドイツのコロンブス」と英雄視された。

アフリカについては、西アフリカ海岸に奴隷貿易の拠点があり、ヨーロッパ人の姿が見られたが、奴隷供給地である大陸内部へと踏み入ることはなかった。ティエポロのアフリカイメージも、古来より知られている地中海沿岸の北アフリカにとどまる。とはいえ、フランスのミシェル・アダンソンのような博物学者がセネガルの動植物や鉱物を研究し、その成果を

『セネガル博物誌』（一七五七年）としてまとめたり、一七世紀中葉からオランダの入植地であった南アフリカに関して、ドイツのペーター・コルプが学術研究を行い、『喜望峰旅行記』（一七一九年）を発表していた。コルプの旅行記の影響力は大きく、「ホッテントット」と称される先住民、コイコイ族の身体的特徴や風俗習慣に関する情報は、ヨーロッパ人とかけ離れた「珍奇なもの」として注目された。コルプによって紹介された女性の乳房や陰部の特殊な形態については、リンネをはじめとした（男性）博物学者の興味をそそり、「無数の本や論文のテーマとなり、猥褻《わいせつ》で俗受けする科学的話題となった」(Schiebinger, 1993, pp. 160–172)。

アジアに関しては、ティエポロがヴュルツブルクの宮殿でフレスコ画を描き始める前に、地理学上の大きな「発見」がなされていた。ベーリングがシベリアへ二回にわたる学術旅行を行い、アリューシャン列島やアラスカに到着。これにより、アジア大陸とアメリカ大陸が海峡によって分離していることが明らかにされた。ロシアは、自国の広大な領土の調査を熱心に行い、国籍を問わず多くの学術旅行者を雇って派遣した。とくにカムチャツカの「未開民族」は、啓蒙思想家の関心を引いた。他方、中国については、布教活動に携わったイエズス会士の情報がすでに蓄積されており、その歴史や法制度、道徳に関してはキリスト教社会を相対的にとらえるための貴重な材料になっていた。キリスト教的価値観の相対化とアジアに関する学術研究という点でいえば、エジプト、アラビア、シリアなどに滞在したカーステン・ニーブールの旅行が重要である。かれがシナイ山を調査したのは、聖書文献学の検証のためであった。主にイギリスで行われたコーラン研究や、ウィリアム・ジョーンズによるインド学の創始とともに、ヨーロッパにおける東洋学が芽生えていった。

ティエポロが描かなかった南太平洋世界へと移ろう。ヨーロッパ一八世紀の「新世界」とは、太平洋世界と「第五の大陸」としてのオーストラリア大陸であった(4)。地球総面積の約三分の一を占める太平洋に、これまでにない数のヨーロッパ船が現れ、大海に点在する島々の地理や民族、風習が調査された。「太平洋」と命名したマガリャンイス（マゼラン）を送り出したポルトガルやスペインの勢力はここでも衰えており、オランダに続き、イギリスとフランスの探検競争が繰り広げられていた。タヒチ島を例に取れば、一七六七年にイギリスの太平洋探検の一環としてサミュエル・ウォリスがヨーロッパ人として初めて来航し、翌年にはフランスのブーガンヴィル、翌々年には第一回世界周航中のクックが上陸した。

アメリカの「発見」が、一五世紀末以降、時間をかけて認知されていったのに比して、一八世紀の「新世界」はほぼ同時期にその情報がヨーロッパの読者に届いた。ブーガンヴィルやクックの旅行記はすぐに刊行され、週刊や月刊の啓蒙雑誌に掲載される書評や旅行記事がさらに多くの読者の関心を喚起した。温和な気候、息を呑むほどの美しい景観、豊かな自然の恵みに食べる物にも困らず、わずかな労働で幸福に暮らす人々。長い航海の末にたどり着いたヨーロッパ人旅行者にとって、南洋諸島は古代のアルカディアを連想させた。とくにどの旅行記にも驚きをもって紹介されているのが、性的タブーを知らない女性たちである（Williams, 2006）。ティエポロが第五の大陸について知り、「第五の女性」を描くとしたら、天国のようなアルカディアを背景に、美しい姿態を披露しながら官能的に踊り、ヨーロッパ人の添い寝の相手となることをためらわない「歓待の女神」であったかもしれない。ヨーロッパの探検家たちは、妻や娘を提供する男性に批判の視線を投じつつ、結婚や夫婦という概念が、ここではまったく異なると悟った。かれらの旅行記には、「自然民族」の開放的なセクシュアリティに好奇心を抱くことと、自らを「文明化された民族」と認識してかれらの道徳的欠如を断じることがともに綴られている。

（2）　啓蒙主義と植民地主義

こうして啓蒙期には文字通り世界が広がった。この新たな世界観は、啓蒙の光が投じられた非ヨーロッパ世界にとってはどのような意味をもつのだろうか。

現代ドイツの歴史家J・オスターハンメルは、一八世紀の植民地主義を、スペイン統治下のアメリカ大陸、イギリス統治下のインド、オランダ統治下のバタヴィアという三つの世界に見ることができるとするものの、一八世紀の世界全体を見渡すと、ヨーロッパと非ヨーロッパの対立関係や優劣関係、攻守関係は明確ではなく、「それゆえ一八世紀の純粋な世界史は、一つではなく、脱中心的なものでありえるし、またそうでなければならない」と述べている（Osterhammel, 2006, S. 22）。

たしかに「啓蒙のヨーロッパ」が抱いた世界イメージは、一九世紀末の帝国主義のヨーロッパが描いた世界イメージとは異なるといえるかもしれない。世界の五分の四にあたる地域が列強諸国によって支配され、植民地側との対立が激化する構図は、「啓蒙の世紀」には予想しえなかった。I・カント（一七二四～一八〇四）は、「永遠平和のために」（一七九五年）という論稿で次のように述べている。

> 地球の表面は球面で、人間はこの地表を無限に分散していくことはできず、結局は並存して互いに忍耐しあわなければならないが、しかし人間はもともと誰一人として、地上のある場所にいることについて、他人よりも多くの権利を有しているわけではない（Kant, 1795, S. 358）。

カントは、「外来者の権限は、先住民との交際を試みることを可能にする諸条件を越えてまで拡張されはしない」とし、植民地主義的発想を否定している。そして、「このように遠隔の諸大陸も互いに平和な関係を結び、この関係はついには公けで法的なものとなり、結局は人類を世界市民的体制へと次第に近づけることができるのである」と世界の永久平和の手立てを論じる。

だが、啓蒙主義は理念としてコスモポリタニズムを謳うことができた一方、世界全体を知的領有の対象とし、ヨーロッパの知による支配を整えていった。カントが大学で最も長く講じ、聴講者たちの人気を博したのは、地球規模で自然や人間について考察する「自然地理学」や「人間学／人類学《アントロポロギー》」であった。人類の多様性については、「人種」という分類概念にも着目している。オスターハンメルは、一八世紀には、ヨーロッパとは無関係に、世界各地の歴史がまだ独立して語られていたと考えるが、「啓蒙のヨーロッパ」をヨーロッパのドメスティックでローカルな歴史に収めてしまうのは、啓蒙主義の全体像を見誤ることになる。啓蒙主義を植民地主義から免罪することは難しい。「啓蒙のヨーロッパ」は、進歩の頂点に立っているという自意識をはぐくみ、植民地主義へとつながる世界観および歴史観を形作っていった。以下、この点について考えていこう。

3　啓蒙の歴史観——自然史・世界史・人類史

（1）脱キリスト教史観

神による天地創造からすべての歴史が始まるというキリスト教史観は、「普遍史」と定義され、中世以来、長きにわたってヨーロッパにおける歴史観を支配していた。最初の人類であるアダムが登場し、イヴがかれの肋骨からつくられる。その後、ノアの時代になると、地上の生きとし生けるものは大洪水を経験する。ノアと三人の息子のセム、ハム、ヤペテ、それにそれぞれの配偶者と動物、鳥、「地を這うもの」が箱舟に乗り、洪水の後、「全世界の人々はかれらから出て広がった」。セムからは古代世界で活躍したアッシリア、アラビア、ヘブル、アラムなどのアジアの諸民族が生まれ、ハムはアフリカの諸民族の祖となり、ヤペテの子孫たちはヨーロッパに定住していったとされる。

こうした聖書の記述に基づく世界史観が、世俗的な世界史観へと転換を遂げるのが「啓蒙の世紀」であった。「歴史学の宗教からの解放」が進み、普遍史はしだいに衰退していった。[5] もっとも、そのプロセスは一八世紀以前からゆっくりと進行していた。とりわけ三つの要因がキリスト教史観との折り合いに苦しんでいた。「発見」されたアメリカ大陸の問題、エジプト文明の古さの問題、そして中国文明の古さの問題である。

一五世紀末に、コロンブスによってアメリカが「発見」された。第四の大陸が「新世界」と見なされるゆえんは、それが聖書世界とは別のルーツをもつものであり、アメリカ人を、セム、ハム、ヤペテのいずれの子孫ととらえるべきか、神学的に新しい課題が突きつけられたのである。

また、聖書に基づく歴史観、世界観は、エジプトや中国の悠久の歴史を前にして揺るがざるを得なかった。ルネサンス期にヨーロッパで復権したヘロドトスの『歴史』が伝えるのは、エジプト文明の高い評価とともに、一万年以上も遡ることのできるこの文明の古さであった。それは、天地創造が六〇〇〇～八〇〇〇年前に起こったとするカトリック的普遍史とは真っ向から対立する「史実」である。加えて、神話や物語性をもたず、連綿と記録されてきた中国の歴史がイエズス会士によってヨーロッパに報告されると、聖書に基づく歴史観はさらに揺らぐことになった。中国王朝の始まりは、ノアの大洪水以前の年代に設定されるからである。

しかし、キリスト教的世界観や人間観は、神学的権威が絶大である限り、一七世紀の半ばにおいても厳然としていた。フランスのユグノーであるラ・ペレール（一五九六～一六七六）は、『プレ・アダム人』（一六五五年）という著作をものして、ネイティブ・アメリカンの起源に納得のいく解釈をさぐろうとしたが、このスキャンダラスな本は即刻、発行禁止、ラ・ペレールは囚われ、ローマ教皇の元へ送られた。かれは、旧約聖書がヘブライ＝ユダヤ人の歴史を扱っているにすぎず、ユダヤ人の祖先であるアダムとは別に、かれ以前に「プレ・アダム人」が誕生していたと考えた。ネイティブ・アメリカンやカルデア人、エジプト人など「何千世紀も前」からの歴史をもつ民族は、この「プレ・アダム人」の末裔であり、ノアの大洪水の被害をこうむることなく存続したという（Livingstone, 2008, pp. 26-51／岡崎、二〇〇〇、五二～五六頁）。ノアの大洪水が世界を覆ったわけではないと考えたのは、オランダ人の歴史家Ｉ・フォシウスも同じであった。かれは『世界の真の年齢について』（一六五九年）において、中国の歴史は大洪水の年代より前に遡るにもかかわらず、その記録は中国に残っていない、よって、大洪水は全世界的ではなく局地的なものであり、ユダヤ史の内部で起きた一小事件にすぎなかったとする（岡崎、一九九六、一五二～一五四頁）。

「啓蒙の世紀」に入ると、普遍史への疑義はもはや止めることができなくなる。それは、世界各地に生きる多様な民族に関する情報が蓄積され、第五の大陸を含む地理学上の「発見」が行われたばかりではない。今日、言うところの地球物理学や気象学的発想が生まれ、自然科学的な時間の観念の広がりと共有が関係していた。たとえば、四〇日間の雨が地球全体に降り続けることの科学的証明は困難であり、その雨量が地上の山脈を覆ってしまうことも物理学的には不可能であった。また、聖書文献学者による計算では、天地創造は地球元年として地球の年齢は一万年にも満たないのだが、フランスの博物学者ビュフォンは、代表作『自然誌』のなかで地球の歴史を七万五〇〇〇年とし、他の博物学者たちも地質学的観点から神学上の数値に異論を唱えた（岡崎、二〇〇〇、四二～五〇頁・二〇一三、六五～八〇頁）。

ところで、ビュフォンはこの時代の博物学を牽引した人物の一人であるが、「博物学」とは histoire naturelle, nature history, Naturgeschichte と表現され、「自然史」あるいは「自然誌」とも訳される。この時代、宗教から解放されたのは歴史学だけではなかった（村上、二〇〇二）。地球の成り立ちや人間をも含む動植物の自然の体系を、神学的権威から離れて解明しようという試みが、「啓蒙の世紀」に生きる人々の共感を得て広がった。先述したスローン、フンボルト、アダンソン、コルプ、ベーリング、ニーブールらは、非ヨーロッパ世界に自ら冒険して探査した「旅する博物学者」であった。世界の民族を神学的座標軸でとらえるのではなく、肌の色や頭髪、頭蓋骨の形態など生物学的指標を開発して分類する「人種」という概念も生まれた。先にカントの「人種」への関心にふれたが、ドイツ語圏の啓蒙主義の中心地であるゲッティンゲンでは、医学部教授のフリードリヒ・ブルーメンバッハ（一七五二～一八四〇）が人類は五つの「人種」に区分されるとし、「人種学」の礎をしいた。こうした人類の「科学的分類」は、古代ギリシアの彫刻に見られるような「最も美しい白人種」を頂点とする「人種秩序」を提示した。同じように、宗教から解放された「科学的世界史」もまた、「啓蒙のヨーロッパ」を人類の歴史の最上位と見なした。ヴュルツブルク宮殿の「階段の間」では、「アメリカ」から「アフリカ」「アジア」そして「ヨーロッパ」へと光を獲得していく。その光源は、天頂に描かれた「絶世の美男子」アポロンである。

（2）世界史あるいは人類史

キリスト教的な普遍史に代わって、世界の諸民族を対象に、そのルーツから発展の経緯をさぐる「世界史」、あるいは「人類史」を書くという試みが、一八世紀半ばから多く見られるようになった。それはときに、歴史哲学という概念とともに登場した。人類が歩んできた歴史は、単なる偶発的事件や無秩序な時間の集積ではなく、なんらかの目的をともなって必然的に展開する。歴史哲学はこのような認識のもと、歴史の主導理念を追究するもので、「啓蒙の世紀」においては、それが文明化、啓蒙化のプロセス、あるいは進歩といった概念に見いだされた。

ヴォルテール（一六九四～一七七八）の『歴史哲学』は、地球の地質学的変遷の検討から始まる。続いて、「この世界のなかでよく知られた四つの地域［アメリカ、アフリカ、アジア、ヨーロッパ］に住んでいる、人間の種類に見られる著しい差異」を扱う「さまざまな人種」という章を経て、古代における諸民族の霊魂や宗教、慣習や感情を取り上げ、「未開人」、「アメリカ」へと進む。そしてヴォルテールが「最も古く文明開化した民族」と考えるカルデア人、インド人、中国人の「アジア」へと移り、その後、エジプト人、ギリシア人、ユダヤ人、最後にローマ人の考察へとつなげていく。キリスト教中心史観の独断を糾弾するヴォルテールは、「聖典は道徳を教えるためのものであり、自然科学を教えるために作られたのではない」と断言し、聖書年代記を荒唐無稽とまで裁断している。本書は、後に『諸国民の習俗と精神についての試論』（一七六九年）の冒頭に組み込まれ、カール大帝からルイ一五世治下の「現在」までのいわゆるヨーロッパ史の前史に位置づけられる。地球の成立から未開人、非ヨーロッパ世界の諸民族を経てヨーロッパの歴史をとらえるのが、ヴォルテールの世界史叙述の流れである。

J－J・ルソー（一七一二～七八）の『人間不平等起原論』（一七五五年）もまた、キリスト教史観に束縛されず、人類が「自然状態」から「社会状態」へと移行する過程を描いた人類史と見なすことができる。人間の「自然状態」については、カリブ諸島やアメリカ大陸の旅行記を参考に論じており、「社会状態」に達したヨーロッパ人は、こうした非ヨーロッパ諸民族を「過去」に生きるものとして認識するという。しかしルソーは、アメリカ諸部族のような人類史の初期にあることを否定的にとらえるのではない。かれにとって「自然状態」とは、不平等の原因となる進歩の概念を知らない「幸福な状態」である。人間は、所有の観念が生まれ、富や権力が発生する社会状態になると、「徳なき名誉、知恵なき理性、幸福なき快楽」を求めるだけの堕落した存在になってしまう。たしかに、遊牧や狩猟生活から、鉄と農業の時代、そして専制政治の時代へ、こうした生産活動とそれにともなう権力や社会制度の発展は、人間の幸福の度合いが増大することをなんら保証するものではない。

ルソーは現実のフランス絶対王政の時代にあって、その道徳的退廃を嘆き、ヨーロッパ文明批判をこの小論で行ったわけだが、人類の歴史を発展段階的にとらえるのは、スコットランドの啓蒙主義者に顕著であった。エディンバラ大学のアダム・ファーガスン（一七二三～一八一六）は、「個体が人間から大人に成長するだけでなく、人類そのものも未開から文明へと進歩する」とし、未開状態にあった人類が、市民政府を設け、国家としての体裁を整える文明の社会的存在へと進歩する歴史過程を『市民社会史論』（一七六七年）で論じた。ただし、かれは「未開人の徳」を認め評価する一方、「永遠なる文明」

を信じることはなく、文明の状態にある諸国民の衰退や政治的隷属の危機までを視野に入れている（青木、二〇一〇、六七〜一五四頁／天羽、一九九三、一七八〜二三二頁）。

採取・狩猟から牧畜、農業、そして商業へと発展していくアダム・スミスの経済的枠組みで人類史をとらえたのは、グラスゴー大学のジョン・ミラー（一七三五〜一八〇一）であった。法学者であるミラーは、『社会における階級区分の考察』（一七七一年）のなかで、この発展にともなって変化していく諸民族の習俗や法、支配と自由のあり方に関心をもち、人類史の究極目的を自然権思想に基づく市民的解放にみた。かれはルソーのように未開状態を賛美することはない。ミラーの目にはルソー以上に、世界の諸民族の状況が未開から文明に至る各段階に整理され、「啓蒙のヨーロッパ」を最上位とした総体的な世界史像が映っていた。「人間社会には、無知から知識への、また粗野な生活様式から文明化された生活様式への自然の進歩が存在する」のである（Millar, 1771, p. 5／田中、一九九九、二二一〜一七二頁）。

ドイツ語圏においても、世界史や人類史の歴史記述が盛んであった。[6] ゲッティンゲンの歴史学教授のJ・Ch・ガッテラー（一七二七〜九九）は、当初、普遍史の伝統のなかにあったが、『世界史』（一七八五年）において聖書の叙述に対する批判を徹底して、ノアの大洪水で救われた八名から人類史が出発するという考えを否定した。さらに『世界史試論』（一七九二年）では神学の言説と歴史叙述とを截然と区別している。同僚のA・L・v・シュレーツァー（一七三五〜一八〇九）もまた、キリスト教的普遍史から「科学的世界史」への転換を果たす立役者となった。シュレーツァーは、普遍史が「聖書文献学と世俗的文献学との補助手段にすぎない」とし、他方、世界史は「諸事実の系統的集成であるとともに、それらを通じ、大地や人類の現状を根本から理解するもの」と高く位置づける。[7] また、スイスのイザーク・イーゼリーン（一七二八〜八二）が『人類史』（一七六四年）をものし、J・G・ヘルダー（一七四四〜一八〇三）による『人類の歴史哲学のための諸理念』（一七八四〜九一年）や、ガッテラーやシュレーツァーの同僚であるクリストフ・マイナース（一七四七〜一八一〇）による『人類史概説』（一七八五年）も注目される。

こうした世界史や人類史の著作を概観して印象的なのは、学問領域や時空間の壁をものともしないスケールの大きさとテーマの豊かさである。政治史や外交史を基調とした一九世紀以降の近代歴史学に慣れ親しんでいる者は戸惑うであろう。

宇宙や地球の成り立ちから、身体的特徴や情緒などの人間本性論、家屋や衣服の素材や形態、古代ギリシアの政治形態からチベットの仏教信仰まで、人類のあらゆる側面がテーマにのぼり、古代から現代まで、世界の諸地域を縦横無尽に移動する。今日的な用語でいえば、人間学／人類学《アンソロポロジー》、民族学、民俗学、文化史、経済史の要素をもち、人間の生の営みに主眼を置いた地球規模かつ学際的な歴史叙述である。学問領域の分化と専門化は一九世紀以降に生じるもので、「啓蒙の世紀」の「世界史」は、世界各地の諸民族をとらえ、「啓蒙のヨーロッパ」を最上位とする進歩の位階を整理するために「人間に関するあらゆる知の領域を包括する」アプローチをとったといえる。

こうした啓蒙期の世界史や人類史において、世界の諸民族における女性の境遇への視点は特筆に値する。これも一九世紀以降の近代歴史学とは異なる点で、大同小異あるものの、啓蒙期の歴史家は女性への考究を重視している。現代ドイツの歴史家B・シュトルベルク＝リリンガーが「女性史の父親たちではなかったか」と問題提起しているほど、女性の地位に対するかれらの関心は高い（Stollberg-Rilinger, 1996）。諸民族の男性が女性をどのように扱っているかを考察することで、その民族の文明の進度がわかると認識されたためである。

啓蒙期の世界史観の特徴をまとめておこう。第一に、世界像と世界の歴史を神学の枠組みから解放したこと、第二に、進歩史観という総体的な世界史像を前提にしたこと、そして第三に、民族とジェンダーを視野に入れた地球規模かつ学際的な（領域未分化の）歴史叙述であったことである。第三点についていえば、今日、「地球市民」の意識を涵養するために模索されている「新しい世界史」（羽田、二〇一〇・二〇一一／南塚、二〇一二）に示唆を与えるようにも思えるが、果たしてそうなのだろうか。次節で掘り下げていきたい。

4　民族とジェンダーが交錯する世界史？

（1）　女性の境遇

啓蒙主義は、ジェンダーを歴史の分析カテゴリーとした。先述したスコットランドのミラーの著作では、「女性の地位と境遇」に関する考察が第一章にして「最長の力作」となっている（Millar, 1771, pp. 1-101）。ミラーにとって、男女の関係は人類最初の主従関係であり、人類の経済形態の発展によって変化する支配構造のなかでもきわめて重要なテーマであった。父と子、首長と共同体成員、主権者と国民、主人と奴隷についてもミラーは主従関係の考察をしているが、これらは男女のそれと比して分量的にもひけを取っている。

採取・狩猟経済のように、生活に余裕がなく貧困に苦しむ状況では、男女間の洗練された感情ははぐくまれず、夫婦や家庭が制度化されることもない。アメリカやアフリカ、アジアの諸民族に見られるように、女性は隷属状態にあり、男性の権力は粗野でむき出しである。牧畜、農業、そして商業へと産業構造の中心が移っていく過程で、男と女の関係は、性欲を中心とする「匿名の欲求解消」の関係から社会契約的な結婚の結びつきへと発展し、市場経済における商品交換と労働分業により、人間の社交生活が平穏に営まれるようになる。そこでは、女は「男の女中」ではなく、男の苦労と喜びを分かち合うことのできる「パートナー」となる（Stollberg-Rilinger, 1996, S. 44-46／田中、一九九九、四一～六九頁）。

ミラーの影響を受けたヘルダーも、人類の発達にしたがって女性の地位が向上すると考えた。かれは、直線的な進歩史観をとらず、各民族の固有性を尊重する文化相対主義的な姿勢で知られているが、ジェンダーに関しては事情が違うようだ。かれは女性を奴隷状態から解放し、理性と正義によって引き上げることを文化的進歩と見なす。

ヘルダーは、クックの最新の旅行記からソサイエティ諸島における男女の様子を紹介している。島の男は、ヨーロッパ人が持っている釘や装飾品欲しさに、妻を提供して交渉しようとする。「思うに、女性への扱いほど、その男やその民族の特徴を決定的に認識できるものはない」（Herder, 1782-1791, S. 215）。未開状態では、恥じらいや貞操観といった道徳感情が女性には芽生えず、男性もまた「弱者への配慮」がなく粗暴なまま女性を隷属状態に置いて従わせるという。

生活が困難な大半の民族は、女性を家畜のように卑しめ、掘っ立て小屋のすべての厄介ごとを押し付けてきた。……それゆえ、女性の大いなる従属性というのは、あらゆる地上の大半の未開人に見られ、息子たちが成人男性になるや、母親を軽蔑することにもなっている。……グリーンランドからホッテントットの国まで、民族や地域によって形態は異なるにしろ、あらゆる未開民族において女性軽視が支配的である（Herder, 1782-1791, S. 215）。

人類史におけるジェンダー問題について最も多くを論じたのは、マイナースであろう。かれは『人類史概説』において、さまざまな民族の女性の隷属状態や一夫多妻制、女性の教育、結婚に関する法律や父権を考察している。マイナースによると、ヨーロッパ諸民族もかつては未開状態にあったが、「より高い徳性」と「より広く啓蒙を受容する姿勢」、「法律体系」、「女性や奴隷や打ち負かした敵に対する振る舞い」において他の民族よりも優れていた（Meiners, 1785, S. 21）[8]。かれはさらに、『女の歴史』（全四巻、一七八八～一八〇〇年）を書き、人類の女性史の集大成をまとめている。

諸民族が高貴になり、人間的になるにつれて、娘や妻に対する父親や夫の権力は無制限とはいかなくなり、娘たちは……より自由により自立的になっていった。……その結果、女性の運命はますます保障されるものになっていった（Meiners, 1788, 1. Bd., S. 8）。

ミラー、ヘルダーとマイナースの論調は基本的に同じである。すなわち、「啓蒙のヨーロッパ」がそうであるように、文明化された状態では、男性は理性的存在として「弱者としての女性」に配慮し、かれが本来もっている権力も礼節を心得た振る舞いに包み込まれる。他方、女性は恥じらいや貞操という観念を洗練させ、結婚生活や家庭生活においてしかるべき役割を果たし、男性の愛情と尊敬と保護を受ける存在となる。ミラーの人類史においても、女性の隷属状態からの解放とは、「文明社会における家事の統括者」となることであった。マイナースに至っては、議論をさらに進め、女性が家庭的存在から踏み外し、男性のように権利や富を増加させることを「悪徳」とさえ見なした。

もし女が男と同じ権利をふるい、同じ役職につき、同じ仕事をしたとしたら、男たちが女になってしまうか、女たちが慣習的な自然の定めから足を踏み外してしまうにちがいない。もし子どもを産み、授乳し、子育てし、家事をする女たちが、家や子どもや奉公人から離れ、男たちとともに国民議会を訪れ、法廷や大学に座り、さらには戦争にまでひっぱられたりすることになれば、人間社会と家族の幸せはどうなるのだろうか（Meiners, 1800, 4.Bd., S. 314）。

こうした議論に対して、フランスのコンドルセ（一七四三～一七九四）は異色の存在であった。かれの『人間精神進歩の歴史』（一七九五年）は、ことごとくキリスト教史観を脱色し、人類の学問・科学の進歩史を論じたものであるが、「人間精神の未来の進歩」を考察した最終章で、男女の完全な平等を人類史の究極の目的として掲げている。いわく、「男女間の権利の不平等が生じた起源は力の濫用以外の何ものでもなく、詭弁によって、これを弁解しようと無駄な努力をしてきた」。しかし、「男女の間に見られた偏見の完全なる破壊」は、「人間精神の進歩のうちで、一般的幸福にとって最も大切なものの一つ」なのである（Condorcet, [1988], pp. 286–287）。

知的特質や道徳的特質に及ぼす性の差異を誇張し、男女にそれぞれの特権や義務を割り当てるフィロゾーフたちに対して、コンドルセは厳しく批判し、そうした考えを「理性の哲学でもなければ、正義の哲学でもない」と切り捨てる。そして「男女各個人間の完全な権利の平等は、かれら彼女らの性質の必然的結果である」と断言する（Condorcet, [1988], pp. 324–326）。むろん、コンドルセとて女性の家庭的役割を重要と考え、女性も男性と同様に教育を受ける権利を与えられることで、家庭の幸福の増進とすべての徳の基底にある家庭道徳の普遍化に貢献すると述べている。しかし、知的・道徳的諸能力に決定的性差を見ず、教育の平等を主張するコンドルセは、女性を家庭に留めるだけの議論には与せず、人間精神の発展や学問・科学の進歩にも女性の寄与の可能性を示唆しているのである。

このような人類史の「未来の素描」は、しかし空想のままである。啓蒙期における世界史や人類史には、たしかにジェンダーという分析ツールがあったが、男女の完全なる平等は「人間の真の完成」の範疇の外にあった。女性の文明化とは、奴隷状態から家庭的幸福状態への発展であり、家庭における女性の幸福こそが文明の証であるという修辞法が使われた。啓蒙期の女性たちは、これに首肯したのだろうか。いや、そもそも世界史は、男性が主体となって構想するものであり、女性が人類の過去や未来を思索するとは想定されなかった。

（2）　理性的存在（＝男性）が牽引する世界史

では、世界史を構想する男性とは、具体的にどのような存在なのだろうか。

世界市民という概念を用いて歴史哲学を論じたカントは、世界史を構想する者は、漠然と進歩を期待するのではなく、人類の進歩を自分に課せられた義務だと見なす、と記している。カントにとって進歩とは、「普遍的に法をつかさどる市民社会を実現する」という究極目的への「世界の歩み」であった。その社会は、「成員が敵対関係にありながらも他人の自由と共存しうるようにと、自由の限界をきわめて厳密に規定し保証する」ものである（Kant, 1784, S. 22）。カントは、世代から世代へと「果てしなく」伝えていくべき啓蒙によって、各個人の自由が保障されるだけでなく、その限界がより洗練されたかたちで規定されていく社会を描いた。人類の歴史を構想する者は、啓蒙の精神である理性と批判を重んじ、自然権思想に基づく市民社会の実現という「人類の進歩」に尽力する者なのである。

（男性）市民解放の歴史として構想されたこのような世界史観においては、古代ギリシア、ローマから「啓蒙のヨーロッパ」への歴史的推移が主題となり、世界の他の民族の歴史は「挿話的」となる。カントは次のように述べている。

> われわれは歴史をギリシア史から始めて……ギリシア国家を呑み込んだローマ民族の国家組織体の形成およびその失敗に対するギリシアの影響、またさらにローマの国家組織体を粉砕した野蛮人に対するローマ民族の影響を現代に至るまでたどるが、その際、他民族の国家の歴史を……挿話的に付け加えるなら、われわれはヨーロッパ大陸（この大陸がいつの日か他のすべての大陸に法則を与えるかもしれない）における国家体制が規則的に改善されてゆく過程を発見するであろう（Kant, 1784, S.29, 傍点原典）。

世界史を人類の自由の意識が進歩するプロセスだととらえると、ヨーロッパ中心史観にならざるをえないようである。この点をさらに鮮明にしたのがヘーゲル（一七七〇～一八三一）である。かれは歴史の原動力を絶対理性に見いだし、「理性が世界を支配し、したがって世界の歴史も理性的に進行する」と考える。かれが一八二一年から三一年にかけてベルリン大学で講じた『歴史哲学講義』をひも解いてみよう。

アメリカとオーストラリアという「新世界」やアフリカは、世界史の枠組みの外に置かれ、序章でその地理的な説明がなされるにとどまっている。南北アメリカは「未来の国」、アフリカは「まったくの自然状態」であり、「歴史のない閉じられた世界」だからである。そして、中国とモンゴル、インド、ペルシア、エジプトなどの東洋世界を「歴史の幼年期」として第一部で扱い、第二部で、個人が形成されるギリシア世界を「歴史の青年期」と位置づけ、ローマ帝国を「壮年期」とし、精神の成熟の時期にあるゲルマン世界から中世、近代、とくに啓蒙主義とフランス革命に至る流れを「理性の歴史」として壮大に描いている。

世界史においては、国家を形成した民族しか問題とならない。というのも、これはぜひとも知っておいてもらいたいが、国家こそが、絶対の究極目的たる自由を実現した自主独立の存在であり、人間のもつすべての価値と精神の現実性は、国家を通じてしか与えられないからである（Hegel, 1822–1831, S. 56）。

ヘーゲルの歴史観は、国民国家の統一を成し遂げた西欧諸国の歴史をモデルに、政治、外交を最重要主題とする近代のナショナル・ヒストリーの叙述へと連なっていく。たしかに、グローバルな視野に立った進歩史観という点においては、これを啓蒙期における世界史や人類史の延長と見なすことができるだろう。しかし、啓蒙期の世界史が対象とした豊かなテーマ群から国家という概念が引き出されることで、世界史の牽引者が啓蒙主義とフランス革命を経て、国家市民としての権利と義務をもつ男性であることが明示されるのである。カントにしろヘーゲルにしろ、かれらは自由と平等の理念を説く「偉大な哲学者」であると同時に、国家市民を男性形でのみ論じ、女性には家庭的私的領域をあてがうジェンダー秩序論者であった。

女性は年齢に関係なく市民として未熟であると宣告されている。……国家市民の用件も自分自身ではなく、ただ代理人を通してしか処理することができない。ただし、公的な審理に関するこうした法律上の未熟の見返りとして、女性は家庭内の事柄全般に関してその分大きな権限をもつ（Kant, 1798, S. 209)。

男は国家や学問のうちに、さらにまた外界や自分自身との闘争と労働のうちに、現実的で実質的な生活の場をもち、……女は、家族を実質的な生活の場とし、家族に畏敬の念を抱くことを、共同体精神としての自らの使命とする（Hegel, 1824/25, S. 440)。

ヘーゲルのいう「共同体」とは「自由の理念が生きた善として姿を現す」場である。それは同時に、人間理性が最も発達した世界史の最上位に位置するものであった。果たして世界の歴史は、国家に属する理性的存在としての男性が牽引することで、カントのいうところの世界市民的体制へと近づき、ヘーゲルのいうところの「理性の歴史」を歩んできたであろうか。

5　現代の世界史とは

男女の「完全な権利の平等」を求めたコンドルセに戻ろう。かれは、「人類の来るべき状態についてのわれわれの希望」として、「諸国民間の不平等の打破」、「同一民族のうちの平等の進歩」、「人間の真の完成」の三点を挙げている（Condorcet, [1988], pp. 265-266)。これらは現代においても実現されず、「われわれの希望」であり続けているといえるかもしれない。しかし、かれの議論を丹念に読むと、コンドルセの世界史観には、ヨーロッパによる非ヨーロッパへの文明化の使命が是とされていることがわかる。ヨーロッパ人が植民地化を進めることで、「植民地の緩慢ではあるが必至の進歩の結果を助長して、やがて新世界の独立をもたらすようになることは疑いない」とし、「われわれがかれらにとって有用な道具となり、あるいは寛大な解放者となるであろう時が近づいていることは疑いない」と述べている（Condorcet, [1988], pp. 267-268)。ヨーロッパ人は世界史の優れた牽引者であり、世界の諸民族の模範であるという点では、コンドルセは他の啓蒙思想家と変わらず、植民地主義への道を開く理由を与えている。コンドルセの世界史観もまた、現代のわれわれにとって申し分のないモデルとはいかない。

そもそも、進歩史観という総体的かつ画一的な世界史像を打破することが肝要な作業なのであろう。現代社会において、科学技術や経済のさらなる発達の成就をグローバル・スタンダードと見なすことには疑義が示されている。同様に、人間精神のさらなる発達という理念も、多様なアイデンティティをもつ地球市民に求められる普遍的な価値と言い切ってよいだろうか。われわれが求めている「新しい世界史」は、啓蒙主義の歴史観を乗り越えた先にあり、その歴史哲学には、進歩や発達という概念の普遍性を解体する姿勢が貫かれなければならない。

一八世紀の画家ティエポロは女性をモチーフにして「世界の四大陸」を描いた。二一世紀のわれわれは世界をどのように描くだろうか。世界には「啓蒙された者」と「いまだ啓蒙されていない者」という素朴な対立軸は存在せず、たった一つの「正しい価値体系」も存在しない。単一の「正しい地球秩序」が否定された時代に、われわれは地球市民として一人ひとりが多元的な価値観をもって生きている。世界の描き手が男性であることも、各大陸の寓意が女性である必要もない。世界をとらえ、描き出す場も多様であり、典麗優雅なヨーロッパの宮殿だけで行われることもないであろう。

注

（1）フレスコ画の解釈についてはKrückmann（1996）、Ashton（1978）、宮下（一九九六）も参照した。

（2）啓蒙主義全般については、Meyer（2010）、Stollberg-Rilinger（2000）、im Hof（1993）、ポーター（二〇〇四）を参照。

（3）一八世紀の探検旅行については、Bitterli（1980-81）、Marshall and Williams（1982）、Schiebinger（2004）、Lüsebrink（2006）を参照。

（4）クックの航海後、一八〇〇年から一八〇三年にかけてマシュー・フリンダーがこの大陸の周囲を確認し、第五の大陸と認めて「オーストラリア」と命名した。

（5）聖書に基づく「普遍史」から世俗的な世界史への移行については、岡崎による一連の研究を参照した。

（6）ファーガスンとミラーの著作はドイツ語圏でも広く受容され、ファーガスンの『市民社会史論』は一七六八年に、ミラーの『階級区別の考察』は初版が一七七二年に、一七七九年の第三版が一七九八年にそれぞれドイツ語に訳されている。

(7) ガッテラーとシュレーツァーについては、Laudin (2008)、岡崎（二〇〇〇・二〇一一・二〇一三）を参照。なお、ロダン（Laudin）は、ドイツ語圏の「人類史」と「世界史」の概念に異なった特徴をみている。前者はヘルダーやマイナースのように、歴史家というより哲学者が用いて、人間本性論など人間学・人類学的視座が強いのに対し、後者はガッテラーやシュレーツァーらの歴史学者が用い、事実とその年代を挙げ、個々の史実間の関連を分析するプラグマティックな歴史叙述であったとする。ただし、「人類史」も「世界史」も、神学的解釈から距離をとり、世界の諸地域を対象に豊富なテーマを取り上げたことに変わりはない。後に「ゲッティンゲン学派」と呼ばれるガッテラーとシュレーツァーを中心とした歴史学は、ランケによって創始される近代歴史学と異なり、国家中心史観の束縛から自由であり、「社会史」に開かれた広い対象を扱ったと評価されている（早島、一九九五）。

(8) その人種差別的な姿勢からマイナースは長らく等閑に付されてきたが、かれの膨大な数の著作とドイツ啓蒙主義の多面的評価の必要性から、近年脚光を浴びている（Vetter, 1996/Carhart, 2007/Gierl, 2008）。

参考文献

青木裕子『アダム・ファーガスンの国家と市民社会――共和主義・愛国心・保守主義』勁草書房、二〇一〇年。

天羽康夫『ファーガスンとスコットランド啓蒙』高知大学経済学会研究叢書第一号、一九九三年。

岡崎勝世『聖書 vs. 世界史』講談社現代新書、一九九六年。

――――『キリスト教的世界史から科学的世界史へ――ドイツ啓蒙主義歴史学研究』勁草書房、二〇〇〇年。

――――『世界史とヨーロッパ――ヘロドトスからウォーラーステインまで』講談社現代新書、二〇〇三年。

――――「ドイツ啓蒙主義歴史学研究（Ⅱ-2．完）――A・L・v・シュレーツァーにおける『普遍史』から『世界史』への転換」『埼玉大学紀要』（教養学部）第四七巻第二号、二〇一一年、五五～一二二頁。

――――『科学 vs. キリスト教――世界史の転換』講談社現代新書、二〇一三年。

織田武雄『地図の歴史　世界篇』講談社現代新書、一九七四年。

田中秀夫『啓蒙と改革――ジョン・ミラー研究』名古屋大学出版会、一九九九年。

羽田正「新しい世界史とヨーロッパ史」『パブリック・ヒストリー』（大阪大学）第七号、二〇一〇年、一～九頁。

――『新しい世界史へ――地球市民のための構想』岩波書店、二〇一一年。

早島瑛「社会と国家のはざまで」竹岡敬温・川北稔編『社会史への途』有斐閣選書、一九九五年。

ポーター、ロイ『啓蒙主義』見市雅俊訳、岩波書店、二〇〇四年。

南塚信吾「歴史学の新たな挑戦――『グローバル・ヒストリー』と『新しい世界史』」『歴史学研究』第八九九号、二〇一二年、七二〜七九頁。

宮下規久朗「充溢した虚空――ティエポロ序説」『ティエポロ画集』トレヴィル、一九九六年。

村上陽一郎『近代科学と聖俗革命〈新版〉』新曜社、二〇〇二年。

弓削尚子『啓蒙の世紀と文明観』山川出版社、二〇〇四年。

――「『啓蒙の世紀』以降の知とジェンダー」姫岡とし子・川越修編『ドイツ近現代ジェンダー史入門』青木書店、二〇〇九年。

――「『コーカソイド』概念の誕生――ドイツ啓蒙期におけるブルーメンバッハの『人種』とジェンダー」『お茶の水史学』第五五号、二〇一二年、一〜三二頁。

Ashton, Mark, Allegory, Fact, and Meaning in Giambattista Tiepolo's Four Continents in Würzburg, in: *The Art Bulletin*, 60 (1), 1978, pp. 109–125.
Bitterli, Urs (Hg.), *Die Entdeckung und Eroberung der Welt: Dokumente und Berichte*, 2 Bde., Beck, 1980–1981.
Blumenbach, J. F., *De generis humani varietate nativa liber*, Vandenhoeck, 1781 (2. Aufl.), 1795 (3. Aufl.).
Carhart, Michael C., *The Science of Culture in Enlightenment Germany*, Harvard University Press, 2007.
Condorcet, J.- A. N. d., *Esquisse d'un tableau historique des progrès de l'esprit humain*, 1793–94, suivi de Fragment sur l'atlantide, [Flammarion, 1988], pp. 286–287.（渡辺誠訳『人間精神進歩史』全二部、岩波文庫、一九五一年／前川貞次郎訳、創元社、一九四五年）
Ferguson, Adam, *An Essay on the History of Civil Society*, A. Millar & T. Caddel, 1767.
Gatterer, J. Ch., *Weltgeschichte*, 2 Teile, Vandenhoeck, 1789.
――, *Versuch einer allgemeinen Weltgeschichte bis zur Entdeckung Amerikas*, Vandenhoeck und Ruprecht, 1792.
Gierl, Martin, Christoph Meiners, Geschichte der Menschheit und Göttinger Universalgeschichte: Rasse und Nation als Politisierung der deutschen Aufklärung, in: Hans Erich Bödeker u. a. (Hg.), *Die Wissenschaft vom Menschen in Göttingen um 1800*, Vandenhoeck

und Ruprecht, 2008, S. 419–433.

Hegel, G. W., *Vorlesungen über die Philosophie der Geschichte*, [1822–1831], Suhrkamp, 1986.（長谷川宏訳『歴史哲学講義』上下巻、岩波文庫、一九九四年）

———, Philosophie des Rechts nach der Vorlesungsnachschrift K. G. v. Griesheims, 1824 / 25, in: *Vorlesungen über Rechtsphilosophie, 1818–1831*, Edition und Kommentar von Karl-Heinz Ilting, Frommann-Holsboog, 1974.（長谷川宏訳『法哲学講義』作品社、二〇〇〇年）

Herder, J. G., *Ideen zur Philosophie der Geschichte der Menschheit*, [Riga / Leipzig, 1782–1791], Syndikat, 1995.

Ulrich im Hof, *Das Europa der Aufklärung*, Beck, 1993.（成瀬治訳『啓蒙のヨーロッパ』平凡社、一九九八年）

Iselin, I., *Über die Geschichte der Menschheit*, 2 Bde., Orell, Geßner, 1768.

Kant, I., Idee zu einer allgemeinen Geschichte in weltbürgerlicher Absicht, 1784, in: *Kants Werke. Akademie-Textausgabe*, 8. Bd., Walter de Gruyter, 1968, S. 15–42.（「世界市民的見地における普遍史の理念」福田喜一郎訳『カント全集』第一四巻、岩波書店、二〇〇〇年）

———, Zum ewigen Frieden, 1795, in: *Kants Werke*, 8. Bd., 1968 S. 341–386.（「永遠平和のために」遠山義孝訳『カント全集』第一四巻、岩波書店、二〇〇〇年／宇都宮芳明訳、岩波文庫、一九八五年）

———, Anthropologie in pragmatischer Hinsicht, 1798, in: *Kants Werke. Akademie-Textausgabe*, 7. Bd., Walter de Gruyter, 1968, S.117–334.（「実用的見地における人間学」渋谷治美訳『カント全集』第一五巻、岩波書店、二〇〇三年）

Krückmann, Peter Oluf, *Heaven on Earth Tiepolo. Masterpieces of the Würzburg Years*, Prestel, 1996, pp. 53–65.

Laudin, Gérard, Gatterer und Schlözer. Geschichte als „Wissenschaft vom Menschen“ ?, in: Bödeker u. a. (Hg.), *Die Wissenschaft vom Menschen*, 2008, S. 393–418.

Livingstone, David N., *Adam's Ancestors. Race, Religion, and the Politics of Human Origins*, John Hopkins University Press, 2008.

Lüsebrink, Hans-Jürgen (Hg.), *Das Europa der Aufklärung und die außereuropäische koloniale Welt*, Wallstein, 2006.

Marshall, P. J. and G. Williams, *The Great Map of Mankind. British Perceptions of the World in the Age of Enlightenment*, Harvard University Press, 1982.（大久保桂子訳『野蛮の博物誌――一八世紀イギリスがみた世界』平凡社、一九八九年）

Meiners, Ch., *Grundriß der Geschichte der Menschheit*, Meyer, 1785.

———, *Geschichte des weiblichen Geschlechts*, 4 Bde., Helwing, 1788–1800, (*History of the Female Sex*, translated by F. Shoberl, 4 vol

Colburn, 1808).
Meyer, Annette, *Die Epoche der Aufklärung*, Akademie Verlag, 2010.
Millar, J., *Observations Concerning the Distinction of Ranks in Society*, Thomson Gale, 1771.
Osterhammel, Jürgen, Welten des Kolonialismus im Zeitalter der Aufklärung, in: Lüsebrink (Hg.), *Das Europa der Aufklärung*, 2006, S.19–36.
Rousseau, J.-J., *Discours sur l'origine et les fondements de l'inégalité parmi les homes*, 1755.（本田喜代治・平岡昇訳『人間不平等起原論』岩波文庫、一九七二年）
Schiebinger, Londa, *Nature's Body. Sexual Politics and the Making of Modern Science*, Pandora, 1993.（小川眞里子・財部香枝訳『女性を弄ぶ博物学』工作舎、一九九六年）
Schiebinger, Londa, *Plants and Empire. Colonial Bioprospecting in the Atlantic World*, Harvard University Press, 2004.（小川眞里子・弓削尚子訳『植物と帝国』工作舎、二〇〇七年）
Schlözer, A. L. v., *Weltgeschichte nach ihren Haupttheilen im Auszug und Zusammenhang*, Vandenhoeck, 1785, 1792.
Stollberg-Rilinger, Barbara, Väter der Frauengeschichte? Das Geschlecht als historiographische Kategorie im 18. und 19. Jahrhundert, in: *Historische Zeitschrift*, Nr. 262, 1996, S. 39–71.
———, *Europa im Jahrhundert der Aufklärung*, Reclam, 2000.
Vetter, Sabine, *Wissenschaftlicher Reduktionismus und die Rassentheorie von Christoph Meiners. Ein Beitrag zur Geschichte der verlorenen Metaphysik in der Anthropologie*, Mainz, 1996.
Voltaire, *La philosophie de l'histoire*, 1765.（安斎和雄訳『歴史哲学――『諸国民の風俗と精神について』序論』法政大学出版局、一九八九年）
Williams, Christiane Küchler, Südsee, Sex und Frauen im Diskurs des 18. Jahrhunderts, in: Lüsebrink (Hg.), *Das Europa der Aufklärung*, 2006, S. 302–325.

第13章　実証主義的「世界史」

小山　哲

1　歴史学における「実証」と「実証主義」

(1)「実証主義的な世界史」?

歴史学の世界の言葉づかいに少しなじんだ人であれば、本章のタイトルを目にして、とまどいを覚えるかもしれない。「実証主義的な世界史」というものは、ありうるのだろうか。時代的にも空間的にも広大な領域にまたがる世界史を、全体として「実証的」に叙述することなど、はたして可能なのだろうか、と。

今日の日本の歴史研究者が「実証」ということばを用いるとき、それは多くの場合、「厳密な史料批判に基づく歴史研究の手続き」を指している。「この論文は、実証がしっかりしている」といえば、それは、「その問題を論じるにあたって参照するべき史料を網羅的に収集・調査し、それらの史料をさまざまな角度から批判的に吟味・分析したうえで説得力のある議論を展開している」ということを意味する。逆に「あの研究は実証に難がある」といえば、それは、「その問題を論じるのであれば、とうぜん検討されるべき史料が参照されていない」とか、「史料の分析の手続きが十分に厳密ではない」ということを意味している。このような意味での「実証」が求められるのは、対象を限定した「個別研究」を行う場合である。「実証」という用語をこのように「網羅的で厳密な史料批判の手続き」という意味で用いるのであれば、世界史そのものをまるごと「実証的に」研究したり叙述したりすることは、現実には実現困難な企てであると言わざるをえない。かりに「実証的な世界史」というものがありうるとすれば、それは、可能なかぎり多くの「実証的な個別研究」を参照しながら、それらの成果を「総合」して構成し叙述した世界史、ということになるであろう。

しかし、日本の歴史学における「実証」ということばの用い方は実はかなり特殊であり、欧米の史学史で一般に用いられる「実証（主義）」の概念とは、かならずしも一致しない。この違いを感じとるためには、日本でしばしば用いられる「実証史学」という用語を英語に翻訳しようと試みてみればよい。和英辞典で「実証的」にあたる単語を探すと、“positive”、“empirical”といった形容詞に行きあたる。しかし、「実証史学」という日本語をそのまま英語に置き換えて“positive history”とか“empirical history”などと訳しても、意味をなさない。他方で、思潮としての「実証主義」（positivism）は、ヨーロッパ史学史の叙述においても用いられる概念であるが、その意味内容は、以下に述べるように、今日の日本の歴史研究者が一般に理解している「実証史学」とは異なっているのである。

（2）「史料批判」と「実証主義」——歴史学の二つの潮流

ヨーロッパ史学史のなかで、日本の歴史学における「実証史学」に対応する潮流は、一九世紀のレオポルト・フォン・ランケにはじまる「史料批判に基づく客観的歴史学」である。歴史学の発展に対するランケの貢献を、イギリスの史学史家ジョージ・P・グーチは、次のように要約している。

第一は過去の研究を人間としてできる限り現在の感情から引離し、事物がいかにあったか——Wie es eigentlich gewesen——を記述したことである。……かれの第二の貢献は歴史を厳密に同時代の史料の上に構成する必要を確立したことである。かれは記録を利用した最初の人間ではないが、それを正しく利用した最初の人間である。……第三にかれは、同時代のものであれ他のものであれ、典拠を筆者の気質、親近関係、それを知る機会に照して分析することによって、証拠に基づく科学の基礎を定めた（グーチ、一九七一、上、一〇一〜一〇二頁）。

「事実がいかにあったか」を「厳密に正しく同時代の史料を利用して」解明する「証拠に基づく科学」――これが、一般に理解されているランケ史学の特徴である。歴史学のこのようなモデルは、一九世紀のドイツに始まって欧米諸国や日本に広く普及し、各国の近代歴史学の土台を形づくることになった。ランケ流の歴史学は、専門的な研究者の養成と研究の場を兼ねた「ゼミナール」制度とともに、アカデミズムの世界における歴史学のスタンダード・モデルとなった。日本の歴史研究者が共有する「実証史学」のイメージの由来も、元をたどれば、この「ランケ・モデル」に行きつくのである。

これに対して、史学史上の「実証主義」(ポジティヴィズム)は、フランスのオーギュスト・コント、イギリスのヘンリー・トーマス・バックルや、かれらの影響を受けた歴史家たちからなる知的な潮流である。「実証主義」史家たちは、人類史を、一定の法則にしたがって、原始的な状態から高次の文明へと段階をふんで進歩していく過程としてとらえようとした。たとえばコントは、人類史は、神学的段階、形而上学的段階、実証的段階という三段階を経て進化すると考え、これを「人類の知的進化全体について確立した大法則」と見なした(コント、一九八〇、一四七頁)。コントも含めて、「実証主義」者たちは、自然科学のモデルに基づいて人間の社会を支配する法則を明らかにしうると考えていた。その点ではかれらもまた「科学」的な立場にたっていたが、その認識の目標は、厳密な史料批判に基づいて「過去の事実」を解明しようとするランケ的な歴史学とは異なっていたのである。コント、バックルの文明史はそれぞれ欧米諸国の思想界で大きな影響力をもったが、この二人の思想家はいずれも大学の講座で歴史学を教えたことはなく、アカデミズムの世界ではランケ流の歴史学が主流であり続けた。同様の構図は、のちに述べるように、日本においても認められる。

一九世紀のヨーロッパで成立したこれらの二つの学知の系譜――ランケ的な歴史学と、コントやバックルの文明史論――は、ともに経験的事実に認識の根拠を求める「科学」としての学問を目指す点では共通する面をもっていた。しかし、後述するように、ランケは、人類の歴史を段階的に進歩する過程と見なす歴史観を批判し、各時代の個性を同時代の史料の批判的分析に基づいて描きだすことを歴史家の使命と見なした。この点で、ランケ流の歴史学は、人類の発展のなかに科学的な法則性を見いだそうとする「実証主義」とは異なる「科学」観に基づいている。イマニュエル・ウォーラーステインによる近代の社会科学の区分に従えば、ランケ的な歴史学は「個性記述的個別科学」、コントやバックルに代表される潮流は「法則定立的個別科学」に分類できるであろう（ウォーラーステイン、一九九六、二八～四六頁）。史学史の研究者ゲオルク・G・イッガースも、ランケにはじまる歴史学の系譜を「解釈学的」アプローチ、バックルをはじめとする「実証主義」史家の系譜を「法則定立的」アプローチと呼んで区別している（イッガース、一九八六、四〇～四一頁）[1]。

興味深いことに、史学史上のこれら二つの系譜──「解釈学的・個性記述的」アプローチと「法則定立的」アプローチ──は、それぞれ独自のスタイルをもった「世界史」の叙述を生み出した。しかも、これら二つのタイプの「世界史」は、一九世紀後半から二〇世紀前半にかけての日本における「世界史」認識にも大きな影響を及ぼしている。以下の節では、二つの系譜を代表する例としてバックルとランケの「世界史」の特徴を紹介したうえで、それぞれの「世界史」像が日本においてどのように「領有」（アプロプリエイト）されたか、すなわち、「世界史」を語るかれらのテキストがどのように受容され、読み替えられ、新たな意味づけを与えられたかを概観してみよう。

2　「文明」という視座──バックルの「文明史」と日本におけるその受容

(1)　バックルの文明史論

「あなたはバックルを読んだことがありますか?」──アントン・チェーホフの生涯最後の戯曲となった『桜の園』（一九〇四年）のなかに、エピホードフという執事が、意中の女性に向かってやや唐突にこのような台詞を口にする場面がある。この執事は、「僕は進歩した人間で、いろんな立派な本を読んでいる」と自分で言うような人物である。バックルの歴史書は、ここでは、ロシアの地方の読書人が「進歩的な」知識をひけらかすための格好の小道具として使われている。作者がこの台詞に込めた皮肉な含意はともかくとして、一九世紀後半から二〇世紀前半にかけての「バックル・ブーム」が、バックル自身の祖国イギリスの境界を越えて、どれほど広い範囲に及ぶものであったかがわかる。

一八二一年にケント州に生まれたバックルは、ほぼ独学で知識と教養を身につけ、三〇代で『イングランド文明史』を執筆し、刊行した（第一巻、一八五七年。第二巻、一八六一年）。刊行された二巻は、著者が構想していた文明史の序論に相当する部分であったが、第二巻の刊行の翌年にバックルは死去し、構想は未完に終わった。そのような事情もあって、刊行された『イングランド文明史』は、そのタイトルに反して、歴史の発展に関する理論的考察に加えて、スコットランド、スペイン、フランスなど、イングランド以外の諸国・諸地域の記述のほうがはるかに大きな部分を占めている。このために『イングランド文明史』は、一種の「ヨーロッパ文明史」あるいは「世界文明史」として読まれることになった。日本でも、大正年間に本書を『世界文明史』として翻訳した西村二郎は、「原書は『英国文明史』と銘打ってあるものの、……人類の文明発達に貢献した世界の主要な諸国家、諸国民を論じ、又は之に言及しているのであるから、敢《あえ》て茲《ここ》に『世界文明史』と云ふ標題に改めた次第であり、……之は却《かえ》つて本書の内容に最も適応した書名であると確信される」と記している（バクル、一九二三、一頁）。

バックルは、事実を羅列することを仕事と見なす歴史家を批判し、これらの事実を支配する法則を発見することを歴史認識の最終的な目標と見なした。人類の進歩を支配する法則には「自然的法則（physical law）」と「精神的法則（mental law）」があり、ヨーロッパとそれ以外の地域では、これらの法則の働き方に根本的な違いがあるとバックルは指摘する。ヨーロッパ以外の地域では自然の力が大きく、人間が自然的法則に従属するのに対して、ヨーロッパでは自然が人間に従属し、精神的法則に基づいて文明が発展した。精神の領域でとりわけ文明の進歩をもたらしたのは、道徳よりも知識の発達である。したがって、「われわれが現代文明の進歩を規定する諸条件を確かめようとするならば、知的な知識の量と普及の歴史にそれらを探求しなければならない」とバックルは指摘する（Buckle, 1857, p. 208）。バックルがとりわけイングランドに着目したのは、イングランド文明が外的な干渉をあまり受けることなく進歩してきたために、「そのなかに、社会の通常の歩みと、人類の運命を究極的に規定するこれらの主要な法則が攪乱されることなく作用するさまを、より明確に見分けることができる」からであった（*Ibid.*, p. 216）。

（2）日本におけるバックルの影響

バックルの『イングランド文明史』は、国民・国家を単位とする一種の比較文明史であった。しかも、文明の進化の度合いを判定する尺度として、知識の量と普及度という明確な指標を提示していることから、イギリスのみならず、ヨーロッパ諸国の知識人のあいだに幅広い関心を呼び起こしたのである（Grabski, 2002, s. 63–107）。

バックルの「文明史」は日本でも反響を呼び、明治の最初の一〇年あまりの間に二種類の翻訳が刊行されている（大島貞益訳『英國開化史』一八七一年／土居光華・萱生奉三訳『英國文明史』一八七九年）。翻訳だけでなく、田口卯吉の『日本開化小史』（一八七七〜八二年）や『支那開化小史』（一八八三年）のように、社会の発展法則を探求するバックルやスペンサーの手法を日本史や中国史の叙述に応用する試みも現れた。福沢諭吉の『文明論之概略』（一八七五年）もまた、ギゾーやバックルの「文明史」から多くの着想を得ている点で、一八七〇〜八〇年代の一連の文明史論のなかに位置づけることができるであろう。

『文明論之概略』の内容と思想史上の意義については丸山真男や松沢弘陽の優れた研究に譲るが、たとえば日本人と西洋人の「智恵」の量を比較した次のような箇所が、バックルの「文明史」を踏まえて書かれていることは明らかであろう。

文明は一国人民の智徳を外に顕《あら》わしたる現象なり……。而《しこう》して日本の文明は西洋諸国のものに及ばずとのことも、普《あまね》く人の許す所なり。……文明の学者は、広く日本国中を見渡して、この二者〔智恵と徳義〕の分量を計り、いずれか多くしていずれか少なきを察するにあらざれば、その求の前後緩急を明に弁ずべからず。……日本人の智恵と西洋人の智恵とを比較すれば、文学、技術、商売、工業、最大の事より最小の事に至るまで、一より計《かぞ》えて百に至るもまた千に至るも、一としてかれの右に出るものあらず（福沢、一九九五、一五二〜一五四頁）。

このように、世界の諸国民の進化の度合いを文明史的に比較する手法は大きな影響力をもったが、このような議論の多くは、アカデミックな歴史学の枠外で行われている点に注意する必要がある。一八八七年に東京の帝国大学に開設された「史学科」では、コントやバックルのような「法則定立的」な文明史論は主流とはならず、ランケに代表される「個性記述的・解釈学的」なアプローチが支配的なパラダイムとなるのである。

3　「絶東の史壇」からみたランケの「世界史」

（1）ランケ祭——日本近代史学の祖先崇拝

しばしば「近代歴史学の父」と呼ばれるランケは、日本における近代的な歴史学の成立史のなかで象徴的な地位を占めている。日本近代史学史の叙述のなかで、一八八七（明治二〇）年に来日したルートヴィヒ・リースによるランケ史学の導入は、常に重要な画期として語られてきた。リースが一五年間の日本滞在を終えて帰国した翌年（一九〇三年）に東京帝国大学で挙行された「ランケ祭」は、日本の近代史学の創始者たちがランケの歴史学をどのように受けとめていたかをよく示している。

この記念祭は、発起人の高桑駒吉によれば、「史学の荒野を開拓し科学的研究を斯界《しかい》に応用し、以て従来の史家をして大に辿《たど》るところを知らしめたるランケ氏其《その》人の偉大なる功績」を偲ぶために、東京帝国大学で歴史を学ぶ有志によって企画された。その模様を伝える雑誌『史学界』の記事によれば、会場の正面にはランケの油彩の肖像画（当時、東京美術学校西洋画科の学生であった青木繁が、晩年のランケの写真によって描いたもの）を掲げ、その下にランケの著作数十巻を並べて、「其前には、黄白の菊花数皿及び五六の古松幽蘭等日本固有の盆栽を飾り付け、別に数種の菓子をも供」えたという。当日は、この祭壇のまえで、四名の歴史家——高桑駒吉、阿部秀助、坪井九馬三《くめぞう》、箕作《みつくり》元八——による「紀念講話」が行われた。肖像画は聖画、著書は聖典、菓子や花は供物であると考えれば、この催しは、草創期の日本のアカデミズム史学が、ランケを自らの学問分野の創始者として半ば神格化し、顕彰する儀礼の場であったとみることもできる。

しかし、発起人の代表である高桑が「［ランケの］研究の方法にして今日に適せざるものは憚《はばか》らす之を論難するも可なり」と述べていることが示すように、記念祭に集う歴史家たちは、ランケの学説を絶対的な教義として盲目的に信奉していたわけではなかった。講演のなかで箕作元八は「吾人《ごじん》は実にランケ氏の崇拝者なり。サレド吾人は決して氏の盲従者にあらず」と宣言したうえで、ランケ史学の欠点は「氏が文書研究にのみ重きを置きて実物研究を忽《ゆるが》せにしたる事なり。これ実に氏の為めに惜しむべき事なり」と述べ、ランケの文書史料中心主義を批判している。また、阿部秀助は、ハインリヒ・フォン・トライチュケやカール・ランプレヒトのランケ批判に言及しながら、ランケが経済史や民衆の歴史的役割を軽視していること、歴史発展の概念が欠如していることを指摘した。このように、ランケ祭を主催した歴史家たちは、二〇世紀初頭のドイツの学界におけるランケ史学に対する批判を比較的よく認識しており、ランケ史学の史料批判の精神を理解すると同時に、その限界をも認識していた。ランケ祭の崇拝の対象は、「教祖」としてのランケではなく、あくまで「学祖」としてのランケだったのである。

ランケ祭の記念講演で注目されるのは、ランケの「世界史」に対する高い評価である。阿部秀助は、「世界史家」としてのランケについて「其が研究範囲の広くして、感化の大なる点に於て、氏に匹敵するものが、果して幾人あるでありましょうか」と絶賛したうえで、その『世界史』の叙述が中国・日本にキリスト教が伝播する直前の一五世紀で終わっていることを指摘し、その偉業を継承することは「氏が絶東の史壇に残して呉《く》れたものとして、我々は進んで研究するの義務があると信じます」と述べた。この発言を引き継ぐかたちで、坪井九馬三は「ランケ氏の所謂 Weltlichkeit［世界的視角］の一例として」ポルトガルの東洋進出について論じた。最後に論壇に立った箕作元八は、一連の講演を次のように締めくくっている。

噫《ああ》「ランケ」氏は天才、是実《これじつ》に企及すべからず。世の氏が書を読む者、一度は直ちに之を会得するところあるが如く覚ゆれども、更に之を精読すること再三又再四ならずんば遂に克《よ》く其真意の存するところを覗《うかが》ひ知るに易からざるなり。而してよくかの朦朧《もうろう》の一体に遭遇して眼光紙背に徹せんとすれば、必ずや茲《ここ》に欠く可からざるものあり。何ぞや曰く、「ランケ」氏に類似せる明瞭なる頭脳——殊に其「ウェルトリヒ［Weltlich］」（世界的）見地これ也（大拍手）（「ランケ記念講話」、一九〇四、二二五～二二六頁）。

ランケ祭の記念講演は、日本のアカデミズム史学の創始者たちがランケから学んだものが「史料批判の方法」だけではなかったことを示している。かれらが高く評価したのは、ランケの歴史学の「世界史」的な視野の広がりであった。そのうえでかれらは、未完に終わったランケの「世界史」を「絶東の史壇」から書き継ぐことを、日本の近代史学の使命と見なしたのである。

（2）ランケにとっての「世界史」

草創期の日本のアカデミズム史学が模範と仰いだランケ自身の「世界史」観とは、どのようなものだったのであろうか。ランケの「世界史」像を知る手がかりとしてしばしば参照されてきた著作の一つが、『近世史の諸時代について』（一八五四年）である。これは、バイエルン国王マクシミリアン二世のために行われた講義録であり、ランケが自らの歴史観をわかりやすく語ったテキストとして、日本でも数種の翻訳が存在する（邦訳の書名は、一九一八年刊行の村川堅固訳が『世界史論進講録』、一九四一年刊行の鈴木成高《しげたか》・相原信作訳が『世界史概観』、最も新しい一九九八年刊行の村岡晳訳が『世界史の流れ』と変化するが、いずれも原著のタイトルには含まれない「世界史」という語を冠している点が特徴的である）。

講義録の第一講で、ランケは、人類の全体が原始的な状態から高度な文明へと進歩してきたという考え方を批判している。その理由として、ランケは二点を指摘している。第一に、人類のなかには、「ラテン的・ゲルマン的民族」のように進歩発展してきた民族もあるが、原始的状態にとどまっている民族もある。第二に、美術や文学の盛衰の歴史をみればわかるように、人間の知識や能力のすべての分野が時代とともに一様に進歩してきたと考えるのは誤りである。そのうえで、ランケは、歴史学の意義について次のように語っている。

私は主張したい、おのおのの時代はどれも神に直接するものであり、時代の価値はそれから生まれてくるものにもとづくのではなく、時代の存在そのもの自体のなかに存する、と。このゆえにこそ歴史の考察、しかも歴史における個体的生命の考察がまったく独自の魅力をもつ。けだし、どの時代もそれ自身価値のあるものと見られなければならず、絶対に考察に値するものとなるからである（ランケ、一九九八、一五頁）。

ランケは、歴史上のそれぞれの時代はそれ自身として価値をもち、その個性を探求することが歴史家の役割であるとする。ランケの歴史学が「個性記述的個別科学」に分類されるのは、かれのこのような考え方を踏まえたものである。ここでランケが批判の対象としているのは直接的にはヘーゲルの歴史哲学であるが、ランケの歴史観が人類の進歩発展の法則を前提とする「実証主義」とも異なる立場にたっていることは明らかであろう。

バイエルン国王への講義では、ランケは、ローマ帝国から始めて、一九世紀のランケの同時代に至るまでのヨーロッパの歴史を、時代を追って論じている。ローマ帝国が起点となるのは、「すべての古代史は、ちょうど多くの河流が一つに合して湖に注ぎ込むようにローマ史のなかに流れ入り、そうして近世史の全体は再びこのローマ史から流れ出ている」からであった。この講義が扱う空間的範囲は、中世のイスラーム世界とアメリカ独立革命に触れた箇所を除くと、ほぼヨーロッパに限定されている。

あくまでもヨーロッパ史を中心に据えて「世界史」を認識する姿勢は、ランケの最晩年の『世界史』（一八八一～八八年）――ランケ祭の記念講演で阿部秀助が言及している著作――においても変わらなかった。九巻からなるこの大著に示された「世界史」観を検討した上原専禄は、ランケがビザンツ帝国やイスラーム世界を含めて中世世界を考えていることを評価しながら、他方で、ランケには「ヨーロッパが人類を代表しているという考え方がある」と指摘している（上原、一九八七、三六六～三八三頁）。『世界史』の序文で、ランケは、「諸民族史の集成では世界史にならない」と述べている。ランケにとっての「世界史」は、人類の起源から現代までのすべての民族・地域の歴史を網羅するような「人類史」とは異なるものであった。かれは、「世界史の内的運動」を把握するためには東洋の諸民族のような「永久に静止した諸民族から出発することはできない」としたうえで、「一つの国民が他の国民へと働きかけながら相次いで出現し、ともに一つの生きた全体を形づくる」ような関係を、「世界史」の考察の対象と見なした（Ranke, 1886, S. VII–VIII）。ランケにとって、このようなダイナミックな関係が成立したのは古典古代以降のヨーロッパ世界においてであり、それゆえにヨーロッパ史の叙述によって「世界史」を「代表」させることが正当と見なされたのである。この考え方は、以下に見るように、ランケをとおして「世界史」の概念を学んだ日本の歴史家たちにとって重要な意味をもつことになった。

（3）ランケからリースへ

ランケの歴史学を日本に伝えたのは、すでに名前を挙げたリースである。一八八七年から一九〇二年にかけてのリースの滞日中に、帝国大学の歴史学の講座、歴史学会、専門雑誌、史料の収集機関など、近代的な歴史研究を支える制度が一通り整備された。ベルリン大学で学んだリースと、すでに教壇から退いていた晩年のランケとの関係についてははっきりしない点があり（西川、二〇〇二、一八五頁）、リースが日本の歴史学に与えた影響についてはその過大評価を指摘する見解（メール、二〇〇三、一九二～一九七頁）もあるが、少なくとも日本でリースに学んだ歴史家たちは、かれをランケの「弟子」であり、その学風の正統な継承者と見なしていた。東京の帝国大学でリースに学んだ坂口昂《たかし》は、「今日我国の歴史家の多くはこの恩師を通じてランケの孫弟子乃至《ないし》曾孫弟子に当る」と述べている（坂口、一九一八、六〇頁）。この学問上の系譜意識は、坂口の教え子の世代にも継承されていった。京都帝国大学で坂口に学んだ鈴木成高は、自らのランケとの関係について、「私の先生の坂口（昂）先生はリースの非常に忠実なお弟子さんですから、リース―坂口の線を通してのランケ史学というものが、知らず知らずのうちに私のなかにしみこんでいったということがいえます」と語っている（鈴木・林、一九七四、二頁）。

リースは、未完に終わったランケの『世界史』の構想を継承し、アジア・太平洋地域を視野に入れながら「世界史」の叙述を完成させることを自らの使命と考えていた。ドイツに帰国後、ベルリン大学に提出した計画書のなかにリースは、「大学の授業に、東アジアの歴史、そして東アジアとその地域に入り込んだ英国の世界帝国の諸部分および合衆国の太平洋岸及び同国の南進との交錯の歴史に関して、独立の科目を補うときが到来した。……東アジアに関する知識が世界史の真の関心事であることは、既にランケが一八五四年にバイエルン王に行なった第一九講演のなかで正当に強調している」と記している（西川、二〇〇二、二一八～二一九頁）。東アジアを「世界史」に組み込む必要があるとするリースの主張は、東京帝国大学でランケ祭を主催したかれの教え子たちの「世界史」認識と重なり合うものである。

リースは、のちにゲオルク・ヴェーバーの二種類の世界史概説を「ランケの修史法を模範としながら」改訂し、出版した（一九一八年刊行の『世界史』、および、一九一九～二〇年刊行の『一般世界史』）。坂口昂はこれを改訂者リースの業績として高く評価する書評を書き、また、『一般世界史』第一巻の巻頭におかれたリースの世界史論を安藤俊雄と共訳し、『世界史の使命』

（一九二二年）として刊行している。リース自身の「世界史」は、ランケの時代に比べればヨーロッパ以外の地域に目配りする姿勢が見られるが、それでもなおヨーロッパ中心に全体が構成されていることは否定できない。なによりも、「世界史」を諸国民・諸民族の競合と興亡の舞台として描き出すその手法は、ランケの「世界史」観を忠実に踏襲するものであった。

（4）リースから坂口昂へ

坂口昂は、ランケ史学の「世界史的視角（Weltlichkeit）」を、リースを介して受け継いだ一人であった。坂口の業績は西洋古代史、ドイツ史学史、「世界史」の三つの領域にまたがっており、いずれの分野の作品にもランケの影響が見られる。古代史の分野での主著『世界に於ける希臘《ギリシア》文明の潮流』（初版一九一七年、増補版一九二四年）は、西ヨーロッパからインド・中央アジアに至る地域を視野に入れて、古典古代から一九世紀に至る「ギリシア文明」の伝播と変容の過程を「世界史的見地」から巨視的に描いている。

講義ノートをもとに坂口の死後に刊行された『独逸《ドイツ》史学史』（一九三二年）は、一八世紀の啓蒙史学から一九世紀後半のプロイセン学派までを扱っているが、ランケについての記述はそのなかでも中心的な位置を占めている。注目すべきは、坂口が、「ランケの史学に対する貢献は二つに分かれる」として、「文献学的、批判的方法」と「世界史的把捉《はそく》」を挙げている点である（坂口、一九三二、二八三頁）。法制史家ゲオルク・ヴァイツの業績について、「史料の蒐集、批判、整頓、利用による考証に於《おい》て模範的である」としながらも、「史筆に於て又世界史的把捉に於てランケの後継者ではない」（同、二八八頁）と批判的に言及していることが示すように、坂口にとっては、史料批判の手法と世界史的視角を兼ね備えることが、ランケ史学の継承者となるための必須の条件であった。

坂口自身の「世界史的把捉」の成果は、『概観世界史潮』（一九二〇年）として刊行された。ただし、著者自ら「西洋を出発点とする世界史の主潮を概観する」と断っているように、叙述は欧米の歴史を中心に構成されており、実質的には「西洋史潮」と呼ばれるべき著作である。坂口は、世界主義的・個人主義的な「古典」と民族主義的な「国粋」を「世界史」のなかで対立する潮流と見なし、この二つの潮流の交代によって古代から現代に至る歴史の流れを説明している。ランケ的な

「世界史」の枠組みを採用しながら、文化史上の法則性に基づく視点を導入している点に、坂口の「世界史」の特徴がある。

東京の帝国大学で学んだ坂口は、一九〇七年に京都帝国大学に史学科が開設されると、その初代の教官の一人として西洋史学を担当した。日本におけるランケ的な「世界史」のその後の系譜をたどるとき、京都帝国大学という場所は重要な意味をもっている。この場所で、坂口にランケ史学を学んだ鈴木成高は、哲学者西田幾多郎の弟子たちと出会った。この両者の遭遇が、「京都学派」の「世界史の哲学」を生み出したのである。

4　哲学化されるランケ――「京都学派」の「世界史の哲学」

（1）「京都学派」にとってのランケ史学

一九三〇年代後半から四〇年代前半にかけて、高坂正顕『歴史的世界』（一九三七年）、鈴木成高『ランケと世界史学』（一九三九年）、高山岩男『世界史の哲学』（一九四二年）など、「京都学派」のなかから歴史哲学や世界史を論じた書物が続々と刊行される。これらの著作はいずれも、ランケをしばしば参照している点に特徴があった。同じ時期に岩波文庫からランケの著作が相次いで刊行されているが、その翻訳に関わったのも、西田幾多郎の薫陶をうけた相原信作と鈴木成高であった（『強国論』一九四〇年、『政治問答　他一篇』一九四一年、『世界史概観』一九四一年）。

「京都学派」のランケの読み方には、ある特徴があった。かれらは、ランケの史料批判の手法にはさほど重きをおかず、ランケが「世界史」を諸国家・諸民族が闘争する場としてとらえていることに注目した。かれらが重視したのは、たとえば「世界史」の原動力を論じた『強国論』の次のような一節である。

世界史は一寸《ちよつと》見ると、諸国家及び諸民族の如何にも偶然的な縦横無尽の狂奔であり角逐であり継起であるやうに見えるが、実際は決してそのやうなものではない。……私達が世界史の展開に於《おい》て目撃するのは、諸々の力でありしかも精神的な、生命を産み出す創造的な力であり生命そのものである。それは実に道徳的エネルギーなのである。……此等の力は開花し世界を魅了し極度に多様な表現に於て自己を現し、相互に闘争し合ひ制限し合ひ圧倒し合ふのである。此等諸力の相互作用と継起の中に、その生存と消滅或は復興……の中にこそ、世界史の秘密は横《よこた》はつてゐるのである（ランケ、一九四〇、七八頁）。

ここでは「世界史」は、国家や民族に内在する「道徳的エネルギー」同士の衝突、闘争、盛衰の過程として描かれている。「京都学派」は、ランケのこの認識を、「大東亜共栄圏」の建設と戦争遂行を正当化する論理として応用した。「京都学派」の論客四名が「大東亜戦争」の「世界史」的意義を語った座談会『世界史的立場と日本』（一九四三年）においても、ランケの「道徳的エネルギー」概念は、日本の開国と近代化、天皇制に奉仕する国民道徳、日中・太平洋戦争の正当性、アジアにおける日本の指導的地位など、「大日本帝国」の過去と現在を説明する万能のマジック・ワードとして活用されている。

「京都学派」の歴史哲学においては、坂口昂の史学史のなかで調和を保っていたランケ史学の二つの側面――「文献学的、批判的方法」と「世界史的把捉」――の均衡は失われ、ランケは「世界史の哲学」の先駆者として位置づけられる。ランケはいわば「哲学化」されたうえで、総力戦体制を理念的に支える柱の一つとして動員されたのである。

（2）鈴木成高の「新しい世界史」と歴史学における「近代の超克」

「京都学派」の一連の歴史思想書のなかで、鈴木成高のランケ論は、その書き手が哲学者ではなく西洋史学の研究者である点で、独自の位置を占めている。一九三九年に刊行された『ランケと世界史学』は、少なくとも著者の意図においては、歴史哲学ではなく歴史学の書であり、その執筆の動機は「ランケ史学を通して現在の歴史学が直面する課題に到達」することにあった。著者の言う「現在の歴史学が直面する課題」とは、一つには「歴史主義の危機の克服」であり、いま一つには「新しき世界史像」の獲得である。この二つの課題は、密接に結びついていた。

将来の歴史学は必ず世界史でなくてはならぬ、世界史的立場こそは歴史主義の危機を克服する最善の手段であるともいはれてゐる。而《しか》も吾々は之までの欧羅巴《ヨーロッパ》主義の世界史が最早や成立し得ないといふ未曾有《みぞう》の段階に立たされてゐるのである。明日の世界史は必ず新しき世界史像をもたねばならない（鈴木、一九三九、二頁）。

鈴木にとって、ランケの「世界史」は、「ヨーロッパ主義の世界史」ではあるが、過去の事実を網羅した「歴史の百科全書」ではなく、体系的な完結性をもつ「構成的歴史」を目指している点で「普遍的な世界史」となっている。この点でランケの「世界史」は依然として模範としての意義をもつが、次の二点において克服するべき対象でもあった。

一つは、ランケの「世界史」の空間的制約である。鈴木が「世界史」の普遍性を保障するものとして念頭においているのは、ランケが『強国論』で描いたような、相互に対立しあう国民国家群からなる国家間システムであった。ランケの時代には、このシステムは「ヨーロッパ的世界」として存在した。「然《しか》し現在においてヨーロッパは最早や世界ではない。吾々はいま新しい世界像を有《も》たねばならない」（同、一三五頁）。なぜならば、アメリカとアジアが、ヨーロッパと並んでこのシステムに加わってきたからである。鈴木は、日米間の「太平洋問題」は従来の「国史学、東洋史学、西洋史学」という日本の近代歴史学の三学科編制では把握できないと指摘し、「大東亜戦争の現実」が「世界史学の理念の転換を要求している」と主張する（高坂・西谷・高山・鈴木、一九四三、四二七頁）。

克服すべき第二点は、ランケの歴史学の「観想主義（Quietismus）」である。「事実がいかにあったか」を厳密な手続きにしたがって探究するランケの歴史学は「観る者の立場に徹した」学問であったが、それは鈴木の掲げる「新しい世界史学」の立場とは相容れなかった。「今日の世界史学は創る者の立場、すなわち世界新秩序建設の主体的立場において成立するものにほかならない」と鈴木は主張する（鈴木、二〇〇〇、一一三頁）。ランケ的な「観想の世界史」から、大東亜戦争に主体的に関与し参加することを通じて「行為し、建設する世界史」へ――これが鈴木成高の考える歴史学における「近代の超克」であった。

今日の時点からみて、鈴木の提言には、いくつかの注目に値する主張が含まれている。一つは、国史学・東洋史学・西洋史学という日本近代史学の空間的・学科的編制の見直しと、ヨーロッパ中心主義的な「世界史」に対する批判的省察を踏まえた「新しい世界史学」の提唱である。鈴木は、ランケが『強国論』で描いた競合する国民国家群からなる体系としての「世界史」を「ヨーロッパ的世界」から「世界的世界」に拡大することで「新しい世界史」が可能になると主張した。しかしそれは、セバスティアン・コンラッドが指摘するように、ヨーロッパの歴史叙述に伝統的な「帝権の遷移」(translatio imperii) 論をアジア・太平洋を含む空間に拡大したものにすぎず、鈴木の意図に反して、「ヨーロッパ主義の世界史」の枠組みを本質的に乗り越えるものではなかったのである (Conrad, 1999, pp. 111-112)。[2]

注目するべきいま一つの論点は、歴史の研究を個別的な史実の確定作業に限定し「実証」それ自体を自己目的化した近代歴史学への懐疑的なまなざしである。この点に関しては、政治史上の出来事の検証と記述に終始するランケの後継者たちの歴史学を批判して、過去の人間の営みをより深部からより包括的にとらえようとしたリュシアン・フェーヴルやマルク・ブロックの「全体史」の主張との同時代性を指摘することもできるかもしれない。「アナール学派」の創始者たちは、デュルケーム学派の社会学やフランソワ・シミアンの経済史研究と連携しながら歴史学の方法的・史料的基盤を拡大し、「心性」(マンタリテ) や「長期持続」の領域を歴史研究の対象として包摂することに成功した。これに対して、鈴木をはじめとする「京都学派」の論者たちは、日本近代史学が受容したランケ史学の二つの側面のうち「史料批判」を捨象して「世界史的把捉」のみを強調し、「大東亜共栄圏」の大義を「世界史」的に意義づけることで、歴史学における「近代の超克」が可能になると信じたのである。しかし、史料と批判的に向きあう緊張感を欠いたまま「世界新秩序」を正当化する思想戦に挑んだ「京都学派」の歴史哲学は、自らの掲げる「世界史的使命」と戦争の現実との隔たりを対象化しえないままに空転し、破綻したのであった。

5　近代歴史学における「世界史」と「国民史」

敗戦後も主張を変えなかった鈴木成高は、「世界のなかの日本」と題した講演 (一九七〇年) のなかで、次のように語っている。

世界史家であるランケが、「国民は国民的であることによって世界的となる」ということをいっている。すなわち世界人となる道は国民であることをやめることによってではない。……日本人である前にまず世界人であるなどということはうそである。単なる観念論にすぎない。逆に世界人である前に日本人でなければならない。それによってのみ世界人となることができる（鈴木、一九九〇、九五頁）。

他方で、東京帝国大学で経済学を学び、一九四五年四月に特攻隊員として沖縄で戦死した佐々木八郎は、「現下の日本に生きる青年としてこの世界史の創造の機会に参画できることは光栄の至りであると思う」と日記に記し、さらに次のように書き遺している。

もはや我々の努力が直ちに我が国の勝利と東亜諸民族の解放を約束すると信ずる事もできない。ただ我々に期待出来るのは、一国民としての立場を超えた世界史的観点において、我々の努力は、我が国の努力は、世界史の発展を約束するであろうという事のみである（日本戦没学生記念会編、一九九五、一九八、二〇六頁）。

いま、新たな「世界史」の可能性を模索しようとしている私たちは、かつて、帰還することのない出撃を前にした特攻隊員の最後の心の支えとして「世界史」が差し出された時代があったことを、忘れてはならないであろう。と同時に、ここに引用した二つの文章の間には、「世界史」のとらえ方をめぐって、微妙だが重要な差異があることも指摘しておきたい。鈴木成高が「世界史」に加わるためには「国民」たるべしと主張し続けたのに対し、佐々木八郎は「国民」の立場を越えた「世界史の発展」に自ら亡き後の未来の希望を託そうとした。同じように「世界史」を語りながら、戦争を生き延びた碩学と、二二歳で戦死した学徒と、どちらがより突き抜けた認識に到達しているかは明らかであろう。

近代歴史学を批判して、イギリスの歴史家P・バークは、「歴史家たち、とりわけ経験主義的で「実証主義的」な歴史家たちは、かつて想像力の欠如という病を患っていた」と述べている（バーク、二〇一〇、一八四頁）。しかし、ランケの「世界史」を受容した日本の歴史家たちの場合には、「想像力の欠如」というよりも、むしろ「想像力の過剰」という病を患っていた、というべきであろう。ただし、かれらの過剰な想像力は、もっぱらナショナルな視点にたって「世界史」を語ること——「想像の共同体」としての日本の「世界史的使命」を正当化すること——に向けられていたのである。

しかし、ナショナルな「想像力の過剰」という現象は、日本の歴史学だけの特徴ではなく、一九世紀にヨーロッパで成立し、グローバルに普及した近代歴史学が当初から抱えていた問題でもあった（Berger and Lorenz [eds.], 2011; Iggers and Wang, 2008, pp. 117-156）。国民や民族を主体として「世界史」を語る点では、法則定立的なアプローチをとる文明史家も、個性記述的なアプローチをとるランケ史学の信奉者も、同じ認識の土台を共有していたのである。方法論的な立場の違いを越えて、近代歴史学の全体にとって「国民史」と「世界史」は相補的な関係にあったのであり、国民や民族を歴史的主体として立ち上げるためには、「世界史」という舞台の設定がむしろ不可欠の前提であったと考えるべきであろう。[3] 実証（主義）的「世界史」は、けっして「国民史」のオルターナティブではなかったのである。

今日の私たちにとって、バックルやランケは、名前は知られていても読まれることのない「古典」であり、かれらの著作に依拠して「世界史」を論じることは、ほぼないといってよいであろう。しかし、「実証（主義）」の時代が生みだした「国民史」と「世界史」の相補的な関係は、なお私たちの歴史認識を規定し続けている。国際関係を「国民国家」の競合の場としてイメージし、自国の「国民的活力」の回復と増大を希求し、「グローバリゼーション」を「世界史的必然」に読み替えさえすれば、実証（主義）的「世界史」の亡霊は——「バックル」や「ランケ」という歴史家の名前はもはや冠していないとしても——容易に蘇生するであろう。その意味で、現代の私たちにとって、近代歴史学の担い手たちの「世界史」像は、なお「過去の遺物」ではないのである。

注

（1）ただし、これらの二つの潮流は互いにまったく相容れなかったわけではなく、フランスの実証主義史学の確立に貢献したガブリエル・モノーのように、一人の歴史家のなかで二つの考え方が結びついていたケースもある（渡辺、二〇〇九、七六〜一一九頁）。後述する日本の坂口昻の場合には、ランケ史学を土台にしつつ、歴史発展の法則性を認めるカール・ランプレヒトの歴史学も参照しながら自らの学風を築いた。二つの潮流の関係をめぐって一九世紀後半の欧米諸国で行われた議論については、Breisach（2007, pp. 272–290）を参照。

（2）　世界史を、帝国から帝国へと支配権が推移する過程としてとらえる見方。古代ギリシア・ローマの歴史叙述に始まり、旧約聖書のダニエル書の記述とも結びついて、中・近世のヨーロッパに継承された。

（3）　東アジアの近代歴史学における世界史と国民史の「共犯関係」については、イム（二〇一五）を参照。

参考文献

イッガース、G. G.『ヨーロッパ歴史学の新潮流』中村幹雄・末川清・鈴木利章・谷口健治訳、晃洋書房、一九八六年。

イム・ジヒョン「国民史の布石としての世界史――日本と朝鮮における「愛国的世界史」と、その結果として生じるヨーロッパ中心主義について」小山哲訳『思想』第一〇九一号、二〇一五年、六～三二頁。

上原專祿「ランケと〈ヒストリア・ムンディ〉」同『世界史認識の新課題』（上原專祿著作集25）評論社、一九八七年、三二四～四三〇頁。

ウォーラーステイン、I.『社会科学をひらく』山田鋭夫訳、藤原書店、一九九六年。

大戸千之『歴史と事実――ポストモダンの歴史学批判をこえて』京都大学学術出版会、二〇一二年。

グーチ、G. P.『十九世紀の歴史と歴史家たち』上・下、林健太郎・林孝子訳、筑摩書房、一九七一・一九七四年。

ケニヨン、J.『近代イギリスの歴史家たち――ルネサンスから現代へ』今井宏・大久保桂子訳、ミネルヴァ書房、一九八八年。

高坂正顕・西谷啓治・高山岩男・鈴木成高『世界史的立場と日本』中央公論社、一九四三年。

コント、A.「実証精神論」霧生和夫訳、清水幾太郎責任編集『コント、スペンサー』（世界の名著46）中央公論社、一九八〇年。

酒井三郎『日本西洋史学発達史』吉川弘文館、一九六九年。

坂口昻「『世界史論進講録』を読む」『藝文』第九巻第六号、一九一八年、五八～六四頁。

――『概観世界史潮』岩波書店、一九二〇年。

――『世界に於ける希臘文明の潮流（増訂版）』岩波書店、一九二四年。

――『世界史論講』岩波書店、一九三一年。

――『独逸史学史』岩波書店、一九三二年。

佐藤真一『ヨーロッパ史学史――探求の軌跡』知泉書館、二〇〇九年。

鈴木成高『ランケと世界史学』弘文堂、一九三九年。

――『世界史における現代』創文社、一九九〇年。

――「世界史観の歴史」（一九四四年）、西田幾多郎・西谷啓治ほか『世界史の理論――京都学派の歴史哲学論攷』（京都哲学叢書第一一巻）燈影舎、二〇〇〇年。

鈴木成高・林健太郎「〈対談〉ランケ史学の神髄」『世界の名著　続11　ランケ』付録、一九七四年、一～一二頁。

土肥恒之『西洋史学の先駆者たち』中央公論新社、二〇一二年。

西川洋一「史料紹介――ベルリン国立図書館所蔵ルートヴィヒ・リース書簡について」『国家学会雑誌』一一五巻三・四号、二〇〇二年、一七九～二二三頁。

――「東京とベルリンにおけるルートヴィヒ・リース」東京大学史料編纂所編『歴史学と史料研究』山川出版社、二〇〇三年。

日本戦没学生記念会編『新版　きけわだつみのこえ――日本戦没学生の手記』岩波文庫、一九九五年。

バーク、P.『文化史とは何か』（増補改訂版）、長谷川貴彦訳、法政大学出版局、二〇一〇年。

バクル、T. H.『世界文明史』第一巻、西村二郎訳、而立社、一九二三年。

バーディング、H.「ランケ」木谷勤訳、ハンス＝ウルリヒ・ヴェーラー編、ドイツ現代史研究会訳『ドイツの歴史家』第一巻、未来社、一九八二年。

浜林正夫「H・T・バックルの『イングランド文明史』」『一橋大学社会科学古典資料センター年報』第五号、一九八五年、四～八頁。

福沢諭吉『文明論之概略』岩波文庫、一九九五年。

松沢弘陽『近代日本の形成と西洋経験』岩波書店、一九九三年。

丸山真男「『文明論之概略』を読む」（上）・（中）、『丸山真男著作集』第一三・一四巻、岩波書店、一九九六年。

村岡哲『レーオポルト・フォン・ランケ――歴史と政治』創文社、一九七三年。

メール、M.「明治史学におけるドイツの影響――どれ程意義ある影響だったのか？」近藤成一訳、東京大学史料編纂所編『歴史学と史料研究』山川出版社、二〇〇三年、一八二～二〇一頁。

ヤーノジ、E.「十八・九世紀ヨーロッパにおける世界史叙述の試み――ヴォルテールからシュペングラーまで」西村貞二訳『思想』四八二、一九六四年、六五～七八頁。

ランケ、L. v.『強国論』相原信作訳、岩波文庫、一九四〇年。
――――『政治問答　他一篇』相原信作訳、岩波文庫、一九四一年。
――――『世界史概観――近世史の諸時代』鈴木成高・相原信作訳、岩波文庫、一九四一年。
――――『世界史の流れ』村岡晢訳、ちくま学芸文庫、一九九八年。
「ランケ紀念講話」『史学界』第六巻別刷、一九〇四年。
リース、L.『世界史の使命』坂口昂・安藤俊雄訳、岩波書店、一九二二年。
渡辺和行『近代フランスの歴史学と歴史家――クリオとナショナリズム』ミネルヴァ書房、二〇〇九年。
Berger, Stefan and Chris Lorenz (eds.), *The Contested Nation. Ethnicity, Class, Religion and Gender in National Histories*, Basingstoke: Palgrave Macmillan, 2011.
Breisach, Ernst, *Historiography. Ancient, Medieval and Modern*, 3 ed., Chicago and London: University of Chicago Press, 2007.
Buckle, Henry Thomas, *History of Civilization in England*, London: Parker, Son, and Bourn, Vol. 1, 1857; Vol. 2, 1861.
Carbonell, Charles-Olivier, *Histoire et historiens: une mutation idéologique des historiens français 1865–1885*, Toulouse: Privat, 1976.
Conrad, Sebastian, "World history, Japanese style: reading the Japanese past through a European lens," *Storia della Storiografia*, 35, 1999, pp. 97–112.
Delacroix, C., F. Dosse et P. Garcia, *Les courants historiques en France XIXe — XXe siècle*, Paris 2007.
Grabski, Andziej F., *Spór o prawa dziejowe. Kontrowersie wokół Henry'ego Thomasa Buckle'a w Polsce w dobie pozytywizmu*, Lublin: Wydawnictwo UMCS, 2002.
――――, *Dzieje historiografii*, Poznań: Wydawnictwo Poznańskie, 2003.
Iggers, Georg G., and Q. Edward Wang, *A Global History of Modern Historiography*, London: Pearson Longman, 2008.
Ranke, Leopold von, *Weltgeschichte*, 4. Aufl., I Teil: *Die älteste historische Völkergruppe und die Griechen*, Leipzig: Duncker und Humblot, 1886.

第14章　近代日本の「万国史」

南塚信吾

本章の目的は、明治期に出版された「万国史」の分析によって、明治期にどのような方法と内容の世界史像が広がり、それが今日のわれわれの世界史像の形成にいかなる影響を与えたかを検討し、その内包する問題を克服する手がかりを得ることである。

明治政府は、その発足直後から、世界の情勢を知り、国民に知らせるために「万国史」の教育に力を入れ、自らも「万国史」の教科書を編纂、翻訳していた。もちろん、江戸末期には明治期の「万国史」につながるものがいくつか出ていたが、明治期には、ほとんど毎年といっていいほどに「万国史」の教科書や啓蒙書が出版されていた。そして、「万国史」の多くは小学校、中等学校、師範学校などの教科書として使われ、広く人々の世界史認識に影響を与えた。この「万国史」については、意外に研究は少なく、宮地正人や松本通孝らの研究があるにすぎない[1]。

本章では、一八八一（明治一四）年までの明治初期における「万国史」の模索の時代、「明治一四年の政変」ののちの「脱亜入欧」の進む一八八〇年代における「文明史」的な「万国史」の支配期、「国民主義」の影響を受けた一八九〇年代の「アジア的万国史」の挑戦期、最後に一九〇〇年代における「世界史」の登場に分けて、検討する。なお、紙幅の都合上、「万国史」のおかれた日本内外での時代的背景や「万国史」のなかで展開される歴史の方法については、最小限に述べるにとどめる。

1　「万国史」の草分け

（1）「支配的」なものの「万国史」

明治期において、最も早く現れた「万国史」は、西村茂樹の『万国史略』（一八六九〔明治二〕年）[2]である。これはアイルランドの歴史家A・F・タイトラーの本の初めの部分の訳である。[3]それは主に歴史の方法を述べた部分に相当する。

『万国史略』は、その「叙言」において、まず歴史を述べるものは、「必ず其の識見を確定し、思慮を公平にし、又能く精神を鎮静にして、事理の正不正を精究し、世俗の毀誉《きよ》に幻惑されない」ようにしなければならないとしたうえで、人類の初まりから「文明」に至る過程を著すとする。すなわち、「上古」から一七世紀までの「事跡の最も精確なる（なんらかの信頼できる説明を持っている――南塚）者を記」すのだという。その間の諸国の始まり、国史の大要、国君の易姓、国の興起隆盛、衰微亡滅の所以の大略を、もらすことなく記すと。そしてこの書を読む者は、「諸国（nation――南塚）の風俗、法律、政体、教法、並びに其礼儀に赴くの変化、及び工芸学術の進歩に於て、殊に深く意を用ひ以て史学の益を得んことを望む」とする。ここには今日の歴史学においても肝要な「思慮」の「公平」さとか、「事跡」の「精確」さという歴史の方法の問題が記されているのである。

『万国史略』は、このあと歴史の構成方法について書いている。歴史には二つの方法がある。一つは、諸事件を厳密に年代順に提示するもので、今一つは、公法と政治教義を、実例を交えながら、述べるというものである。本書はその中間をいくという。万国史においては、古代から近代までどの時代をとってもそこに「支配的」なネイションまたは帝国があって、それに他のものが従属していたり、それとの関係で他のものが当然に出てくるということになっている。だからこの「支配的」な主体を軸に万国史を構成していけばよいのだ。[4]この構成の方法は、このあとの一九世紀の欧米の「世界史」叙述に、程度の差はあれ、共通して見られる特徴になる。

このような「叙言」ののち、本論では「上古」のギリシア史の中頃までを訳すにとどまっていた。

表14－1　『五洲紀事』の構成

〈開闢元始〉

〈亜細亜《アジア》洲の部〉

亜西里亜《アッシリア》，巴比倫尼《バビロニア》，波斯《ペルシア》，猶太《ユダヤ》，亜拉伯《アラビア》，印度《インド》，支那〔附　蒙古，韃靼〕

〈阿非理加《アフリカ》洲の部〉

埃及《エジプト》〔附　内地，巴巴利《ベルベル》部落〕

〈欧羅巴《ヨーロッパ》洲の部〉

希臘《ギリシア》，羅馬《ローマ》（法王国，以太利諸国），土耳其《トルコ》，西班牙《スペイン》・葡萄牙《ポルトガル》，仏蘭西《フランス》，日耳曼《ゲルマン》・墺太利《オーストリア》・普魯士《プロシア》・瑞西《スイス》〔附　匈牙利《ハンガリー》〕，魯西亜〔附　波蘭《ポーランド》〕，嗹馬《デンマーク》，瑞典《スウェーデン》，諾威《ノルウェー》，和蘭《オランダ》・比利時《ベルギー》，英吉利《イギリス》

出所：筆者作成。

（２）「飛行船」に乗って地球を周遊する「万国史」

「万国史」の全体像を初めて与えたのは、寺内章明訳編『五洲紀事』（一八七一〔明治四〕年）[5]である。これは「万国史」とは称していないが、内容は「万国史」そのものであった。「五洲」というのは、アジア、アフリカ、ヨーロッパ、アメリカ、オセアニアの五つの「洲」という意味である。これはアメリカの「パーレイ」の世界史[6]に拠りつつ、他をも参照して寺内がまとめたものである。パーレイの英語の原本は、ある老人が、飛行船に乗って地球を周遊するように、世界のすべての国や地域の歴史を満遍なく説いていくという手法をとっていた。したがって、決してヨーロッパ中心ではなかった。しかし、寺内の『五洲紀事』はアジア、アフリカ、ヨーロッパまでしか扱っていなくて、アメリカやオセアニアは出てこなかった。アメリカ洲の場合はそれが新しいので歴史を語れないのだという。

『五洲紀事』の構成は表14－1のとおりである。

まず地域的な構成の特徴を見れば、パーレイの原本のように世界地理全体をなぞるようにめぐっているわけではないが、しかし、亜細亜《アジア》や阿非理加《アフリカ》については相当なページを割いており、欧羅巴《ヨーロッパ》のなかでも、波蘭《ポーランド》や匈牙利《ハンガリー》、あるいは北欧といった周辺諸国をきちんと網羅し、とくに土耳其《トルコ》の歴史は詳しく述べられている。五洲というからには、日本も含めるべきであるが、それは膨大なのでここでは省略すると、寺内は断っている。支那（ママ）史についても、わずかに梗概を付すにとどめるという。注目されるのは、たしかに欧羅巴の記述は多いが、欧羅巴の大国を「中心」に世界史を描くという傾向は見いだせないということである。

ついで、世界史の方法という点では、依然として、キリスト教的世界観を脱し

ておらず「天地創造」説をとっていたが、たとえば羅馬《ローマ》の滅亡を神の思し召しとは言わず、「君」の過ちに帰しているように、キリスト教的世界観からの脱却の過程にあった。また、各国、各地域の歴史を古いところから新しいところまで縦に描いて、そういう歴史を並べるという手法をとっていたがゆえに、方法的に排除されてしまう国や地域の歴史はないはずであった。また、古代・中世・近代といったヨーロッパ的な歴史の時期区分が採用される余地はなかった。ただし、歴史のアクターとしては、人民を支配する君主が主役で、賢明なる王、あるいは「英傑」が理想とされていた。

歴史の方法という点では、西村の『万国史略』ほどのレベルではないが、しかし、地球上の諸地域、諸国の歴史を、特定の「中心」からではなく、全体としてサーベイしているということが重要な点であった。

(3)　同時代史としての「万国史」

同じ時期に非常に注目すべき「現代世界史」が現れていた。それは、箕作麟祥《みつくりりんしょう》編『万国新史』(一八七一〔明治四〕―一八七七〔明治一〇〕年)(7)であった。これはイギリスのチェンバース(8)らの本を消化して著者がまとめたもので、フランス革命から普仏戦争に至るまでの詳細な「同時代史」的な「現代世界史」であった。

その特徴をまとめて述べるならば、第一に、一国の歴史にも周りの国の歴史が組み込まれているという観点から、まずはフランス革命を隣国の動きを取り入れつつナポレオンの没落まで詳細に論じている。そして、とくにナポレオン戦争の全世界に対する影響を見ようと、視野をヨーロッパ全体はもちろん、エジプト、インド、アメリカ合衆国、サン・ドマング島の「一揆」にまで広げている。第二に、一八一五年以後についても、ヨーロッパ各国の人民の自由を求める運動と神聖同盟との対抗関係としてヨーロッパ全体を眺めたあと、視野をアジアにも広げて、ロシアとイギリスがユーラシア大陸全体にわたって対立関係を広げていく動きとの関連で、エジプト、トルコ、中央アジア、インド、中国、チベット、モンゴル、シベリアなどの歴史を述べて、アジア各地での列強への抵抗運動にも目をとどかせている。第三に、クリミア戦争のところではロシアの農奴解放やルーマニアの統一までを扱った後、インドの「セポイ」の乱へ移り、それからスエズ運河を語り、イタリアの独立を論じた後、アロー戦争と太平天国の乱に転じ、ロシア、アメリカ、フランスへと歴史をつなげていくのである。

箕作は、基本的にはヨーロッパを中心に見ながら、同時代の世界諸地域をなんらかの「関係」のなかで連結させて世界史を描いていたのだった。日本史、東洋史、西洋史に区分されていなければ、こういう具合に自由に世界史を見ることができることを示している。

こうして明治の初期に「万国史」の三つの発展方向の萌芽が芽生えていた。

2　文部省編「万国史」

(1)「日本史、支那史、西洋史」の三区分

一八七二（明治五）年に学制が発布されたときに文部省が準備したのが『史略』（一八七二年）[9]であった。『史略』は、日本、支那、西洋に分けて世界の歴史を扱っていた。日本史は天皇歴代史で、中国史は王朝史であって、共に天皇・皇帝の簡単な事績を並べただけであったが、「西洋史」のほうは歴史記述になっていた。

その西洋史について見ると、上古、中古、近世を区分し、上古は紀元五〇〇年頃まで、中古はそれ以後一五〇〇年まで、近世をそれ以後今日（明治）に至るまでとしていたが、実際には、中古と近世の区別はせずに、中古以下各国の歴史を個別に論じていた。上古では、アッシリア、バビロニア、フェニキア、ユダヤ、ペルシア、ギリシア、ローマを扱い、中古以来では、フランス、イギリス、ドイツ・オーストリア・プロイセン、スペイン・ポルトガル、オランダ、ベルギー、スイス、デンマーク・スウェーデン、ロシア、イタリア、トルコ（ギリシア）、アメリカの歴史を並べて記述していた。

この『史略』について、「生徒がこの歴史の入門書を用いて、日本・東洋・西洋のすべてにわたる略史を読んで、日本歴史のみならず世界の歴史的な発展にも目を向けるように教材を編集していることは注目に価する」[10]という山村俊夫の言にはうなずける。だが『史略』の方法には、いくつか考慮すべき重要な点があった。

第一に、歴史の初めを論ずるにあたり、天地創造などの聖書的歴史からは脱しようとしていた。

第二に、日本史、支那史、西洋史という三つの要素から世界史を構成するという方法はすでにここに潜在した。「西洋

史」という概念が明確に出ていることが注目される。

第三に、基本的にはヨーロッパ中心であるが、そのヨーロッパも視野を広く取っていて、たとえば、トルコ史が体系的に描かれていた。ただし、ヨーロッパが中心で、他を従属的に位置づけるというタイトラー的な手法はまだできていなかった。

第四に、ヨーロッパ史に限られるとはいえ、ここに初めて上古、中古、近世という時代区分が持ち込まれていた。

第五に、歴史のアクターを見ると、支配者の事績が中心で、全体として歴代の国王、皇帝の事績を追った政治史であった。支配される「人民」は、ときどき出てくるといった程度で、人民への警戒、王侯の仁恵の尊重という視線が見て取れる。

以上は、いずれも今後検討していくべき論点なのである。

（2）日本史以外の外国史としての「万国史」

数年後、文部省は『史略』のなかの西洋史と東洋史の部分を併せて詳しくして、新たな『万国史略』[11]を出版した。その「序文」によれば、「万国史」は「世界中の国々の歴史」という意味であるが、日本の歴史は別に論ずるので、このなかには入れず、「漢土」を詳しく論ずるという。そして西洋史を中心に構成していた。だから、この「万国史」は「日本史以外の外国史」を網羅しようとするものであった。

この『万国史略』の構成は、**表14-2**のようになっていた。

その特徴は、まず、『五洲紀事』や『史略』と同じく、まさに日本を除く万国の歴史を網羅していた。それぞれの国について、歴史を縦に述べるという方式であった。また、ここに、日本以外のアジア史と欧米史を「万国史」としてまとめるという方法、いわば日本史と「万国史」を二本立てで歴史を考える方式が登場したのである。ただし、アフリカとオセアニアは削除されている。次に、『史略』とは違って、「上古」と「中古」といった時期区分がなかった。時期区分という方法はまだ確立してはいないのである。さらに、歴史のアクターは、基本的には、王侯君主であるが、それでも、国内に住むすべての人々を指す「国民」と、権力者に対する人々を指す「人民」とが区別されている点が注目される。これは先の寺内や箕作、あるいは『史略』よりやや進んだ使い方である。ちなみに、「世界の開闢《かいびゃく》」について、アダムとイヴが出て「人間の始祖」

表14－2　『万国史略』の構成

〈亜細亜洲〉
漢土，印度，波斯，亜細亜土耳古《トルコ》
〈欧羅巴洲上〉
希臘，羅馬
〈欧羅巴洲下〉
「人民の移転」（諸民族の大移動），仏蘭西，英吉利，独逸，墺地利，普魯士，瑞西，和蘭，比耳時，嗹馬，瑞典，那威《ノルウェー》，西班牙，葡萄牙，伊太利，土耳古，露西亜
〈亜米利加洲〉
「発見殖民」と合衆国

出所：筆者作成。

となったことなどが述べられていて，キリスト教的な色彩は完全に払拭《ふっしょく》されてはいなかった。

3　多様な「万国史」――一八七〇年代後半

（1）時代別に世界各国史を並列した「万国史」

一八七〇年代後半（明治八～一三年）は，多様な「万国史」が出た時期であった。その中心が一八七五（明治八）年に出た西村茂樹の『校正万国史略』[12]であった。「校正」とはいえ，これは前著『万国史略』とは大幅に異なっていて，別の書といってよいものである。西村は，タイトラーを基礎にしていると記しているが，それ以外に，ウエルター[13]などの世界史も利用したようである。

この『校正万国史略』は，「上古」「中古」「近世」の三区分をとっていた。その構成は，大体のところ，**表14－3**のようであった。

これは明治期に出た最初の詳しい「万国史」であった。その特徴を整理してみると，次のとおりである。

第一に，時代別に各国民（nation―南塚）の歴史を整理して並べる方法をとっている。これはその後，今日に至るまで，わが国での世界史の方法になるわけである。

第二に，世界史の地理的範囲という点では，ヨーロッパが中心で，アジアは，基本的には，「英国属地」の歴史（印度反乱，支那との戦争）など，西欧諸国の歴史のなかに埋没してしまっている。アジアのみならず，ヨーロッパの海外へ

表14－3　『校正万国史略』の構成

部	構　成
上古	「天地創造」，バビロン，エジプト，ペルシア，ギリシア史，ローマ史
中古	5世紀から9世紀までの時期の東ローマ，ブリテン，フランク王国，「亜剌伯（アラビア）史，モハメット」「回教の大教師（カリフ）」，フランク王国の分裂；10世紀からのヨーロッパ各国史（十字軍の前と後に分けて羅列―南塚），ロシア，「オットマン・トルキ」史
近世	（1）15世紀 アメリカの「検出」や「教法改正」，15～16世紀の西欧各国史
	（2）17世紀 「三十年の大乱」，英蘭戦争，ルイ13・14世のフランス，イギリスのピューリタンと国政改革，ウエストファリア以降のルイ14世紀の時代，イギリスの「法律」（名誉革命としては出てこない―南塚），ハプスブルク，ロシア東欧など
	（3）18世紀 スペイン継嗣の乱，七年戦争，英仏戦争，「北亜米利加合衆部」の独立，東印度史，ロシア・ポーランド史など
	（4）19世紀 「法蘭西革命の大乱」，「拿破侖（ナポレオン）」，ヨーロッパ諸国，ブルボン家再興；1820～40年代のヨーロッパ各国史，とくに自立を図った国としてギリシア，ベルギー，ポーランド，亜墨利加（アメリカ）諸国；1850年以降の露土戦争，イタリアの統一，普墺戦争，英国属地の印度反乱と支那の乱，合衆国南部反乱，普仏戦争。

出所：筆者作成。

の進出については、ほとんど記されていない。わずかに、アメリカの「検出」、東印度史という節があるのみである。アフリカなどはまったく出てこない。パーレイや箕作と比べて、非ヨーロッパの記述が縮小された分、ヨーロッパ史の記述は詳しく、正確になっている。この『校正万国史略』あたりから明確にヨーロッパ中心に「万国史」を考えるようになっていくのである。

第三に、これもいわば為政者の政治史であって、政治指導者、権力者の争いや連合などの歴史であった。「人民」が出てきてもそれは政治のなかの一要素であった。たしかに西村は、ヨーロッパ各国において「民権」がいかに根付いてきたかに関心をもっており、その観点から歴史を見ている。すでに「民主政治」という概念も取り込んでいる。だが、それは、為政者からの関心事であった。

最後に、本書は「天地創造」など依然として聖書的歴史から脱却できていなかった。むしろ、『万国史略』よりは後退していたというべきであった。これは、タイトラーよりもウエルターらの影響によるのであろう。

この西村の『校正万国史略』はやがて、ヨーロッパ中心的な「文明史」へと引き継がれていく[14]。

（2）飛行船に乗ったパーレイ「万国史」の全貌

翌年に出た牧山耕平訳『巴来（パーレイ）万国史』（一八七六（明治九）年）[15]は、寺内の『五洲紀事』のもとになったパーレイの本の全訳で、明治前半期の「万国史」のベストセラーであった。

まず、本書は「緒言」において次のように方法を述べていた。「歴史は世界創造以来人世の紀事にして」、過去の諸都市や諸国（ネイション）の衰勢や「奇事奇聞」をよく覚えている一人の「老人」のようなものである。しかも、「史を知らんと欲せば、また地理誌を解せずばあるべからず」というのである。したがって、本書は地理的な情報をたくみに取り入れていた。だが、歴史の方法は不十分で、「男女の創造」以下、聖書的な色彩を脱していなかった。

本論では、アジアから始まって、地球をぐるっと回るように、各地域での歴史が述べられていく。その際、「人種（mankind—南塚）を分かちて、野蛮、未開、開化、最上開化の四種となす」という観点から、いわば「発展段階」のような概念が持ち込まれてきていることが注目される。

〈亜細亜〉は、アダムとイヴの「創造」された地とされ、東は支那、日本などまでをカバーしている。アジアの歴史についてはかなり記述が多いが、今日からすれば誤解があったり、「未開」の「人民（people—南塚）」への蔑視が散見される。

〈阿弗利加〉は、他と違ってその内部が知られていない、「何となれば」、その「人民」の多くは「黒奴」であって、ヨーロッパ人が到達していないところが多いからであるという。その黒奴の多くは、「未開」あるいは「野蛮」の状態にあるとされる。魑魅魍魎《ちみもうりょう》の世界という感がするエピソードが多く取り込まれているが、「売奴の史」の批判で終わっている。

〈欧羅巴〉は、最もページを割いて描かれている。ギリシアに始まり、「最上開化」した国々（nations—南塚）の国別の縦の歴史が続けて配列される。ここでは「発見」はスペイン、ポルトガル史に組み込まれている。

〈亜米利加〉は、先住民「民祖」が印度人種（インディオ）であったことから始まり、コロンブスによる「発見」以後の、ヨーロッパによる「植民地」獲得が語られ、英仏の争い、合衆国の独立が論じられている。南アメリカではハイチでの「黒奴叛乱」が書かれている。

〈オーシェアニカ（オセアニア）〉では、マレーシア群島、オーストラリア、ポリネシアの歴史が語られる。

以上のような『巴来万国史』全体の特徴を見れば、次のようにまとめることができる。

第一に、それは各地域史の集成であった。各地域の歴史はまず地理的な説明から始まって、各国史を古い時期からから新しい時期まで述べていく。時期区分は採用されていなかったが、それぞれの国に即して歴史を縦にたどるという手法であった。しかし、いわば人種的な「発展段階」意識が込められていた。

第二は、どの地域や民族をも「中心」とすることがない歴史であった。記述量は多いが、ヨーロッパ中心主義とはいえない。ヨーロッパが「中心」で他に影響を与えるという見方はまだ出てきていなかった。

第三に、依然として歴史を王侯貴族や将軍の事績として述べる歴史であった。したがって為政者の独立や自由といった基準から歴史を見ていて、「人民」「国民」の自由や独立からではなかった。

この本によって『五洲紀事』は乗り越えられ、『巴来万国史』は一八八〇年代初期までかなり広く読まれることになる。(16)

（3）　植民地史の充実した「万国史」

この時期に出た「万国史」のなかで、ヨーロッパを中心にしながらも植民地史を充実させていたのが、アイルランドの歴史家W・C・テイラーに拠った木村一歩他訳『低落爾万国史』（一八七八〜八五（明治一一〜一八）年）(17)である。

これは、「上古」と「近世」の二区分を採用して、「中古」といった区分は設けていなかった。その「上古」では、「北亜非利加、南欧羅巴、中西亜細亜、列国の治乱興廃」、「羅馬王国創造より西帝国の滅亡まで」を扱っていた。テイラーは明確に聖書的な世界史は脱却していて、古代史はエジプトの文明から始めていた。「近世」は、第一に、「羅馬西帝国滅亡後全欧諸国の形勢、羅馬教王権の興隆替否」、第二に、一四〇〇年代以後の欧羅巴の文芸復興、宗教改革、「惟士発里（ウエストファリア）和成後全欧の形勢」、重商主義と植民地システム、七年戦争までを論じていた。

テイラーの原書は、そのあとに、革命の時代（ポーランド分割、アメリカ戦争、インドの英帝国、フランス革命）、フランス帝国（ウィーン会議まで）、平和の歴史、植民化の歴史（メキシコ、ペルー、ブラジル、西インド、東インド、インド、中国）、合衆国などが続くが、それらは翻訳されなかった。テイラーの最も特徴的なところが訳されていなかったということができる。

それでもテイラーの歴史のいくらかの特徴は翻訳をとおして伝わっていたと思われる。テイラーは、原書の序論で、歴史とは、事実の集積ではなく、歴史家の選択した事実からなるのだと断言している。翻訳ではこの序論は省略されているが、かれの歴史はたしかにこれまでのものとは違って、批判的な目で書かれた植民地史を厚くして、かれの関心の方向を示していた。しかし、このテイラーの「万国史」の特徴はその後の「万国史」に受け継がれることはなかった。

（4）アジア主義からのユニークな「万国史」

以上は、一八七〇年代に出た翻訳版の「万国史」であるが、単なる「翻訳」ではない「万国史」も現れていた。それは、岡本監輔の『万国史記』（一八七八（明治一一）年）[18]である。岡本監輔は、のちに福沢の「脱亜論」とは反対に日清の協力を説き、アジア主義者と呼ばれるようになった人物で、この本を漢文で書いていた。

本書は、日本、中国から始めて、インド、オリエント、アフリカ、ヨーロッパ、アメリカと回って、オセアニアに戻ってくるという、パーレイと同じような方式を取っていたが、日本から出発していたわけである。パーレイと同じく、古代・中世・近世といった時代区分をせず、古いところから新しいところまでの各国史を並べるという方式をとっていた。

①亜細亜の部では、アジアの地理的・人種的概観の後、「大日本記」で天照大神からの皇国史が略述され、ついで諸外国との交渉史が述べられる。続く「支那記」でも、王朝史が続き、「附録」として支那の対外関係が述べられる。とくに、鴉片（アヘン）戦争以後のイギリスの進出と開国の過程が詳しく記述される。「印度記」では、ポルトガル、オランダ、イギリスの勢力の到来、それによる莫臥爾（ムガル）朝の衰退が書かれる。このあとペルシア、タタール（韃靼）、アッシリア、パレスタイン（巴勒斯坦）の歴史が続き、ここで、「創世記」が援用されている。これに次いで、ユダヤの民の歴史、耶蘇（キリスト）の生誕とキリスト教の拡大が出てくる。アラビア（亜剌伯）の歴史は、マホメットから始められ、回教の成立と、その普及、耶蘇教との対立などが述べられる。重要なのが、本書で初めて、「朝鮮」史が登場することである。これに続いて、

安南、シャム、ビルマ、アフガニスタンの歴史も、「万国史」としては初めて略述されている。

②亜非理駕（アフリカ）のところでは、エジプトのほか、エチオピア、北アフリカのベルベル人、東アフリカのザンジバル、ダホメー、南のホッテントット、西のリベリア、インド洋のマダガスカルなどの歴史が語られる。アフリカの奴隷については、とくに頁が割かれていた。岡本は、アフリカの「土人」は無知であるといわれるが、これは人の「性」に依るのではなく、これは知識と教学によって乗り越えられるものであると述べて、むしろ欧洲人を批判していた。

③欧羅巴については、最も多くのページを割いて述べている。ヨーロッパ総説以下、ギリシア、ローマ、イタリア、トルコ、フランス、ドイツ、オーストリア、ロシア、イギリスなど、それぞれに古代から近世までの歴史が縦に述べられている。興味深いことに、ポーランド分割の過程、ポーランド人の蜂起が、詳細に述べられている。

④亜美理駕（アメリカ）の部では、その総説において、コロンブス（可倫波）以来の南北アメリカ大陸の概史が述べられ、それに続いて米利堅（メリケン）、メキシコ、ペルー、ブラジルなどの諸国の歴史が記されている。そのなかでも、アメリカの独立戦争と南北戦争は詳細に記述されている。ただし、コロンブスの「新地発見」では、コロンブスは英雄のように描かれており、「発見」後の植民やキリスト教布教や現地人虐待などは書かれていなかった。

⑤阿塞亜尼亜（オセアニア）の部では、ルソン、ボルネオ、ジャワ、スマトラ、オーストラリア、パプア、ハワイ、タヒチなどの諸島の歴史が概観され、最後に欧洲人の到来は深く憂うべきことであると結んでいる。

これも、『五洲紀事』や『巴来万国史』のように諸地域の歴史の並列としての「万国史」である。岡本のものは、ヨーロッパ以外の、アジア、アフリカ、オセアニアなどに十分な記述をあて、それらを世界史のなかにしっかりと組み込んだということがメリットであった。しかも、一貫して、ヨーロッパ列強の進出を事実によって批判するという姿勢を採っていた。したがって、「中心」が他を支配する構造で世界史を構成するというヨーロッパ中心主義ではなかった。

最後に岡本は、人民以外に、今日ならば市民を意味する「府民」、国民を意味する「国人」、そして「民族」という概念を登場させ、また「階級」という概念も新たに登場させ、世界史を見る目線は為政者のそれだけではなくなっていた。ただし、徹底して人民の目からというのではないことは、コロンブスの評価などに見られるとおりである。

以上のように、一八七〇年代には、「万国史」の多くは、広く世界各地・各国の歴史を網羅した「万国史」であり、アジアも小国も等しく関心の対象になっていた。ヨーロッパについての記述が多いという意味でのヨーロッパ中心の傾向は見られるが、それはまだヨーロッパ中心主義の「万国史」ではなく、ヨーロッパ的な時期区分も一般的ではなかった。しかし、一八八〇年代には、七〇年代とは違った「万国史」が登場することになる。

4　「文明史」の支配――一八八〇年代後半

「明治一四年の政変」以後の一八八〇年代には、「上から」の文明開化が進められ、「脱亜入欧」の思潮が進行し、やがて一八八〇年代後半には、完全に聖書的歴史を脱してはいるが、ヨーロッパの「文明史」的「万国史」の支配が確立する。この点で大きな影響力を持ったのは、スウィントンとフリーマンの歴史の導入であった。

（1）ヨーロッパ中心の「文明史」的「万国史」

この時期の中心的な「万国史」は、W・スウィントンの「世界史」[19]を翻訳したものであった。原著は、すでに日本でも英語で読まれていたが、一八八六～六七年に翻訳されて出版された。[20]翻訳には二種類があるが、ここでは植田栄訳『須因頓氏万国史』（一八八六（明治一九）年）を使うことにする。

本書ははじめに以下の問題を提起している。

第一　ヨーロッパの諸国はいかなる「国民」（nation―南塚　以下同様）にして、世界の「文明進歩」にいかなる貢献をしたか。

第二　諸国民（race）の宗教、戦争、法律、政体、文学、技術などの違いはどのようなものか。

第三　各国の人民（people）政治の自由、教育、衣食住、商業、社会[21]の状態、思想、習慣、風俗の様子はどうか。

第四　文明を進める諸般の創造、発見、社会の変遷、政治の改革、知識技量の進歩の様子いかん。また今日の文明に達した順序いかん。

これまでは、歴史は帝王や王朝や軍隊の記録にすぎなかったが、「近世にいたり大いに史学の面目を一新し、国民状態の変遷を記するを以って本領となし」、上のような問題の解決を求めるようになったというのである。

本書は、いたずらに事実を蒐集し年序排列するのではなく、「文明進歩に与りて力ある国民の制度、文明」の歴史を論述するという。「歴史とは、「其の行為を以って文明史を組成するに足るところの人民（mankind）の起原および進歩を記するもの」である。そのような人民とは「自然未開の域を脱して既に政治社会（communities）をなし国民の資格を具ふるもの」である。だから歴史が論ずるところは、「とくに宇内の大勢に影響を及ぼし其の状態をして今日吾人の目撃するところの地位に至らしめし諸国に止まる」。「歴史は国民すなわち文明人民を論ずるものなり」という。この場合、歴史とは世界史のことであるから、世界史は文明を指導した国民の歴史だというのである。これが文明史的な「万国史」である。

そういう見地から歴史を見ると、歴史として論じられるのは、コーカサス人種すなわち白人種の歴史である。「今日の文明はコーカサス人種の脳髄より来るものなり」。そのコーカサス人種のなかでも、アーリア人種（印度欧羅巴人種）こそ、「世界進歩の大劇場に立ちて常に其の要部を演じ」てきたのである。ゆえに、「アーリア人種は発達進歩の人民（race）にして万国史は文明を助けて進歩を促したるこの人種（nation）の事業を論じてこれを填《う》めざるをえず」。ここにおいて、文明史的な「万国史」に人種論が加わったわけである。

こうして、スウィントンは、文明論と人種論的な立場から、世界の人民のなかで、文明の構築と発展に貢献のあった国民（人種と区別はないと考えられる―南塚）の歴史のみを扱い、それ以外はその文明史に関係のある限りで扱うという方法を取っていた。今日的にいえば、そこに出てくる「万国史」はヨーロッパ中心のナショナル・ヒストリーを集めたものであった。

具体的な記述においては、すでに完全に聖書的な見方は乗り越えたうえで、スウィントンは、古代、中古、近世という三区分を採用していた。古代史は五世紀の西ローマ帝国の滅亡まで。西ローマ帝国の滅亡ののち、ヨーロッパの諸人種が現れ、新人種・新文明が興ると考えられていて、五世紀から一五世紀までを「中古史」とし、一五世紀末よりのちを「近世史」とする。その中古史は、ゲルマンの「民族移動」から始まる。そこに「サラセン人」の興起に一章を設けるが、所詮、サラセンはヨーロッパ史の「撹乱《かくらん》要因」としての位置づけにある。このあとヨーロッパの封建制度、法王権、十字軍を述べていく。一五世紀の末から一六世紀の初めまでは中古から近世への「転遷」の時期とされる。この時期に、東ローマ帝国の滅亡、航海上の発見、アフリカ周航、印刷の発明、文学の再興、火薬の発明、封建の廃止、集権王政の興隆など、大きな出来事が起こったからである。これらの変革を述べた後、ヨーロッパ各国の歴史（ナショナル・ヒストリー）を個別に並べていく。ここは英仏を中心としたヨーロッパ史で、これにオランダ、ロシア、イタリア、ドイツが適宜、付言される。

このスウィントンの「万国史」は、西ヨーロッパを中心に、他を従属的に位置づけた「文明史」的で人種論的な「万国史」であった。圧倒的に西ヨーロッパ史が柱で、その歴史は精緻になっていたが、周辺欧州への目もほとんどなかった。アジアとして論じられるのは、古代におけるエジプトからペルシアなどであり、それ以外ではインド史がいくらか論じられる程度であった。そして、「文明史」は各国史の集積として描かれていて、箕作のような横の関係を見た展開はなかった。さらに重要なのは、ヨーロッパ中心主義に対応して、時代区分が意味づけられていることである。「近世」とはヨーロッパ文明の時代であり、「中古」とはその準備の時期なのであった。

スウィントンに加えて、考慮しなければならないのが、E・A・フリーマンの世界史の翻訳である関藤成緒訳『弗氏万国史要』一八八八（明治二一）年である。(22)

これによると、歴史とは、相互に真に影響しあっているがゆえに、開闢以来今日に至るまでのその経緯（story）が、ほんの一部でも欠落すれば、その後のことが正しく理解できなくなるひとつの物語をなしているような諸国民（nation）の歴史であるという。そしてそういう歴史は、「ただヨーロッパ州の諸大邦国および亜細亜阿弗利加州のなかで親しくこれに関連せる邦国の事蹟だけである」とされる。

要するに、真の歴史とは、文明史であるだけでなく、国の始まり以来今日までの一連の事蹟でなければならないのだ。これは、一貫したナショナル・ヒストリーを求めるものにほかならない。かりにフィクションであっても。そして、そのような歴史は、ヨーロッパの大国と、アジア・アフリカのうちこれに関係するかぎりの国に見られるのみであるという。結局、

「文明」の進歩を指導したヨーロッパ（アーリア人種）を中心に「万国史」を構成し、他のアジアなどの歴史はそれに関係するかぎりで扱うというものであった。

スウィントンとフリーマンの訳書をとおして、ナショナル・ヒストリーを単位とした、ヨーロッパ中心的で、「文明史」的で、人種論的な「万国史」が確立されたのであった。

（2）「文明史的」「万国史」の総決算

「文明史」的な「万国史」を日本人として高らかに賛美したのが天野為之の『万国歴史』（一八八七〔明治二〇〕年）[23]であった。天野はパーレイの万国史を批判し、フリーマンやスウィントンの「万国史」を高く評価した。

曰く、歴史は「社会」発達の誌録であり、それには二つの種類がある。一つは、「一国史あるいは特別史」であり、他は「万国史あるいは普通史」である。「万国史」にも二様があって、「一は、各国の歴史を個々別々に編述し、あまたの特別史を集蒐して、これを万国史となす『パーレイ』の万国史のごとき」ものであり、「他は、万国を一括して一大社会となし、一大集合体となし、この世界全体の進歩発達を誌録する」もので、フリーマン派の万国史がこれである。パーレイ派の万国史には「いかなる国民といえども記載を拒絶せらるるの憂いなき」も、フリーマン派の万国史にはその「仲間入りを許されざるの邦国ある」なり。なぜならば、その歴史が「世界全体の発達に較著なる関係を及ぼさざるかぎりは」、普通史に名を載せることはできないからである。

では、いずれの社会を取るか。「取るべきものは欧州諸国なり。捨つべきものは東洋各土ならずや」。「西洋の文明は実に世界万国の上にその影響を及ぼし、世界発達の傾向を指揮する勢力あれども、悲しいかな東洋の文化、東洋の人民は、世界全体の大運動には秋毫《しゅうごう》も関係を有せずして、万国歴史上にその名を留むるだけの功績あらざるを如何せん」。

こうして、天野は自身の万国史の目的をこうまとめている。「万国歴史の目的は、……専ら世界全体の運動をして、今日の方角に傾向せしめ、また将来においてもこれが運命を指揮するの見込み十分にある邦国、人民について眼目を注射するなり」と。

したがって、アジアについては、インドとアッシリアのほかは、モンゴルとトルコが世界史の動きに関係したものとして扱われているにとどまる。しかも天野のアジア観は徹底して停滞論であった。「東洋の人は自由を束縛したるが故に文化一頓また進むことあたわざるに至り。西洋にては人の権利を尊重したるをもって、文化駸々《しんしん》として日に月に惟《こ》れ新たなり」。

こうして、一八八〇年代後半において、「人種論」を陰に陽にベースにしつつヨーロッパ（アーリア人種）中心の文明史が「万国史」として支配的になっていく。まさに「脱亜入欧」の時代の歴史観である。歴史は為政者の事績ではなく社会の発達の歴史とはなったが、時代区分も文明史を補強するものとなり、各国の一貫した歴史としてのナショナル・ヒストリーが集められて「万国史」に集積されていくのである。

5　「アジア的万国史」の挑戦――一八九〇年代

一八九〇年代に入ると、注目すべき動きが現れた。それは、一八八〇年代末に登場した陸羯南《くがかつなん》や三宅雪嶺らの「国民主義」の影響を受けて、ヨーロッパ中心の「万国史」に対する反発が生まれ、「アーリア人種」の歴史に対して、「モンゴリアン」の歴史をそれと同等に扱うように求める動きが出てきたことである（日清戦争から変化したわけではない）。一方でこの時期には、ドイツの歴史学の方法を吸収したフィッシャーの世界史が導入され、文明史的な「万国史」が質的に高まった。そこで、アジア視線からの「万国史」と、より洗練された「万国史」を総合しようとする動きも現れた。

(1)　「アジア」からの「万国史」

「万国歴史」は、「世界人類全局の変遷発達を一連総合して観察し、其文明進歩の連絡を精査するにありて、一国民一種族に偏有する事績を掲載する」ことはあってはならない。「欧米人独りアリアン種族を誇るべからざるなり。蒙古種族の発達之をアリアン種族に比するに、其進路の経過、頗《すこぶ》る相類似する所あり」。このようにアリアン種族と等しく蒙古種族の歴史を評価すべきだと主張するのが、中原貞七の『万国歴史』（一八九二〔明治二五〕年）[24]であった。

本書は、第一部において中国、日本などを、第二部で欧米史を扱う東西分離型の構成をとっていた。

〈東方〉
上世一　周、戦国、朝鮮と日本
上世二　秦、漢、印度
中世　唐、宋、群邦、日本
近世一　元、明、清
近世二　日本、列国交渉

〈西方〉
上世一　ギリシア、ペルシア、エジプト
上世二　ローマ
中世　東ローマ、フランク、群邦
近世一　ビザンツ、トルコ帝国、スペイン、強国
近世二　フランス、ドイツ、イタリア、イギリス、ロシア、米州諸邦、列国交渉

「西方」はフリーマンに拠っていたようである。また、「東方」は、日本が各時代に配置され、朝鮮も記述されていた。各国史の時代別並列であった。「東方」「西方」の双方に設けられている「列国交渉」の章によってヨーロッパ史とアジア史をつなごうとしている。またトルコやオスマン帝国やロシアの歴史が詳しく、これで東西をつなごうともしていた。注意しておきたいのは、アジア史にも「上世」「中世」「近世」という三つの時代区分を適用していたことである。アジアも同じような文明化の道を進んだのだという主張を反映していたのだろう。文明化そのものは批判していなかったのである。

この中原の本に、三宅雄次郎（雪嶺）が文章を寄せていて、これまでの「万国史」はアーリア人中心であるが、中原の本は、「蒙古種をもって東洋発達の中心とし」、そのなかで「日本人種をして卑しからざるの地位」を得さしめているのは、決して不当ではないとし、「東西文明の真相を発揮し、その極致を融合一致する」うえで、大きな益があると賞賛していた。

日清戦争後に出版され、アジアからの批判をする大原貞馬の『万国小史』（一八九六〔明治二九〕年）[25]は、その目的を「今日における社会文明の因りて来る所をたづね、……万国進歩の大勢を知らしむるものなり」としたうえで、「現時我が国において万国史と称し、教科書に用いるものの多くは、西洋人の著わせしもの、或いは之に依り編纂せるものなるを以て、支那日本の事を記入するあるも僅かに片言隻辞《せきじ》に過ぎず。結局万国史とは西洋史なりとの懸念を抱かしむるの恐れなきにあらず」と批判していた。大原の本の大すじは以下のようである。「歴史がその眼を開きし時」、五つの文明があった。「支那の中原」「印度のガンゼス河畔」「ユーフラチス河付近のメソポタミア」「埃及ナイルの河口」「中央亜米利加の高原」である。このうちエジプトとメソポタミアの文明はいつしか合流してペルシア、ギリシア、ローマとなって今日のヨーロッパの文明となる。一方、支那の文明は、朝鮮より日本に及び、他方アルタイ山へと至り、別に特殊の流れを作り、西洋の流れと相対すべきあり様をもって今日に及べり。これは蒙古人種の文明である。だが、「西洋史家万国史において」は、後者を看過していると批判するのである。

ただし、実際には、大原は、蒙古人種の歴史は支那史や日本国史として独立して描かれているから、本書ではこれを略して、単に「白哲人種」の発達を記述するという。それに万国史の名を冠したのは、「便宜上世の流習に従いし」なり。

それでも、大原の「万国史」はヨーロッパ中心の「文明史」と違っている。構成のうえでのアジア重視の特徴は、法権増長、十字軍と並べて、「蒙古勝利」を扱ったり、武士制と自治市、現時欧州各国民の分立に次いで、「蒙古帝国と土耳児の勃興」を述べたりしているところに、それを見ることができる。そして、「現時代」一九世紀は「東西両洋文明統一の時期」と位置づけているのである。

この「現時代」のなかで述べられている「欧州問題と支那日本の関係」は大変興味深い。曰く「所謂雄邦の東方政策なるもの、侵略にあらざれば圧政なり……。ここを以て東洋の諸国大抵は其食となり、纔《わずか》に独立を保つ波斯、土耳児の如き、亦各国利害の衝突より一縷の命脈を保つに過ぎず。此の間にありて勃興し、独り雄を欧亜列強と競うものあり。日本帝国これなり」とする。日清戦争における勝利からの自信がみなぎっているようで、後の高山岩男『世界史の哲学』（一九四二年）を想起させる。大原の目指すのは、日本を「中心」としたアジア的文明史なのである。それゆえ、この中原や大原あたりからアフリカが「万国史」から抜け落ちていくことに注意しなければならない。

（2）「文明史」の発展――世界史の方法の模索

このようなアジア視点の「万国史」が登場すると同時に、この時期にはG・P・フィッシャーの影響を受けた、レベルの高い文明史的「万国史」も著された[26]。アメリカの神学者であったフィッシャーは、ドイツにおいて歴史学を学んできて、すぐれた世界史を著していた。長沢市蔵の『新編万国歴史』（一八九三〈明治二六〉年）は、このフィッシャーの本の要訳である[27]。その構成は、上世史、中世史、近世史の時代区分をとり、ヨーロッパ中心で、アジアは出てこなかった（原書ではかなり出ている）。この点ではこれまでの文明史と違いはなかった。長沢は原著にある歴史の方法に関する詳細な注解は省略しているが、それでも方法論的にこれまでの「万国史」より洗練されていた。とりわけ、それは歴史の目指すものは人間社会の運動の「法則」を探ることであり、それを「信憑すべき証蹟ある事実」をもとに行っていくのだとしていた。

長沢は、まず歴史とは「人間生活の伝記」であるという。だが、人間が「相集り、団体（community）を造るの時代」に至らなければ、歴史を有することにならない。そして一個の「団体」を造ったものを「国民」（nation）という。「国民」とは「一定の土地を占領し、同一の政治支配を受け、同一の言語宗教習俗等の如き共通の訂訳を以て検束せられたるもの」を指すとした。ここに、単に「一国内に住む人民」の意味だけではない、言語・宗教・習俗等を共にする新たな「国民」の定義が導入されたわけである。これは陸の定義に通じるものであった。そして、長沢も天野と同じように、「万国史中に論すべきものは、社会全体の進歩に関係し、今日の形勢を作るに預かりて力ありし国民」であるという。かくて、言語宗教習俗等を共にする人間がつくる社会を基礎にした「国民」の歴史としてのナショナル・ヒストリー（国民史）という概念が確立し、力ある国民の歴史の集積としての「万国史」が構想されたのである。

長沢は、ドイツのランケによる実証主義的史学の影響を受けたフィッシャーを、このように消化しているのである。(28)

(3) 東洋と西洋の総合

以上のような「アジア」からの見方と西欧的「文明史」とを総合しようとするのが、木村鷹太郎『万国史』(一八九七〔明治三〇〕年)(29)であった。

木村も「万国史とは、其名称の如く、世界何れの国民の歴史をも、悉《ことごと》く之を記述せざるべからざるもの」であるが、「苟《いやしく》も吾人に利害少く又文明進歩に貢献せざりし所の国民の歴史は、今吾人の万国史に於いては之を省けり」という。しかし、木村はここでヨーロッパ一辺倒にはならない。「而して、古来最も吾人の利害に関係し、又文明進歩に益したる国民は東洋人と西洋人となす」。したがって、万国史はこの二つを含まねばならないとし、「万国史は『アリアン』種族の歴史なり、西洋を中心とせざるべからずとなすものには非ざるなり」と、西洋中心主義は拒否していた。西洋と東洋は対等だという意識が見える。

これまで「西洋人等は互いに相交通して歴史上団結的運動を為し来たりし」が、東洋諸国は古来互いに交通すること親密でなく、「日本、支那、インド及び中央アジアなど」皆別々であった。「然るに今日に至りては、文明交通広きを致し、又人類的の感情発達して、世界的社会組織は種々の関係に於いて、東西南北山海万里を隔つると雖も、互いに利害痛痒を感ずるに至」った。こうして「万国史は、今や漸く世界全体相関係し、共同して之を形成するの気運に到達せり」というのである。

そういう「万国史」は一定の「法則」に従って生じていると木村はいう。歴史現象は、地理、気候、社会、交通、産物、人口などの「外部」の事情と、身体、感性、欲望、理想、意思、活動性など「内部」の事情との「複雑な結合」より「科学的必然なる法則」に従って生ずるものである。だが「かのヘーゲル派の如く、人間の歴史は天地の精霊なるものありて、それが意思に従い、それが目的に向かいて進行するものなりとの説の如きは、これ耶蘇教神学より出でたる学説にして、取るに足らざる」論である、とヘーゲルを批判する。

歴史を見るには、科学的自然的眼光をもってしなければならない。それによって初めて「人事の生起変遷には必ず一定の理由あり法則ある」ことを知り、その確実な人事上の智識を社会、国家などに応用できるのである。長沢以上に「科学」や「法則」という方法が主張されていることがわかる。だが、実際の木村の「万国史」の構成においては、長沢らと同じくヨーロッパを柱にした構成であった。

結局、一八九〇年代には日本主義やアジア重視からの「反発」が見られたとはいえ、しかし、それは「万国史」の西欧中心主義を覆すにはいたらなかったというべきであろう。

6　「世界史」の登場

一九〇〇年代に入ってから、このような限界をもつ「万国史」に代わって「世界史」が現れた。ここでは二つの「世界史」を検討しよう。(30)

一九〇一～〇三（明治三四～三六）年に出た坂本健一『世界史』は「今日、世界史、万国史というも、欧州中心で、アーリア中心だ」と批判しつつ、「緒言」において、以下のように述べている。

「従来世界史、若くは万国史と称するもの、大抵地域を泰西に限り、殆どアルヤ（アーリア）以外の民は人に非ず、欧米以外の地は国に非ずの観あり。……近時我邦泰西の史に対して東洋史を立て、学者或は更に中央亜細亜の史を設けて東西洋史を連貫す可きの感あり。……是今此書敢て先人の轍《てつ》に由らず、妄《みだり》に東西洋古今の事歴を併叙して世界史の名に背かざらんとする所以なり」。あえて東西の歴史を「併叙」するというのである。そしてその「東西の歴史」の実態をなすのは「邦国の隆替」と「民族の起仆《きぼく》」であるとする。

坂本は、その『世界史』を以下のように構成していた。

第一編　エジプト、ペルシア、ギリシア、アレクサンドル、インド、中国

第二編　秦・漢の中国統一、ローマ

第三編　東アジア、「欧州新民族」、東ローマ帝国、サラセン時代、唐前後の東アジア
第四編　神聖ローマ帝国、宋・遼・金・夏の交渉およびインド、蒙古とトルコの西侵、欧州列強
第五編　基督教の改革、スペイン、明代の東南アジア、フランス、西力東漸時代のアジア
第六編　フランス革命、欧州の大乱、反動と動揺、二月革命後の欧州、アジア、アメリカの内訌、最近事情

この構成からわかるように、まず坂本は、ヨーロッパ史だけでなく、南北アメリカ、そしてアジアの歴史を組み込んだ同時代史の構成にしている。アジアにはもちろん日本を含んでいた。また、坂本は、ヨーロッパ中心の時期区分を拒否していた。それをもってアジアなどの歴史を三区分できないと考えたのである。だが、さらによく検討してみると、この記述は単なる「併叙」ではないことが見て取れる。たとえば、フランス革命後のアメリカ大陸の動きを扱うときに、坂本はアメリカ大陸がフランス革命の影響を免れなかったこと、アメリカの北、中、南の乱が、ヨーロッパ本国の動きに関連していたこと、そして、このような動きがナポレオンの失脚につながったことを指摘している。諸地域の運動の「関係」が重視されているということができる。

日露戦争を挟んで一九一〇（明治四三）年に出た高桑駒吉の『最新世界歴史』も坂本とよく似た主張をしていた。ランケの歴史にも通じていた高桑[31]は、歴史とは「国民若しくは民族を基準」とし、「過去事実」を用いてその社会の特質や進歩を述べるものであるという。すでに国民史が前提となっていることに注目しておきたい。そして、「完全なる世界史は東西両洋を併叙する」べきであるとし、西洋史、東洋史への二分、東洋史における支那中心主義を批判した。かれは、ヨーロッパ的な時代区分を受け入れて、古代史、中古史、近世史に分けつつも、そのうえで徹底した「同時代史」の方法をとり、東西を「併叙」していた。高桑の場合、坂本ほどには「関係」を意識していなかったが、徹底した「同時代史」はいくつかの場合に、いやおうなく「関係」を明示することになっていた。

こうして、坂本も高桑もその「世界史」はいずれもヨーロッパとアジア（日本を含む）の歴史を同時代において併置し、それらを融合した世界史を描こうとしていたのである。しかし、このような「世界史」は「万国史」ほどには盛り上がらな

かった。

7 「三層構造」へ

一八七〇年代は、聖書的な普遍史がしだいに克服され、多様な「万国史」が現れていた。ヨーロッパを重視しているがかならずしもヨーロッパを「中心」とし他をそれに「従属」させて見ない「万国史」、アジアから始めて世界諸地域の歴史を並列して構成する「万国史」、「関係」の歴史への芽を宿した「万国史」などいくつかの発展の可能性を秘めたものであった。ただし、かなり「便宜的」であったが、日本史と「万国史」を対置する動きも始まっていた。

一八八〇年代に入って、ヨーロッパを「中心」とし他をそれに「従属」させるという意味でのヨーロッパ中心主義が広がった。それは、文明史であり、ヨーロッパの文明史にあわせた時期区分も確立した。その際、為政者の歴史ではない、「社会」を組み込んだ「国民」の歴史が重視されるようになった。

一八九〇年代になると、言語習俗などの共通性を基礎にする「国民」概念が広がり、そういう国民国家の歴史を単位とし、その文明化の観点から歴史を構成する「万国史」が支配的となった。そういう観点からヨーロッパ中心主義が補強され、この時期に現れた日本を「中心」としたアジア的な「万国史」の動きも、大勢を巻き返せなかった。

しかし、一九〇〇年代に現れた「世界史」は、ヨーロッパ中心の「万国史」に対して、アジアを組み込んだ世界史を試み、国民国家の並列から関係史への芽も育てていた。

だが、「世界史」は「万国史」ほどには盛り上がらなかった。それは、日清・日露戦争を経た時期に、支那史から東洋史が生まれ、万国史から西洋史が独立したからであった。帝国大学の史学科の編成も一九〇四年に国史・東洋史・西洋史の三層構造になった。

こうして今日の日本での世界史の抱える諸問題がここに準備されてきたのだった。

注

(1) 宮地（一九九一）五一〇～五六一頁、松本（一九九八）一八五～二〇三頁／（二〇〇〇）四七～五六頁、鈴木（二〇〇五）一三～二四頁、松本（二〇〇九）一～一三頁。
(2) 西村（一八六九）。
(3) Tytler (1801).
(4) 西村（一八六九）五～六頁。
(5) 寺内（一八七一）。
(6) Goodrich (1837). パーレイはペンネーム。
(7) 蓑作（一八七一～七七）。
(8) W. & R. Chambers (1856).
(9) 文部省（一八七二）。海後（一九六二）に所収。
(10) 山村（一九七六）四一～四二頁。
(11) 師範学校（一八七四）。
(12) 西村（一八七五）。
(13) 西村、上編（一八六九）／中編（一八七二～一八七六）／下編（一八七七～一八八一）。原書はT. B. Welter (1828)。
(14) これと似たのが、田中（一八七五）。
(15) 牧山（一八七六）。Samuel Griswold Goodrich (1837) の全訳。
(16) この後に出た久松（一八八〇）と津田（一八八二）もパーレイ的「万国史」であった。
(17) 木村（一八七八～八五）。Willaim Cooke Tayler, *A Manual of Ancient and Modern History*, New York, 1867の翻訳である。
(18) 岡本・中村（一八七八）。
(19) William Swinton (1874).
(20) 完訳には植田訳（一八八六）と松島訳（一八八六～八七）などがあった。
(21) 「社会（society）」という語が登場する。スウィントンの翻訳において植田が初めて「社会」という概念を使い始めている。
(22) 大島・川本・関藤（一八八八）。これは、Edward A. Freeman (1876) の翻訳である。他にフリーマンの模倣と言うべき田尻（一八八四）もある。
(23)　天野（一八八七）。
(24)　中原（一八九二）。
(25)　大原（一八九六）。
(26)　一八八〇年代の総まとめのようなものが、文部省（一八九一）であった。スウィントンらの本の訳である。
(27)　長沢（一八九三）。原著は George P. Fisher (1885)。同じくフィッシャーの影響を受けたものとして、辰巳・小川（一八九三）、元良・家永（一八九三）、今井（一八九四）がある。
(28)　お雇い外国人リースは一八八七～一九〇二年に日本に滞在して、ランケの歴史学を教授していたから、フィッシャーを待つまでもなく、日本ではランケはかなり知られていたと思われる。
(29)　木村（一八九七）。
(30)　坂本（一九〇一／一九〇三）と高桑（一九一〇）。この他に Ploetz (1884) の翻訳である和田（一八九八）があり、アジアもバランスよく入っているが、年表に肉づけをしたようなものである。なお、鈴木（二〇〇五）は大変有益である。
(31)　高桑は一九〇四年に開かれた『ランケ祭』の中心的な世話人であった（本書一四章参照）。

参考文献

天野為之『万国歴史』冨山房書店、一八八七（明治二〇）年。

伊藤定良編『越境する文化と国民統合』東京大学出版会、一九九八年。

今井恒郎『万国史』吉川半七、一八九四（明治二七）年。

大原貞馬『万国小史』三木佐助、一八九六（明治二九）年。

岡本監輔著・中村正直閲『万国史記』内外兵事新聞局、一八七八（明治一一）年。

カール、P.『世界通史』和田萬吉訳、金刺芳流堂、一八九八（明治三一）年。

木村鷹太郎『万国史』松栄堂書店、一八九七（明治三〇）年。

グッドリッチ、S. G.（パーレイ、ピーター）『巴来万国史』牧山耕平訳、文部省、一八七六（明治九）年。

坂本健一『世界史』博文館、上巻一九〇一（明治三四）年、下巻一九〇三（明治三六）年。

師範学校編輯『万国史略』文部省、一八七四（明治七）年。

スウィントン、W.『須因頓氏　万国史』植田栄訳、岩本米太郎、一八八六（明治一九）年。

――『万国史要』松島剛訳、和田篤太郎、一八八六～八七（明治一九～二〇）年。

鈴木正弘「明治後期『世界史』について」日本社会科教育学会『社会科教育研究』第九六号、二〇〇五年、一三～二四頁。

タイトラー、A. F.『万国史略』西村茂樹訳、一八六九（明治二）年。

高桑駒吉『最新世界歴史』金刺芳流堂、一九一〇（明治四三）年。

田尻稲次郎『万国史略』専修学校、一八八四（明治一七）年。

辰巳小次郎・小川銀次郎『万国史要』金港堂書籍、一八九三（明治二六）年。

田中義廉編『万国史略』内藤伝右衛門、一八七五（明治八）年。

津田甚三郎『万国略史』西雲書屋、一八八二（明治一五）年。

テイラー、W. C.『低落爾氏万国史』木村一歩他訳、文部省、一八七八～八五（明治一一～一八）年。

寺内章明訳編『五洲紀事』一八七一（明治四）年。

中原貞七『万国歴史』博文館、一八九二（明治二五）年。

西村茂樹『校正万国史略』稲田佐兵衛、一八七五（明治八）年。

西村茂樹訳『泰西史鑑』稲田佐兵衛、上編一八六九（明治二）年、中編一八七二～七六（明治五～九）年、下編一八七七～八一（明治一〇～一四）年。『西村茂樹全集』第7巻、思文閣、二〇〇九年所収。

久松義典編『万国史略』集英堂、一八八〇（明治一三）年。

フィッシャー、G. P.『新編万国歴史』長沢市蔵訳、内田老鶴圃、一八九三（明治二六）年。

フリーマン、E. A.『弗氏万国史要』大島貞益・川本清一・関藤成緒訳、久栄堂、一八八八（明治二一）年。

――『弗氏万国史要』関藤成緒訳、久栄堂、一八八八（明治二一）年。

松本通孝「大正期における『世界史』教科書の試み」歴史教育史研究会『歴史教育研究』第七号、二〇〇九年、一～一三頁。

――「日清・日露戦争と国民の対外観の変化」青山学院大学教育学会紀要『教育研究』第四四号、二〇〇〇年、四七～五六頁。

――「明治期における国民の対外観の育成――「万国史」教科書の分析を通して」増谷英樹・伊藤定良編『越境する文化と国民統合』東京大学出版会、一九九八年。

箕作麟祥編『万国新史』玉山堂、一八七一（明治四）～一八七七（明治一〇）年。
宮地正人「幕末・明治期における歴史認識の構造」『歴史認識』（日本近代思想体系13）岩波書店、一九九一年。
元良勇次郎・家永豊吉『万国史綱』三省堂、一八九三（明治二六）年。
文部省『史略』（一八七二〔明治五〕年）海後宗臣『日本教科書体系』〈近現代編〉第一八巻（歴史一）、講談社、一九六二年所収。
文部省編訳『万国歴史』文部省、一八九一（明治二四）年。
山村俊夫「明治前期に於ける歴史教育の動向」『教育学雑誌』第一〇号、一九七六年、三九～五〇頁。
Chambers, W. & R. *Modern History*, London, 1856.
Fischer, P. George, *Outlines of Universal History*, New York and Chicago:Ivison, Blakeman, Taylor, and company, 1885.
Freeman, A. Edward, *General Sketch of History*, London: Macmillan, 1872.
Goodrich Samuel Griswold,（Peter Parley）, *Universal History: on the Basis of Geography*, Boston（1st ed., 1837）.
Ploetz, Karl, *Epitome of Ancient, Mideval and Modern History*（Boston, 1884）.
Swinton, William, *Outlines of the World's History*, New York etc., 1874.
Tytler, Alexander Fraser, *Elements of General History, Ancient and Modern*, Edinburgh（1st ed., 1801）.
Welter, B. T., *Lehrbuch der Weltgeschichte für Gymnasien und höhere Bürgerschulen*, 1828（1871, 29 ed.）.

第15章　マルクス主義の世界史

小谷汪之

マルクス主義とは、言うまでもなく、マルクス（とエンゲルス）によって打ち立てられた社会思想・哲学と実践（運動）の体系である。しかし、それはマルクス（とエンゲルス）の死後、世界的状況の変動とともに、さまざまに変化し、さまざまな潮流に分化していった。だから、今日の状況においてマルクス主義という場合は、単にマルクス（とエンゲルス）だけではなく、その後に展開した多様な社会思想・哲学と実践の総体を含む、いわば混合物の如きものをいっているのである。

本章の課題は「マルクス主義の世界史」ということであるが、第**1**節では、マルクスの世界史構想がどのようなものであったのかという問題を検討し、次に第**2**節で、それがソ連における一国社会主義の下で、どのように変容したのかという問題を取り上げる。第**3**節では、第二次世界大戦後の日本の歴史学において、「マルクス主義の世界史」がどのように受け止められ、そこからどのような歴史のとらえ方が発展してきたのかという問題を取り扱う。

1　マルクスの世界史構想

（1）「経済的社会構成」の諸段階

最初に、マルクスの世界史構想を『共産党宣言』（一八四八年、エンゲルスとの共著）と『経済学批判』（一八五九年）を手がかりとして、検討する。マルクスは『経済学批判』のよく知られた「序言」――しばしば、史的唯物論の「公式」と称される――のなかで、次のように書いている（引用文中の〔　〕は引用者による補足。以下同様）。

社会の物質的生産諸力は、その発展がある段階にたっすると、今までそれがそのなかで動いてきた既存の生産諸関係、あるいはその法的表現にすぎない所有諸関係と矛盾するようになる。これらの諸関係は、生産諸力の発展諸形態からその桎梏へと一変する。このとき社会革命の時期がはじまるのである（マルクス、一九五六、一三頁）。

一つの社会構成は、すべての生産諸力がそのなかではもう発展の余地がないほどに発展しないうちは崩壊することはけっしてなく、また新しいより高度な生産諸関係は、その物質的な存在諸条件が古い社会の胎内で孵化《ふか》しおわるまでは、古いものにとってかわることはけっしてない。〔中略〕大ざっぱにいって、経済的社会構成が進歩してゆく段階として、アジア的、〔古典〕古代的、封建的、近代ブルジョア的生産様式をあげることができる。ブルジョア的生産諸関係は、社会的生産過程の敵対的な、といっても個人的な敵対の意味ではなく、諸個人の社会的生活諸条件から生じてくる敵対という意味での敵対的な、形態の最後のものである。しかし、ブルジョア社会の胎内で発展しつつある生産諸力は、同時にこの敵対関係の解決のための物質的諸条件をもつくりだす。だからこの社会構成をもって、人間社会の前史はおわりをつげるのである（同、一四～一五頁）。

ここでは、生産力と生産関係の間の矛盾の展開によって社会変動が起こるとする史的唯物論の「公式」を土台として、「経済的社会構成」が進歩してゆく諸段階として、「アジア的、〔古典〕古代的、封建的、近代ブルジョア的生産様式」があげられている（ここまでが「人間社会の前史」とされているのは、この後に階級的敵対関係のない社会がくると想定されているからである）。

以下では、これらの生産様式について順次検討する。

(2)　アジア的生産様式

マルクスは「経済的社会構成」発展の初発の段階を「アジア的生産様式」と表現したのだが、この生産様式について、具体的なことは何も述べていない。そのため、一九二〇〜三〇年代に「アジア的生産様式論争」と呼ばれる論争が起こり、さまざまな解釈が出された（その顚末については後述する）。しかし、マルクスの意図を理解するうえで最も重視されるべきなのは、同じ『経済学批判』のなかの次の一文であろう。

自然発生的な（土地）共有の形態は、特殊にスラヴ的な形態だとか、あるいはもっぱらロシア的な形態だとかいう見解が、最近ひろめられているが、これは笑うべき偏見である。この共有形態は、ローマ人、ゲルマン人、ケルト人の間にもあったことが証明できる原始形態であり、しかもそれについては、一部くずれかかってはいるが、多様な見本をもつ完全な見本台帳ともいうべきものが、いまなおインド人のあいだに存在している。アジア的な、ことにインド的な共有形態をもっとくわしく研究してみるならば、自然発生的な共有のさまざまな形態から、その解体のさまざまな形態がどのようにして生じるかを証明しえよう。こうしてたとえば、ローマ的およびゲルマン的私有のさまざまな形態を、インド的な共有のさまざまな形態からみちびきだすことができる（マルクス、一九五六、三二頁）。

ここに見られるように、マルクスにとって、「アジア的」とは自然発生的（始原的）な土地共有制の社会を表す言葉だったのである。

しかし、この「アジア的」という言葉の用法はマルクスに特有のものでは決してない。むしろ、一九世紀の西欧的アジア観に共通するものというべきである。西欧近代思想においては、モンテスキューの『法の精神』（一七四八年）以来、アジアでは私的土地所有が欠如している、というアジア観が定着していったが、一八三〇年代ぐらいを境に、その意味内容が変化した。一九世紀初めまでは、アジアでは土地が国有（王有）であるために、私的土地所有が存在しないと考えられていたが、一八三〇年代頃からは、アジアでは土地は始原的共同体によって共有されているので、私的土地所有は存在しないと考えられるようになったのである。それは、この時期に、ロシアのミール共同体やジャワのデーサ共同体のような、土地共有の共同体が「発見」され、それらが原始的な共同体と見なされたことによる変化であった（二〇世紀になれば、これらの共同体は一七、一八世紀以降に形成されたもので、原始的共同体などでは決してないことが明らかになった）。マルクスが『経済学批判』のなかで用いた「アジア的」という言葉の内容は、この一八三〇年代以降の西欧的アジア観に共有されていたものだったのである。

このように、「経済的社会構成」の初発の段階を「アジア的」と表現したことは、この段階のマルクスのアジア観もまたアジア社会を原始的な土地共有制にとどまったままの停滞的な社会と見なす西欧近代思想の枠内にあったことを示している（以上について詳しくは、小谷、一九七九を参照）。

（3）〈古典〉古代的生産様式と封建的生産様式

次の「〈古典〉古代的生産様式」と「封建的生産様式」についてであるが、『共産党宣言』のなかでは次のように述べられている。

以前の歴史上の諸時代には、ほとんどどこでも、社会はいろいろな身分に完全に区分されており、社会的地位はさまざまな段階にわかれていた。古代ローマには、貴族、騎士、平民、奴隷があった。中世には、封建領主、家臣、ギルドの親方、《徒弟》、農奴があり、なおそのうえ、これらの階級のほとんどいずれにも、さらにいろいろな階層があった（マルクス・エンゲルス、一九五二、二七頁）。

ここには、古代ローマ（古典古代）を西欧中世封建制に先立つ「西洋の古代」と見なすルネサンス以来の西欧的世界史像が見られる。その点では、マルクスも一般的な近代西欧思想と異なるところはなかったといってよいだろう。しかし、ここで問題となるのは、「〈古典〉古代的生産様式」と「封建的生産様式」の関係をマルクスがどのように考えていたのかということである。生産力と生産関係の間の矛盾によって社会変動が起こるとする史的唯物論の「公式」からすれば、「〈古典〉古代的生産様式」の内部における生産力の発展が既存の生産関係を解体に導き、それに替わって新たな生産様式としての「封建的生産様式」が生み出されたということになりそうである。しかし、マルクスの時代にあっても、古典古代奴隷制の内部矛盾の展開から西欧中世封建制が出てきたなどといったことは考えられていなかった。とすると、「（古典）古代的生産様式」と「封建的生産様式」は一国史的な継起的発展段階を表しているのではないということになる。これら二つの生産様式は、あくまでも、西欧近代から見た世界史の二段階を生産様式論の立場からとらえなおしたものなのである。

（4）近代ブルジョア的生産様式

次に、「経済的社会構成が進歩してゆく段階」の最後の段階、すなわち敵対的な社会構成の最後の段階とされる「近代ブルジョア的生産様式」であるが、これについてマルクスは、封建制の内部から「近代ブルジョア的生産様式」が形成されていく過程と、「近代ブルジョア的生産様式」の発展と世界市場の形成とが相即的に進行する過程という二つの過程を取り上げている。

まず前者であるが、マルクスは『共産党宣言』において次のように述べている。

　ブルジョアジーの生長する土台となった生産手段と交通手段とは、封建社会のなかでつくりだされたものである。この生産手段と交通手段との発展のある段階で、封建社会が生産し交換をおこなっていた関係、農業と工業との封建的組織、一言でいえば、封建的所有関係は、すでに発展した生産力にもはや適合しなくなった。それらは生産を促進しないで、かえってこれをさまたげた。それらはすべて桎梏《しっこく》となった。それらは爆破されなければならなかった。そして、爆破された。
　これにかわって自由競争が、それに適合した社会的並びに政治的制度、即ちブルジョア階級の経済的ならびに政治的支配をともなって現れた（マルクス・エンゲルス、一九五二、三三～三四頁）。

これは、既存の生産関係と発展していく生産力のあいだの矛盾が社会変動を引き起こすという史的唯物論の考え方を封建制から「近代ブルジョア的生産様式」への移行過程に適用したものということができる。しかし、「近代ブルジョア的生産様式」の形成がもっぱらこのような「国内的」（一国史的）過程としてとらえられていたわけではないことは、『共産党宣言』中の次の一文から明らかである。

アメリカの発見、アフリカの回航は、勃興しつつあるブルジョアジーのために新しい活動分野をひらいた。東インドや中国の市場、アメリカへの移民、植民地との貿易、交換手段および一般に商品の増加は、商業に、航海に、工業に、空前の飛躍をもたらし、そのことによって崩壊しつつあった封建社会のなかの革命的な要素を急速に発展させた（同、二八頁）。

「近代ブルジョア的生産様式」が発展していくのにつれて、世界市場も発展していく。「ブルジョアジーは、世界市場の開発を通じて、あらゆる国々の生産と消費とを超国籍的《コスモポリティッシュ》なものにした。〔中略〕古来の民族的産業はすでに破壊されてしまい、また、日に日に破壊されている。それは、新しい工業によって駆逐されてゆく」。その新しい工業は「もはや国内の原料ではなく、きわめて遠い地方で産する原料を加工する工業であり、その製品は、自国内ばかりでなく、同時に世界のあらゆる地域で消費される」（同、三一〜三二頁）。こうして、「近代ブルジョア的生産様式」は一体としての世界市場を形成して行くのである。

この世界市場の形成過程、言いかえれば近代世界の形成過程は同時に世界の「文明化」の過程でもあるとマルクスはとらえている。

ブルジョアジーは、すべての生産用具の急速な改善によって、また無限に容易になった交通によって、あらゆる民族を、もっとも未開な民族までも、文明にひきいれる。かれらの商品の安い価格は、中国の城壁をもことごとくうちくずし、未開人の頑固きわまる外国人嫌いをも降伏させる重砲である。ブルジョアジーはすべての民族に、滅亡したくなければブルジョアジーの生産様式を採用するように強制する。かれらはすべての民族に、いわゆる文明を自国にとり入れること、すなわちブルジョアになることを、強制する。一言でいえば、ブルジョアジーは、自分の姿に似せて一つの世界をつくりだすのである（同、三二二頁）。

ブルジョアジーが「自分の姿に似せて」つくり出した「一つの世界」、それが近代世界なのだが、そこでは、「ブルジョアジーは、農村を都市に従属させたように、未開国と半開国とを文明国に、農業国民をブルジョア国民に、東洋を西洋に、従属させた」（同、三二三頁）。

このように、マルクスは、後に南北問題や中心－周縁構造を生み出していくような、近代世界の複合的で、歪んだあり方を見通していたのであるが、この点を具体的に論証することまではしなかった。

（5）「資本の文明化作用」

ところで、前引の文中に見られるブルジョアジーは「すべての民族に、いわゆる文明を自国にとり入れること」を強制するという文言であるが、ここからいわゆる「資本の文明化作用」ということがいわれてきた。しかし、資本がもたらす「文明」とはいかなる文明なのであろうか。マルクスは『ニューヨーク・デイリー・トゥリビューン』紙一八五三年六月二三日号に寄稿した「イギリスのインド支配」という表題の時評において、次のように書いている。

なるほどイギリスがヒンドゥスタン〔インド〕に社会革命をひきおこした動機は、もっともいやしい利益だけであり、その利益を達成する仕方もばかげたものであった。しかし、それが問題なのではない。問題は、人類がその使命を果たすのに、アジアの社会状態の根本的な革命なしに、それができるかということである。できないとすれば、イギリスがおかした罪がどんなものであるにせよ、イギリスはこの革命をもたらすことによって、無意識に歴史の道具の役割を果したのである（マルクス・エンゲルス、一九六二、一二七頁）。

ここでは、明示的には述べられていないが、イギリスのインド支配下に引き起こされた「社会革命」が「文明化」の文脈でとらえられているということができるであろう。資本〔ブルジョアジー〕は「アジア的生産様式」のままに停滞しているインド社会――より広くいえば、アジア社会全般――に「根本的な革命」をもたらし、インド〔アジア〕社会を「文明化」した、というのがマルクスのとらえ方だったのである。しかし、この「社会革命」＝「文明化」がインド〔アジア〕社会にどのような変動をもたらしたのかという問題は、インド〔アジア〕近代史に関する具体的な実証作業を要する問題であって、アプリオリに楽観的な結論を出せるような問題ではない。その点で、マルクスはいささか性急にすぎたと言わねばならない（この点について、いち早く指摘した例として、山之内、一九六九、二〇～二一頁参照）。

以上、四つの生産様式の内容について検討し、それぞれに含まれる問題点を指摘してきた。最後に全体的な枠組みについて総括的に述べれば、マルクス『経済学批判』における「大ざっぱにいって、経済的社会構成が進歩してゆく段階として、アジア的、〔古典〕古代的、封建的、近代ブルジョア的生産様式をあげることができる」という歴史段階論は「経済的社会構成」の一国史的な継起的発展段階論を意図したものではなく、ルネサンス以来の西欧的な世界史の構想を生産様式論の立場から換骨奪胎したものと考えられる。これを一国史的な継起的発展段階論に変質させたのはスターリン指導下のソ連における一国社会主義的歴史観であった。

（6）　ロシア独自の発展の道

一八七〇年代後半、そろそろ晩年に差し掛かっていたマルクスはロシアの状況に強い関心を寄せ、ロシア語を習得したうえで、多くのロシア語文献を読破した。マルクスの関心の中心はミールと呼ばれるロシアの農村共同体であった。ミールでは、土地は農民たちの共同所有で、各農民に割り当てられた土地〔分割地〕の定期的な割替《わりかえ》〔再配分〕が行われていた。問題は、このミールが必然的に解体の運命にあるのか、それとも、ミールを土台として、資本主義へと進んだ西欧の歴史発展とは異なる、ロシア独自の発展の道をとることができるのか、という点にあった。これは一九世紀前半の「スラヴ主義者」と「西欧主義者」の間の論争以来の問題であるが、ナロードニキ運動の発展とともに、この問題が西欧でも注目されるようになってきたのである。

一八八一年、マルクスは、この点について当時ナロードニキであったヴェラ・ザスーリチから質問を受け、回答のための下書き（草稿）を何種類か作成した。そのうちのいわゆる「第一草稿」で、マルクスは次のように書いている。

ロシアでは、諸種の事情の独特な結合のために、今なお全国的な規模で厳存している農村共同体が、しだいにその原始的性格から離脱して、全国的な規模での集団的生産の要素として、直接に発展しうる〔後略〕。農村共同体が資本主義的生産の肯定的な諸要素をすべてわがものとし、しかも、この生産の恐るべき有為転変を経ずにすむことが可能であるのは、まさにそれが資本主義的生産と同時的に存在しているためである。ロシアは近代世界から孤立して生存しているのではない（マルクス・エンゲルス、一九六八、三八七頁）。

一方では、土地の共同所有は、〔中略〕ロシアが個人主義的な分割地農業を直接かつ徐々に集団的農業に転化していくことを、可能にしている。そして、ロシアの農民は、すでに集団的農業を共有の草地で実行している。ロシアの土地の地勢が大規模な機械制耕作をうながしており、農民がアルテリ契約に慣れていることは、かれらが分割労働から協同労働に移行するのを容易にしている（同、三九一〜三九二頁）。

このように、晩年のマルクスは、ロシアがミールを土台として、西欧諸国とは異なる独自の発展の道をとる可能性をもつことを認めていた（ただし、ミールを誤って「原始的」な共同体と見なしたことは、マルクスも当時の西欧思想の限界を共有していたということを意味する）。それは、ミールが近代世界のなかに存在しているからで、自らのうちに「資本主義的生産の肯定的な諸要素」を取り込むことによって、資本主義的「生産の恐るべき有為転変を経ずにすむ」とマルクスは考えたのである（ザスーリチへの回答の下書きについて、より詳しくは淡路、一九七一、第七章を参照）。

このマルクスの考え方は、「経済的社会構成」の段階的発展という世界史構想とは大きく異なる。前述のように、マルクスは『共産党宣言』の段階でも、さまざまな社会関係が同時併存する近代世界の複合的な性格を予見していたのであるが、晩年のマルクスになると、近代世界の複合的な性格を条件として、非資本主義的発展の道の可能性を認めるに至ったのである。それは、具体的には、ロシアについてであったが、論理的には他のあらゆる非西欧社会にも開かれた可能性であるということができるであろう。ここには、今日なお検討に値する視点が含まれている。

2　ソ連における一国社会主義の歴史像

(1)「アジア的生産様式」の否定

前述のように、マルクスは『経済学批判』の「序言」で、「経済的社会構成」の発展の初発段階を「アジア的生産様式」と規定した。そのことから、一九二〇年代中頃から一九三〇年代初にかけて、「アジア的生産様式論争」と呼ばれる論争が起こった。そのきっかけとなったのは、一九二〇年代中頃、中国社会の「性質」をどうとらえるかという問題をめぐって発生した論争であった。より具体的にいえば、一九二七年一一月に中国共産党中央政治局拡大会議で策定された「中国共産党農業綱領草案」から、一九二八年七月にモスクワで開催された中国共産党第六回大会における「土地問題決議」に至る過程における論争である（福本、二〇〇二、三二頁）。当時、中国共産党（一九二一年結成）はコミンテルン（第三インターナショナル）の中国支部という位置づけで、ソ連からたくさんの顧問が中国に派遣されていた。したがって、当時の中国共産党の政策決定にはコミンテルンの影響力がきわめて強かった。そんな状況下において、変革の対象である中国社会をどのようにとらえるかという論争がコミンテルン内部で、中国共産党をも巻き込む形で起こったのである。論点は、中国社会を「アジア的生産様式」の社会（あるいは、「アジア的生産様式」が解体されつつある社会）としてとらえるか、封建的（あるいは、半封建的）社会としてとらえるかという点にあった。

一九二〇年代の中国社会を「アジア的生産様式」概念でとらえようとする人々（いわゆる「アジア派」）を代表するのはL・マジャールであった。マジャールは一九二九年に書いた論文（『マルクス主義の旗のもとに』第三巻、第一号、所載）のなかで、次のように書いている。

支那の農業問題研究の出発点として、支那に於いては東洋的な社会、アジア的な生産形態〔アジア的生産様式〕が存在したというマルクスのテーゼを採るべきである（日本語訳、マデヤール「支那の農業経済（一）」『社会思想』第八巻、第六号〔一九二九年六月〕、四七頁。訳者名は東井とのみ記されている）。

支那の土地は前資本主義的残留物に依って当分未だ一掃されない。我々の意見に従えば、支那には何等の封建制度も存在しなかったのであるから、此等の残留物は封建的とは呼ばれ得ない。それらは正に東洋的社会組織の残留物である（「支那の農業経済（二）」『社会思想』第八巻、第六号、七九頁）。

一九三〇年代に入ると、このような「アジア派」の考え方に対して、中国社会を封建制（ないし半封建制）概念でとらえようとする考え方がスターリンの支持のもとに優勢となり、結局、「アジア的生産様式」論そのものが否定されることになった。それを決定づけたのが一九三一年二月にレニングラードで開かれた「討論」会であった。そこで主要報告を行ったゴーデスはマジャールを徹底的に批判して、次のように述べている。

マディヤール派によって擁護されている形態におけるアジア的生産様式の理論は、マルクス主義の方法論を歴史の根本問題において歪曲しているのみならず、現代の東洋における封建主義の遺物に関する問題を緩和する理論として政治的にも有害である（日本語訳「アジア的生産様式に関する討論の総決算」『歴史科学』一九三二年九月号、二八頁。訳者名なし）。

こうして、コミンテルンにおける「アジア的生産様式論争」は終息した。それは学問的結着というよりは、「アジア派」の人々にトロツキストのレッテルを貼り付けるような形での政治的結着であった。マジャールは『支那農業経済論』（一九二八年初版）の序論「アジア的生産様式と帝国主義」を第二版（一九三一年。井上照丸訳『支那農業経済論』学芸社、一九三五年）では削除せざるをえなかった。

（2）「五段階発展論」

前述のように、スターリン指導下のコミンテルンで、「アジア的生産様式」が否定されたこと、そして、「〔古典〕古代」（ギリシア・ローマ）という「地理的」制約をもつ言葉に代えて奴隷制という概念が用いられるようになったこと、これらにより、マルクス『経済学批判』の「序言」における「経済的社会構成」の発展諸段階はスターリン主義的に、あるいはソ連的に再定式化されることになった。

スターリンは一九三八年に『ソ同盟共産党小史』の一部として書いた「弁証法的唯物論と史的唯物論について」のなかで、次のように述べている。

三千年のあいだに、ヨーロッパでは、原始共同体制度、奴隷制度、封建制度という三種の社会制度がいれかわり、東部ヨーロッパ、すなわちソ同盟では、〔前の三つに加えて、資本制という〕四つもの社会制度がいれかわったのである（スターリン／石堂清倫訳、一九五三、一一九頁）。

歴史上における社会の生産力の変化と発展とに照応して、人間の生産関係、人間の経済関係も、変化し発展した。歴史上、生産関係の五つの基本的な型が知られている。すなわち、原始共同体型、奴隷制型、封建制型、資本主義型、社会主義型が、それである（同、一二八頁）。

こうして、次のような「五段階発展論」がソ連における公認の定式とされるようになったのである。

原始共産制－奴隷制－封建制－資本主義－社会主義

この再定式化された「五段階発展論」は、しかしながら、マルクスが『経済学批判』の「序言」で述べた「経済的社会構成」の発展諸段階とは本質的に異なっていた。前述のように、マルクスが意図したのは、西欧近代の立場から人間の歴史の全体を見渡したとき、このような発展の諸段階を認めうるという、「大ざっぱな」世界史の構想であった。それに対して、再定式化された「五段階発展論」は一国史的な「発展法則」として構想されたもので、あらゆる国（あるいは社会）がこの同じ「発展法則」に従って発展するものとされていたのである。それはスターリン指導下のソ連における一国社会主義に最も適合的な歴史観ということができる。しかし、そこには、世界史の全体構想もないし、構造的複合体として近代世界をとらえる視点もない。そこからは、それぞれの国（社会）が一本のはしごのような「発展諸段階」をそれぞれ別個に昇っていくという歴史のイメージしか出てこない。

それにもかかわらず、この再定式化された「五段階発展論」は世界中に大きな影響を及ぼし、日本の歴史学もそれから自由ではありえなかった。しかし、それは歴史的構想力そのものによるのではなく、スターリンとソ連の政治的影響力によることであった。

3　戦後日本におけるマルクス主義的歴史学

(1)　日本におけるマルクス主義の受容

マルクス主義が日本に入ってきたのは明治の半ばであったが、最初は他の社会主義諸思想やアナーキズムとはっきりとは区別できないようなものであった。しかし、明治末年になると、マルクスやエンゲルスなどの原典が翻訳されるようになり、しだいにそれらの間の違いが明確になっていった。

一九〇三（明治三六）年、日露開戦論に転じた『万朝報《よろずちょうほう》』社を退社した幸徳秋水、堺利彦らは週刊『平民新聞』を発刊した。その一周年にあたる『平民新聞』第五三号に、孝徳・堺共訳で、最初の日本語訳『共産党宣言』が掲載された（ただし、英訳からの重訳で、第三章が省略されていた）。しかし、『平民新聞』のこの号は発行禁止となったので、堺は一九〇六年、『社会主義研究』を創刊し、その第一号に『共産党宣言』を訳載した（第三章を加訳）。ところが、一九一〇（明治四三）年、大逆事件が起こり、翌年それに連座した幸徳秋水らが処刑されると、これを機に、『社会主義研究』第一号も発売禁止となり、日本語訳『共産党宣言』は入手できなくなった。いわゆる「社会主義の冬の時代」の始まりである。

一九一八年、第一次世界大戦が終わると、ロシア革命の影響もあり、日本でも社会主義運動を含む、いろいろな運動が活発になった。そんななかで、一九二〇年、マルクス『資本論』の最初の全訳が刊行され始め、一九二四年に完結した。これは、高畠素之の訳で、全三巻一〇冊、大鐙閣から刊行された（ただし、第二巻は而立社刊）。その後、高畠は『資本論』の改訳版を新潮社から出し（全四冊、一九二五〜二六年）、さらに改造社版（全五冊、一九二七〜二八年）を出した。この一九二八年には、『マルクス・エンゲルス全集』が改造社から刊行され始め、一九三二年に、全二〇巻で完結した（その後、補巻一冊刊行）。これは、当時モスクワにあったマルクス・エンゲルス研究所のD・リャザノフの編集になるものの日本語訳で、翻訳には福田徳三、堺利彦、猪俣津南雄ら五〇名を超える人たちがあたった。『共産党宣言』はこの全集にも収められていなかったのであるが、一九二一年に堺利彦が作成した新訳が地下出版で印刷され、密かに読まれていたという。

こうして、一九二〇年代には、マルクス主義の基本文献のほとんどが翻訳で読めるようになっていた。一九三〇年代前半、山川均、猪俣津南雄ら「労農派」と野呂栄太郎、山田盛太郎ら「講座派」のあいだで行われた戦前最大の論争、「日本資本主義論争」もこのような条件整備のうえに行われたのである（詳しくは、小山編、一九五三などを参照）。

しかし、一九三一（昭和六）年、満洲事変が起こり、それが一九三七（昭和一二）年、盧溝橋事件をきっかけとして日中全面戦争に展開していくと、日本国内における思想・言論弾圧は一段と強化され、マルクス主義に関わる議論は逼塞させられた。

（2）「世界史の基本法則」

戦前の激しい思想・言論弾圧から「解放」された戦後日本の歴史学においては、いわばその反動として、マルクス主義的歴史学がきわめて強い影響力をもった。しかし、そのマルクス主義はスターリン的あるいはソ連的なマルクス主義であり、それをとおして前述のような「五段階発展論」が広く受け入れられた。たとえば、戦後いち早く再建された歴史学研究会（一九三二年創立）の一九四九年度大会では、「各社会構成における基本的矛盾は何か」というテーマが掲げられ、次の三本の報告が行われた。

「原始・古代社会における基本的矛盾について」（松本新八郎）
「封建社会における基本的矛盾について」（高橋幸八郎）
「資本主義社会の一般的危機について」（塩田庄兵衛）

ここでは、奴隷制という言葉は使われていないが、全体の枠組みとしては、前述の「五段階発展論」に基づいていることは明らかである。この大会の記録は歴史学研究会編『世界史の基本法則――歴史学研究会一九四九年度大会報告』（岩波書店、一九四九年）として公刊されたが、その「刊行のことば」には、次のように書かれている。

わが歴史学研究会は、〔中略〕歴史の進歩の原動力たる歴史的諸時期における基本的矛盾の存在のしかたを追及し、その中に展開する世界史の基本法則を究明しようと試みた。〔中略〕これより先すでに本会の主要メンバー〔中略〕は世界史の発展法則とその諸民族の歴史における特殊形態とを明らかにせんと試みつつある〔後略〕。

ここには、「五段階発展論」を「世界史の基本法則」とし、それが、それぞれの民族（社会）の歴史において、どのような「特殊形態」をとって現れるかを明らかにするという方法が表明されている。しかし、あらゆる民族（社会）は同一の

「発展法則」に従って発展するという「理論」は、スターリンとソ連の権威に基づく「政治的理論」であって、歴史学的に検証された理論では決してなかった。

「五段階発展論」が「世界史の基本法則」とされたことは、非西欧世界における歴史展開をとらえるうえでも、大きな制約となった。たとえば、戦後日本のアジア史研究では、西欧中心主義的な「アジア社会停滞論」の克服が大きな課題として意識されていた。そのとき取られた方法は、一言でいってしまえば、アジア諸国の歴史にも「世界史の基本法則」(「五段階発展」)が貫徹していることを証明しようとするものであった。それを典型的に示しているのが「中国史の時代区分」論争である(鈴木・西嶋編、一九五七)。この論争では、奴隷制から封建制への移行をどの時代に求めるかという問題と、「資本主義の萌芽」の生成をいつの時代から認めるかという問題が主たる論点であった。要するに、「世界史の基本法則」を自明の前提として、それを中国史にどうあてはめるかということが議論されたのである。そこでは、中国史には中国史に固有の歴史展開の論理があるのではないかといったことはいっさい考慮されていなかった。それほどまでに、「世界史の基本法則」(「五段階発展論」)の呪縛力が強かったのである。

(3)　一国史から構造的世界史へ

「世界史の基本法則」には、もうひとつ大きな問題点があった。それは、「世界史の基本法則」があくまでも一国(一民族)史的な発展段階論であり、そこから世界史の全体像を導き出すことはできないという点であった。「世界史の基本法則」のような発想では、さまざまな国や社会がお互いに影響を及ぼしあい、さまざまな人間集団が広域的な移動を繰り返す複合的で重層的な世界史、いわば「構造的世界史」をとらえることはできないのである。

このようななかで、世界史の構想を追求し続けたのが上原専禄で、その最初の試みは上原専禄編『日本国民の世界史』(岩波書店、一九六〇年)であった。これは、もともと、高校世界史教科書として書かれたのであるが、一九五七年度の教科書検定で不合格とされたものである。不合格の理由は、ソ連やアジア・アフリカの民族運動に関わる記述が不適切ということであったが、そこにある政治的力が働いていたことは否定できない。それはともかくとして、本書の世界史の構成は次のようなものである。

第一部　東洋文明の形成とその発展
　第一編　中国文明の形成とそれを中心とする東アジア史の展開
　第二編　インド文明の形成とその展開
　第三編　西アジア文明の形成とその展開
第二部　西洋文明の形成とその発展
第三部　西洋の近代化と世界
第四部　現代の世界

上原は、この段階では「文明圏」的な考え方に立ち、近代以前における東洋諸「文明圏」の独自の展開を重視したのであるが、その後、「文明圏」に代えて、「地域世界」という概念を提起し、諸地域世界の複合体として世界史を構想するようになった。上原は「歴史研究の思想と実践――歴史教育者協議会第一六回大会講演」において、次のように述べている。

地球的な全世界のなかで、問題の具合的共通性と具体的一体性によって特徴づけられる諸地域世界、あるいは矛盾と対立が具体的に現象する共通の場としての諸地域世界、それらの諸地域世界の複合的な全体構造として、地球的全世界というものを捉えなおしてみる必要が、どうしてもあると思う（上原、一九六四、二九九〜三〇〇頁）。

このような構想に基づいて、上原は世界を「サハラ以南のアフリカ」「中東から北アフリカにかけてのイスラームの世界」「広インド」「東南アジア」「東アジア世界」など、一三の地域世界に分けた。

こうして、たとえば、日本の歴史は東アジア地域世界の歴史の一部を構成し、東アジア地域世界を媒介として世界史の一部をなすというようにとらえられる。このような上原の世界史構想は、遠山茂樹が提唱した「東アジア世界」論（遠山、一九六三）とも呼応して、その後に大きな影響力を及ぼした。そのなかで、それぞれに独自の歴史的展開をしてきたさまざまな地域世界が一六世紀以降徐々に一体化して行き、真の意味での世界史を形成するようになる、という世界史構想が一般化していった。

（4）民族の問題

第二次世界大戦の敗戦国として、連合国軍による占領下に置かれた日本では、必然的に民族解放（独立回復）が大きな政治課題として意識されていた。そのことが歴史学にも強く反映され、民族を歴史学的にどうとらえるべきかという問題をめぐって激しい論争が行われた。そのとき、規準とされたのはスターリンによる次のような民族の定義であった。

民族とは、言語、地域、経済生活、および文化の共通性のうちにあらわれる心理状態、の共通性を基礎として生じたところの、歴史的に構成された、人々の堅固な共同体である（スターリン／スターリン全集刊行会訳、一九五三、五〇頁）。

民族という「共同体」を支える土台として、言語と地域の共通性をあげるのはカール・カウツキーなどとも共通する一般的な民族理論であったが、スターリンの民族の定義の特徴は「経済生活」の共通性、言いかえれば国内市場の形成による国民経済の成立を重視した点にあった。したがって、民族は資本主義の発展をまって始めて形成されるということになり、逆に言えば、資本主義（近代）以前には民族は存在しないということになる。戦後日本の歴史学において、民族をめぐって議論が沸騰したとき、常に問題になったのはこの点であった。そのことは、「歴史における民族の問題」をテーマに掲げて開かれた歴史学研究会一九五一年度大会に最も明瞭に見ることができる。

この大会で「古代における民族の問題」という報告を行った藤間生大《とうませいた》は、その準備ペーパー「「歴史における民族」のあつかいかた」のなかで、連合国軍占領下の日本が朝鮮戦争の前線基地化しているという状況を「民族の危機」ととらえ、次のように問題を立てている。

こうした民族の危機に対して抵抗するには、民族的なほこりを全民族に知らせて、わが民族が自信をもつこと、これまでの民族形成の苦心を知らせて、現在のわが民族の団結をはかるための教訓にしなければならぬ（歴史学研究会編、一九五一、一六七頁）。

このような課題意識に基づいて、藤間は報告「古代における民族の問題」では、日本民族の形成過程を紀元前三世紀（弥生時代）に遡って追跡しようとした。そのなかでは、ヤマトタケルを民族的英雄とする考え方まで提起した。藤間はスターリンの民族の定義をしばしば引き合いに出しているが、このような藤間の民族という語の用法はスターリンの定義とは相容れない。そこを藤間は、ナチオン（Nation）だけではなくフォルク（Volk）にも民族の語を当てるとすることによって切り抜けようとした。資本主義が発達するまではナチオンではなくフォルクの段階であるが、それをも民族と呼ぶというわけである（歴史学研究会編、一九五一、一～二頁）。

それに対して、「近代史における民族の問題」という報告を行った鈴木正四は、その準備ペーパーで、「古代・中世には民族（Nation）が存在しなかったということを具体的に立證すること」という注文をつけている（歴史学研究会編、一九五一、一八〇頁）。

鈴木は、藤間のように民族の概念を過度に拡大することに危険性を感じていたのであろうが、注文のつけ方自体は挑発的といわれても仕方がないようなものであった。その結果、前近代史で民族という概念を使うことができるかどうかという点をめぐって、古代・中世史研究者と近現代史研究者の間に激しい対立が起こることになったのである。

この点について、後に大きな示唆を与えたのはスターリンが一九五〇年に発表した「言語学におけるマルクス主義について」（『プラウダ』一九五〇年六月二〇日、二九日号所載）であった。そこで、スターリンは次のように書いている。

氏族の言語から種族の言語へ、種族の言語から民族体（ナロードノスチ）の言語へ、民族体の言語から民族（ナーチア）の言語への、ひきつづく発展についていえば、いたるところ、あらゆる発展段階で、社会的な人間の交通手段としての言語は、社会にとって共通かつ単一であり、社会の成員の社会的地位のいかんにかかわらず、かれらに隔てなく奉仕したのである（スターリン／スターリン全集刊行会訳、一九五四、一四〇頁）。

その後、資本主義があらわれ、封建的細分性が根絶され、民族の市場が形成されるとともに、民族体は民族に発展し、民族体の言語は民族の言語になった（同、一四一頁）。

このように、スターリンは民族のいわば「原基形態」として、民族体（ナロードノスチ）という概念を提起していたのである。このスターリン論文の「要旨」は『前衛』（一九五〇年八月号）にすでに紹介されていたのであるが、一九五一年度歴史学研究会大会の議論では参照されることはなかった。もし参照されていたならば、不毛な対立が延々と続くという事態は避けられていたであろう。

民族体という言葉を使うかどうかは別として、民族という「共同体」の形成以前にそのなんらかの「原基形態」の存在を認める考え方は、たとえば、Anthony D. Smith, *Ethnic Origins of Nations*, Oxford: Basil Blackwell, 1986（スミス／巣山他訳、一九九九）などに見られる。その点では、この考え方は、今日なお、理論的有効性をもつということができるであろう。

（5）帝国主義と民族

民族に関する議論がややもするとスターリンの民族の定義をめぐって空転する様相を見せていたとき、まったく別の角度から民族の問題に接近したのが江口朴郎であった（江口、一九五四）。江口は、民族が問題になるのは、人々が自らの問題を民族の問題と意識し、民族の名において行動するときであるとして、民族の主体的側面を強調した。もちろん、人々が自らの集団を民族と意識するには、スターリンの定義に見られるような、ある種の実体的な基盤が必要であるが、そのような

「民族の実体」そのものよりも、人々の主体的意識の方が決定的である、というのが江口の立場であった。
このような立場から、江口は民族の問題をナショナリズムと帝国主義との関係で次のようにとらえた。

かくて明らかであるのは、帝国主義時代が一面的にあらゆる旧時代の体制を温存するとはいえないまでも、少なくとも旧体制はその存在理由を全く帝国主義体制に依存しているとはいえるであろう。そこには封建的社会体制、あるいはそれ以前のものさえ存在する。しかしそれは、帝国主義的環境の中に一定の役割を持って存在する。封建制を打破して近代社会を確立したという資本主義はついにその「最高の段階」に達した。ところで世界の圧倒的多数の民衆は変則な後れた社会の住人であり、帝国主義的世界はそれらの社会を前提としてのみ存在する（江口、一九五四、四〇頁）。

現在におけるナショナリズムの問題は、客観的には近代世界がすべての地域において従属的な諸民族をつくり、しかも社会の順調な発展をゆがめられた地域をますます増大せしめて来たこのような事情に対応するものである（同、一七九頁）。

次第に強められる国際的重圧のなかで、諸民族は解放を望む。しかし一方では、たとえばロシアのパン・スラヴィズムのように、抑圧された諸民族を相克と侵略の方へ向けようとする反動的意図も発展する（同、一七八頁）。

およそナショナリズムの問題となるところには、一般民衆の民族的危機感が存在するわけであるが、それはしばしば反動的な方向に、一層具体的には他の民族の犠牲における侵略の方向に転換される可能性がある（同、一七六頁）。

帝国主義が作り出す近代世界が複合的で歪んだ構造をもつことはマルクスが『共産党宣言』のなかで予見したことであるが、江口はその歪みから発生するナショナリズムが必ずしも前進的な役割を果たすものではなく、場合によっては、反動的な動きを見せることを見通していたのである。それは、連合国軍による占領という政治状況下、民族の独立のためにあらゆる民族的なものを動員しようとした藤間らの立場に危ういものを感じたからでもあろう。当時の政治的雰囲気のなかで、ナショナリズムの反動性を指摘した江口の議論は貴重なものであった。

このような江口のとらえ方をさらに発展させ、そこに「地域論」を組み込んだのが板垣雄三の「n地域論」であった（板垣「民族と民主主義」、歴史学研究会編、一九七三、所収）。板垣は、任意に設定された――ということは、設定する者の主体性において設定された、ということであるが――地域に働く帝国主義の圧力に抗して、その地域民衆の民族的運動が起こるが、それが民族主義（ナショナリズム）の方向にそらされて、帝国主義＝民族主義体制が構築される、したがって、基本的対抗関係は「民衆の民族的運動vs帝国主義＝民族主義体制」（同、二九頁）の形をとる、とする。このような板垣のとらえ方は今日の世界における民衆運動とナショナリズムとの関係の問題――たとえば、「アラブの春」――を考えるとき、重要な意味をもつということができる。

4　残された課題

本章では、マルクスの世界史構想とスターリン指導下のソ連における歴史認識を中心として検討し、それが戦後日本の歴史学にどのような影響を与えたかという問題を考察した。もっと視野を広げて、ユーロ・コミュニズムの問題であるとか、アジア・アフリカあるいはラテンアメリカの新興独立国における多様な歴史認識の問題なども取り扱うべきであったかもしれないが、紙幅の関係もあり、難しかった。さらに、一九九一年のソ連崩壊後、「マルクス主義の世界史」がどのように変化してきたのかという問題はまだ見通すことができなかった。今筆者になしうることは、ソ連崩壊前の「マルクス主義の世界史」を根底的に再検討し、今後の展開に備えることだけである。

参考文献

淡路憲治『マルクスの後進国革命像』未來社、一九七一年。

板垣雄三「民族と民主主義」歴史学研究会編『歴史における民族と民主主義――一九七三年度歴史学研究会大会報告』青木書店、一九七三年、所収（後に、板垣『歴史の現在と地域学』岩波書店、一九九二年、に再録）。

上原専禄編『日本国民の世界史』（共同執筆者、江口朴郎・太田秀通・久坂三郎・西嶋定生・野原四郎・吉田悟郎）岩波書店、一九六〇年。

上原専禄「歴史研究の思想と実践――歴史教育者協議会第一六回大会講演」『歴史地理教育』第一〇二号、一九六四年（後に『上原専禄著作集　二五巻』評論社、一九八七年、に再録）。

江口朴郎『帝国主義と民族』東京大学出版会、一九五四年。

小谷汪之『マルクスとアジア――アジア的生産様式論争批判』青木書店、一九七九年。

小山弘健編『日本資本主義論争　上　戦前の論争』青木文庫、青木書店、一九五三年。

鈴木俊・西嶋定生編『中国史の時代区分』東京大学出版会、一九五七年。

スターリン、I.「マルクス主義と民族問題」スターリン全集刊行会訳『マルクス主義と民族問題　他一〇篇』国民文庫、大月書店、一九五三年。

――「弁証法的唯物論と史的唯物論について」石堂清倫訳『弁証法的唯物論と史的唯物論　他二篇』国民文庫、大月書店、一九五三年。

――「言語学におけるマルクス主義について」スターリン全集刊行会訳『スターリン戦後著作集』大月書店、一九五四年。

スミス、A.『ネイションとエスニシティ――歴史社会学的考察』巣山靖司他訳、名古屋大学出版会、一九九九年。

藤間生大「歴史における民族」のあつかいかた」歴史学研究会編『歴史における民族の問題――歴史学研究会一九五一年度大会報告』岩波書店、一九五一年、所収。

――「古代における民族の問題」歴史学研究会編『歴史における民族の問題』、一九五一年、所収。

遠山茂樹「東アジアの歴史像の検討――近現代史の立場から」『歴史学研究』第二八一号、一九六三年、一九～二三頁。

福本勝清「アジア的生産様式論争史――戦前日本編」『明治大学教養論叢』第三五一号、二〇〇二年、二七～六七頁。

マルクス、K.『経済学批判』武田隆夫・遠藤湘吉・大内力・加藤俊彦訳、岩波文庫、一九五六年。

――「イギリスのインド支配」大月書店版『マルクス・エンゲルス全集』第九巻、一九六二年、所収。

――「ヴェ・イ・ザスーリチの手紙への回答の下書き（第一草稿）」大月書店版『マルクス・エンゲルス全集』第一九巻、一九六八年、所収。

マルクス／エンゲルス「共産党宣言」マルクス・レーニン主義研究所訳『共産党宣言・共産主義の原理』国民文庫、大月書店、一九五二年、所収。

山之内靖『マルクス・エンゲルスの世界史像』未來社、一九六九年。

歴史学研究会編『世界史の基本法則――歴史学研究会一九四九年度大会報告』岩波書店、一九四九年。

――『歴史における民族の問題――歴史学研究会一九五一年度大会報告』岩波書店、一九五一年。

――『歴史における民族と民主主義――一九七三年度歴史学研究会大会報告』青木書店、一九七三年。

第16章　世界システム論

山下範久

1　世界システム論一・〇と世界システム論二・〇

イマニュエル・ウォーラーステインが、いわゆる世界システム論を提唱して、おおよそ四〇年の歳月がたった。ウォーラーステイン自身はまだまだ活動的であり、またウォーラーステインの所説に直接ないしは間接に影響を受けている歴史家も多いが、狭い意味での歴史研究のプログラムとして世界システム論をそのまま奉じる研究者は、今日ほぼ皆無といってよかろう。その意味では世界システム論は歴史記述としてすでに歴史になっているといえる。言いかえれば、われわれは世界システム論が歴史学に果たした役割を論じうる時期に立っているということでもある。

本章では、世界史の歴史記述（historiography）に世界システム論が与えたインパクトを、とくにその批判意識の変容に注目しつつ、二つの波としてとらえたい。すなわち第一の波は一国史観の批判に重心を置いた空間論的インパクトの波、第二の波は社会科学批判に重心を置いた認識論的インパクトの波である。それぞれを「世界システム論一・〇」と「世界システム論二・〇」と呼ぶことにしよう。二つの波は、イマニュエル・ウォーラーステインという単一の著者の作品に主たる淵源をもつ以上、もとより相互に無関係というわけではなく、時期的にも内容的にも重なりをもつ。それにもかかわらず二つの波が影響を与えた歴史家には、ある種の世代差とでもいうべき関心や志向の違いがある。以下本章では、世界システム論一・〇と二・〇とがそれぞれ、どのような関心に照準し、具体的にどのような論点を内容として、世界史の歴史記述にどのようなインパクトを遺したかを順に検討していく。

2　世界システム論一・〇

(1)　一国史観批判の流れと世界システム論

世界システム論一・〇のインパクトは一国史観批判にある。歴史分析の空間的な単位としての国民国家の地位は、世界システム論が登場した時期を境に大きく相対化された。もちろんひとり世界システム論だけがその趨勢をリードしたわけではないが、世界システム論がその趨勢の重要な参照点となったことは間違いない。

ウォーラーステインが最初に世界システム論を問うた著作である『近代世界システム』の第一巻（Wallerstein, 1974）が刊行されたのは一九七四年である。同書は、生産様式概念を鍵として一国ごとの発展段階を同定しようとする公式的なマルクス主義を批判し、資本主義を史的システムのレベルでの構造化された関係においてとらえる視角を打ち出したため、マルクス主義史学の文脈では、いわゆる封建制から資本主義への移行論争（ドッブ／スウィージー論争）への介入という性格をもった。同年には、のちに『パスト・アンド・プレゼント』誌上で展開された、いわゆる「ブレナー論争」の端緒となったロバート・ブレナーの「前産業期ヨーロッパにおける農村的階級構造と経済発展」報告がアメリカ歴史学会（AHA）の年次大会でなされており、少なくともマルクス主義史学の文脈でみたとき、『近代世界システム』は当初から論争的な作品として登場した（Aston and Philpin, 1987）。

他方、しばしば曖昧にされるが、ウォーラーステイン自身に歴史学のディシプリンはない。かれの世界システム概念はあくまで古典的な意味での社会学（前近代社会から近代社会への移行を理論化する社会変動の理論としての社会学）の文脈から出てきたものである。『近代世界システム』をものす前のウォーラーステインは、フラットな言い方をすれば、西アフリカをフィールドとする政治社会学者であった。同地域の諸独立運動に関する実証研究によって研究者として自立したかれは、独立後のアフリカ諸国の近代化の挫折を目の当たりにして、途上国の低開発という従属論的な問題意識へと進んだのである。

この点で方法としての世界システム論は、最初から実証的な歴史学の外部にある。実際、『近代世界システム』は、分析単位をネイションから世界システム（資本主義的な世界＝経済）へと転換することで既存の歴史研究におけるいくつかの膠着した論争（たとえば、特定の社会が唯物史観の公式に照らしてどの段階にあるのかといった問題）を脱問題化できることを指摘するという手法で議論が進められている。英語圏の学問分類において、世界システム論は一貫して歴史社会学（Historical Sociology）のボックスに収められてきた（Skocpol, 1984, pp. 276－312）。

とはいえ歴史学の内部にこれと呼応する流れがなかったわけではない。一国史観はランケ史学的な文書館主義と強く結びついているため、そうした主流派史学の限界を乗り越えようとする新しい歴史学の諸立場と世界システム論との間には一定の親縁性があった。その代表がいわゆるアナール派史学、とりわけその第二世代を率いたフェルナン・ブローデルである。ブローデルは、歴史学を経済学や地理学、地質学や気象学など隣接の諸ディシプリンとの接続にひらき、環境や国境を越えたマクロな統計現象など長期的な枠組みのなかで前景化する変数を歴史分析に導入して、二〇世紀後半の歴史学にひとつの大きな流れをつくった（Burke, 1990）。

ブローデルの著作は、世界システム論の中心概念である世界＝経済（world-economy）がブローデルの économie-monde 概念に由来していることをはじめ、いくつかの重要な概念、および歴史解釈において世界システム論の形成に直接の影響を与えている。だが、より深い次元でいえば、世界システム論にとって歴史を見る時間的・空間的な単位を再考することの意義を例証するものとしても参照された。その意味では、ブローデルとの関係は、世界システム論がそれ自体としては歴史学の外部にありながら、歴史学に対してインパクトをもつうえで説得力の源泉ともなった。

ただし世界システム論は、単純にブローデル史学をモデル化したものではない。ウォーラーステインはブローデルの考え方やアプローチを包括的に方法化したわけではなく、あくまでかれの史的システム概念の妥当性を説く際の枠組みとしてブローデルの議論の一部を解釈したにすぎない（本章後半で述べるが、この解釈は具体的には、事件史を批判し、ゆっくりとしか変わらないものの歴史の重要性を説くブローデルの議論から、史的システム分析の対象を、数十年から百数十年スパンの「中期的」な循環的変化と数百年スパンの「長期的」な趨勢的変化が複合して展開する時空に定位する世界システム分析の方法を導くところへ最終的に結実する)。他方で、後に触れるように、資本主義のとらえ方など、理論的にきわめて重要な点で両者の間には立場の分岐が存在している。また「中期的」循環と「長期的」趨勢に照準するというウォーラーステインの議論自体も、一方で個性記述的認識論に立つ事件史と、他方で法則定立的認識論に立つ(カール・ポランニーが批判的にそう呼んだ意味での)「形式主義」との両極端の没歴史的アプローチへの批判を通じて提起されたものであり、その本格的展開は、むしろあとで論じる世界システム論二・〇の文脈で生じたことである。

いずれにせよ、世界システム論が、歴史分析の空間的単位として、無反省にネイションを前提とする一九世紀的な歴史記述からの脱却の流れのなかで大きな成功を収めたことは間違いない。無論、そうした一国史観批判がすべて世界システム論の影響によるわけではなく、まして史的システムの概念がそのままパラダイムとなったなどとはいえないが、少なくとも、それまで国民国家を前提として近代化(ないしは開発/発展)の軸上に投影された変化を追い、個々の国民国家の偏差を近代化の遅速を基準にとらえる「縦の歴史」の枠組みから、それを個々の社会の関係においてとらえ返す「横の歴史」の枠組みへの歴史記述の重心移動をもたらすうえで、世界システム論は重要な参照点となった。

(2)「横の歴史」に開かれる世界システム論

縦から横へのシフト、つまり歴史分析の空間的単位の再考の流れは、それが国民国家という単位の相対化を焦点としているあいだは、世界システム論の批判力を保証する積極的な文脈となった。しかし、当然といえば当然のことだが、近代世界システム自体も人類史の全体から特定の時空を切り出して単位とするものである以上、理論上同じかたちの批判を免れることはできない。すなわち、世界システムという歴史の単位もまた特定の視点から構築されたものなのではないかということである。

そうした批判は実際のところかなり初期からあった。ウォーラーステインは『近代世界システム』の第一巻(Wallerstein, 1974, ch. 6)において、史的システムの境界をどう画定するかという問題に一章を割いており、そこで(奢侈品と対比される意味での）「日用品生産の分業の範囲」が史的システムの境界をなすという立場を示している。だが奢侈品と日用品の区別は、定義において循環論法に陥りやすく（たとえばウォーラーステインは奢侈品を「その定期的供給が絶たれても史的システムのかたちが本質的に変わらないもの」としている）、実際上の線引きにはなおのこと曖昧さがつきまとう。またそれ以前の問題として、なぜシステムの境界として、他の理論的に可能な基準（たとえば特定の世界宗教の受容、特定の形態の通貨の流通範囲、定期的な外交関係の存在など）を斥けて、日用品の分業という基準が採用されなければいけないのか。かなり強い前提なしにこれを正当化することは難しい（Schneider, 1977）。

ただ世界システム論の初期の批判的成功の陰で、当初こうした理論的批判は世界システム論に対する決定的な批判だとは見なされてこなかった。潮目が変わったのは、この批判がヨーロッパ中心主義史観批判と結びついたときである。

ウォーラーステインの史的システム論は、日用品の分業という経済的紐帯によって画定される史的システムを歴史分析の単位とする歴史記述の理論である。史的システムは下位区分として、この経済的紐帯に一元的な政治的紐帯と一元的な文化的紐帯を重ねもつ「ミニシステム」、経済的紐帯の範囲と政治的な一元的紐帯の範囲は一致しているが文化的には多元的な「世界＝帝国」、そして政治的にも文化的にも多元的で、経済的にのみ一元的な（つまり日用品の分業以外の本質的紐帯をもたない）「世界＝経済」に分かたれる。史的システム論のパースペクティブは、これら三種の史的システムを単位として、形式的には人類史の全体を射程に収めている（Wallerstein, 1984, pp. 147-158）。

だが実際のところ、ウォーラーステイン自身の関心が、人類史において唯一持続性のある世界＝経済の実例であるところの、資本主義的な世界＝経済（すなわち近代世界システム）に注がれていることは明らかであった。実質的にいって、近代世界システムの歴史記述の基本的な枠組みとなったのは、資本主義の論理による日用品生産の分業範囲の拡大と深化というストーリーにほかならなかった。

そうして描き出された近代世界システムの時空は、一五〇〇年前後にヨーロッパに形成された資本主義的な世界＝経済がしだいに拡大して一九世紀に地球規模に達して現在に至るというかたちになる。言うまでもなくこうした歴史観は、現代の世界を作った能動的な歴史的主体としてヨーロッパを特権視する（客体としてしか非ヨーロッパを見ない）見方を含意する。かくて世界システム論は、オリエンタリズムの現代的変奏のひとつとして、ポストコロニアリズムからの批判にさらされるようになった。

世界システム論はこうした批判に対して無反応だったわけではない（Wallerstein, 1999a, ch. 11）。ヨーロッパ中心主義批判への応接から浮上したのは、地域（region）、とくに非西洋の諸地域への関心であった。これには二重の動機がある。

第一に、世界システム論による一国史観批判の対象である国民国家もそれ自体ヨーロッパに起源をもつ構築物である。ゆえに歴史の分析単位をめぐって、国民国家か世界システムかという二者択一を迫ることは議論をヨーロッパ中心主義の内部に閉じさせる効果をもつ。ヨーロッパ中心主義の外部に出るには、両者のいずれでもない単位を提起する必要があり、そこで出てきたのが地域という単位だということである。

第二に、近代世界システムは一九世紀以前には、たかだか地域的なシステムでしかなかったということの再確認である。これは逆にいえば、近代世界システムは一九世紀以前には複数存在していた地域的なシステムの相互関係のなかから現在のグローバルなシステムへと脱皮したということでもある。ウォーラーステインの史的システムの概念化は、この相互関係を、（ヨーロッパの）資本主義的な世界＝経済と非ヨーロッパの世界＝帝国の非対称性に還元しすぎており、地域という単位によってこの非対称性をいったん括弧にいれることで、世界システム論的なアプローチを生かしながら、そのヨーロッパ中心的なバイアスを取り除く契機が得られるという理論的な期待があった。

地域への関心に対するこのような理論的な正当化は、実際には、とくにアジアの諸地域を対象とする歴史家による地域を単位とした歴史記述の可能性の追求が具体的成果をあげてきたことの後を追うものであった。そうした成果には、濱下武志の中華朝貢貿易システム論（濱下、一九九〇）、杉原薫の間アジア貿易論（杉原、一九九六）、J・アブー＝ルゴドの一三世紀世界システム論（Abu-Lughod, 1991）、あるいはインド洋を海域システムとしてとらえるK・N・チャウデュリ（Chaudhuri, 1991）や家島彦一（家島、一九九一）の議論、東南アジアの海域世界に注目するA・リード（Reid, 1988; 1995）や大陸部東南アジアの政治＝文化統合をユーラシア諸地域と比較したV・リーバーマン（Lieberman, 2003; 2009）、さらに一種の世界システムとしてオスマン帝国をとらえ返そうとする鈴木董（鈴木、一九九三）のような論者の業績が含まれる。

また、グローバリゼーションの帰結を表現する言葉として、たとえばアントニオ・ネグリとマイケル・ハートの『〈帝国〉』（Hardt and Negri, 2000）のような作品に触発されるかたちで、帝国への現代的関心がよみがえった。帝国への関心もごく広い意味では、ナショナルな主権国家を前提とするパラダイムの相対化を背景とするものであるが、一方でイギリス帝国史などのヨーロッパの植民地主義を文脈とする横の連関を強調する研究潮流[1]、また他方で一九世紀以前の広域帝国のガバナンスや経済構造、交易システムなどを、新しい社会科学的知見から再評価する研究潮流[2]は、「帝国」というキーワードを梃子にして、長期的な歴史的過程としてのグローバリゼーションのなかで前述の地域史への関心を加速させる役割を果たした。

さらにもう一点付言するならば、こうした地域史（regional history）にインスピレーションを与える重要な参照点となったのもまたフェルナン・ブローデルの歴史学であった。かれの名著『地中海』（Braudel, 1966）が提示する「地域」ないしは「海域」の考え方は、一方では、特定の地域がもつ地理的・生態学的条件が歴史のコースに及ぼす影響への関心を促し、他方では、歴史記述の空間的単位を交通の場として同定する着眼を広めることとなった。

こうしたアプローチは、古典的な世界システム論の側から見れば、その着想の核にあった中核＝周辺構造のとらえ方を発展的に解体していく理論的契機をはらむものでもあった。自然的条件への注目は、本質的に社会的関係である中核＝周辺構造の規定性を相対化するものであり、交通への注目は、システミックな関係性を垂直的分業においてのみ（あるいは垂直的分業を特権化するかたちで）とらえる観方を相対化するものであったからである。後節にも触れるが、ブローデル史学は、ブローデル本人とウォーラーステインとの間の交流を通して世界システム論に初発の影響を与えたのみならず、世界システム論の周辺の歴史家によっても繰り返し参照され、世界システム論の歴史記述の前線を拡張する際の触媒となった。

（3）『リオリエント』論争からグローバル・ヒストリーへ

前節に述べたような世界システム論に対する批判は、世界システム論の内部から最も激しい批判となってあらわれた。アンドレ・グンダー・フランクの『リオリエント』（Frank, 1998）である。フランクはもともと従属論の中心的な論者の一人として、サミール・アミンやジョヴァンニ・アリギらとともに、ウォーラーステインの盟友として、草創期の世界システム論を牽引した人物である。しかしかれは一九九〇年代以降、急速に理論的な転回を遂げ、かつての自らの（従属論者としての）主張もろともに徹底的な世界システム論批判の論陣を張った。

かれが批判の起点においたのは史的システムの全体性（totality）のテーゼであった。既存の一国史観に対して、ウォーラーステインの世界システム論が示した初発の批判的優位は、歴史的な構築物にすぎない（究極的には想像の次元にしか存しない）国民国家に対して、史的システムこそが実在の空間的実体、つまり（外部からの影響を捨象してとらえることのできる）閉じた対象であるという認識論的主張に支えられていた。

だが、先にもふれたとおり、近代世界システムの規模がグローバルになった一九世紀末以降は措くとしても、一六世紀に始まるその歴史の大半において、ヨーロッパの「世界＝経済」は他の史的システム（ウォーラーステインの言う世界＝帝国）に囲まれており、それら外部のシステムとの関係に開かれていた。もっといえば、それら外部のシステムにとってはヨーロッパとの関係は必ずしも不可欠なものではなかったのに対して、むしろヨーロッパにとってこそ外部のシステムとの関係は決定的に重要であった。

フランクは、まず一方で理論的・抽象的次元において、およそ空間的・時間的外部からまったく孤立した社会というものは存在しない以上、真に全体性を主張しうる史的システムの実体は、人類史の全体でしかありえないと主張し、（ウォーラーステイン流の）五〇〇年の世界システムではなく、少なくともいわゆる四大文明に遡る諸文明・諸社会の連鎖からなる五〇〇〇年の世界システムを分析単位とすべきであると論じた。

そして他方、歴史的には、紀元一四〇〇年から一八〇〇年の世界に焦点を当て、この時代に銀が事実上の国際決済通貨として機能していたことを指摘し、その地域間フローを分析することで、この時代にグローバルな交易の回路が形成されていたことを示した。その銀のフローがヨーロッパから中国へ向かって一貫した流入傾向にあることから、真に全体的な世界システムのグローバルな視点に立てば、一九世紀に至るまで、中国こそがいわばこの近世のグローバル経済における蓄積の中心であったと論じたのである。

東洋史の専門家ではないフランクが『リオリエント』のような本を書くことができたのは、それに先行して前節に述べたような反ヨーロッパ中心主義的な地域史の蓄積があったからである。その意味では『リオリエント』は世界システム論の内部におけるヨーロッパ中心主義批判の集大成であったともいえる。

『リオリエント』的なヨーロッパ中心主義批判に対してウォーラーステインがまったく沈黙していたわけではない。かれは、非ヨーロッパ世界の歴史的主体性を強調しすぎる議論が、歴史的に形成されたグローバルな格差に対するヨーロッパの植民地主義の責任を免責する点を指摘するともに、もし本当にフランクらの主張するように一九世紀に至るまで中国を中心とするアジアがグローバル経済の蓄積の重心にあったのなら、逆に一九世紀以降の「ヨーロッパの奇跡」（と中国の停滞）は説明のつかない本物の奇跡になってしまうと反論している（Wallerstein, 1999b）。

実際『リオリエント』以降、この「ヨーロッパの奇跡」をいかにとらえるかは、世界システム論周辺を含む経済史学の大きなトピックのひとつとなった。その背景に、中国やインドの経済発展という今日的現実からくる歴史記述の見直しがあることは間違いない。また遡ればマックス・ヴェーバー以来の古典的大問題への回帰という側面もある。しかし、直接の学史内在的なレベルでその流れを確実にしたのはケネス・ポメランツの *The Great Divergence* である（Pomerantz, 2000）。同書は、イギリスやフランスと中国とを比較するような社会の規模を無視した従来の比較経済史を批判し、近世における中国とヨーロッパそれぞれの最先進地域である揚子江下流域とイングランドの比較に照準することで、一九世紀以前における両地域の工業化や分業の水準が同等の水準にあったことを主張している。そのうえで、一九世紀以降の両地域の歴史のコースの分岐――大分岐（Great Divergence）――の要因を、利用可能な石炭資源の地理的な近さに求める議論を展開した。ポメランツの議論は、産業革命の要因を要素賦存などの偶有的条件に求めるE・A・リグリーのような議論（Wrigley, 2010）を、自身中国史の専門家として、前述のような（とくに非西欧圏の）地域史の研究蓄積と接続し、グローバルなスケールに拡大するものと位置づけられる。いわば「ヨーロッパの奇跡」に対して縦軸（産業革命の脱事件史化）と横軸（脱ヨーロッパ中心主義的な域間比較）の双方に議論の文脈を拡張したのである。

同書は、しばしば「大分岐論争」と名指されるかたちで、その後の（かなり広い意味での）世界システム論周辺の歴史学の関心の場を規定する参照点となった。ポメランツの議論は基本的に一八世紀に至るまで、ヨーロッパと中国やインドとの間に本質的な歴史のコースの分岐を認めず、また一九世紀以降の分岐の原因を偶有的なものに寄せて解釈するものであるが、これに対してヨーロッパの発展の起源を近世や中世にまで遡って認め、分岐の歴史的必然性を強くとる立場からの反論が論争の基本軸となった。グローバルな規模での比較史を舞台として、いわば前者がヨコの連関を重視する立場、後者がタテの連続性を重視する立場といってもよい（Coyle, 2009, pp. 13-38）。

近年しばしば掲げられるグローバル・ヒストリーという標語は、たとえば環境変化などに注目して文字通り端的に地球規模の人類史を扱うような歴史を指す場合も多いが、もうすこし狭義のグローバル・ヒストリーはこの大分岐論争周辺の議論を指すといってよかろう。とくにグローバル・ヒストリーを自称する論者は、ヨコの連関を重視する立場に立つものが多い(3)。世界システム論が、初発の動機として、国民国家で縦割りになった歴史のヨコの連関を問うものであったことを思えば、この意味でのグローバル・ヒストリーは、世界システム論の正嫡の系譜に置かれることになろう（Crossley, 2008）。

ただ他方、大分岐論争を軸とする広義のグローバル・ヒストリーの推進力となった計量的なアプローチの比較史が、比較の地平を大幅に――理想的には人類史の時空全体に接近するかたちで――時間的、空間的に押しひろげたため、グローバル・ヒストリーは、歴史学と経済発展理論との境界を溶解させる方向にも作用した。この方向でのグローバル・ヒストリーの帰趨は、世界システム論二・〇の問題意識に関わる論点である。

3　世界システム論二・〇

（1）　社会科学批判としての世界システム論

前節に論じたように世界システム論の初発の批判は、国民国家を分析単位とする歴史記述に向けられていた。『近代世界システム』は、資本主義的な世界＝経済を単位として歴史を（少なくとも近代史を）書き換えるプロジェクトとして着手された。

だが他方、世界システム論は、現代を生きるわれわれにとっての現実である資本主義に対する、より直接的な批判的動機にも衝き動かされていた。一九七〇年代、世界システム論が立ち上げられた時点のパースペクティブでは、東西冷戦の背後にある構造的現実としての南北問題と、「長い一六世紀」に形成されたヨーロッパ規模の垂直分業のシステムとは、ほとんど地続きにとらえられていた。

だが、『近代世界システム』が二巻、三巻と書き継がれるにつれ、その最初の想定にほころびが現れ始めた。そもそも第一巻の冒頭に述べられた同書全四巻の計画では、第一巻で一四五〇年代から一六四〇年代（いわゆる「長い一六世紀」）を論じたのち、第二巻ではフランス革命とナポレオン戦争まで、第三巻では第一次世界大戦とロシア革命まで、そして第四巻では二〇世紀の「現代」がカバーされる予定であった。しかし実際には、第二巻はオランダのヘゲモニーの盛衰を軸として本質的に一七世紀しか論じられず（Wallerstein, 1980）、第三巻は一八四〇年代までしかカバーしていない（Wallerstein, 1989）。同書は産業革命とフランス革命を論じたのち、資本主義的な世界＝経済へのインド、オスマン帝国、ロシア帝国、西アフリカの包摂（incorporation）と南北アメリカの独立を論じるところで終わっている。これは当初の計画から見れば、大半が本来第二巻までで論じられていなければならない範囲にあたる。

このほころびの主因は、前節にも触れたが、本質的にヨーロッパ規模の地域システムであった近世（一五～一八世紀）の「近代世界システム」と、そのヨーロッパ的な地域システムを含め、複数の地域システムの相互関係から現れた一九世紀以降のグローバルな「近代世界システム」とを連続的にとらえることの限界にある。資本主義的な世界＝経済による諸世界＝帝国の包摂というとらえ方はあまりにも一面的であった。

この限界に直面して世界システム論は理論的拡張を迫られた。この文脈で出てきたのがジオカルチュアの概念である。ジオカルチュアとは、近代世界システムの内部に、資本主義的な世界＝経済の論理を自己対象化してフィードバックする諸制度を指す。ウォーラーステインは、近代世界システムにおけるジオカルチュアの形成は一九世紀に生じたとし、その具体的形態として、イデオロギー、社会運動、社会科学を挙げた。ウォーラーステインはジオカルチュア概念を提起しはじめた一九九〇年代以降、歴史的記述の大半をイデオロギーと社会運動（反システム運動）の分析に向けつつ、制度史と認識論の両面からの社会科学批判に議論の軸足を移していった。二〇一一年に刊行された『近代世界システム』の第四巻も、この意味で、既刊の三巻から軸足の移った――つまり世界システム論一・〇と二・〇の間の理論的な不連続が刻印された――作品になっている（Wallerstein, 2011）。

世界システム論二・〇の批判の前線をジオカルチュア分析に見いだすならば、その本格的な起点にあたり、また最もよく引用される作品は『脱＝社会科学』（Wallerstein, 1991）である。(4) とくに社会科学批判の文脈で、同書はその批判の対象を「一九世紀パラダイム」というかたちで同定した。

広義の一九世紀パラダイムは、一方で知の正統化の様式としての科学の台頭、他方で国民国家による大学の復興を背景としている。両傾向を前提として、個性記述的科学と法則定立的科学の分離、人文学および自然科学のディシプリン化、そしてその中間領域における社会科学諸ディシプリンの形成が生じた。(5)

ウォーラーステインが批判の矛先を向ける狭義の一九世紀パラダイムは、このときに成立した六つの社会科学ディシプリンからなる。すなわち、政治学、経済学、社会学、歴史学、東洋学、人類学の六つである。(6) それぞれのディシプリンが対象とする社会の切り分けを表にすると**表16‐1**のようになる。ここには、当時のヨーロッパの中核諸国の視点からする世界システムの構造認識、いわば一種の文明論的歴史認識が表出している。すなわち、未開社会は、文明的発展とその蓄積（とくに文字による蓄積）がないため、参与観察を基本技法とする人類学がカバーする。中国やインドといったかつての大文明（高度文明）には、それら文明が生み出した古典のなかにそうした文明的発展の蓄積が封じ込められているので、文献学的アプローチに立脚する東洋学がカバーする。この二つのディシプリンが対象とする社会では過去と現在を区別する必要がない。なぜなら、文明的な進歩の過程がないという意味で、高度文明では過去の大文明の時点において、未開社会ではそもそも最初から、時間が止まっているからである。いわばそれらの社会では現在に過去が冷凍保存されており、ゆえに過去と現在とを異なる対象として区別する必要が認められない。

これに対して近代社会とは、まさにその文明的な進歩の過程が極致に達して現在の近代社会に至ったものである。歴史学はそうした社会のそれぞれについて、その文明的進歩の過程（二〇世紀に「近代化」として定式化される過程）を再構成するディシプリンとして正統化され、近代的学問へと脱皮した。他方、この「近代化」の過程は、一九世紀において、第一義的に社会の高度な機能分化の過程としてとらえられた（未開社会では、政治的権力、経済的権力、社会的威信の区別は曖昧である）。ゆえに高度に機能分化した近代社会のサブシステムとしての国家、市場、市民社会を対象として、それぞれ固有の方法論をもつ（べきだと考えられた）政治学、経済学、社会学が成立した。

ウォーラーステインによる一九世紀パラダイム批判の中心にあるのは、個性記述的認識論と法則定立的認識論との二分法である。(7) これによって近代社会を対象とするディシプリンは二つの異なる認識論に引き裂かれ、それぞれに囲い込まれることになった。法則定立的科学として正当化された政治学、経済学、社会学と、個性記述的な科学として自己を正当化した歴史学とのあいだには、時空のとらえ方の前提においても、方法においても、そしてまたそこから生み出される知識の価値や有用性についても、架橋の難しい懸隔が生じた。

近代社会を対象とする政治学、経済学、社会学が法則定立的な認識論に拠ったのは、あらゆる社会にとって近代化が進歩の普遍的なゴールであるという前提がしからしめたものである。近代社会は本質的に同型的であり、ゆえにこれらのディシプリンが対象とする時空は均質である。そして科学的な知としての法則の発見は、そうした均質な時空を前提とする。諸社会間の大きな収斂傾向――突き詰めていうならば、歴史の終わりへ向かう過程――としてとらえられた近代化がこうした法則定立的認識論を選び取らせた。

他方、歴史学は、まさに近代科学としての脱皮――それ以前の説話や物語の諸形式からの脱皮――の必要に際して、過去の事実の厳密な再現に根拠をもとうとした。その典型はいわゆる文書館主義的なランケ史学である。その本質は、再現の対象となる過去の事象の現場で生み出された文書（一次史料）を、複数突き合わせて検証する手続き（史料批判）にかけることで、過去の事実のみを抽出する手法にある。この「過去の事実のみが追求すべき真理（truth）である」という立場において、法則性の発見から導かれる一般化は、解釈者による過去の事実の汚染と映る。近代史学にとって一般化や法則性の発見は、端的に概念の実体視であり、むしろ「非科学的」なのである

表16－1　狭義の19世紀パラダイム

	現在	過去
近代社会	政治学／経済学／社会学	歴史学
高度文明	東洋学	
未開社会	人類学	

出所：Wallerstein（1991；1996）より筆者作成。

（Wallerstein, 2004, pp. 111－125）。ここで前提とされている時空は、突き詰めれば、あらゆる場所が個別性を帯び、かつ刻々とすべてが生まれ変わるような世界である。

いわばこのように永遠と一瞬とに引き裂かれた三つの社会科学と歴史学に対して、ウォーラーステインは、両極いずれもの没歴史性を批判する。そこで引かれるのは再びブローデルである。よく知られているようにブローデルは歴史の時空に三つの層を見いだした。すなわち事件史（histoire événementielle）の時空、状況史（histoire conjoncturelle）の時空、そして構造史（historire structurelle）の時空である。ブローデルは、中期的な循環過程が展開する状況史と、「ゆっくりとしか変わらない」諸条件に規定された構造史の重要性を強調し、事件史偏重の近代史学を批判した。

ウォーラーステインは、この議論を受けて、ブローデルの言う構造史には実は二つの意味があると指摘し、その区別の必要性を説く。すなわち「構造史」には、世紀単位の長期的スパンで特定の空間を規定するが本質的に社会的な条件にかかる次元と、ある種の生態学的・生物学的条件や物理的条件など人類の歴史のタイムスパンにおいては実質的に変わらない条件にかかる次元との両方が含まれているが、本当に重要な「構造史」は前者であり、後者（いわば「永遠の歴史」）はそれとは別の――あえていえば非歴史的な――時空であるとウォーラーステインは主張する（Wallerstein, 2004, pp. 59－82）。

この区別の批判的意図は明らかだ。ウォーラーステインはブローデルによる状況史と構造史の前景化を、単に事件史批判としてではなく、事件史に体化された個性記述的認識論と（真の「構造史」に混同された）「永遠の歴史」に体化される法則定立的認識論双方に対する批判としてとらえ返そうとしている[8]。

ウォーラーステインが、ブローデルの時空論を通して対象化しているのは、事件史と「永遠の歴史」の中間に展開するシステミックな変化である。そこでいうシステムは決して自然の摂理そのものではなく、あくまで歴史的な構築物であり、したがって起源も限界ももつが、他方で世紀単位の長期にわたり、そのなかに生きる人間主体にとっては、多くの場合直接認識の対象になりにくく、対象化されたとしても実質的に操作や制御ができない条件として作用するようないわば世界の枠組みである。

かれの言う資本主義的な世界＝経済としての近代世界システムはまさにそのようなシステムとして概念化されたものであ

る。そして構造史は、その近代世界システムの起源から限界に至る長期的動態の分析に、状況史はその長期的過程のなかで中期的に反復する循環的な過程の分析に、それぞれ位置づけられている。より具体的にいえば、構造史とは資本主義的な世界＝経済に矛盾が蓄積していく過程、状況史とは資本主義的な世界＝経済における蓄積の重心と様式とが繰り返しシフトする過程を指している。逆にいえば、ウォーラーステインが事件史と「永遠の歴史」を批判して——ひいては個性記述的認識論と法則定立的認識論の双方を批判して——没歴史的であるというとき、そこで表明されているのは、既存の社会科学の諸ディシプリンや歴史学が、認識論的な前提の次元で、史的システムとしての資本主義を分析対象とできないことへの不満にほかならない。この意味では世界システム論二・〇は、世界システム論一・〇の空間論的批判を認識論的次元に掘り下げ、社会科学批判へと具体化したものであるととらえられる。(9)

(2)　フラクタル化する認識論的二極化と資本主義概念の失効？

ウォーラーステインによる一九世紀パラダイム批判は、一九世紀におけるジオカルチュア的現実——近代化の推進装置としての国民国家の標準化——の生成の文脈で、社会科学の諸ディシプリンがいかに制度化されたかをとらえる点では、議論の出発点として有用な素描を提供している。だが一九世紀パラダイム批判を軸とする世界システム論二・〇の社会科学批判は、この一九世紀パラダイムによる社会科学の認識論的二極化を固定的なものとしてとらえている。

しかし実際には、二〇世紀（とくに戦間期以降）において一九世紀パラダイムには、かなりの負荷と変容が見られる。たとえば、脱植民地化の過程は、一九世紀パラダイムの前提にある近代／未開の軸の正当性および有効性を掘り崩す。その文脈で一九世紀的な東洋学は二〇世紀には地域研究と看板を替え、固有のディシプリンとしてのアイデンティティはかなり相対化された。今日、少なくとも方法の適用に関しては、表16－1に示されるような六つのディシプリン間の垣根はかなり低くなっており、かつて「高度文明」地域だった社会に経済学的方法が適用されたり、かつて「未開社会」だった社会に、歴史学と考古学のアプローチが複合的に用いられたりといった例は当たり前である。また国際関係論のような学際的なディシプリンの登場も、いわば一九世紀パラダイムの分業を（壊すことはなかったとしても）動態化する作用をもった。

ただ、より内的な観点からして重要なことは、世界システム論二・〇が批判する法則定立／個性記述の認識論的二極化は、必ずしもディシプリンを単位としてのみは起こっていないということである。

まず一方で、政治学、経済学、社会学といった法則定立的な社会科学が、とくにそれらが近代的な科学として構想された一九世紀において、強い法則定立志向をもっていたことはたしかである。だが一九世紀においてさえ、それぞれのディシプリンのなかで、普遍的な法則の妥当性と個々の社会の特殊性との間の緊張は決して二次的な問題ではなかった。ある意味ではむしろ経済学のように、主流派が強い法則定立的傾向を打ち出したディシプリンほど、ディシプリンの内部および周辺からの抵抗も明確な輪郭をとった。そもそもウォーラーステインが参照している方法論争もそうであるし、ヴェブレンに代表されるようなアメリカにおける（旧）制度派の経済学もそうした例に挙げられよう。

だがもっと直接的に世界システム論二・〇の現代的な文脈でいえば、これら三つの社会科学において制度の概念が新しく関心の焦点になってきていることを指摘できる[10]。今日、制度の概念は、外形的には同じ社会変化の契機が異なる帰結を生むメカニズムを経路依存性のような概念で個別に分析するアプローチにおいて参照される一方で、一見多様な社会形態の分岐を取引費用のような概念で一般的に分析できるようにするアプローチにおいても参照される。やや踏み込んでいえば、制度の概念は法則定立的なディシプリンにおいて、法則定立的アプローチの限界を顕在化させる着眼として注目される一方で、これまで個性記述的なアプローチが固有の対象として守ってきた対象を、法則定立的なアプローチの射程内に取り込む際のツールとしても用いられている。この意味で、いわば制度の概念は、今日の社会科学の個々のディシプリンの内部において（あるいはそれらのディシプリンを横断するかたちで）個性記述的認識論と法則定立的認識論との緊張関係が反復する理論的な場となっている（Goertz and Mahoney, 2012）。

このようなディシプリン内での認識論的緊張の反復は、個性記述的科学としての歴史学においても起こっている。歴史学の内部における個性記述的傾向は、とくに一九九〇年代以降、情報公開とIT化によってアクセスできる一次史料の質と量が劇的に増大し、それまで一次史料の不足から一定程度容認されていた（いわばデータの隙間を埋めてストーリーを構築するために用いられる）理論的アプローチは排斥され、徹底した実証が求められるようになった（佐藤、二〇〇五）。しかし他方、まさに大量のデータが得られたことで、統計学的手法やゲーム理論などの数理的アプローチの適用射程が拡大し、法則定立的な認識論にたって歴史を分析しようとする研究は、むしろ経済学や社会学などにおける上記のような新たな制度的アプローチと呼応しつつ、着実に増大している[11]。

こうした近年の傾向は、いわば一九世紀パラダイムのフラクタル化を示しているように思われる。法則定立的認識論と個性記述的認識論との間の本質的緊張自体は決して消えたわけではない。ある意味ではますます先鋭化しているともいえる。しかし、その緊張関係はかつてのようにディシプリン間ですみ分けるように制度化されているのではなく、むしろディシプリン内で反復的に展開している。ディシプリン間分業が相対化され、ディシプリン内緊張が増殖することで、われわれの目の前に広がっているのは、ディシプリンを横断して共鳴する個性記述／法則定立の認識論的二極化がそここで顕在化する光景といってもいいだろう。

こうした状況に照らして世界システム論二・〇の有効性を考え直すならば、状況史／構造史アプローチの再編が課題となるだろう。古典的な一九世紀パラダイムにおいて個性記述的認識論と法則定立的認識論とがディシプリンの壁とともに固定されている文脈では、世界システム論は、事件史に立てこもる歴史学と「永遠の歴史」にしか目を向けない社会科学の諸ディシプリンの間の広大なニッチとしてのシステミックな（そしてよりリアルな）歴史の時空を、「史的システムとしての資本主義」と名指して独占することができたが、そうしたディシプリン間分業の内枠が崩れ、二つの認識論のそれぞれの極から他方の極へ向かってディシプリンの壁を横断しながら、互いに版図の拡張を追求するようになれば、世界システム論的なアプローチは、個性記述的なアプローチからは古いグランド・セオリーとして追い立てられ、法則定立的なアプローチに対しては、経験的な理論化の強度において、その後塵を拝することになる。要するにかつて世界システム論が想定していたよりも、事件史と「永遠の歴史」の中間の時空ははるかに狭いものとなった、あるいは急激に狭まりつつあるということである。

むしろ世界システム論が状況史／構造史のアプローチに固有の価値を主張することができたのは、資本主義的な世界＝経済の実体性が信憑をもつ限りでおいてであった。前節に述べたとおり、「長い一六世紀」にヨーロッパに誕生し、その後グローバルな規模に拡大して今日に至る資本主義的な世界＝経済というシステミックな史的実体の括りだし方は、今日、多方面から批判にさらされている。そればかりか、資本主義を、そもそも実体的な史的システムとしてとらえること自体が疑義に付されている。ウォーラーステインは、資本主義のとらえ方においても、とくに世界システム論二・〇の文脈では、明示的にブローデルに倣う議論を展開しているが、「小さい主体」（価格形成において非対称的な影響力をもたない主体）の等価交換の体系としての（競争的な）市場に対して、資本主義を「大きい主体」による独占形成の審級、つまり反市場的な力の場ととらえるブローデルの議論からは、実体的な史的システムとしての資本主義という発想は必ずしも出てこない（Wallerstein, 1991, pp. 202–217）。

ブローデルの資本主義概念は、要するに資本主義を差異の媒介の運動に抽象化するものであり、そうした運動は具体的な行為としては人類史に遍在している（ゆえにたとえばブローデルは古代ローマの遠距離交易も典型的に資本主義的行為であると断定する）。つまりブローデル的な資本主義概念は、行為の性格付けに向かうものであって、時代区分やまして実体的な史的システムの括りだしに、そのまま適用できるものではない。

史的システムとしての資本主義概念の失効は、おそらく、ウォーラーステインが最後まで認めないことであろう。むしろそれを認めないことが、世界システム論二・〇の問題系を発動させたというべきである。しかしウォーラーステイン本人の意図にかかわらず資本主義概念の実体視を前提とする議論は足元から浸食されている。前節の最後にふれたように大分岐論争以降、「ヨーロッパの奇跡」をめぐる歴史研究は、比較経済発展理論へと溶解されつつ回収される傾向にある。むしろそこでの論点は持続的な経済発展の起源と条件をめぐるものへと分析的に還元されており、一方には起源をヨーロッパの近世以前に遡り、そこに形成された（所有権の保護や契約の保証などの）制度の発展を強調する立場、他方には起源を一八世紀末から一九世紀初に求め、要素賦存の差やそれがもたらす技術革新の連鎖の方向性の違いを強調する立場、さらに両者の間には、たとえば教育や科学などの他のファンダメンタルズを強調するさまざまな立場があって、入り乱れての論争が展開している（コーエン、二〇一三）。論争の帰趨は依然定かではないが、世界システム論がこの流れに伍していくならば、史的システムとしての資本主義の概念を根本的に再考する必要があることは間違いない。その課題は、世界システム論一・〇と世界システム論二・〇とが再合流する場でもある。

4　世界システム論が果たした歴史的役割

以上、本章では世界システム論の史学史上のインパクトを二つの波に分け、それぞれを世界システム論一・〇、世界システム論二・〇と呼んで、その軌跡を追った。世界システム論一・〇は、一国史観批判に根拠を与えるパースペクティブとして広範に受容される一方、近代世界システムの（とくに一八世紀末／一九世紀初めをまたぐ）連続性をめぐって、『リオリエント』に代表される反ヨーロッパ中心主義的批判を招き、大分岐論争へとひらかれていった。

こうした初期の世界システム論の理論的限界に直面して、ウォーラーステインの議論はジオカルチュア分析という新しい理論的前線へと移った（世界システム論二・〇）。このジオカルチュア分析の史学史上の意義は、一九世紀パラダイムとかれが呼ぶ社会科学の制度化をめぐる議論に見いだされる。そこでかれは法則定理的認識論と個性記述的認識論の二極化傾向をベースにした（一九世紀的な世界システムの秩序を自己確認するかたちでの）ディシプリン間分業の形成を素描した。その指摘は、学知と権力の結合を批判する近年の史学研究の関心とよく共鳴するものであったが、他方で認識論的両極化の現代的展開は、むしろ世界システム論自体の前提を根底から疑義に付すところにまで進んでおり、その意味では世界システム論的批判は、その二つの波の双方において、批判の対象である当の現実の側の展開によってすでに追いつかれ、あるいは追い越されたというべきである。

注

（1）日本においてこの流れを代表する論者として秋田茂、平田雅博らが挙げられる。
（2）日本において、比較的若い世代で、この流れを牽引する論者として松里公孝が挙げられる。
（3）ただ、世界システム論の観点から付言すれば、そもそものウォーラーステインの近代世界システム論は、ヨーロッパの発展の起源を「長い一六世紀」に求め、かつそこに形成された資本主義的世界＝経済の（非ヨーロッパ圏の）世界＝帝国に対する蓄積上の優位を強調しているため、むしろ（おもに主流派経済史家から）ポメランツを批判するタテの連続性を重視する立場に近い。もともとポメランツの議論が、世界システム論を含むヨーロッパ中心史観批判の文脈から出てきているため当然といえば当然であるが、（グローバルな比較のなかでヨコの連関を強調する）狭義のグローバル・ヒストリーが帯びている反ヨーロッパ中心主義によって、もともとは互いに批判的であった古典的な世界システム論と主流派の経済発展理論にベースをおく経済史との距離が相対的に縮まるというねじれが生じている。

（4）ジオカルチュア（地政文化）という用語自体は、同書に先行して『ポストアメリカ』（原題：*Geopolitics and Geoculture*）で導入されているが、タイトルに反して、この作品ではジオカルチュア分析の具体的な内容は乏しく、その後のウォーラーステインの分析関心の所在を漠然と示したにとどまっている。

（5）以下、一九世紀パラダイムの学知的側面についての議論は、『社会科学をひらく』（Wallerstein, 1996）の議論も参照。

（6）地理学や（ドイツにおける）国家学が、このパラダイムのなかで周縁化されたことにもウォーラーステインは注意を促している。

（7）この用語はリッケルトやヴィンデルバントのような新カント派による自然科学と精神科学の二分法的基礎づけを引くものである。ただウォーラーステインの議論は、メンガーとシュモラーの間の「方法論争」やC・P・スノーの「二つの文化」論なども参照しつつ、近代的社会科学の認識論制度化を論じるものであり、必ずしも厳密に哲学史的な次元で議論を展開しているわけではない（Wallerstein 1996）。

（8）先にふれたが、この点でウォーラーステインにとって重要な補助線となったのは、カール・ポランニーからの影響である。コロンビア大学においてウォーラーステインはポランニーの謦咳《けいがい》に接していた時期がある。ウォーラーステインによる史的システムの三類型（互酬的なミニシステム、再分配的な世界＝帝国、市場経済に立脚する世界＝経済）は、明らかにポランニーによる経済社会の三つの紐帯から想を得たものである（Polanyi, 1968）。構造史から「永遠の歴史」を区別して後者の没歴史性を批判するウォーラーステインの立論は、ポランニーによる形式主義的経済学に対する実在主義（substantivism）的批判（ポランニー、二〇〇三）の延長線上にある。

（9）世界システム論一・〇と二・〇のつながりについてもう一点だけ述べるならば、ジオカルチュアの概念は、より一般的に近年の社会学の語彙でいえば、近代社会における再帰性の制度化を指すものである（Beck, Giddens and Lash, 1994）。この再帰性の制度化は三層の前提をともなう。第一に、近代化が広く社会において目標として共有されること、第二に、近代化は政策によって速度の調節（多くの場合加速）が可能であるという信憑が社会に存在すること、第三に、そのような近代化を経験する単位としての「社会」の実在が認知されていること、この三つである。逆から一言でいえば、ジオカルチュアの生成はその深い前提において「社会の発見」をともなったということである。

ウォーラーステインは、この「社会の発見」によって発見された「社会」は本来世界システム（あるいは資本主義的な世界＝経済）そのものであったはずだと強調する。しかし実際のところ、ジオカルチュア的諸制度が前提とする「社会」は、制度の次元ではほぼ無媒介に――言説の次元でもきわめて急速に――国民国家に収斂した。そして一九世紀パラダイムを構成する社会科学の諸ディシプリン（とくに近代社会を対象とする四つのディシプリン）は、それらの諸ディシプリンに大学をはじめとする制度的な場を与えた国民国家と、自らの知的探求の対象であるとともにその知による操作・制御の対象でもある社会とをほぼ完全に同一視した。この結びつきにおいて、世界システム論二・〇における社会科学批判は、世界システム論一・〇の一国史観批判のエートスと連続している。

(10)　社会科学における制度概念の導入を先導したのが、R・コースやO・ウィリアムソン、D・ノースといった経済学の周辺領域（経済学と他のディシプリンとの境界領域）の業績であったことは特記しておいてよいだろう。とくに経済史――ノースは経済学史家として初めてノーベル経済学賞を受賞した――は、法則定立的な社会科学の極北にある経済学においてながらく強力に周縁化されてきた。

(11)　従来的な歴史学の手法とゲーム理論とを組み合わせた最近の研究の例としてGreif（2006）がある。

参考文献

コーエン、ダニエル『経済と人類の一万年史から、二一世紀世界を考える』林昌宏訳、作品社、二〇一三年。

佐藤俊樹「因果の果ての物語――歴史と社会学の可能性」『社会学史研究』第二七号、二〇〇五年、一九～四〇頁。

杉原薫『アジア間貿易の形成と構造』ミネルヴァ書房、一九九六年。

鈴木董『イスラムの家からバベルの塔へ――オスマン帝国における諸民族の統合と共存』リブロポート、一九九三年。

濱下武志『近代中国の国際的契機――朝貢貿易システムと近代アジア』東京大学出版会、一九九〇年。

ポランニー、カール『経済の文明史』玉野井芳郎・平野健一郎編訳／石井溥・木畑洋一・長尾史郎・吉沢英成訳、ちくま学芸文庫、二〇〇三年。

家島彦一『イスラム世界の成立と国際商業――国際商業ネットワークの変動を中心に』岩波書店、一九九一年。

山下範久『世界システム論で読む日本』講談社選書メチエ、二〇〇三年。

Abu-Lughod, Janet L., *Before European Hegemony: The World System A.D. 1250–1350*, New York: Oxford University Press, 1991.

Ashton, T. H. and C. H. E. Philpin (eds.), *The Brenner Debate: Agrarian Class Structure and Economic Development in Pre-Industrial Europe*, New York: Cambridge University Press, 1987.

Beck, Ulrich, Anthony Giddens and Scott Lash, *Reflexive Modernization: Politics, Tradition and Aesthetics in the Modern Social Order*, Cambridge: Polity Press, 1994.

Braudel, Fernand, *La Méditerranée et le monde méditerranéen à l'époque de Philippe II* (Deuxième édition révisée), Paris: Armand Colin, 1966.

Burke, Peter, *The French Hisotrical Revolution: The Annales School, 1929–89*, Stanford CA: Stanford University Press, 1990.

Chaudhuri, K. N., *Asia before Europe: Economy and Civilisation of the Indian Ocean from the Rise of Islam to 1750*, New York: Cambridge University Press, 1991.

Coyle, Diane, *The Soulful Science: What Economists Really Do and Why It Matters* (Revised Edition), Princeton NJ: Princeton University Press, 2009.

Crossley, Pamila Kyle, *What is Global History?* Cambridge: Polity Press, 2008.

Frank, Andre Gunder, *ReORIENT: Global Economy in the Asian Age*, Berkeley CA: University of California Press, 1998.

Goertz, Gary and James Mahoney, *A Tale of Two Cultures: Qualitative and Quantitative Research in the Social Sciences*, Princeton NJ: Princeton University Press, 2012.

Greif, Avner, *Institutions and the path to the modern economy: lessons from medieval trade*, New York: Cambridge University Press, 2006.

Hardt, Michael and Antonio Negri, *Empire*, Cambridge MA: Harvard University Press, 2000.

Lieberman, Victor, *Strange Paralells: Southeast Asia in Global Context, c.800–1830* (2 vols.), New York: Cambridge University Press, 2003 and 2009.

Pierson, Paul, *Politics in Time: History, Institutions, and Social Analysis*, Princeton NJ: Princeton University Press, 2004.

Polanyi, Karl, *Primitive, Archaic, and Modern Economics: Essays of Karl Polanyi*, New York: Anchor Books, 1968.

Pomeranz, Kenneth, *The Great Divergence: China, Europe, and the Making of the Modern World Economy*, Princeton NJ: Princeton University Press, 2000.（ポメランツ、K.『大分岐：中国、ヨーロッパ、そして近代世界経済の形成』川北稔監訳、名古屋大学出版会、二〇一五年）

Reid, Anthony, *Southeast Asia in the Age of Commerce, 1450–1680* (2 vols.), New Haven CT: Yale University Press, 1988 and 1995.

Schneider, Jane, "Was There A Pre-capitalist World-system?" *Peasant Studies* vol.6, no.1, 1977, pp. 20–29.

Skocpol, Theda (ed.), *Vision and Method in Historical Sociology*, New York: Cambridge University Press, 1984.

Wallerstein, Immanuel, *The Modern World-System I: Capitalist Agriculture and the Origins of the European World-Economy in the Sixteenth Century*, New York: Academic Press, 1974.

———, *The Modern World-System II: Mercantilism and the Consolidation of the European World-Economy, 1600–1750*, New York: Academic Press, 1980.

———, *The Politics of the World-Economy: The States, the Movements and the Civilizations*, New York: Cambridge University Press, 1984.

———, *The Modern World-System III: The Second Era of Great Expansion of the Capitalist World-Economy, 1730–1840's*, New York: Academic Press, 1989.

———, *Unthinking Social Science: The Limits of Nineteenth-Century Paradigms*, Cambridge: Polity Press, 1991.

———, *Open the Social Sciences*, Stanford CA: Stanford University Press, 1996.

———, *The End of the World as we know it: social science for the 21st century*, Minneapolis MN: University of Minnesota Press, 1999a.

———, "Frank Proves the European Miracle," *Review* (Fernand Braudel Center), XXII, 3, pp. 355–371, 1999b.

———, *The Uncertainty of Knowledge*, Philadelphia PA: Temple University Press, 2004.

———, *The Modern World-System IV: Centrist Liberalism Triumphant, 1789–1914*, Berkeley CA: University of California Press, 2011.

Wrigley, E. A., *Energy and the English Industrial Revolution*, New York: Cambridge University Press, 2010.

第17章　現代日本の「世界史」

桃木至朗

1　歴史教育と専門研究

第二次世界大戦終結から現在までの日本社会における「世界史」のあり方が、編集委員会から与えられたこの章のテーマである。現代社会での歴史像の形成やその内容には、歴史小説や映画・ドラマだけでなく美術や音楽などの芸術作品、それにマンガやアニメ、ゲーム、さらにはインターネット上の情報や言論なども複合的に作用しているに違いない[1]。また歴史像の開陳そのものは狭義の歴史学や歴史哲学の専売特許ではなく、他分野の研究者、政治家・外交家や経済人、作家やジャーナリストや言論人による（また、それらの人々のための）「史論[2]」の、社会的影響力を軽視できない。しかし、この章では議論を日本における高校・大学の教育およびその専門研究との関わりに絞りたい。

といっても筆者は、教育学・教育史の専門家ではないし史学史の素養も十分ではない。ところがたまたま、勤務先で行われている「高大連携」と史学系の授業改革や国際発信を結びつけた取り組みに関わり、その一部を代表する立場になったため、東南アジア史・海域アジア史など狭義の「専門」を超えた発言をする機会が増えてきた[3]。以下ではそれを踏まえて、教育・研究の内容よりは制度・慣習（広い意味での「しくみ」）、時系列的な変遷よりは現況に重点を置いた議論を展開すること、また紙幅の都合もあり名前を挙げた論者すべての著作の提示はしないことなどを、あらかじめご了承いただきたい。

2　歴史教育のなかの世界史

(1)「戦後教育」と「世界史」の成立

「世界(の)歴史」と聞けば、いわゆる「概説書」や「講座物」を連想する歴史好きの市民・知識人も少なくないはずだが、[4]「世界史」と呼んだ場合、第二次世界大戦後に教育を受けた国民の多くが第一に思い出すのは、高校の科目や大学入試であろう。この節では高校世界史教育について、教育内容と教育課程の両面から整理を試みる。なおシリーズ物と高校教育の両方とも、実際の内容にかかわらず枠組みとして、「日本史」「日本(の)歴史」と対をなす「日本以外の諸外国の歴史」と理解されるのが普通である点に、以下の議論との関係で読者の注意を喚起しておきたい。

世界史という科目が第二次世界大戦後に誕生したものであること(制度としての「世界史」はつまり、研究でなく教育の場から生まれたこと)は、専門家のあいだではよく知られている。それ以前には、「万国史」など明治期の試行錯誤を経て、一八九四年に中等学校の「西洋歴史」「東洋歴史」という授業科目、一九一〇年に東京帝国大学文科大学で「東洋史」「西洋史」の専修科編成(一九一九年に文学部の学科となる)が成立し、それぞれ「国史」と並び立つ三分体制が敷かれていた。[5]ちなみにそうした体制が、民間知識人による文明史論などを排除してアカデミズム史学が歴史を独占するしくみだったこと、しかもそのアカデミズム史学を国立の修史局(伝統中国型)や科学アカデミー(近世ヨーロッパに始まり二〇世紀には社会主義国にも受け継がれる)ではなく大学がほぼ独占したこと、しかしヨーロッパ式の「歴史学部」はできず人文系学部の学科・専攻の地位にとどまったことなども、現在まで影響を残している重要な特徴である(佐藤、二〇〇四)。

世界史イコール日本史と区別された高校の科目という上記の認識は、戦後の教育改革のなかで新制高校に(修身・公民・地理・歴史・実業等を包括した教科「社会科」の一科目として)「東洋史」「西洋史」を統合した「世界史」が登場し、それが「日本史」(「国史」廃止は意図されたが実現しなかった)と並立するかたちで六〇年以上存続した――他方、大学では東洋史・西洋史の区分が維持された――ことによって生まれたものである。[6]高校世界史が、発足当初から、単なる「東洋史」「西洋史」

の組み合わせでも主要国の歴史の寄せ集めでもない新しい「世界史」教育の理念・目的や内容と教授法、そのための専門研究との関係などについて模索してきたことは、教育学界以外にも広く知られている。代表的な論者として、課題意識による主体的な「世界史」の探求を追求した上原専禄（教科書として上原〔一九六〇〕）の名は、今日でも繰り返し言及される。

その結果、たとえば初期の世界史学習指導要領が示していた、国民国家の建設・再建を目標に西欧型近代化を理想化・普遍化する歴史観に対し、一九七〇年の学習指導要領は、大航海時代以前を「東アジア」「西アジア」「ヨーロッパ」の「文化圏」ごとに教える上原流の枠組みを明示し、七八年の指導要領では一八世紀まで各文化圏の独自の動きを教えるというかたちでヨーロッパ中心史観の相対化がはかられた。また、世界史における日本の地位と役割を強調する、北アジアや東欧、ラテンアメリカ、東南アジア、オセアニアといった「周辺地域」にも言及する、イスラームをキリスト教側からの歪曲から救う、それぞれの現地での呼称や表記に配慮するなど、善かれ悪しかれ現在の教科書で「常識」とされている事柄の多くが、七〇年ないし七八年の指導要領から顕著になった（中村〔二〇一〇〕ほか）。九九年の指導要領では、「文化圏」（世界史B）や「文明」（世界史A）にかわって「地域世界」の語が登場し（単一の文化圏ないし文明に属さない内陸アジア・東南アジアなどを主体として扱える）、非西洋世界のとらえ方をさらに深める一方で、一六世紀以降の歴史を「世界の一体化」の過程として教えることが明示されるなど、グローバルな構図を教える方向に大きくかじを切っている。

九九年指導要領はまた、世界史Bに「世界史への扉」を新設して「身近なものや日常生活にかかわる主題、我が国の歴史にかかわる主題など、適切な主題を設定し追究する学習を通して、歴史に対する関心と世界史学習への意欲を高める」ことを要求したように、天下国家に関する用語・事項の知識としての暗記からの転換を強調している（従来の学習指導要領も知識中心でよいとは一度も言っていないが）。この時期の指導要領が、ゆとり教育を掲げる一方で、長年固定化していた教科内容を学問と現実世界の状況に合わせて急速に改善しようとした点は、教育界の外部ではあまり認識されていないが、上のような変化の背景に「社会史」「世界システム論」など学界の新動向があることは、本書の読者には容易に理解できるだろう。日本史必修化などの政治的圧力のなかで二〇〇九年に告示された現行指導要領（二〇一三年度から実施）も、日本史を含む他科目との接続の強化、知識に偏らない教授法などを強調しつつ、大筋で九九年の指導要領を踏襲している。

表17－1　学習指導要領に規定された高校歴史科目の変遷

告示	施行	科目名（単位数）	科目選択規定
1948	1949	国史（5），世界史（5）	国史，世界史，人文地理，時事問題から1科目必修
1951	1951	日本史（5），世界史（5）	一般社会必修。他に日本史，世界史，人文地理，時事問題から1科目必修
1956	1956	日本史（3または5），世界史（3または5）	社会が必修，他に日本史，世界史，人文地理のうち2科目必修
1960	1963	日本史（3），世界史A（3），世界史B（4）	普通科では日本史，世界史AまたはB，地理AまたはBの3科目必修
1970	1973	日本史（3），世界史（3）	日本史，世界史，地理AまたはBから2科目必修
1978	1982	日本史（4），世界史（4）	現代社会が必修
1989	1994	日本史A（2），日本史B（4），世界史A（2），世界史（B）	地歴科と公民科が分かれ，地歴科では世界史（AまたはB）と，日本史（AまたはB）・地理（AまたはB）のどちらか1科目が必修となる
1999	2003	同上	同上
2009	2013	同上	同上

出所：「学習指導要領データベースインデックス」http://www.nier.go.jp/guideline/（2013年6月25日アクセス）。

ではこうした高校世界史の教育は，実際にどの程度の効果を上げてきただろうか。そのためには，世界史がどんな位置づけでどのぐらいの時間数を与えられてきたか，また高校教育を強く規定する大学入試でどう扱われてきたかなどを知る必要がある。まず，学習指導要領で規定された歴史の科目と単位数から見ておきたい。

上表のように，時期によって高校生が学ぶ科目や時間数はずいぶん変わっているのだが，世間一般では，「団塊の世代」が学んだであろう一九五六年ないし六〇年の指導要領に基づき，普通科の高校ではすべての生徒が日本史・世界史（六〇年指導要領では地理も）を満遍なく履修するものというイメージが最近まで広く共有されていたように思われる。その時代の世界史の教育内容は，教科書がとうの昔に「オスマン帝国」に変えた国をいまだに「オスマン・トルコ」と書くマスコミや，他地域を専門とする年配の歴史学者の態度などを見ても，比較的定着度が高かったと思われる。が，それはまだ，国民国家史観や，中世から内部の力で発展したヨーロッパ諸国が一六世紀以降に世界を支配するという構図など，古い枠組みによる教育だった点に注意が必要である。[7][8]

（2）「世界史必修」の落とし穴

従来の世界史イメージが揺らいだのが、二〇〇六年に騒がれた「未履修問題」であった。一九八九年告示の指導要領は「社会科」を「地理歴史」と「公民」の二教科に分割し、地理歴史科（地歴）の科目としては世界史（全員必修）と日本史または地理のどちらかの計二科目の履習を義務づけた。ところが、大学入試――とくに一九七九年度に導入された「共通一次試験」を改変した、一九九〇年度からの「大学入試センター試験」（センター入試）[9]――において、日本史や地理に比べて範囲が広く覚える事項が多すぎて点数が取りにくいという理由で世界史を敬遠する傾向が広がり[10]、一部の高校では世界史の時間に他の「受験用」科目を教えていたのである。「情報科」など他の「入試に役立たない必修科目」でも同様の問題があったが、世界史の未履修者が数的に突出していたことと、「なに、日本史は教えていない高校が多いのか。そんなことで愛国心が育てられるか、ケシカラン」と、政治的な騒ぎを広げるのに利用されたことから、注目は世界史に集まった。では現状の高校歴史教育はどうなっており、「世界史必修なのに大量の未履修者が出る」事態はなぜ起こったのだろうか[11]。長くなるが、歴史学界では教育界ほどきちんと理解されていないので基本的な問題群を紹介しておこう。

第一に、中学校の社会科で習う歴史は日本史中心で、外国史は日本に関係する事柄しか習わない（世界史必修、日本史は選択科目という高校のしくみはこれを前提としている）。また地理は中学・高校とも、系統地理的な学習やデータの調査・読み取りなど技能の習得、日本を取り巻く地域の学習などに力点を置き、世界地誌を網羅的に学ぶ方針が後退している（入試では世界地誌の知識が必要になるが）。この結果、「必修世界史」（多くの高校が一年生に配当する）を学ぶ段階で、そこに出てくる主要国・地域の位置などの地理的知識をもたないために、世界史の学習に困難をきたす生徒が多い。第二に、「ゆとり教育」による時数削減や高校全体の履修科目の増加のなかで、大半の高校では必修科目としての世界史としては二単位の「世界史A」（近現代史中心）[12]しか開講できないのだが、大学側はほとんどが、二次試験はもちろんセンター入試でもB科目（日本史・世界史とも古代からの通史）の受験を要求する。そこで世界史で大学入試を受験する生徒には、世界史Aとは別に「世界史B」を履修させる（他の生徒はその時間に、入試科目にあわせて日本史Bや地理Bを履修する）ことになる。つまり、普通科高校であっても全員が学んでいるのは世界史Aであって、昔ながらの古代からの通史を習っている生徒は少数派である[13]。ただし第三に、後述する通り世界史Bの内容は多様化しており、学習指導要領が規定する四単位（週四時間×三五週）で教科書を終わらせることは不可能である。その結果、「受験に関係ない」世界史A（受験に縛られないため教科書そのものは斬新だが、教員の側はこの科目を履修したことのない年配の教員に限らず、入試という目安がないのでどう教えていいかわからない場合が多い）の時間は、他の科目に振り向けるところまではいかなくとも、「世界史Bの前半」を教えるような学校が多くなる。それでは後半も別途（正規の世界史Bや三年生の受験演習の時間などで）勉強できる世界史受験者はいいとして、その他の「Aしか履修しなかった生徒」は、「世界史像」といえるようなまとまった知識や考え方の習得など期待できない。[14]

つまり高校における「世界史必修」は、カリキュラムや入試の矛盾のなかで本来の意図とは正反対に、少数の生徒しか体系的に世界史を学ぶことができない状況をつくり出してしまったのである。その結果、上記の新しい世界史像[15]は教科書や副教材に（一般向けの概説書にも）大幅に取り入れられているにもかかわらず、ごく一部の青年のものにしかなっていない。

なお世界史の苦境を深刻にした要因として、いろいろな国・地域の出来事が次々出てくる（個々の事象は詳しく解説されない）点で、日本史と比べてストーリーを追いにくいし論理や解釈が見えにくいことと、扱う内容を多様化させる一方で旧来の事項もスクラップしないために「暗記事項」がむやみに増加し考え方どころではないことの二つが、しばしば指摘される。[16]両者あいまって（歴史好きでない生徒に対して）「決まり切った事項の大量の暗記だけする役に立たない科目」のイメージを強めているわけである。それらに関連して、『世界史B用語集』（山川出版社）をめぐる問題点を指摘しておきたい。受験界ではおなじみの同書は、世界史Bの教科書（二〇一二年度現在は一一種類、二〇一五年度では七種類）に出てくる用語・事項を網羅した小辞典であるが、その事項が何種類の教科書に出てくるかの数値（頻度数）を付記している。筆者の見聞したところによれば、この数値が、高校・予備校で「頻度数いくつ以上の事項は全部覚えろ」と指導されるだけでなく、大学入試では「頻度数いくつ以上なら出題してよい（難問奇問として批判されない）」というかたちで参考にされ、あげくは教科書執筆の際にも「頻度数いくつ以上の事項は必ず入れろ」と要求される。つまり、いったん一定以上の頻度数に達した事項は教科書からも受験からも外せない。他方で時代の変化や学問の進歩に従い、新しい必須事項が出てくる。こうして教科書に盛り込む事項・用語は際限なく増加する。[17]教育と入試のすべてが用語集の周りを回るこのしくみを変え、他社の追随を許さない豊富な参考書・資料集、「世界史リブレット」その他の「周辺機器類」を活用して多様な教育や入試の出題、教科書記述を行うことは、山川出版社が本来願うところであるはずだ。

3　大学・学界における世界史の不在もしくは挫折

（1）歴史研究と学界のしくみ

超大国でない日本で「世界史」を考える場合には、自国史より外国史の比重が大きくなるが、後者は国・地域ごとに別個の研究動向をもつことになりがちである。したがって、外国史の研究動向とその変遷、日本の歴史学界におけるその位置などをまとめることは、「日本史」と比べても簡単でない[18]。しかも「社会史」以降の歴史学は、対象を人間や自然のあらゆる面に広げている。そのためここでは、個々の地域・時代や問題領域についての紹介は割愛し、直接に「世界（史）」の語そのものが大きな議論を呼んだ三つのコンセプトだけを取り上げて、学界全体の方向性を知る手がかりとしたい。第一はもちろん、一九四九年の歴史学研究会大会に始まり「戦後歴史学」「歴研派」「マルクス主義」「大塚史学」などの言葉からただちに想起される「世界史の基本法則」論であり、それはヨーロッパのモデルによる比較史的・社会科学的な発展段階論を（一国史に偏りつつ）一般化させた。つぎに上原専禄や江口朴郎の問題提起に始まり六〇年代から本格化した「世界史像」の議論は、対象としての歴史と主体・認識の問題を両方含み、動態的な国際環境や東アジアなど非西欧世界を含む多様な「地域」「民衆」の把握に努力した。最後に八〇年代に紹介されたウォーラーステインの「世界システム論」とその後のアメリカなどで活発化した「グローバル・ヒストリー」は、今日では「社会史」および「国民国家批判（や歴史＝物語論）」と並ぶ歴史学の三大潮流をなしている。現在のグローバル・ヒストリーは、東アジアに焦点を当てた「アジア間貿易論」「勤勉革命論」などの関連研究も含めて、関係史と比較史を組み合わせた新たな統合的世界史像を目指しているが、認識や表象の問題に関心が薄い点では「基本法則」段階に逆戻りしている面があり、その意味で、「何でもあり」の社会史をはさんで反対側に位置し、統合的な歴史像の提示そのものを拒否する「国民国家批判」との溝は深い。

外国史の研究動向は一九九〇年代末以降にも、「岩波講座」「中公世界史」その他の概説・講座物や、弘文堂の『歴史学事典』（全一六巻。一九九四―二〇〇九年）を含む事典類を通じて、学界外に対してもさかんに紹介されている。とりわけテーマ別のコンパクトな紹介を行う「世界史リブレット」（山川出版社）は、高校教員や専門外の研究者によく読まれている。それらに示された内容に、『史学雑誌』で毎年五号に出る前年の「回顧と展望」、自分が目にする個別研究の成果などを見る限り、日本の外国史研究は、実証の緻密さと、全世界のほとんどの地域・時代や多くの問題領域についてレベルの高い研究者を揃えられる学界の広がりの点で、世界一といってもよいのではないかと思われる。日本の高校の世界史教育が、アメリカ以外ではほとんど考えられない「全世界の古代からの歴史を教える」ことに取り組める背景にも、日本の学界がもつこの実力があることは間違いない。

ただし、国や地域を越えた総合的ないし統一的な世界史像となると状況は別である。最近では羽田正（二〇一一）があらためて批判しているように、日本史・東洋史・西洋史という大学史学科の三区分――戦後改革プラス「世界史の基本法則論」をもってしてもそこは変えられなかった――のもとで[19]、日本史と外国史の峻別がもたらす日本一国史観ないし日本特殊論、崇拝し学ぶべき普遍モデル（「追いつき追い越せ」の対象）としての西洋史と、克服すべき後進性や日本による指導・保護の対象としての東洋史との非対称な関係は、今なお基本的には変わっていない。羽田がいらだつように、世界史叙述の構図を決めるのはどこまでいっても西洋であり、イスラーム「も」重視するという姿勢はイスラームを「わかりにくい他者」の地位から解き放たない。本シリーズが目指すような、日本を含む非西洋世界を適切かつ全面的に組み込んだ統一的な世界史が成立する余地は乏しい。

第二次世界大戦後ほぼ一貫して、史学系の学生は日本史と西洋史に多く進学し、東洋史は少数の変わり者しか専攻しないという状況が日本中の大学を覆ってきたのだが、「世界史像」多様化の努力に加え、地域研究や文化人類学で非西洋世界を研究する学生が一九八〇年代以降に顕著に増加したこともあり、日本一国史観にせよ西洋（ヨーロッパ）中心史観にせよ、現在の学界ではそれなりに是正されている。『史学雑誌』の「二〇一一年の回顧と展望」を見ると、「総説」「歴史理論」を除いたページ配分が、「日本史」（考古学・美術史を含む）一八三頁、アジア・アフリカで一一三頁（うち中国・台湾史が五六頁）、西洋史八九頁（うちヨーロッパ・ロシアで七八頁）と「東洋史」が「西洋史」より多くの頁を与えられており、日本史ではどの時代でも対外関係や琉球史・北方史への言及がある。だが、日本史学界ではいまだに「歴史イコール日本史」という発想が支配的である。他方、後述するように「史学概論」や「グローバル・ヒストリー」を語るのは大半が西洋史の教員であるし、そうした大学の出身者が教科書を書き教える高校世界史[20]、出題する大学入試[21]などの西欧偏重も大枠では変わっていない。「日本にしか関心がない」最近の若者のあいだでは、社会全体の欧米崇拝は必ずしも再生産されていないのだが、政治的（生理的？）なアジア嫌いに漢文的素養の全面崩壊などが重なって東洋史を志望する学生が激減したため、外国史については相対的な西洋史の優位が拡大している。

こうなる理由は、東洋史の側にもある[22]。近代日本では、清朝考証学や江戸期漢学の土台のうえに明治期の帝国大学でランケ史学にふれたことなども加わって、ヨーロッパ式の「歴史は西洋だけのものでアジアは東洋学として研究する」というしくみをとらず、東洋史学を国史学・西洋史学とならぶ歴史学の一環と位置づけた。それは、中国史や東北アジア・中央アジア史を中心に世界トップレベルの研究成果をあげ、戦後日本の世界史像の多様化に大きく貢献してきたのだが、各地域の個性を明らかにする従来の方法ではすまない近年の状況には、うまく対応できていない。すなわち、グローバル・ヒストリーにせよ社会史やジェンダー史にせよ、日本ではまだ「輸入学問」の性質を帯びており、西洋中心史観を再生産するものと批判せざるをえない場合が少なくないのだが、「東洋史」研究者は一般に、そうした欧米製の枠組みが自分の地域にはあてはまらないことをいうだけで、オルターナティブな世界史像を示す必要があるとは考えない。あるいはせいぜい、ヨーロッパ中心史観の裏返しとしての前近代における自地域中心史観を（中国、西アジア、南アジア、最近では中央ユーラシアなどがバラバラに）語るだけである[23]。また東洋史学は、「東アジア冊封体制論」などアジア史と日本史をつなぐいろいろな試みをしてきたが、それは一般には、「東アジア」イコール「日本・朝鮮半島・中国」という旧弊な枠組みをほとんど越えていないし、「アジアを知らない日本史」を批判するばかりで、「日本史を知らないアジア史」を問題にすることはほとんどなかった[24]。それは結局、劇的に活発化した「東アジア海域史」や「日本対外関係史」研究を伸び悩ませ、歴史教育の場でも強く求められている東アジア世界のなかでの日本史の展開について、多数の教員が「朝貢」や「冊封」の意味と実態をよく理解できないまで教えるといった事態をも招いている。

(2) 大学における世界史教育の不在

日本史を東アジア世界に位置づける方法、歴史の語り方の二点においてきわめて斬新な手法を編み出した與那覇潤（二〇一一）は、江戸時代（鎖国と幕藩体制の時代）に確立した団体型社会が近現代のグローバル化（＝世界と日本の中国化）に執拗に抵抗する様子を、「再江戸時代化」のベクトルとして描き出している。善悪は別として、そうした団体型社会を構成するのは、一生一つのことをコツコツとやり続ける「職人肌」の人々であろう。筆者には、日本の歴史研究者がその典型例に見えてならない。

歴史学の「職人」の命は、一次史料に基づく緻密な「実証」である。日本史研究に限らず、日本の学界の「実証」レベルの高さは世界に類を見ないものだろう。だがそれは、二次文献まで使って「世界史像」のような大きな議論を組み立てることについての無能・無関心と背中合わせである。マルクス主義理論と高度な実証が結合しえた幸福な時代が去ると、日本の歴史学界は研究対象・方法の多様化とともに、「グランド・セオリーと現代的課題意識の消失」「研究のいたずらな細分化」の道をたどった。最近の研究テーマそのものは、空間的に広い範囲を扱ったり他の学問分野と重なり合うもの珍しくなくなったが、それによって、自分の狭義の専門（一次史料と他人の個別研究が読める範囲）の外の世界を考え、他分野の専門家と本格的な「他流試合」をする習慣が復活ないし定着したともいえない[25]。研究者の養成法を見ても、外国留学や調査が一般化したような変化はあるものの、ゼミを中心とした一九世紀以来の方法には大きな変化がない。「実証を経ない空理空論である」という、認識論的に素朴すぎる理由での世界システム論やグローバル・ヒストリーへの忌避[26]が示すとおり、「実証」に溺れた研究者＝職人は、しばしば理論性だけでなく知識人に必要な論理性を失う。戦前的なしくみへの反省という切迫性を欠いた「個々人の問題意識に基づく研究」の墨守は、「見えざる手の采配」で全体がうまくいくかのような啓蒙時代的楽観主義へと、研究者を退行させる。

このことは、グローバル化やIT化の正の側面から恩恵を受けて、とりあえず多くの新しい業績が生み出されている研究よりも、教育の面に問題を噴出させている（そもそも、歴史教育といえば高校までの教育や教科書しかイメージしない「研究者」が多すぎる点が問題なのだが）[27]。第一に、「他流試合」のできない研究者が（高校教員と協力しながらにせよ）書く高校教科書は、新しい部分はわかりにくいものにしかならないし、古い内容がスクラップできない。自分が大学に入ってから教科書がどれほど激変したかも知らずに「高校なんて所詮こういう教育しかしていない」と古い入試問題を出す大学教員と、「入試で出るからそれを教えざるをえない」という高校教員との相互責任転嫁も解消できない[28]。第二に、高校で世界史を満遍なく履修して入学してくる大学生はごく一部にすぎないことがわかっていながら、教養課程で「専門研究のサワリを聞かせる」「史料を読んで考えさせる」タイプの個別的授業をやめようとしない[29]。基礎的な通史の概略が頭に入っていない学生に個別事例だけ与えても、地球儀や世界地図を見たことのない学生に地理を教えるのと同じことだろう。むしろ受験を配慮しなくてよい大学レベルでこそ、本当に必要な骨組みや事項に絞って教えることが容易なはずなのだが、一九九一年の「大学設置基準の大綱化」後に各大学が行った教養部の廃止以後の事態は、「基礎ゼミ」の増設など授業形式の面では前向きの改革がそれなりに進んだのに対し、歴史教育の内容面では同時期から行われた高校教育の多様化に組織的・系統的に対応することがほとんどなかった。あまたある教養課程の授業をもとにした出版物も、「興味深い／典型的な事例を並べてあとは自分で考えろと読者を突き放す」ものばかりで、世界史全体の構図やとらえ方は示さない。

第三の問題は、専門教育――師範学校以外でも教員免許が取れる第二次世界大戦後の「開放免許制」のもとでは、専門教育の多くが教員養成教育を兼ねる――の内容上の狭さである[30]。専門教育の中心となる「特殊講義」や「演習」以外に「○○史概論」をあれこれ聞く機会があったとしても、それらは特定の地域や問題領域をカバーするだけで世界史や歴史学の全体を語るものではないし、どんなに大きな大学でも全世界についての授業は揃っていない[31]。また史学系でかつては必須だった「史学概論」は、通常はヘロドトスから説き起こしてE・H・カーに至るような、「歴史をめぐる西洋思想史の解説」にすぎなかった。現在では史学概論のない大学も少なくないし、あっても依然として西洋史系の教員による（社会史やポストモダニズムに重点をおくかもしれないが）西洋思想史の授業であるか、日本史・東洋史の教員もまじえたリレー講義で、各自が自分の専門に基づくバラバラな話をするかのどちらかだろう。出版物としても、歴史学とは何をどういう方法でどのように解明する学問であるかという意味での史学概論については、遅塚忠躬《ちづかただみ》の遺著（二〇一〇）が委曲を尽くしており、「言語論的転回」の衝撃を受け止めつつ「物語り論」にすべて回収はされない歴史学のあるべき姿を教えてくれるのだが、ある学問の全体および主要な下位領域ごとに、主要なテーマや方法を列挙してこれまでの成果と今後の課題・展望を述べるという意味での概論（通常は専門の「研究入門」として扱われるが、それを必要とする対象は教員志望者、周辺諸学の大学院生・研究者など「専門外」にも広がる）はどこにもない。[32] 歴史学の対象の広がりによる困難は理由にならない。ある時期からは歴史学に劣らず間口を広げた文化人類学は、その種の入門書を生み出し続けている。[33]

4　危機と新たな胎動

以上のように日本の世界史教育と研究は、その緻密さや幅広さにもかかわらず（あるいはそのゆえに）一九九〇年代以降の世界の変化にうまく対応できず、いくつかの面で迷走状況にある。「自由主義史観」や歴史認識をめぐる東アジア諸国の対立など、歴史像の内容だけが問題なのではない。日本学術会議は、二〇一一年に出した高校地歴科教育に関する提言（日本学術会議史学委員会、二〇一二）で、「世界史必修」をやめてかわりに「歴史基礎」「地理基礎」という新科目を設立することを提案し、その内容について検討を開始している。[34] センター入試（それ自体の改革も議論されているが）にこの新科目をどう含めるかについての方針は確定していないが、いずれにせよ「歴史基礎」が発足すれば、全国統一型の入試における「世界史（B）」の受験者数は激減する可能性が強い。[35] こうした制度やしくみの問題は、大学の史学系専攻の姿を大きく変えずにはおかないだろう。

ただその一方で、高校教育界では内容・方法の両面で新しい授業をしている教員や、実質ある研修活動を推進している教員組織が珍しくない。[36] より遅れた大学側の教育についても、日本学術会議の雑誌『学術の動向』二〇一一年一〇月号が「これからの大学学部の歴史教育」という特集を組んでさまざまな取り組みと意見を紹介するなど、議論が広がっている。そしてなにより、本シリーズに見られるように多くの分野で「世界史」を意識した斬新な専門研究がなされつつある。そうした成果・方法論の共有や異分野間の共同をすすめるしくみ作り、それらの仕事を専門に担える人材の自然発生的でなく計画的な養成などネックになっていた部分の取り組みも、筆者の勤務先（注（3）参照）を含めて徐々に動き出しつつある。もはや維持することが困難な従来の制度や慣習をどう改めて、内容としての世界史教育の再生や新しい世界史像の構築・共有を保証するか、われわれはその正念場に立っている。

注

＊　本稿は二〇一三年度に脱稿したものだが、二〇一五年一二月に注の一部に加筆し、高校歴史教育の改革に関して最低限必要と思われる新しい情報を盛り込んだ。統計数値や出版動向は元のままである。

（1）　アニメを扱った藤川（二〇一一）、ジェンダー史教育に関する長野・姫岡（二〇一一）など、表象に関心をもつ研究者による研究・出版は、美術史以外でも珍しくない。

（2）　「作家」司馬遼太郎の著作はもちろん、最近の柄谷行人（二〇一〇）の著作などもそこに含めてよいだろうし、「街の歴史屋さん」を自称する與那覇《よなは》潤は、與那覇（二〇一一）などの自著をあえて史論と称している。また筆者自身の関心からいえば、文系的方法で世界史を論じる際に無視されてきた東南アジアに重要な位置づけを与えた、梅棹（一九六七）以来の生態・環境をベースにした議論に注意を喚起しておきたい（梅棹が近代化論として批判され川勝平太も日本の発展を強調したが、近年は高谷好一や安田喜憲など環境破壊を反近代主義的に批判する傾向が強い）。

（3）　「大阪大学歴史教育研究会」（二〇〇五年設立）を中心とする取り組みは、（桃木、二〇〇九B・二〇〇九C・二〇一〇）などで紹介した。また同研究会報告書シリーズ（No. 10まで既刊）、研究会HPでも各領域での資料や成果を紹介している。これらの成果を総合したのが、大学教養課程用の新しい世界史教科書（大阪大学歴史教育研究会編、二〇一四）である。

（4）　「岩波講座世界歴史」（全三一巻、一九六九～七一年。新版全二九巻、一九九七～二〇〇〇年）、中央公論社の「世界の歴史」（全一七巻、一九六〇～六二年。新版全三〇巻、一九九六～九八年）、山川出版社の「世界各国史」（全一七巻、一九五四～八六年、新版全二八巻、一九九八～二〇〇九年）や「世界史リブレット」（一九九六年～　）、最近では「興亡の世界史」（講談社、二〇〇六～一〇年）などがメジャーなところだろうか。その他に古くは東洋経済新報社の「世界史講座」（前八巻、一九五五～五六年）」、筑摩書房（全一八巻、一九六〇～六二年）、河出書房（全二四巻、一九六八～七二年）、講談社（全二五巻、一九七六～七八年）などの「世界の歴史」や文藝春秋の「大世界史」(全二六巻、一九六七〜六九年)、講談社の「ビジュアル版世界の歴史」(全二〇巻、一九八四〜八六年)、それに朝日新聞社の『週刊朝日百科 世界の歴史』(全一三二号、一九八八〜九一年)などさまざまなシリーズ物があったし、近現代史に絞った歴史学研究会編「講座世界史」(全一二巻。一九九五〜九六年)、代表的テーマのモノグラフを集めた三省堂「人間の世界歴史」(全一五巻、一九八〇〜八四年)や東京大学出版会「新しい世界史」(全一二巻、一九八六〜八九年)なども刊行されている。かつての『父が子に語る世界歴史』(J・ネルー、一九五四)や『ソビエト科学アカデミー版世界史』(全三四巻、一九五九〜六七年、東京図書)からマクニールの『世界史』(ウイリアム・H・マクニール、二〇〇八。これは今読むには内容が古すぎる)まで、翻訳書も無視できない。宮崎正勝(一九九六)など教育系の専門家によるハンディな著作もあり、とくに山川出版社の教科書をベースにした『もういちど読む世界史』(「世界の歴史」編集委員会編、二〇〇九。「詳説世界史」より理論性の強い「世界の歴史(改訂版)」をベースにしている)はよく売れている。『茶の世界史』(角山、一九八〇)など特定のモノやテーマから見た世界を扱う内外の書物、それに外国の教科書の翻訳も含めて国・地域別の概説・教科書は、まさに「あげて数うべからざる」状態である。子どもを含めた一般読者の関心という点では、世界の偉人伝の役割も軽視できない。

(5)(東京)帝国大学の場合、一八八七年に史学科(リースの指導下で西洋史を中心にした)、八九年に国史科、一九〇四年に支那史学科がそれぞれ成立し、一九一〇年に元の史学科が西洋史学、支那史学科は東洋史学と改称した。これより先、京都帝大は一九〇七年発足の史学科に国史学・東洋史学・西洋史学の各専攻を置いている。

(6)歴史学研究会のシンポ「社会科世界史六〇年」(概要は、歴史学研究会、二〇〇九)で歴史学の側からもその意義が問い直された。「世界史」成立の経緯については、茨木智志(二〇一一)が詳しく考証している。また中学校の歴史との関係など、中村薫の一連の研究(中村、二〇〇五ほか)も参考にした。その他、吉田悟郎、西川正雄、鳥山孟郎、鳥越泰彦など本来引くべき世界史教育に関する論考は無数にある。

(7)一九八〇年代から、「(フランク王国の)チャールズ大帝」が「シャルルマーニュ」に変わるなど、固有名詞表記の現地語化が行われた、なかでも「イスラーム世界」は、コーラン→クルアーン、マホメット→ムハンマドなど、内容とあわせて刷新が最も組織的・徹底的に行われた。

(8)成田(二〇一二、v頁)によれば、日本史の高校教科書は社会経済史を中心とした戦後第一期(一九五〇年代まで)をベースに、民衆の観点を強調した第二期(一九六〇〜七〇年代)の成果がいくらか書き込まれているとのことだが、世界史では「国民国家が競争して進んだ遅れたの差ができる」「ヨーロッパ型の近代化(アジアにとっては「脱亜入欧」)が人類の普遍」という明治から戦後初期までの枠組みがいまだに支配的で、そこに戦後の平和主義や「非欧米世界〝も〟大事だ」という発想が接ぎ木され、八〇年代以降のさまざまな新しい考え方は（学習指導要領の変化にもかかわらず）まだ個別に断片として提示されているだけ、というのが一般的な姿だろう。

（9）一九七九～八九年に行われた「共通一次試験」が、国公立大学のみを対象に全員共通の試験科目を課したのに対し、「センター入試」は私大も利用が可能となり、国公立を含め必要科目を自由に指定できるようになった。このため地歴科の受験者総数は、国語や英語よりずっと少なくなった。また私大では、推薦入試などを急速に拡大する一方でセンター入試の点数だけで入学できるしくみも作ったため、独自のペーパー入試を受けて入学する学生は激減した。そのため、高校・予備校の受験指導においては、センター入試の比重が相対的に高くなったと思われる。

（10）大学入試センターHP（「過去のセンター試験データ」二〇一三年六月二五日アクセス）によれば、センター入試初年度（一九九〇年）の地歴科受験者は日本史一二万一二六〇人、世界史一一万五一一二人、地理一一万八〇六四人だった。その後一九九一～九六年度は世界史受験者が地理受験者を上回るが、九七年度以降は再逆転したままである。首位は一貫して日本史で、二〇一三年度の数字（「平成二五年度試験情報・実施結果等」アクセス日は同上）では世界史B九万七一一人、日本史B一五万九五八二人、地理B一四万三一三三人（それぞれのA科目は一〇〇〇～二〇〇〇人台）と、世界史の受験者減が進んでいる。なお現在は、国公立大学の多くが文系学部で「地歴・公民から二科目」、理系学部は同じく一科目選択を要求しているが、二〇一三年度のデータでは、地歴受験者のべ四〇万人弱に対して公民〈「現代社会」「倫理」「政治・経済」「倫理、政治・経済」の四パターンの受験が可能〉がのべ二二万五〇〇〇人弱（実受験者総数は四七万人弱――センター入試全体では五四万人あまり）だった。

（11）鶴島（二〇一〇）が企画した日本西洋史学会のシンポジウムは、以下の問題点を高大連携の視点をもちつつ幅広く検討した、専門研究者にとって貴重な機会であった。また南塚（二〇〇七）ほかや小田中（二〇〇七）ほかの一連の業績も、高校世界史教育の現況を知るための必読書である。

（12）前近代は各地域世界とその交流についてごく簡略に教えるにとどめ、一九世紀以降に重点を置くことになっている。

（13）二〇一二年度の教科書発行部数（新旧学習指導要領の移行時期に当たったため、新一年生が使う新学習指導要領に基づいた教科書と、上級生が使う旧要領による教科書の合計数値―どの科目を何年生に教えるかは学校ごとに違う）で比べると、世界史Aが九一万六六七四部に対し、世界史Bは四七万四六六五部にすぎない（『内外教育』二〇一三年一月二二日付）。歴史学の専門研究者が世界史の「教科書記述のあり方」について検討する際に、通常はいまだに世界史B教科書しか検討しないのだが、それは時代錯誤だということが、この数字からわかる。ただAB合計の百三〇万部あまりという数字は、一学年あたりの高校生総数が約一〇〇万人であることから推測すれば、必修のAと選択のBと両方の教科書を買わされた生徒が相当数にのぼることを示す。そのうちかなりの部分は、下記のように実際はBだけを（半分または全部）履修した、つまりAの教科書は買っただけで使わなかった生徒であると思われる。逆に、ペーパーテストで大学に入る生徒がいないような高校では、教えるのが面倒な世界史Bの開設をやめるところが増えている（逆にいえば本来の世界史Aを教えようとしている）と聞く。

(14)　世界史を受験する学生は逆に、日本史や地理をまともに学べないことになる。一部の高校では文系コースの生徒に世界史B・日本史Bの両方を履修させているが、多くの高校では時間が足りない。他方、大学入試では私大はもちろん、二次試験に地歴科がある国公立大学でも、大半の大学がセンター入試と同じ科目の選択を許している（そうしないと受験生が減るという理由で。しかも試験内容はセンター入試と同様に暗記問題がほとんどである）ため、多くの高校生は、真剣にやるのは入試用の一科目だけという状況から抜け出せない。

(15)　そうした新しい内容や考え方を教育現場で教えるための努力は、「実践報告」「教材集」などさまざまなかたちで紹介されているが、多くは形式として散発的であり内容も特定単元だけの個別的なものである（教科書に付属する教師用の「指導書」はまったく不十分である）。神奈川の教員団による、地域・時代を網羅した研究・解説（神奈川県高等学校教科研究会・社会科部会歴史分科会編、二〇〇八）を含む継続的な高大連携、小川（二〇一一〜一二）の七〇時間で語る世界史の全容提示のように、系統的・体系的な取り組みが必要である。大学・専門研究者側もそれに参加し、そこから学ぶことは益が大きい。

(16)　「苦役への道は教師の善意でしきつめられている」というショッキングな（出典のある）題で、小川智司が注（6）の歴研シンポにおいて、（意識的に事項数を制限している地理とはとくに対照的な）世界史における際限ない事項の増加を問題にした（小川二〇一一、上巻にも収録）。後述の学術会議提言では、「歴史基礎」だけでなく高校歴史教育全体について、教員養成教育の改善、学会などを通じ精選された教授内容の提示を求めている。なお小川が数えた二〇〇三年版『詳説世界史』索引掲載の用語数は三三七九個だが、手元にある『世界史用語集』（山川出版社、二〇一〇年版）で数えてみると、過半数の世界史B教科書に掲載されている（頻度数六以上）用語・事項だけで三七三七個ある。多くの高校教員が覚えさせているという「頻度数五以上」では、四〇九六個に増える。

(17)　たとえば東南アジア史の専門家が執筆に加わっている世界史B教科書は、二〇一二年度の段階では三種類にすぎない。その他は、専門外の執筆者が有力教科書や概説書を参考にして書いているにすぎない（多くの誤解とともに）。そういう状況下で、東南アジア史のある用語の頻度数が五か六かということに血道を上げる世界史教育（や専門外の大学教員による誤りの多い入試の出題も）は、ナンセンスと言わざるをえない。

(18)　「岩波講座世界歴史」の旧版別巻（一九七一年）、新版第一巻（一九九八年）、歴史学研究会（二〇〇〇）などが二〇世紀末までの大まかな動きを教える。また日本の歴史学界全体の展開については日本史研究者による永原（二〇〇三）、成田（二〇一二）なども有用である。グローバル・ヒストリーについてはさしあたり水島（二〇一〇）、また各種の新しいアプローチの批判的検討には岡本（二〇一三）が参考になる。

(19)　「史学会」「歴史学研究会」などの重要な学界も、基本的に「日東西の三分野の連合体」である。また「東洋史」の専門家が、そうした歴史学一般の学会よりも「東方学会」や「南アジア学会」「東南アジア学会」など学際的な地域学の学会を主要な活動の場とする場合が多いように、研究者は地域・時代・領域ごとに細分されている。

(20)　茨木智司（二〇一一、八一～八二頁）によれば、『詳説世界史』二〇〇七年版では本文三七四頁中、地域ごとに述べる古代～近代の各章（「オリエントと地中海世界」「諸地域世界の交流」の2章を除く）の頁数を数えると、アジア・アフリカが一〇五頁、ヨーロッパ・北米が一〇七頁とほぼ均等だが、近世から近代はヨーロッパに偏っている（アジア三七頁対欧米七四頁）し、全世界の動きを述べる帝国主義時代以降の各章も、やはり西洋の記述が多い。ちなみに注（16）であげた世界史用語集の「頻度六以上」の語句数の内訳は、筆者の便宜的区分によれば、アジア・アフリカ一四六七個、ヨーロッパ・アメリカ・オセアニア一八二九個、植民地関連や先史時代・現代などで両方にまたがるもの四四一個となる（ロシアはヨーロッパ、オスマン帝国やイスラエルはアジア、宣教師などの人名は本国側でカウントするなど、地名・人名は機械的に一方の地域に振り分け、「ベトナム戦争」など両地域の関係を示す事件・事項や、「旧石器」「核兵器」など両地域にまたがる事項を第三グループとした）。また、近現代史中心の「世界史A」をきちんと教えた場合に、西洋中心主義の問題が増幅されがちである。その内容は「圧倒的に西洋に偏り、しかも非西洋世界は植民地支配など暗い話題ばかりで学ぶ意欲がおきにくい」ためである。

(21)　二〇一一年のセンター入試（世界史B）の出題数を見ると、正解の選択肢の数では西洋史一九問、アジア・アフリカ史一三問、両方にまたがるもの四問だったが、二〇一二年には西洋史一四問、アジア・アフリカ史一八問、両方にまたがるもの四問となっている。トータルで東洋史と西洋史がほぼ平等になっているのだろうが、それはすなわち、中国史以外のアジア史は少数の表面的な問題しか出ない（教科書にも書かれない）ので、受験勉強では「パス」されやすいということを意味する。また、私大の入試ではヨーロッパ偏重はこれよりはるかにはなはだしいように思われる。

(22)　桃木（二〇〇九A）、飯島（二〇一一）など参照。東洋史学の成り立ちについては岸本（二〇〇六）の各論考。

(23)　数少ない例外である宮崎市定や杉山正明は、それだけに専門外からもよく読まれているが、社会科学軽視、大国・強者中心史観などの点でナイーブであり、それでは中世までのヨーロッパの後進性やヨーロッパ近代化の偶発性・破壊性をいくら強調しても、(将来中国が世界を支配しない限り?) 実際に近代世界を支配したことを根拠とする西洋中心史観を覆せないように思われる。

(24)　手前味噌だが、「日韓中だけ」という枠組みを越えること、アジア史側が日本史を学ぶことの二点を強く意識しながら、アジア史(および世界史)と日本史の接続・統合をはかってきたのが、筆者や山内晋次らが設立した海域アジア史研究会である。その意味や研究成果については桃木・山内・藤田・蓮田(二〇〇八)で解説した。

(25)　さまざまな分野の専門家を集めた共同研究はいくらでも行われているが、経済史など一部を除けば「各自の専門研究を披露しあう」だけである場合が多く、成果として出される論集もゆるやかな「共通論題」をもとに各自が自由に執筆するのが通例である。異分野に踏み込んで議論をすると、総合雑誌やインターネット上では歓迎されても、その分野の専門家からは黙殺されるか専門的な間違いを理由に全否定されることが多い。これに対し羽田正が、共著による歴史叙述のスタイルを刷新する試みを続けている(たとえば、羽田(二〇一三)や、科学研究費「ユーラシアの近代と新しい世界史叙述」HPを見よ)。

(26)　ウォーラーステインの世界システム論の是非はさておき、その後のグローバル・ヒストリーの展開について、中国の学界がこれを積極的に受け入れているように見えるのとは対照的に、日本の学界では「上からの(強者の、覇権国家の、企業経営者や政治指導者向けの)」「近代主義的な」見方であることなどへの拒否感が強い。筆者もそうした懸念にまったく根拠がないとは考えないが、日本の学界に支配的な「下から実証的に積み上げる歴史」の絶対化や過度の潔癖さが生産的であるとも思えない(グローバル・ヒストリーと同じく現実のグローバル化に対応して出現した新自由主義史観への対応にも同じ問題がある)。グローバルな枠組みを理解することと自体は絶対に必要であるし、またこういう問題は放っておいても誰かが必ず論じる。より質の悪いものがはびこって火消しに苦労しないように、日頃から「よりよいグローバル・ヒストリー」を考えておけ、というのが筆者の立場である。

(27)　南塚信吾が(二〇〇九A以下)継続的にこの問題を論じている。南塚らの取り組みは自身が立ち上げたＮＰＯ「世界史研究所」(http://www.npo-if.jp/worldhistory/)でも紹介されている。

(28)　この状況に強い違和感を抱き、高校教員の研修活動などでよく見られる「研究者側の一方的な講演」ではなく高校教育レベルの概論・解説の提供を行うところから出発し筆者たちの活動(注(3))は、高校側の状況を踏まえた大学側の教育・研究改革(注(36))の人材育成にも反映している)という大きな動きを生み出した。

(29)　荒川正晴・中村薫(二〇一二)が各大学の教養課程のシラバス調査(一部はアンケートも)を行った結果でも、特定テーマで世界史上のさまざまな事例を講ずるタイプを別とすれば、世界の通史を教える授業は（大阪大学で筆者らが開講している「市民のための世界史」以外には）ほぼ皆無である。ただ、流通科学大学の教養基礎「歴史」、国際教養大学の「World History（一四〇〇年以降）」、南山大学「一五〇〇年以降の世界の歴史」など国際人養成をうたうタイプの大学で高校世界史Aに近い科目が開設されているのは、教養としてそれが必須だからであろう（前二者のビジネス臭を嫌う読者は、ミッション系の南山大学を「キリスト教の侵略主義」として嫌いはしないと思うが）。二〇一三年度以降にも、いくつかの大学のグローバル系の新設のコースで、世界史を教える授業が開講されたと聞く。ちなみに、「社会貢献」が義務化されたことにより急増した市民向けの講演会、大阪大学の取り組みも刺激になっていくつかの大学が（教員免許更新講習とは別に）開始した高校教員向けの講習会などでも、プログラムを見る限り同様の「専門の切り売り」的な講義に終始している。

(30)　一九九〇年代から進んだ大学院大学化により大学院生のバックグラウンドが多様化したことにも、史学系の「大学院教養教育」や専門教育はほとんど対応していない。

(31)　日本の大学の「講座」「専攻」の規模は小さい（ほとんどの人文系学部で、日本史・東洋史・西洋史それぞれの教員ポストは助教を含めて二〜六人程度にすぎない）。そこでの専門別の教員配置が、東洋史なら中国史、西洋史なら古代ギリシア・ローマと中世以降の英独仏など「伝統的なメジャー分野」に圧倒的に偏っており、「マイナー分野」の研究者は外国語・国際系の学部や研究所にしか職が得られないという構造が生み出してきた教育・研究上の諸問題については、桃木（二〇〇九、六〇〜六五頁）で説明した。

(32)　個々の地域・分野に関する研究入門には最近の名古屋大学出版会の刊行物などすぐれたものが多いし、代表的歴史家の研究の歩みを教える書物も少なくないが、それで世界史が見えるかどうかは別問題であろう。日本史・世界史にまたがる歴史学研究会とその関係者の出版物や『歴史評論』の特集も、注（18）にあげたものを含め有用ではあるが、『現代歴史学の成果と課題』シリーズ（一九七四〜七五年に四巻、八二年に三巻、二〇〇二〜〇三年に二巻）などは意外にも「典型的なテーマの特論の集合」という性格が強い。

(33)　たとえば祖父江（一九九九）、綾部（一九八四）。

(34)　「歴史基礎」案については、日本学術会議と文部科学省の「実験校」などで検討が進められ、二〇一四年五月には内容の具体案を含む第二次提言が公表されている。また、世界史教科書の記述法と用語削減案など、より具体的な提言が油井（二〇一四）に含まれている。提言の内容とそれに対する批判については『歴史評論』二〇一二年九月号の特集「いま、歴史教育は何をめざすのか」も参考になる。これらを受けて、二〇一五年八月には文部科学省が新科目「歴史総合」の設立を提案した。

(35)　参考になりそうなのは、センター試験の理科の科目別受験者数である。かつて筆者の世代がまんべんなく履修した物理、化学、生物、地学のうち、他の三科目の受験者数が一〇万人を切ったことがないのに対し、地学は最高でも三万人あまりで、二〇一二年は一万八〇〇〇人まで減少している（典拠は注（10）と同じ）。

（36）「歴史教育者協議会（歴教協）」「全国歴史教育研究協議会（全歴研）」などの全国組織とその下にある都道府県の組織以外にも、各地域や領域でさまざまな研修・研究活動が展開されている。二〇一五年には日本学術会議の提言執筆者などの大学教員と全国の高校教員が合流して、「高大連携歴史教育研究会」を発足させた。

参考文献

＊注で名前のみをあげたシリーズ物は除く。

綾部恒雄編『文化人類学15の理論』中公新書、一九八四年。

荒川正晴・中村薫「大学教養課程での世界史教育についての調査報告」大阪大学歴史教育研究会第五八回例会報告、二〇一二年、三月三〇日（https://sites.google.com/site/ourekikyo/kiroku/kiroku_2011.html）。

飯島渉「「中国史」が亡びるとき」『思想』一〇四八号、二〇一一年、九九〜一一九頁。

茨木智志『成立期の世界史教育に関する総合的研究』科学研究費補助金（二〇〇八〜二〇一〇年度、基盤研究（C））研究成果報告書、二〇一一年。

上原専禄編『日本国民の世界史』岩波書店、一九六〇年。

梅棹忠夫『文明の生態史観』中央公論社、一九六七年。

大阪大学歴史教育研究会（編）『市民のための世界史』大阪大学出版会、二〇一四年。

大阪大学歴史教育研究会ＨＰ　https://sites.google.com/site/ourekikyo/home

岡本充弘『開かれた歴史へ——脱構築のかなたにあるもの』御茶の水書房、二〇一三年。

小川幸司『世界史との対話　七〇時間の歴史批評（上中下）』地歴社、二〇一一〜一二年。

小田中直樹『世界史の教室から』山川出版社、二〇〇七年。

「学習指導要領データベースインデックス」（http://www.nier.go.jp/guideline/）。

神奈川県高等学校教科研究会・社会科部会歴史分科会編『世界史をどう教えるか　歴史学の進展と教科書』山川出版社、二〇〇八年。

柄谷行人『世界史の構造』岩波書店、二〇一〇年。

岸本美緒編『岩波講座帝国日本の学知　第3巻東洋学の磁場』岩波書店、二〇〇六年。

佐藤正幸『歴史認識の時空』知泉書館、二〇〇四年。

「世界の歴史」編集委員会編『もういちど読む世界史』山川出版社、二〇〇九年。

世界史研究所ＨＰ（http://www.npo-if.jp/worldhistory/）。

祖父江孝男『文化人類学入門　増補改訂版』中公新書、一九九九年。

大学入試センターＨＰ「過去のセンター試験データ」（http://www.dnc.ac.jp/modules/center_exam/content0092.html）。

――「平成25年度試験情報・実施結果等」（http://www.dnc.ac.jp/modules/center_exam/content0529.html）。

遅塚忠躬『史学概論』東京大学出版会、二〇一〇年。

角山栄『茶の世界史　緑茶の文化と紅茶の社会』中公新書、一九八〇年。

鶴島博和「問題提起」日本西洋史学会第六〇回大会大シンポジウム「世界史教育の現状と課題」（五月二九日、別府市ビーコンプラザ）、二〇一〇年。

長野ひろ子・姫岡とし子編著『歴史教育とジェンダー　教科書からサブカルチャーまで』青弓社、二〇一一年。

永原慶二『二〇世紀日本の歴史学』吉川弘文館、二〇〇三年。

中村薫『世界史教育の視点と方法』創元社、二〇〇五年。

――「一九七〇年代の世界史教科書の特徴――近代の起点と文化圏を中心に」『歴史教育史研究』八、二〇一〇年、一～一七頁。

成田龍一『近現代日本史と歴史学』中公新書、二〇一二年。

日本学術会議史学委員会（提言）「新しい高校地理・歴史教育の創造――グローバル化に対応した時空間認識の育成」（二〇一一年八月三日　http://www.scj.go.jp/ja/info/kohyo/pdf/kohyo-21-t130-2.pdf）。

――「再び高校歴史教育のあり方について」（二〇一四年六月一三日　http://www.scj.go.jp/ja/info/kohyo/pdf/kohyo-22-t193-4.pdf）。

ネルー、Ｊ．『父が子に語る世界歴史』（全六巻）、大山聡訳、日本評論新社、一九五四年。

羽田正『新しい世界史へ』岩波新書、二〇一一年。

羽田正編・小島毅監修『東アジア海域に漕ぎだす１　海から見た歴史』東京大学出版会、二〇一三年。

藤川隆男『アニメで読む世界史』山川出版社、二〇一一年。

マクニール、ウイリアム・H．『世界史』（上下）増田義郎・佐々木昭夫訳、中公文庫、二〇〇八年。

水島司『グローバル・ヒストリー入門』山川出版社、二〇一〇年。

南塚信吾『世界史なんていらない？』岩波ブックレット、二〇〇七年。

――「時評　世界史は動いている」『歴史学研究』八五〇、二〇〇九年（A）、三〇～三九頁。

――「大学において世界史教育は可能か」『歴史学研究増刊号　二〇〇九年度歴史学研究会大会報告』二〇〇九年（B）、二〇〇～二一〇頁。

宮崎正勝『早わかり世界史』日本実業出版社、一九九八年。

桃木至朗「コラム歴史の風」『史学雑誌』一一八（一）、二〇〇九年（A）、三四～三六頁。

――『わかる歴史、おもしろい歴史、役に立つ歴史――歴史学と歴史教育の再生をめざして』大阪大学出版会、二〇〇九年（B）。

――「現代日本における歴史学の危機と新しい挑戦」『歴史科学』（大阪歴史科学協議会）一九七、二〇〇九年（C）、一～一二頁。

――「歴史学と歴史教育の再生を目ざして――阪大史学の挑戦」日本西洋史学会第六〇回大会大シンポジウム「世界史教育の現状と課題」（別府市ビーコンプラザ）二〇一〇年。

桃木至朗・山内晋次・藤田加代子・蓮田隆志編『海域アジア史研究入門』岩波書店、二〇〇八年。

油井大三郎編『歴史教育における高等学校・大学間接続の抜本的改革を求めて（第一次案）』高等学校歴史教育研究会、二〇一四年。

「ユーラシアの近代と新しい世界史叙述」科研費ＨＰ（http://haneda.ioc.u-tokyo.ac.jp/eurasia/index.html）。

與那覇潤『中国化する日本』文藝春秋、二〇一一年。

歴史学研究会編『戦後歴史学再考――「国民史」を超えて』（シリーズ歴史学の現在3）青木書店、二〇〇〇年。

歴史学研究会「特設部会　社会科世界史六〇年」『歴史学研究増刊号　二〇〇九年度歴史学研究会大会報告』二〇〇九年、一八二～二一三頁。

総論　われわれが目指す世界史

編集委員会

本巻の最後に、これまでの歴史学が世界史のなにをどのようにとらえてきたか、そのうえでこの叢書はどんな世界史とその研究・叙述のあり方を目指すのかについて、編集委員会（以下しばしば「われわれ」と書く）の考えを手短かに紹介したい(1)。最初に近代歴史学――主にランケ以降のアカデミズム史学を意味する。ただし「歴史観」や「世界史像」をつくりだすのは職業的歴史学者よりむしろ広義の「歴史家」や思想家である場合が多い点には注意を払う――が成立してから二〇世紀半ばまでの歴史学がつくり出してきた世界史像とその方法の問題点や限界、次に二〇世紀後半から今日までの、先行する歴史像を批判した「オルターナティブな」世界史の諸相、最後にこの叢書が目指すものという順序で議論を進める。いずれも、世界史やそのあり方を直接に論じた著作や言説だけでなく、歴史学全体が間接的ないしメタレベルで示す像や思考法までを議論の対象とする。紙幅の限界だけでなく、ここまでの各章で世界史像についてさまざまな角度で検討してきたこともあり、個々の有名な著作や研究者についてあらためて詳細な情報を提示する必要はないと考えられるので、この章では大きな潮流・理論の特徴や問題点の簡潔な提示につとめる（そのため文献の紹介は、主な潮流や理論・方法論に関する日本語の出版物、とくに一九九〇年代以降のものを優先する）(2)。なお、編集委員会の能力の限界や、日本で日本語で出版する叢書という性格上、本稿は、本叢書が目指すものを示す最後の部分だけでなく従来の世界史像を論評する部分においてもやはり、「日本から見た世界の学界」「日本の学界が論じた世界史」に偏ることをおことわりしておかねばならない。

1　これまでの世界史の問題点や限界

(1) 近代歴史学におけるアカデミズムとしての世界史の枠組みはどのようなものであったか?

一九世紀半ばにアカデミズムとしての近代歴史学の成立を主導したランケ(一七九五〜一八八六)が、物語や実用的教訓の具としてのそれまでの歴史とは一線を画し、原典の史料批判による事実の確定(実証)とそのあるがままの叙述などを方法論の中心に据えたことは言うまでもない。かれによれば歴史を動かすのは、すぐれた君主・政治家や軍人・外交官などの個人であった。またそれぞれの時代や歴史事象は独自の個性と一回性をもち、「直接神につながって」いた。そして「世界史」を構成するのは、おのおのの国民史であった。国王など個人によって動かされる政治・外交中心の事件史、そこでの事実の叙述を重んじるかれの方法は、マイネッケ(一八六二〜一九五四)らによって継承され第二次世界大戦後初期までドイツ史学の主流でありつづける一方、(東京)帝国大学に招聘された「弟子」リース(一八六一〜一九二八)を通じて明治日本のアカデミズム歴史学の成立にも強く影響した。これらの事実は、史学史における周知のことがらである。

ただし歴史の研究・叙述という営み全体を、ランケ史学やドイツの学界が独占できたわけではない。近世ヨーロッパ各国では一六世紀からすでに、「科学革命」と並行して、従来のキリスト教史とは違った歴史研究法や叙述法を模索する動きが始まっており、たとえば一八世紀以降のフランスでは、ヴォルテール(一六九四〜一七七八)やテュルゴー(一七二七〜八一)らの啓蒙主義的進歩史観、明治日本の在野史学・史論に影響したギゾー(一七八七〜一八七四)やバックル(一八二一〜六二)らの文明史、それに物質界・精神界の全体を包含してフランス史を描きのちにアナール派の遠祖ともされるミシュレ(一七九八〜一八七四)のような、独自の歴史学が大きく発展した。ドイツでも、ヘーゲル(一七七〇〜一八三一)やマルクス(一八一八〜八三)を含むドイツ歴史哲学が発展したし、アカデミズム史学においても、ブルクハルト(一八一八〜九七)やホイジンハ(一八七二〜一九四五)らの文化史、ディルタイ(一八三三〜一九一一)らの精神史、ランプレヒト(一八五六〜一九一五)の普遍史ほかさまざまな潮流が生まれた。一九世紀末には、フランスから社会経済を中心に据えたピレンヌ(一八六二〜一九三五)、ドイツでは社会科学として歴史を研究したヴェーバー(一八六四〜一九二〇)が現れる。これらは多くが、自然科学や社会科学との方法的差異の意識をランケと共有しつつも、ロマン派的・歴史主義的もしくは近代主義的・進化論的などそれぞれの立場から、ランケ流の個別具体的な事件・事実より、「国民」「時代」などの概括的・構造的もしくは法則的な歴史の把握を目指した。また一九世紀は歴史学の周辺で、言語学、歴史学派経済学、法史学(法制史)などなど歴史的・通時的な変化発展を扱う近代的な学問が次々成立した時代であることも忘れてはならない。

それらの潮流や方法が含む差異や覇権争い、一般に歴史への関心の基礎となる尚古趣味ときわめて近い位置にある反近代的発想などはさておき、アカデミズムの一翼を担う近代歴史学はいずれにしても、ユダヤ＝キリスト教的諸観念の延長上で近代諸学あるいはデカルト的近代知が共通の前提とした、ヨーロッパ(西洋)中心主義や進歩史観などと無縁ではありえなかった。そのことは、「停滞」「未開」などの非西洋世界へのまなざしや、日本を含む非西洋世界における近代的歴史学・歴史観の受容を見たとき明らかになる。こうした近代歴史学がつくりだす歴史・世界史はまとめていえば、ヨーロッパ型近代国家(国民国家)の主人公となるべき成人男子エリートのための(政治的もしくは人文的)教養としての歴史・世界史であったろう。ランケが用いたゼミナールという教育方法も、そうした近代男性のための公共空間をつくりだす場のひとつであったはずだ。

そのような近代歴史学は当然ながら、人類の過去のすべてを見ようとしたわけではない。大部分の研究者・歴史家にとって、歴史は基本的に国家と国民(国民国家)の歴史だったから、「世界史」を論ずる場合にも超国家的なネットワークやシステムは視野の外にあったし、逆にローカルな歴史は一国史の「部分」でしかなかった。歴史を動かすのは君主・政治家や外交官・軍人などのエリート男性でなければ、エリート男性が代表する「国民精神」や「文化」であったから、「民衆」「女・子ども」やその日常の暮らし、人類学でいう小伝統などに注意を払う必要はなかった(文献を優位に置く資料学の方法も、公文書を重視したことや一九世紀までのリテラシーの普及度などを考えれば、エリート男性中心の歴史を支えるものだった)。「進歩」や「自由」は西洋だけにあるのだから、非西洋世界の過去の研究は近代ヨーロッパ諸国の拡大を扱う「帝国史」を別とすれば、「停滞したアジア」を研究する東洋学、アフリカなど「歴史無き未開地域」を研究する人類学・民族学といった学問に任せておけばよかった。また基本的に人文学ないし人間学である歴史学は、地政学や環境決定論などが一部に影響したとはいえ、理系的な環境や技術の歴史、人間以外の歴史の自然や生物界の歴史には縁が薄かった。最後に一九世紀の素朴客観主義のもとでは、（物理的に再現できない過去の出来事やある集団全体の状態がどうやって解明できるかなどの議論はあったにせよ）構造主義以降に明らかにされるような意味での認識と表象の問題が意識されることは、期待できなかった。

（2）二〇世紀の唯物史観・人民闘争史と非欧米世界のナショナリズムとは、なにを見えるようにしたか、見えないままにしたか、見えなくしたか？

ランケ的な正統派歴史学を中心とする近代歴史学に対し、二〇世紀にはさまざまな新しい潮流・思想が現れ、歴史学の革新を図ったりその変化に影響した。「言語論的転回」で知られるソシュール（一八五七～一九一三）の一般言語学に関する講義は一九〇六～一一年にジュネーヴで行われ、フランスでは一九二九年にドイツ式の政治史・事件史と実証史学に反旗を翻す『経済・社会史年報（アナール）』が創刊されている。ヴェーバーの社会科学も、アメリカ合衆国や日本を含めて強い影響力を有した。しかしソシュールやアナール派が世界の歴史学に根本的な影響を与えるようになる一九六〇～七〇年代以前に世界の歴史学を大きく変えたのは、第15章で見たマルクス・エンゲルスやレーニンらの唯物史観（史的唯物論／マルクス主義歴史学）および、多くの場合それと親和的な関係にあった「第三世界」の脱植民地化とナショナリズム、それらが重視した人民闘争や民族闘争の歴史だったといってよいだろう。歴史学は自然科学と違って、新しい方法論や歴史像の出現によって従来のそれらが消え去るわけではなく、むしろ累積してゆくのであるし、資本主義批判はもちろん国民国家形成を現在進行中の課題としている人々も世界各地に現存する。だがここでは、一九七〇年代前後（六八年から九一年にかけてといえばわかりやすいかもしれない）から世界のあり方も近代知も根本的に変化した――その後も二〇〇三年、二〇一一年などにさらなる変化が予告ないし要請されつつある――という見方に従い、あえて唯物史観や第三世界ナショナリズムを「これまでの世界史」に含めて（その点では「ベトナム解放」からソ連のアフガン侵攻、カンボジア紛争と中越戦争までの一九七五～七九年が重大な節目だったろう）、その達成と限界を述べておきたい。

達成の第一として、マルクスの理論は、人類史を「経済的社会構成体」の段階的・継起的発展ととらえ（ということは歴史は「事件史」の集合体ではない）、そこにおける直接生産者（労働者や農民）の解放を追求した。それまでの「解釈の学問」に対して「変革の学問」であることを主張したマルクス主義理論によって、経済、人民（民衆）、階級（闘争）などが歴史の独立変数の地位を与えられた。第三世界ナショナリズムも濃淡の差はあれ、帝国主義列強による侵略や植民地支配の基本的原因を近代資本主義経済（とヨーロッパ・キリスト教文明）に求め、それを闘おうとした。第二に、第三世界ナショナリズムや唯物史観の側の「世界史の基本法則」論・毛沢東思想などによって、非西洋世界の諸国・民族とその独立に向けた闘争も世界史の主体の地位を獲得した。また従来の歴史学に薄かった現代史への関心を一般化させたことも、唯物史観とナショナリズム史観の功績だろう。

ただし第三世界ナショナリズムはもちろん主流派の唯物史観も、国民国家単位の歴史を前提としていた（ナショナリズムによる国家の神聖化と〔主流派〕唯物史観による「上部構造」の軽視が、しばしば国家の問題を忘れ去らせた）。逆に、主流派唯物史観だけでなく二〇世紀半ばの第三世界ナショナリズムも、近代ヨーロッパで作られた発展のモデルや尺度に従っていた。そのことにより見えなくなった問題は少なくない。第一に「民衆」は国民の大多数が一枚岩でまとまったものでなければならず、国民国家の主体たりえない人種、民族、宗教などいろいろな面でのマイノリティは軽視され、「闘う」以外の民衆のあり方、たとえば「植民地協力」なども無視されざるをえなかった。近代（資本主義）による「人間疎外」に抗し「共同体」を回復する希求を、歴史学は（さまざまに論じはしたが）十分理論的に深めたとはいえない。第二に世界資本主義や帝国主義の総体的な構成などの研究は進まず、対米従属下の各国での独占資本の高度発展や開発独裁による近代化などはゆがんだ事態としかとらえられなかったし、「情報化社会」における資本主義の変容はほとんど見通せなかった。植民地支配の研究も個別の宗主国・植民地間の関係に限られていたため、「南北問題」に「新植民地主義」などの批判を浴びせることはできたとしても、「南南問題」や「開発独裁による経済的離陸」などの新しい現象の説明は困難だった。第三には前近代史においても、従来の東洋学や「東西交渉史」が素朴にとらえていた超国家的契機を無視する側に、「帝国主義の否定」やマルクス主義社会経済史が理論的お墨付きを与えるような事態が各地で見られた。日本史のようにマルクス主義理論と実証史学が高度な結合を実現して、一国史の枠内ですぐれた研究成果が多数生み出された学界（インド史もある程度そうだろう）や、マルクス主義がおおむね批判と政治運動の理論にとどまった西側先進国の学界はそれでもよかったかもしれないが、社会主義諸国ではスターリンや毛沢東の図式の機械的あてはめ（中国などでは表面的にそれに従うふりをして古風な方法を維持した学者も多い）が学問を停滞させた。第三世界諸国のナショナリズムにしても、中国やインドと違って一国で歴史が完結しようもない東南アジア諸国などでは、「民族のルーツ」を求める考古学と近代の民族闘争史は発展したが、前近代史は自国を辺境視するインド学や中国学からの自立と引き換えにレベルダウンを余儀なくされるという、不本意な結果を招いた。それらは極言すれば、停滞論を自ら再生産する道であった。

「弁証法的唯物論」を含むマルクス主義が本来は、グローバル・ヒストリーはもちろん構造主義以降のポスト・モダニズムをも先取りする多くの要素を含んでいたことは、(3)「世界システム論」や「新左翼」「ネオ・マルクス主義」などの模索から明らかだが、主流派のマルクス主義（とみんなが思ったもの）は、世界資本主義の問題も人類社会と環境の関わりも、国家や文化、集合的意識や認識と表象など「上部構造」の問題も十分深められずに衰退した。またそれは、（前衛党指導下の）諸官庁と軍隊、国営企業、社会団体などの集合体という社会主義国家の構造に基づきあらゆる分野の歴史研究を志したにもかかわらず、社会史的な方向で歴史学や歴史像の枠組みそのものを多様化させることにはつながらなかった。

（3） 近現代日本の「世界史」

直接には日本で世界史（像）の刷新をはかる本叢書の目的に照らして、ここで近現代日本における世界史のあり方について、第Ⅱ部各章によりながらごく簡単にまとめておこう。前提となる枠組みの問題を見ると、明治維新後の日本にはリースらによって伝えられたランケ流の歴史学（史学概論としてはベルンハイム〔一八五〇～一九四二〕やドロイゼンの著作が最も広く受容された）以外にも、江戸期以来の漢学や考証学、維新後に在野の知識人たちに広がった文明史・啓蒙史学などのさまざまな視角、漢文の編年史から各種の西洋式万国史まで多様な叙述法が存在し、アカデミズムとしての歴史学や中等教育の成立にもそれぞれ影響を与えた。そのなかで明治末までに、中等学校の授業科目と大学の専攻（学科）の両方で、国史・東洋史・西洋史という三科体制が成立した。第二次世界大戦後の新制高校では「社会科」という教科が新設され、そのなかの歴史は「世界史」と「国史」（一九五一年から「日本史」）に分けられたが、大学では「日東西」のしくみが（「国史」は徐々に「日本史」に改称されるものの）戦後も維持された。その体制下で、日本の歴史学はランケ流の史料考証と政治史だけでなく経済史、社会史や文化史など多くの分野で、また日本史だけでなく東洋史（中国史以外に朝鮮史や「満蒙史」など）・西洋史でも早くから高度に発達を遂げた。第二次大戦後には、昭和初期の日本資本主義論争などで力を蓄えたマルクス主義史学と、実証主義や近代市民主義の歴史学が高度に結合するなかで、「世界史の基本法則」をはじめとする新しい世界史像の構築や、西欧と東アジア以外の諸地域の研究、戦前には政治的理由で手が出しにくかった近現代史の研究などにも努力してきた。現在の日本の歴史学界は、世界でそれが認知されているかという問題に目をつぶれば、史料読解・実証の緻密さと全世界のほとんどの地域・時代や分野をカバーできる層の厚さの点で世界一の水準にあるといっても過言ではないだろう。世界史教育も同様で、提供される知識が全世界の通史を教えようとする点で、世界にほとんど例のないものとなっている。

ただそれは、歴史学部が存在しないうえに「史学科」内部は「日東西」に三分されているという構造的問題点[4]を解消ないし止揚するには至っていない。すなわち歴史学や世界史の全体を考える制度的保証がなく、①常に独立ないし孤立し内部の力で動く日本、②人類史の普遍モデルかつ日本のお手本、自己同化の対象としての「進んだ」西洋（歴史学の理論や方法論もそこからくる。したがって西洋史研究者は理論・方法論を講義すること、欧米の研究や理論の翻訳・紹介が重要な仕事になる）、③日本がそこに属する世界ではなく他者（戦前には日本の進出・支配の対象）としての「遅れた」東洋、という三分構造が現在も基本的に存続している。

東洋史・西洋史にせよ世界史にせよ、それは常に日本史と区別されているから、論理的に「世界史」というのは日本の外にあることになる。また、もともと国家や民族集団間に文明の優越があるという観念になじんできた東アジアの知識人たちは社会ダーウィニズム的発想も素直に受け入れたから、そこでの近代的歴史学と歴史教育は出発点において、国家間の優劣（それはたとえればセパレートコースを走る競争の結果生じる、したがって優劣は自己責任に帰する）を前提とした「脱亜入欧」（近代西洋の成人男性知識人の観点への自己同化）による近代国民国家建設の手段という基本性格を帯びた。そのうえで日本の場合、戦前戦中の「大アジア主義」にかわり第二次世界大戦後は観念的な理想主義・平和主義（一時は毛沢東思想）が接ぎ木されたが、それはアジアやその他の非西洋諸地域「も」大事だというにすぎなかった。歴史像や歴史叙述の基準は相変わらず西洋であるため、東アジアはもちろんその他の諸地域の研究がいかに進もうとも、現実のアジアやアフリカは少数の専門家以外にとって明確な像を結ばないし、それらを組み込んだ世界史全体の像は組み立てられない。付言すれば、「東洋」や「アジア」がヨーロッパの対極に創り出された特殊な像であり客観的な実在でないことは言うまでもない。研究対象が中国とその周辺にとどまっていたあいだはよかったが、南アジアや西アジアの研究が深まると、「東洋史学」というディシプリンはほとんど維持できなくなる（京都大学には一九六九年に、東洋史学から分かれて西南アジア史専攻が開設されている）。これらの問題と職人的な実証研究への過度のこだわりや徒弟制的研究者養成が生む視野の狭さ――政治史・事件史万能への反発から出発し「全体史」をも論じたアナール派などの社会史が、日本では意味不明の細かく趣味的な研究を増長させたことがその問題を象徴している――、それに大学を含む学校教育の仕組みや社会的発言のあり方をめぐる混迷などが重なって、社会から過去やその記憶・認識への関心一般が消え失せたわけではないにもかかわらず歴史学や「歴史家」の社会的地位は低下を続けている、というのが現状だろう。

2　オルターナティブの世界史はなにを試みてきたか？

（1）　新しい歴史学の諸潮流

二〇世紀後半以降、相変わらずその主要な発信地は欧米だとしても、近代知のあり方全体が大きく変化した。冷戦構造の解体や欧米中心の世界の枠組みへのさまざまな挑戦だけでなく、資本主義先進国に限らない都市化の広がりが農村から都市に研究者の関心の対象を移したり、グローバル化でヒト・モノ・カネや技術・情報の広域移動が、またIT化で活字以外のメディアが関心を集めたような、現実の激変が学知のあり方に影響していることは言うまでもない。そのなかで、文化人類学[6]や言語論的転回以降の「ポストモダン」諸理論（記号論、構造主義とポスト構造主義、構築主義、カルチュラル・スタディーズとポストコロニアル批評、ジェンダー学などなど(7)の影響を受けながら、歴史学にも社会史（英仏独などそれぞれの潮流があるが、フランスのアナール派がとくに有名）(8)、世界システム論とグローバル・ヒストリー（本書第16章参照）(9)、海域史(10)や環境史(11)、国民国家批判(12)といった多様な新しい理論や方法が（発表は以前でもこの時期に注目されたものを含めて）、互いに重なりあったり批判・相克しあいながら、陸続と現れた。それらの動きは一方で「世界システム論」や計量史学、歴史人口学や環境史などが研究対象の時間・空間を広げたかと思えば、他方では局所的な「ミクロ・ヒストリー」や、「事件史の復権」「日常性」への注目を呼び起こした。統一体としての国民や文化に宿る精神を研究した一九世紀以来の「精神史」に代わり、より多元的な「心性史」の研究がさかんになった。扱う領域の広がりやグローバル化、マルチメディア時代の到来とともに、各種のフィールドワーク、図像やオーラルな資料のような文字史料以外の使用などがごく普通の方法になった。日本でもそれらの理論や方法を応用した研究が多数なされたり、最低でも基本的な文献が翻訳・紹介されている。非西洋諸地域の研究(13)も、主に地域研究(14)として推進され単純な「停滞論」などを許さない個性とダイナミズムが解明されたが、そこでも日本の学界は（世界での認知度はまちまちだが）オリジナリティの高い研究を蓄積してきた。

これらの分野・方法や地域ごとに「論集」「研究入門」「事典」や、日本の場合は独特の出版形態とされる「講座物」などが次々出されている。したがって新しい動きを牽引したアナール派のブローデル（一九〇二〜八五）、「世界システム論」のウォーラーステイン（一九三〇〜　）、「伝統の創造」を含め近代世界を多面的に論じたホブズボーム（一九一七〜二〇一二）、人類学者レヴィ・ストロース（一九〇八〜二〇〇九）、言語学者ソシュールやポスト構造主義のフーコー（一九二六〜八四）、ジェンダー学のジョーン・スコット（一九四一〜　）、国民国家を論じたアンダーソン（一九三六〜二〇一五）や「オリエンタリズム」批判のサイード（一九三五〜二〇〇三）などの学者の名前は、日本でいう「西洋史」以外の歴史研究者にも――大きな理論・方法だけに崇拝の一方で誤解や反発もともないつつ――おなじみになっている。逆に、インド洋海域史のチョードリ（一九三四〜　）、主に東南アジアを研究した人類学者ギアーツ（一九二六〜二〇〇六）など、非欧米世界の特定地域の研究で西洋史の世界を含めて知られる学者もかなり増加した。たとえばある史学概論の授業では、現代歴史学のキーワードとして**総表 - 1** のようなものをあげている。

総表－1　現代歴史学を理解するキーワード一覧

1．歴史学の枠組み 近代歴史学　文明史　政治史　外交史　制度史　国制史　文化史　精神史　普遍史　東洋学とオリエンタリズム　社会主義と共産主義　マルクス主義（唯物史観）　社会経済史　人民闘争史　歴史社会学　歴史人類学　地域研究　環境決定論と生態史観　社会史　全体史　ミクロ・ヒストリー　世界システム論　グローバル・ヒストリー　構造主義　脱構築　カルチュラル・スタディーズ　ポストコロニアル批評　サバルタン研究女性史（・男性史）　ジェンダーとセクシュアリティ　メディア史
2．史資料と方法 文献史料　編纂資料　文書　金石文　簡牘《かんとく》　遺跡・遺物　口承・伝説　民俗資料　オーラル・ヒストリー　図像　景観と環境　文献学と史料批判　言語論的転回　計量史学　デジタル化
3．世界と時代のとらえかた 自国史と外国史　万国史　世界史　一国史　国民国家　民族　文明（文化圏）　地域世界（メガ・リージョン）　地域社会　システムとネットワーク　n地域論　トランスナショナリティと脱領域化　時代区分　三分法（古代・中世・近代）　原始社会　生産様式と社会経済構成体　世界史の基本法則　世界の一体化　事件　コンジョンクチュール　長期持続　時の観念　暦と紀年法　構造と類型
4．社会とくらし 農業と農民　商業と交易　工業　市場　貨幣　金融　所有　生産力と生産関係　階級　経済的社会構成体　資本主義　国民経済　世界市場　村落と都市　共同体　モラル・エコノミー　経済人類学　生態　生業　開発　技術　人口　環境　災害　身体　疾病と医療　生と死　家族・親族　性愛と婚姻・出産　ライフサイクル　衣食住　日常性　流通　消費　ヒト・モノ・カネ・情報の移動
5．政治＝文化と意識 国家論　戦争　宗教と信仰　身分と階級　権力と権威　支配と服従　抑圧と抵抗　差別と解放　政治＝文化　アイデンティティと集団心性（マンタリテ）　ソシアビリテと公共空間　規律化　国民国家　帝国　専制国家　ナショナリズム　ネーションとエスニシティ　伝統の創造　言説　表象　儀礼　歴史記述　メタ・ヒストリー　記憶　歴史認識　癒しと和解

出所：大阪大学文学部・大学院文学研究科の「歴史研究の理論と方法」2012年度1学期（担当桃木至朗・秋田茂・市大樹）のために桃木が作成した資料に，一部加筆したものである。

以下ではそれらの諸潮流が、従来の歴史学や世界史がかかえる諸問題のなにをどう批判したかを整理してみたい。とはいえ現在の歴史学や人文学・社会科学一般の動向は、アナール派が「大きな物語」の解体をうたい、構築主義理論が個々の事物を複雑ではあれ単一の構造をもつものととらえてきた近代的思考を批判して呉越同舟的な「多声の」歴史を見ようとしたように、（アナール派の「全体史」や世界システム論とグローバル・ヒストリーを含めて）多様化・多極化そのものを特徴としている。それが必ずしも同一平面上での多様さではないことには目をつぶって最大限強引にまとめるとしても、グローバル・ヒストリー、社会史、言説・表象・メディア研究の三極に分けて考えねばならないだろう。[15] そこには、グローバル・ヒストリーが即物的な意味での世界史を対象として社会科学（および自然科学）の方法論を用いることが多いのとは対照的に、言説・表象・メディア研究はそれらへの関心が薄く意識や認識の世界に集中する、社会史は中間的な位置ですべてを見ようとする、といった差異が認められる。それらの諸理論が提出する旧来の歴史学への批判にしても、「反○○」「超○○」などいろいろなタイプがある。また個々の論点には一九世紀段階から見られたものもある。それらを含めて二一世紀の新しい動きまでを立体的に整理することは容易でない。以下に示すのはあくまで仮の整理である。

（2）国民国家を超える／疑う

近代歴史学はそもそも、国民国家・国民意識を創り出すないし正当化するための学問として成立したものだとよくいわれる。ミシュレのフランス史やドロイゼン（一八〇八～八六）らのプロイセン学派はその典型であった。国家・国民（民族）単位の歴史研究と叙述は、単なる便宜をこえて方法として確立している。しかし二〇世紀末以降の狭義のグローバル化を待たずとも、世界中に独立国ができ建前上平等に世界をかたちづくる世のなかが来ると、「自立した一国史の単純な集合」でも「大国や大文明の側からだけ見る方法」でも、世界がうまく見えなくなることは当然である。そこで、複数の国家や民族集団を含む「地域世界」（国家でも国民国家より多くの集団や地域・法圏などを支配する「帝国」や、制度として中間団体を認めない「専制国家」）、各国の意志から独立して機能する政治や経済のグローバルなシステム、超国家的だが空間では区切れない（脱領域的な）ネットワークや移民とディアスポラなどが注目されることになる。ブローデルのように時間の流れや物質文明をいくつかに階層分けしたうえで「全体史」を叙述する方法にも注目が集まる。資本主義批判は抽象的な資本および剰余価値の理論と一国資本主義の発展段階論だけでは足りなくなり、人・モノ・カネ・情報や技術、開発などの複合的な動きが研究されるようになるし、非ヨーロッパ「低開発」諸国の困難を理解しようと思えば「従属理論」や「世界システム」論が必要になる。他方、「東アジアの奇跡」以降の展開によって中国が世界最大のGDP大国になる日が近づけば、イングランドと中国江南を比較したポメランツ（一九五八〜　）の「大分岐」のごとき新しい比較史が求められる。こうした関係史と比較史を組み合わせた近世以降のグローバル経済史は、「アジア間貿易論」（関係史）と「勤勉革命論」（比較史）を組み合わせて東アジアの経済成長を説明した杉原薫（一九四八〜　）、近代経済学の想定とちがい一国単位で完結しない貨幣の機能と動きを説明した黒田明伸（一九五八〜　）ら日本人研究者の理論を含めて、一国単位での「生産」や「所有」を軸とした「経済史（社会経済史）」のイメージを一新することに成功し、経済史だけでないグローバル・ヒストリー全体への関心を高めた。

「封建国家」を典型として、近代以前の国家がどれも政治権力、住民と言語や文化、経済などにおいて多元的・重層的で多様な地方性を含むものであったことは常識である。ドイツやイタリアの例が示すように、それを一つの国家・国民に統一することは無条件に善とされてきた。が、ヨーロッパ・アメリカにおける近世帝国からの離脱、アジア・アフリカにおける帝国主義からの独立など、国民国家を普遍的ないし絶対的な正義としうる状況が消失すると、（資本主義も社会主義も差別や暴力を根絶しえないとすれば）国民国家による地方の多様性の抑圧が再び問題にされざるをえなくなる。それはしばしば、「単一民族国家説」などを批判し「多様性のなかの統一」を強調する「柔らかいナショナリズム」によっても回収しきれなくなる。こうして「地域史」「地域社会史」など学界によってさまざまな呼び名で、ローカルな歴史が脚光を浴びることになる。国民国家のなかの「地方史」とそれが違うのは、「まず国家を考えその〈部分〉として地方を扱う」というロジックの逆転や、国境をまたいで広がる地域にも自然に着目し「地域世界」論に連続する点にある。

こうして世界史は空間的な意味で、国家の集合ではなくグローバル－リージョナル－ナショナル－ローカルな重層性（しかも脱領域的ネットワークなどが関わる）のもとにとらえられることとなった。ちなみにナショナルな歴史は「否定」されているのではなく「相対化」されている。否定されているのは、ナショナルなレベルだけを客観的実体ないし規定要素（数学なら独立変数）として扱う考えである。他方グローバル・ヒストリーと聞くと、グローバルな構造や関係だけを実体視するものと見られがちだが、上記各層のどれかを唯一の実体と見たのでは国民国家史観と同じ轍を踏むことになるという方法的警告は、言語論的転回が歴史学界を覆う以前から、問題意識による主観的構築を歴史研究の不可分な営みの一部とする理論とともに浸透していたはずである。

世界を分節する方法に関する以上の変化とは別に、国民国家史観はそれによる統合の偽善性や虚構性を暴き出すさまざまな理論、より広くは「近代性（モダニティ）」や近代市民社会そのものを疑う諸理論（後述）によって集中砲火を浴びることになった。「地方」や「マイノリティ」への抑圧もその一部である。まずもって──その内部での階級矛盾を指摘する見方はマルクス以来存在したにせよ──国家形成の主体として実体視されてきた「ネーション」や「民族」は、「われわれ意識」（それはそこに属さない人々を「やつら」として排除する意識と表裏一体である）以外に客観的定義のできない「想像の共同体」（アンダーソン）であることが、認識論の深化に裏打ちされながら主張された。しかもそれは、通常は宗教やそれに基づく皇帝権を支えとできないかわりに、（近代学術によって「解明」──別の側から見れば「構築」「創造」された）「伝統文化」や「国民性」、国民の集合的記憶としての「歴史」などのいわば新しい神話と、それらを表象する国旗・国歌等々を支えとする。学校教育や近代的なメディアは、各種の実用的諸知識や技能の伝達と並んで、そうした「伝統」や「歴史」を刷り込み「国民」を創り出す装置として機能した。結果、「神」や「王」のためになど死ななくなった近代人が、本当は「資本のため」「権力集団のため」かもしれない戦争で、「祖国のため」にすすんで死ぬようになった。そのことなしに、「戦争の世紀」としての二〇世紀は理解できない。戦争の過程で顕在化する、権力者や資本家の強制・瞞着にすべてを帰することのとうていできない「民衆」「大衆」の加害者性や残虐性、「六八年」などの時期の「民衆」「大衆」が客観的な搾取や資本の冷酷さをいくら訴えてもそれだけでは立ち上がらなかったという新左翼運動の挫折経験（存在が一方的に意識を決定するという素朴な「土台＝上部構造論」の破綻）などが、人々の行動の背後にある集合的な意識や「心性」への関心を強めたことも、それを創り出す装置として機能した国民国家への批判的研究を促した。冷戦終了後のとめどもない民族紛争がこうした流れを決定的にした。ただし、もともとナショナリズムには「単一民族国家」などの硬いタイプだけでなく「多様性のなかの統一」「多元

「一体」などをうたう柔らかいタイプが存在するうえに、近年は現実の軋轢を反映して、歴史＝物語り論の一部も流用しながららナショナリズム史観が各国で強まっており、国民国家批判との厳しいせめぎ合いが展開されている。

(3) 欧米中心主義と闘う

自国史と西洋の歴史以外に「東洋史学」をつくった日本の学界はもちろん、基本的には「東洋学」の一部としてアジア史を研究した欧米諸国、それに日本以外のアジア・アフリカなどの諸国でも、第二次世界大戦後の脱植民地化や社会主義の広がり、一九七〇年代以降のイスラームの新しい挑戦、それに「東アジアの奇跡」などの動きを背景に、さまざまなかたちと論法によってヨーロッパ中心史観の見直しが試みられた(16)。日本の「アジア主義」を含め、アジア的（東洋的）価値観やアジア諸国民の連帯に重きを置く考えは早くから見られ、第二次大戦後は西側先進国でも近代西洋的価値観の万能性やその非西洋世界への押しつけには反省が広がった。他方マルクス主義においては、レーニン以降に「非西洋諸国（諸民族）も、現実にヨーロッパにおくれをとったが、遅速はあれヨーロッパと同様の発展経路を歩んでいる」という理論をふくらませただけでなく、（マルクス晩年の発想と同様に）毛沢東のように土着的な要素が前近代的社会構成から資本主義段階を「飛び越した」社会主義への移行を可能にすると主張し、「東風が西風を圧する」と呼号するものも現れた。

中世までのヨーロッパがアジアと比べて経済的に後進的だったことはもともと事実レベルでは常識だったが、古代ギリシアの民主政やローマ法、中世のキリスト教など、近世以降の「逆転」を必然とする要素が着々と準備されていたという説明と、ヨーロッパの近代化が人類史の普遍モデルであるからしたがってそれを準備した古代地中海や中世ヨーロッパの歴史も普遍的人類史の一部であるというロジックが、ヨーロッパ史全体を世界史の中心に置いてきた。空間的に異なる地中海の古代史とアルプス以北の中世～近代史を直結するという遷移論のアクロバットも、他者のすぐれたものを主体的に摂取して発展する国民国家というような日本でもおなじみの理屈によって不自然さが隠蔽された。他方、同時代のアジアはいくらヨーロッパより生産力が高くとも、発展のありえない「東洋的専制」「アジア的生産様式」か、せいぜいが中世ヨーロッパと同じ「封建的」発展段階にあるものとしか評価されなかった。そういった議論の土俵が変化したのは、農業生産より交易、内的発展より国際的契機、外部との関係が重視されるようになった一九七〇ないし八〇年代以降のことだった。

そこでは、近代ヨーロッパの発展自体を、新大陸の資源獲得や世界システムの「周辺」諸地域からの搾取のおかげであると見たり、綿織物などとめどなく流入するアジア物産の「輸入代替工業化」として産業革命が起こったとするなど、人類史の普遍とは言いがたい要因で、「ヨーロッパの奇跡」を説明することが可能になった。それは非西洋諸地域の知識人に長年つきまとってきた、「なぜわが国では（本来普遍的に起こるはずの）自力による近代化ができなかったのか」という苦しい自問の必要性を大幅に減少させた。他方で、「停滞するアジア」という像は近代ヨーロッパの優越意識を自己確認するための道具として創り出された実態とはことなる観念にすぎないと、サイードらが指摘した。これらに力をえて、アジア史の側では、イスラームやインド、中華帝国、最近では中央ユーラシア社会とモンゴル帝国などがそれぞれにもっていた「近代の萌芽」を――他のアジア諸地域との関連や比較を考慮しない「ヨーロッパ中心史観の裏返しの自地域中心史観」にとどまる場合も多かったが――あらためて強調するようになった。近代世界システムの中心＝周辺構造とは違って各地域経済が平等かつゆるやかに結びつく「一三世紀世界システム」（アブー＝ルゴド〔一九二八～二〇一三〕の命名）が、旧世界の主要部分に広がっていたといった議論も現れた。とりわけ、まだ「西洋モデルの移植」で説明できた日本の高度経済成長だけでなく、東アジア諸国の雁行的発展――いわゆる「東アジアの奇跡」――が注目されるに及び、上記各地域の「近代以前の先進性」をいくら強調しても崩せなかった近代ヨーロッパの急速な近代化という事実そのものが、東アジア型発展経路と並ぶ二類型のひとつ（杉原薫）とか、一八世紀まで一貫して優位にあったアジアが一時的に低迷した二〇〇年間の例外的な出来事（フランク〔一九二九～二〇〇五〕の著作『リオリエント』）などと見なされるに至る。現在の中国および近年の中国研究が教える近世との強い連続性は、アダム・スミスが理想とした分業と協業に基づく自由な市場経済は近世中国で最初に、しかし政治的民主主義をともなわずに実現した（「遅れた」ヨーロッパでは市民革命によって〝強制〟しなければ自由市場経済を作り出せなかった）というジョバンニ・アリギ（一九三七～二〇〇九）のような議論（第16章参照）をも生み出している。

(4)「反近代」「超近代」「ポスト近代」

近代を批判的に見る思想は一九世紀にも珍しくなかった。その「世紀末」には、近代の行き詰まりが深刻に意識された。二〇世紀にも、ガンジーのインド独立運動には近代化を拒否する思想がはっきり示されていたし、「毛沢東思想」は後になるほど反近代ユートピアの性格を強めた。にもかかわらず、近代化や近代知そのものを善と見なす支配的な思考の枠組みは、アメリカの覇権などとともに少なくとも二〇世紀半ばまで維持された。そこでは戦争や植民地支配、人権抑圧や環境破壊などは、近代化の不十分さや歪みによってしか説明されえなかった。第二次世界大戦で「近代の超克」を掲げた日本でも、丸山真男や大塚久雄に代表される戦後の反省は、「正しい近代化」を希求する道であった。残虐な帝国主義戦争を招いた独占資本主義にしても、「より進んだ」社会主義・共産主義社会から見れば「遅れた」ものとされた。二〇世紀末以降のイスラームの挑戦はそうでないとしても、「東アジアの奇跡」の歴史的前提を探る同時期の研究に典型的に見られるように、ヨーロッパ中心史観に反対してアジア諸地域の先進性を強調する研究には、進歩発展を善とするないしは「アジア独自のより進歩」があるという発想がしばしば随伴している。

二〇世紀後半の資源問題や地球温暖化などの地球環境問題、核兵器だけでなく「核の平和利用」が生み出した脅威、そして人間へのさまざまな抑圧は、「よりよい近代」としての社会主義や福祉国家への夢が薄れるとともに、近代と近代知そのものへの疑いを呼び覚ましていった。豊かになったがゆえに可能になった「知的遊戯」や近代的・文明的でないものの「消費」もともないながら、近代における破壊力の拡大、人間を自由にする一方で「訓育」「規律化」し束縛し差別する手段の発達(国民国家はその典型)に関して、多様な問題群が俎上にのぼせられた。その研究を担ったのは、国民国家批判や、「周辺」社会の後進性(そこでも自然破壊は着々と進む)を近代世界システムそのものの産物とする世界システム論、ヨーロッパ諸国の近代化を市民と自由の前進などよりも絶え間ない戦争と「軍事革命」や「財政=軍事国家」の産物と見なす新しいヨーロッパ史理解などに限らない。「近代家族」が女性の活動を家庭内の私事に局限し社会的権利を奪ったことに光をあてたジェンダー学、「近代科学」や「近代医学」が生み出し正当化した人種差別や「障害者」排除などを告発した科学史・医学史まで、ほとんどあらゆる知的潮流が近代批判に関わったといえる。

それらは一般に資本主義やグローバリズムを含む近代のさまざまな体制や権力を批判する一方で、啓蒙主義や進歩主義の延長上にあるものとして、従来の体制批判や解放闘争のあり方をも（世界認識としても運動論としても）批判する。構造主義以降の諸思想がそれに対置するさまざまな言説や表象、そして国家など各種のエージェンシー（実際の行為をする主体）を通じたヘゲモニー争いというかたちの闘争は、言語論的転回を前提に、あらゆる「文化」は政治性を帯びるし逆に政治は「文化」を通じて表現されるという考え方に基づいて主張されている。「科学」や「歴史学」ももちろん、そうした闘争の重要な場である。ヘイドン・ホワイト（一九五七～）が論じたように、歴史学が解明しうるのは史実そのものより、先行する歴史の叙述や言説がどんな背景や意図のもとにそのようなものになったかという「メタナラティブ」の読みとりだという考えも出てくる。そのようにして争われる権力は支配階級の単なる道具ではない。支配者は被支配者からの「合意の調達」に成功しなければ権力を維持・行使できない。逆にファシズムなどの権力の暴走も、それは単に「近代から逸脱」し人々を強制や欺瞞によって服従させたのではなく、人々は「主体的に」それを支持していた。別の言い方をすれば、フーコーが論じたとおり権力は人々に内在し規範化してはじめて権力となる。その権力は人民が獲得したからといって自動的に「よい権力」になるものではない。また逆に、ポスト構造主義以後の思想によればいかなる鋼鉄の権力構造といえどもそれぞれの認識や利害に従って、いわば呉越同舟的に「構築」されているにすぎず、「脱構築」や他者による領有ないし流用（アプロプリエーション）が可能である。したがって抑圧された人々の行動も、「解放を目指す闘い」より「生存戦略」などの角度からとらえられることが多くなる。総じて「よりよい本質をもつ構造」としての国家や社会を求めるよりは、構造を造らないように動き続けることが大事になる。いささかニヒリスティックではあるが、これらの思想と行動が、「資本主義の全般的危機」という言葉を思い出させる凶暴な新自由主義とグローバリズムへの、ウルトラナショナリズムなどではない批判と抵抗の道を模索していることは認めておきたい。

(5) 「脱中心化」

ある被支配者が自分を支配・抑圧する権力構造から自由になるには、自分がそれを奪い取る方法とその権力構造を解体する方法の二つがある。ある国民の大部分を占める「労働者」「農民」は資本家を打倒して国民国家の主人になることができるかもしれないし、ヨーロッパに劣らぬ大規模な文明・地域世界は自分を中心にした世界史を語ることが可能であろう。つまり第一の方法である。しかし世界には、そうしたかたちで自分を主役・中心にできない人々が多数存在する。底辺でさまざまな「雑業」に頼って生きる人々、民族・宗教など各種のマイノリティはそのままで国民国家の主人公にはなれないだろう。「世界帝国」でなくとも、日本のような中規模国家には（ヨーロッパ主要国と同様に）世界史の主体として各種のモデルや実例を提供することができるが、カリブ海や太平洋の小規模島嶼国家にそれがどこまで可能だろうか。東南アジアやアフリカは、中国や西アジアや中央ユーラシアのような意味でかつて世界史の中心であった歴史を主張できるだろうか。自前の文明をもたないまま近代を迎えた「未開の」人々に至っては、歴史の一員という地位すら容易に手に入らないのではないか。そういう人々や地域「も」大事にするという現実の支配者やマジョリティ（ないしそうなろうとする人々）の主観的善意が信用できないとすれば、主役や中心、強者が存在するようなしくみそのものやそこから世界を見るやり方、いわば「中心中心主義」を否定しなければならない。ヨーロッパ中心史観を批判してアジア主要地域の歴史の過去における中心性を強調するような方法にしても、「中心から歴史を見てよい」と認めるのであれば、（少なくとも中国が世界最大の経済大国の地位を回復するまでは）現実にヨーロッパが圧倒的な力で世界を支配した一九〜二〇世紀の歴史を中心に世界史を組み立てることを拒否できないだろう。そこまで考える第二の道が必要な人々が、世界のあちこちに存在する。

「小さき民」や「未開の人々」を対象とする民俗学や民族学・文化人類学が、早くから権力や天下国家とは無縁の人々に注目してきたことは言うまでもない。ローカルなコミュニティを研究する地域社会論だけでなく、文化相対主義を掲げ非西洋地域の（ただし国単位の場合も多い）研究などを行うアメリカの地域研究も、地域や文明のあいだに優劣をつける考えには反対した。また「家父長制」の構造から自分を解放しようとする女性たちは、だからといって男性を打倒して自分が支配者になることを主張するわけにはいかないから、フェミニズムやジェンダーとセクシュアリティの研究は男女非対称な（また各種の性的マイノリティを抑圧する）構造そのものの変革に向かわざるをえない。ポストコロニアル理論との関連で有名になったサバルタン研究は、ヘゲモニー争いに加われる非抑圧者ではなくそこで周縁化・排除されている人々の声を聞こうとした。

近代の法制・家族制のもとで直接の社会的発言権を失った（夫や父を通してしか発言できない）女性も含め、支配的な枠組みのなかでは聞こえない周縁化された人々の声を聞こうとする発想は、戦争被害者や災害の被災者などの、マスではなく個々の記憶に寄り添おうとする試み――当然文献よりオーラルな資料がベースになる――とも通底する。

（6）「人間中心主義」から離れる

『地中海世界』などブローデルの研究は、かつての環境決定論とは違ったかたちで自然環境（＝長期持続）への関心を呼び起こした。また、アナール派の重要な仕事に歴史人口学があったことも周知の通りである。イギリスや日本でも独自に発達した歴史人口学によって、人口という直接には生物学的な現象が（マルサスの単純な蒸し返しではもちろんないが）開発・生業や家族・社会の構造などと相互に影響し合う、経済や社会の歴史にとっても無視できない要素の地位を回復した。近世以降の中国史の見直しにおける一八世紀中国の人口爆発などもそうした地位をよく示している。またマクニール（一九一七～）の著作で知られる伝染病の歴史も、一方で医学・医療や公衆衛生に関連した国民国家批判・近代批判に連なり、他方ではグローバルな人の動きや人口変動への関心を広げた。アフリカ東部での猿人化石の調査は人類の出現を四四〇万年前（ラミダス猿人）から七〇〇万年前（サヘラントロプス・チャデンシス）へと大幅に押し上げ、ＤＮＡの解読は各地の現生人類の系譜を書き換えた。宇宙の研究の進歩とその一方での核戦争や環境問題による人類滅亡の危機感は、ビッグ・バン以来の宇宙と地球の歴史のなかで人類史を考えようとする「ユニバーサル・ヒストリー」「ビッグ・ヒストリー」などの提唱をもたらしている。

地球温暖化防止が国連などで問題になった際、現在の気候は「中世温暖期」以上に温暖化しているかどうかをめぐって大きな論争がおこるなど、過去の気候変動への関心が高まった。現代科学はそれにこたえる力をもっており、主に自然科学的な方法による先史時代から現代までの気候復元、変動の原因となる太陽活動や地球との位置関係、地殻変動と火山活動、「エルニーニョ・南方振動」のような季節風・海流の波動その他の諸要因の解明が推進された。地震や津波など大規模な自然災害の歴史も研究が進んでいることは、日本列島の住民が東日本大震災を通じて知ったところである。それはブローデルが長期間変わらないものとして扱った自然環境が、たとえばヨーロッパの近世（小氷期）においても大きく変化しつづけたこと、それが開発や人口変動を含む中期的な「景況（コンジョンクチュール）」にもフランス革命やナポレオンの没落といった短期的な「事件（エヴェヌマン）」にもさまざまな影響を与えていたことなどを、はっきり証明した意味ももつ。

地球環境への着目が一国史観と矛盾しグローバル・ヒストリーに親和的であることは言うまでもない。他方、環境や生命への関心が近代批判と密接な関連をもち、「自然を支配し破壊する西洋文明を捨て、自然に抱かれ自然と共生する東洋的自然観も回帰すべきだ」といった反近代主義の系譜に連なるベクトルと、自然と人間の動的な関係をとらえうる新しい知を生み出そうとするベクトルの両方をもつことも当然である。いずれにしてもそこには、「人間学」「人文学」はもちろん自然科学や技術界を含めて支配的であり、通常ユダヤ＝キリスト教的世界観との関連で説明される「他の動物とは本質的に違った人間が自然を支配する」という西洋近代的発想からの離脱の試みが見られるのである。

3　二一世紀を見通せる世界史を

これまでの歴史学と世界史像に関する以上のような認識を踏まえて、最後にこの叢書が目指すものを述べたい。それは二一世紀を見通せるアクチュアリティをもった世界史、たとえば三・一一以後の世界にふさわしい世界史でなければならないが、そのことは新たな「大きな物語」つまり単一の歴史観や世界史像の提示を意味しない。編集委員間ですら、共有されているのは素朴実証主義への批判と国民国家史観（一国史観）を方法論を含めて超えようという一般論以上にはいくらも出ない。したがってこの叢書は、われわれが重要と考えるいくつかの視角や像を列挙するものになる。それを単なる羅列に終わらせないために、われわれは次の三点に注意を払うべきだと考えている。

（1）「世界史の見取り図」の必要性

世界の多極化や複雑化が進み、歴史学も多様化した現在、その全体を見通すことは容易でない。かつてのようなヨーロッパ中心かつ少数の基本要素とか枠組みですべてを説明するタイプのグランドセオリーでは世界史がうまく理解ができないこと、だからといって個々人が理論的枠組みによらずにすべてを現実のままに認識するなどありえないことは当然である。世界システム論の展開はそうした問題をあらためて示した。ただその一方で、国家や国民単位の歴史が大きく後退したことからもわかるように、近代以前も含めて世界の諸地域は（単一の構造のもとにはないにせよ）重層的につながりあっており、どこかで絶対的な区切りの線を引くことは難しい。であれば、どの部分も全体を見ずに理解することは不可能なはずである。ちなみにつながりあっているのは、国家や文明をもつ空間・人々だけではない。「文明から隔絶されて暮らす未開の民」のイメージはおおむね近代の創造物であり、東南アジア、東北アジアやアフリカなど、「向こう側」との交易やそこで成立する政治関係と「蛮族」像が文明世界にとって不可欠なものである例はごく一般的である。時間軸の面でも、「世界の一体化」がいつ始まったかについて一九世紀、一六世紀、一三世紀などいくつもの議論が可能であるように、「時代区分」も単純な前後の断絶を意味しない。政治・経済・文化など人間社会や自然の諸領域の相互関係についても同じことである。「世界システム」「帝国」のような一元性がすべてを規定するとは考えず、また現在グローバル化が問題になっているからその歴史的前提を探るといった実用主義的見地に立たなかったとしても、個別とその集積を超えた全体そのもの、すなわち世界史の見取り図を押さえることが必要だろう。それなしでは、個別の事象そのものがどこまで理解できるか疑問である。たとえば地理学においても地域ごとの多様性、問題系の複雑さは当然だが、地球儀や世界地図を一度も見ずに地理学を学び研究するということがありうるだろうか。この意味での世界史の見取り図を、この叢書でも提示したい。

なお、そうした見取り図による単純化は往々にして、単一の原理で全体を論ずるのではないにせよ、個々の地域や事象の特性を軽視し「中心」や「覇権国家」の見方を押しつけるものだという批判を浴びる。それを防ぐには、リージョナル、ナショナル、ローカルなどの各層を往復する視点[17]と、個々の地域や分野の研究に基づくチェックを絶えず行うしくみが必要になる。またそもそも、「世界」のような大きな事物の認識を可能にする方法には、世界地図のように全体の見取り図を示す方法以外に、百科全書あるいは元素の周期表のようにすべてを並べてみせる（数学的にいえば演繹的・外延的でなく帰納的・内包的にある事物を示す）方法がある。それは「一度に全部読む」ものではないとしても、「必要なときに読める（調べられる）」

ツールが人の認識を助けること（もちろん作り方が悪ければ人の認識を誤らせる）ことは間違いないのである。ただそれは――今日のデータベースでも同じだが――個々の項目が適切に命名・分類・配列や関連づけをされていなければ使いようがない。歴史的事象を百科全書化するには、地図で緯線・経線や等高線が使われることになぞらえれば、個々の事象が属する空間、時間、分野の三次元の座標化がまず必要であろう。空間や分野については他の諸学から借用する方法も考えられなくはないが、少なくとも時間スケールの扱い方については、歴史学は独自の議論をする必要があるはずだ。そこには、歴史上の諸社会における時間認識の多様性――歴史叙述や神話・伝承、暦法や紀年法などいろいろなところに表現される[18]――は除外して認識や叙述する側の方法・操作概念だけを問題にするにしても、すぐに思い出される「時代区分」をめぐって、問題になる多くのことがらがある。すなわち時代区分には、マルクス主義的な社会経済構成体の時代区分だけではないさまざまな対象と方法・基準があり、社会経済的時代区分にしても一国史ではなく「世界システムの諸段階」「銀流通などから見た世界の一体化の段階区分」といった広域的な区分、逆にローカルな区分などが論じられている。マルクス主義の外に出れば、ブローデルの時間の三層構造や「長期の一六世紀」のような世紀単位のとらえ方を含む、時間枠の設定のしかたの多様性は言うまでもない。それらとは別の次元で、通史と断代史や特定の時点で横に輪切りにする歴史との関係、歴史を出発点から見るか結果の側から見るか（例：原始・古代の側から見るかそれとも近現代の側から見るか）、近代化を他の時代の移行と比べて決定的に重視するかどうかなどなど、時代を区切る際に考えるべき問題は枚挙にいとまがない[19]。この叢書が示すであろうさまざまな世界史像は、こうした多面的な努力を背景として生み出されるべきものである。

そのようにして多くの領域の高度な個別研究を活かしながら新しい世界史の見取り図に接近することは、見取り図だけなら日本の学界より優れたアメリカの学界が、必ずしも得意としないところである。他方、多様な方法論と個別研究をもつヨーロッパの学界において、ヨーロッパ中心でない世界史像を創ろうという意欲はそれほど強くない。非西洋諸地域の歴史の場合に西洋の学界と対象地域の学界との両方に通じているような点でも、日本の学界は特性をもつ。現実の学術国際交流や国際発信は質量ともに不十分だが、日本の学界が独自の役割を果たしうる土俵がここにあるのではないか。

（2）「全体像」と「個別研究」の関係

単なる史実の確定だけで飽き足らない歴史学者が目標とする「歴史像」の形成・叙述という営みが、誰がやっても同じ結果の出る客観的事実の認識・描写を単純に意味するものではなく、各自の問題意識に従ってその意味では主観的に組み立てる認識の産物であることは、今日広く認められている。歴史学が近代的な学知のあり方のひとつであることを保証するのは、史料・根拠の提示と論理的な叙述により研究者・知識人間での相互検証を可能にする手続きでしかない（歴史理論に関する注（2）の諸文献を見よ）。認識主体と認識対象の関係をめぐる哲学的ないし科学論的議論に深入りする用意がわれわれにはないが、そこで「言語論的転回」や歴史の物語性に関心の強い研究者のあいだに、世界全体の歴史や古代から時代を追った通史など「大きな」歴史像の「構築」を、それ自体がもつであろう政治性・権力性のゆえに忌避する傾向が現れるのもある意味当然である。ところがそのことは、研究そのものの多様化や「グランドセオリー」の消失と相まって、「個別実証」や特定地域の個性の研究を自己の本職と見なす古いタイプの研究者のあいだでも、世界史像を遠い未来の課題として棚上げする傾向を強めさせているように思われる。その点では、「全体史」や「グローバル・ヒストリー」を志す少数の研究者は孤立しているとすらいえるかもしれない。だが、日本の学界のように高校時代の世界史は事項の暗記が主で世界史像を意識的に考える機会がないし、大学入学後は世界史を一切考えずとも研究が続けられるという状況には、われわれは強い違和感をもつ。

われわれは言語論的転回以降の歴史学批判を重く受け止めそれを直接取り上げるような論文も準備しているが、史実そのものの研究が歴史学の仕事ではなくなったという見方はとらない。それにしても世界はたしかに多様であって、それぞれの部分が独自の価値や意味をもつ。しかもわれわれは、（言説研究を含め）原史料による個別事実の確定（実証）を歴史学の存立の基礎条件と見る点から外に踏み出してはいない。「それが十分でない現状で世界史を論ずるのは時期尚早である」という論法には強い疑念をもつが――疑念の理由は、そのような論者が要求する水準での実証研究が不可能な地域は結局世界史から排除されざるをえないという一事で十分だろう――、「個別研究」やそこに現れる事象の一回性・特殊性の理解に基づかない世界史像は、歴史哲学や文学と違い歴史学にとっては「空理空論」でしかない。もちろん、全歴史学が世界史像の構築だけに奉仕せよと主張するつもりは毛頭ない。ただ逆に、個別研究が「意味不明な断片」でないことを証明するには、

「世界」で「全体」のなかに自分を位置づけねるしかないであろう。その「全体」は、以前は一国史でよかったが、現在は「世界」でなければいけないケースが増えている。とすれば個別と全体の関係についての方法的省察が必要になる。それは、個別事例を下から順に積み重ねて究極的に世界史像に至るという一方的な図式ではないはずだ。

地理のたとえを続ければ、たしかに人間の目は地球儀の全体を同時に見ることができない。それでも、地球儀を回転させる（もしくは人間が地球儀の周りを回る）ことによって世界の姿を認識する行為は無意味でないはずだ。また地球儀は「北が上」など特定の見方に立って作られているし、世界地図の方はどんな図法で描こうが地球の姿を単純に反映したものではありえず、やはり特定の視角（科学という権力が人に強制する視角）によって世界を表象したものにすぎない。だがそれで、地理学でできることは地図のメタナラティブの研究だけで実際の地形の研究はできないという理屈にはならないだろう（地理学の一部としての地図学はそうなるかもしれないが）。歴史学でも、言語論的転回を踏まえてなお研究しうる「史実」や「構造」が存在し、それなしには言説研究も歴史を対象にはしえないはずである。われわれは現在のグローバリズムに対する批判的な視線を重視するが、「世界を語った瞬間にグローバリズムに取り込まれる」とは考えず、逆に世界（の具体的な構造や動態）を論じないことはグローバリズム批判の可能性を自分で狭めることにならないかと懸念するものである。

なお欧米諸国では歴史教育は最初から、一定の知識を与えるより具体例を与えて調べ方や考え方のトレーニングをするものであるとされてきたし、日本でも大学教育や専門研究の場では、世界史など対象の全体を語ることに対して「実証主義者」を含めて自主的な探求の機会を奪うという理屈による反発が強い。だがアメリカを先頭に、それが結局古い西洋中心史観を温存している点を批判し新しいワールド・ヒストリーを組み立てる必要性を主張する見解が強まっている(20)。日本の大学・研究者の態度は、高校の「暗記世界史」を全員が履修し、明示的でないにせよ多くの学生がその世界史像を共有して大学に入るという古い前提——第17章で説明したようにそうした前提はもはや成り立たない——に安住したものと批判せざるをえない。

（3）人文学の限界を方法・組織面で突破する世界史

以上で主張される世界史像の構築・提示やそれと表裏一体の個別研究のあり方には、従来の歴史学の研究方法や研究者養成法のままでは困難なものが含まれる。すなわちこの叢書は、単に新しい世界史像を主な研究成果をテーマや分野別に整理して提示するだけではなく、それを通じて歴史学（や歴史の叙述、教育）のあり方の刷新――直接には日本の学界・教育界の刷新――を展望ないし刺激したいという意図をもっている(21)。

たとえば問題になるのは、日本史・東洋史・西洋史の三分体制およびその下部領域としてのリージョナル、ナショナルまたはローカルな枠内、それに個人の「専門性」の範囲内だけで仕事をする不文律の解体と、「専門論文」ないし「実証論文」の特権的地位の相対化である。なぜなら世界史を論ずるには、たとえば扱う時代や分野を限定したとしても、多くの国や地域を見なければならない。ウォーラーステインが世界システムを論じるように個人または少数でそれに挑み、抜け落ちる地域を少なくしようとすれば、専門でない地域について多数の二次文献を使わざるをえなくなる。一次史料だけで議論できるように多数の研究者を集めれば、全体がバラバラにならないような交通整理や総合が難しくなる。どちらにしても個別研究とは別の能力が必要になる。そのような能力をゼミや研究会・学界での自発的習得に委ねる（結果的に少数の達人が担う）という従来のしくみのままで、でき合いのグランドセオリーによらない世界史像が創れるかどうか、きわめて疑問である。また、環境や災害、疾病の歴史など文理融合型も含め、新しい方法論や問題領域を普通に扱えるようにするにも、そのための方法や「しかけ」が必要である。世界史像を論ずるのに――かつて国内で国民のために論ずる時代があったとしても――世界の学界との交流や斬り結びは必須である。世界史が専門研究者の専有物でなく市民のものであるとすれば――実際、日本で学界よりも切実に世界史像を求めてきたのは、戦後改革のなかで「世界史」という科目を作ってしまった高校教育界だったろう――歴史教育（高校教育には限らない）を研究より下に見る「専門研究者」が多い状況は、許されるものではない。

個々人の能力が限られているなかでそれら多様な課題に取り組もうとすれば、①専門の時代・地域や分野以外の研究、②専門論文以外の概説や解説・評論、翻訳や通訳、③単発で言いっぱなしのシンポジウムやそれぞれの専門研究を持ち寄り自由執筆の論集を出して終わりという安直な共同研究などと違った継続性や統合性をもつ研究活動の組織、などの仕事の評価を高めるとともに、④「研究・教育・社会貢献」のあいだの連動性も強めねばならないのではないか。「マルクス・エンゲルス」も含め、欧米の大きな研究や理論がしばしば二人の研究者の連名で発表される点（一方が書いて他方が点検するというパターンも含む）、最初から「完成品」を発表するのでなく改訂版を何度も出す習慣など[22]も示唆的である。そうした専門家のあり方の多様化には、高校教育や大学教養教育の役割がもちろん大事だが、副専攻や大学院教養科目が奨励されている現在では、「一つの仕事を一生貫く職人」以外の生き方が、少数の（特別に優秀な）変わり者以外にもできるような新しい専門教育のあり方——それには日本の歴史学者の嫌いな「マニュアル化された教育」も不可欠だろう——がカギであるように思われる。

以上が要求するに違いない「日東西」の専攻再編や教員ポストの配分その他、大学の組織問題については編集委員会の共通見解や具体的な戦略があるわけでなく、これ以上立ち入らないこととするが、最後に学会がもつ社会的な機能の回復についてふれておきたい。学会や学会誌が個人研究発表の場としてのみ機能するのではなく、上記のような統合的・かつ学問的・社会的に有意義な討論や共同研究、出版などの活動を期待されることは言うまでもないのだが、それだけではまだ足りない。日本の歴史学会は一般に学閥、扱う国・地域や研究分野、奉じる理論・方法論などによって分かれている（「日本歴史学協会」はその連合体にすぎない）のだが、それぞれの学会が自分の分野の発展だけを考え、社会や政府に対しては自分の分野の扱いが不十分であることだけを訴えるというやり方は、楽観的にすぎるだろう。それは諸部分の寄せ集めでない世界史像の構築に適さないばかりか、中国史の学界と周辺諸地域史の学界の不毛な対立に見られるような、歴史学のサブ領域間の対立も解消できない。のみならず自分だけの拡大の主張は、資源や時間の有限性に直面した社会では、「右肩上がりの時代の発想」として反発を買うことになる。教育予算の問題などは政治の貧困を批判することがなお有効かもしれないが、たとえば歴史教育においては、高校世界史の教科書をこれでもかこれでもかと詳しくしておいてなお自分の領域が足りないとそれぞれ不満を言い募るようなことは、もともと時間の足りない高校教育の現場で反発を免れない（「未履修問題」の一因はそこにある）。そうした問題に対応可能にするには、それぞれの学会が独自の世界史像を示して、既存の像の無駄な部分のスクラップや周辺との食い違いの解消の方策を提示することが求められる。それには、各学会でそうした作業に組織的に取り組むとか、その分野を起点に世界史を論じる専門家を養成するなどの取り組みが必要と思われる。この叢書が、以上のような研究・教育方法や学界のあり方の問題に対する読者の関心を高め、新しいタイプの専門家を志す若手の増加につながれば幸いである。

注

（1）以下は編集委員会の討議に基づき桃木至朗が文章化し、あらためて編集委員会の検討を経たものである（二〇一三年六月二六日脱稿）。本巻の編集と並行して刊行された『21世紀歴史学の創造』シリーズ（研究会「戦後派第一世代の研究者は21世紀に何をなすべきか」編、有志舎、全七巻＋別巻二冊、二〇一二～一三年）、とくにその第六巻「オルタナティブの歴史学」（増谷・富永・清水、二〇一三）とは重なり合う課題が多いのだが、十分に参照・論評できなかった。

（2）以下特記しない限り、近現代の主要な歴史理論・方法論の全般的動向や主要な歴史家については本書第Ⅱ部各章と荒ほか（一九七一）、今谷・大濱・尾形・樺山（一九九七～二〇〇六）、樺山（一九九八・二〇一〇）、岸本（一九九七）、『史学雑誌』の毎年五号の「回顧と展望」や『歴史評論』に毎号掲載される特集記事、日本の歴史学と歴史家については永原（二〇〇三）、新しい歴史学の主要潮流については二宮ほか（一九九三）、樺山ほか（一九九八）、歴史学研究会（二〇〇〇・二〇〇二・二〇〇三）、ピーター・バーク（一九九六）、福井（二〇〇六）、Manning（2005）、水島（二〇一〇）、それに二宮ほか（二〇〇四）を含む「歴史を問う」シリーズ（岩波書店、全六巻、二〇〇一～〇四年）、歴史学の方法論や認識論、社会的役割については望田・芝井・末川（二〇〇二）、小田中（二〇〇二・二〇〇四）、佐藤正幸（二〇〇四）、中谷（二〇〇八）、佐藤卓己（二〇〇九）、遅塚（二〇一〇）、岡本（二〇一三）などを参考にしている。

（3）たとえば日本でマルクス主義の代名詞のようにいわれた「発展段階論」にしても、社会経済構成体のそれだけでなくネーションのそれや家族形態のそれが論じられたことは記憶されてよいだろう。戦後日本でなぜあれほどマルクス主義史学がはやったかといえば、「皇国史観への反省（反動）」や「解放の道筋の理論的提示」だけでなく、その論理性と総合性が多くの知識人を魅了した点も認識しておくべきである。

（4）日東西の三分法の問題点は、最近の桃木（二〇〇九）や羽田（二〇一一）を含め論じ尽くされている感があるが、世界の多くの国と違って日本の大学に歴史学部がないことの問題点を指摘する論考は佐藤正幸（二〇〇四、vi頁）など数少ない。日本の大学に籍を置きながら論文はまず欧米語で書きしかも漢文・中国史にも通じた佐藤正幸の著書（欧米語での既発表論文を編訳したもの）は、このほかにも日本で年表、ヨーロッパで歴史地図が発達したことなど、日本とヨーロッパの歴史認識や歴史編纂について興味深い対比をいろいろ教えてくれる。

（5）たとえば『現代歴史学の名著』と題する書物の旧版（樺山、一九八九）はアジア史をまったく取り上げなかったが、新版（樺山、二〇一〇）で日本史・西洋史や世界史を論ずる著作も一新したうえ、ニーダム『中国の科学と文明』、サイード『オリエンタリズム』を取り上げたように、最近少しずつ変化が起こっている。

（6）文化人類学の変遷については、綾部（一九八四）、山下晋次（二〇〇五）、日本文化人類学会（二〇〇九）、歴史人類学についてはジャック・ルゴフほか（一九九二）、E・ル＝ロワ＝ラデュリ（二〇〇二）など参照。また英語圏を中心とするポランニら経済人類学の影響も記憶されてよいだろう（栗本〔一九九五〕など参照）。

（7）これらの諸理論についての解説・翻訳は、たとえば世界思想社の「〇〇を学ぶ人のために」シリーズや松柏社の「言語科学の冒険」シリーズをはじめ、哲学・文学・芸術学やジェンダー学などそれぞれの分野で無数に出版されている金森（二〇〇〇）のような科学論も関連して目配りしておくべきだろう。現代思想の全体的位置づけとそこでの歴史の扱われ方については二宮ほか（一九九三）を含む「岩波講座社会科学の方法」（全一二冊、一九九三～九四年）、野家ほか（二〇〇九）、鷲田（二〇〇八）を含む中央公論新社の「哲学の歴史」シリーズ（全一三冊、二〇〇七～〇八）などがある。

（8）新しい歴史学を紹介する注（2）の諸文献（とくに二宮ほか〔一九九三〕）、それにマルク・ブロック（二〇〇四）をはじめとするアナール派の古典的著作の翻訳（「『アナール』論文選」全四巻、新評論、一九八二～八五年も）、竹岡（一九九〇）、竹岡・川北（一九九五）、二宮（一九八六）などが参考になる（二宮の著作集も岩波書店から出版されている）。最近の動きは、世界各地の国民国家やマイノリティ研究に影響を与えたノラ（Norra, 1984–92）らの「記憶の場」をめぐる議論が代表的であろう。

（9）本書第16章およびこの章の注（2）の各文献と、そこで紹介されているブローデル、ウォーラーステイン、ポメランツ、フランクその他の著作（藤原書店が翻訳に積極的である）以外に、社会科学のあり方をめぐるウォーラーステインの一連の著作（イマニュエル・ウォーラーステイン〔二〇〇一〕ほか）や、主要な論著の翻訳の一方で「帝国」を切り口に論評を展開する山下範久の著作（二〇〇八ほか）も参考になる。

（10）世界的にはブローデルの地中海世界論（ブローデル、一九九九）やそれにならったチョードリ（K. N. Chaudhri）のインド洋世界論、リード（Anthony Reid）の東南アジア海域世界論、また日本では日本史・琉球史の村井章介、網野善彦や高良倉吉、「アジア間貿易論」の濱下武志、川勝平太その他の海域論がよく読まれた。総合的な紹介としては家島（二〇〇七）、桃木・山内・藤田・蓮田（二〇〇八）がある。

(11) 吉野・安田（一九九五）、速水・町田（一九九五）を含む朝倉書店の「講座文明と環境」（一九九五～九六年、全一五巻）は現在でも参考になる。疫病に関する（ジャレド・ダイアモンド、二〇〇〇）、気候変動に関する田家（二〇一〇）など一般向けの書物にも有益な記述は多い。

(12) 注（2）の諸文献で紹介されたもの以外にも、国・地域ごとに、また政治、経済、文化からメディアやジェンダーを論じたものまで、国民国家への批判的言及は枚挙にいとまがない。総合的な検討はとりあえず、西川（二〇一二）ほか一連の西川長夫の著作、ホブズボーム（二〇〇一）、アンダーソン（二〇〇七）などが便利であろう。「絶対主義天皇制」とは違ったかたちで天皇制を位置づける問題などを抱えた日本史にとってもこの問題が根源的であることは、「21世紀歴史学の創造」をうたうシリーズの最初に、日本近代の国民国家を扱う宮地（二〇一二）が刊行されたことからもうかがわれる。また国民国家と違った国家類型として注目されてきた「帝国」については、山本（二〇〇三）が概観を試みている。

(13) 欧米でもCambridge Historyシリーズ（インド、中国、日本、東南アジアほか）や*Journal Asiatique*, *Journal of Asian Studies*などの学術雑誌をはじめ重要な出版物がおびただしく存在する。日本ではアジア全域を視野に入れた「アジアから考える」（全七巻、一九九三～九四年、東京大学出版会）のほか、対象地域ごとの研究動向と成果が、多数の日本通史や日本史講座を別としても、「岩波講座東南アジア史」（全一〇巻、二〇〇一～〇三年）、「現代南アジア」（全六冊、東京大学出版会、二〇〇二～〇三年）、「イスラームを知る」（山川出版社、二〇〇九～　）のような講座・叢書として出版されたり――「講座敦煌」（全九巻、一九八〇～九〇年、大東出版社）のように局限された対象を扱うものもあった――、新版を次々出している平凡社の「〇〇を知る事典」（朝鮮、中央ユーラシア、東南アジア、オセアニア、アフリカ、南アジアほか）をはじめとする事典、ミネルヴァ書房（主に西洋史）、名古屋大学出版会（西洋中世史、西洋近現代史、中国史、朝鮮史）などの研究入門のかたちで紹介されている。ただし西洋史と比べると非西洋地域を扱う外国人の著作の日本語訳は少ない。それは日本の研究が「翻訳の学問」でない独自性をもつためではあるが、アカデミズム外との対話や専門地域を異にする研究者間の議論にとって不利な状況でもある。

(14) 文献学を中心とする近代ヨーロッパ由来の東洋学ないし東方学（日本でも「東洋史学」を含む東洋学は、「東洋文庫」「東方学会」に見られるように現在まで活動を続けている）から第二次世界大戦後アメリカのフィールドワークを重視するエリア・スタディまでの方法的蓄積があるが、アメリカ式地域研究は二〇世紀末以降のグローバル化のなかで下火になっている。東洋学についてはとりあえず江上・高田（一九九二〜九六）、岸本（二〇〇六）、アメリカ式地域研究については、矢野（一九九三）や立本（一九九九）など東南アジア研究者が先導した研究・解説が便利であろう。なお北海道大学スラブ研究所でスラブ・ユーラシアを中心とした新しい「人文的地域研究」の構築をはかっており、その総合的提示が待たれる。

(15)「戦後歴史学再考」と題した歴史学研究会（二〇〇〇）は、世界システム論、国民国家論、社会史の三つを代表的な新しい方法論としてあげている。

(16) 言語論的転回などとは別の意味で、ヨーロッパ中心史観の扱いは近代的学知の認識論的あり方を考える重要な手掛かりだろう。そこで、オリエンタリズムのような認識の問題にとどめず実際の歴史についてもヨーロッパ中心史観が批判されるわけだが、そのロジックのパターン分けについて整理しておきたい。それは大きく（A）ヨーロッパの先進性や価値を引き下げたり相対化しようとするものと、（B）アジア独自の価値や先進性を主張するものに分かれる（多くの学説が当然、両者をミックスしている）。たとえば（A1）古代・中世に先進地域でないことを指摘する方法は、（B1）文明や諸文物の起源がアジアにありヨーロッパはそれを後から受容したという見解（バリエーションとして、近代ヨーロッパ的諸価値は同じようなものがアジアにもともとありヨーロッパの発明ではないという論法もある）とおおむねセットになっているが、それが単なる起源と伝播の議論であれば、中国文化の受容をいくら指摘されても日本一国主義が屈服しないのと同じで、「ギリシア人が主体的にオリエント文明を摂取した」と切り返されるだけである。ギリシア文明が「オリエントと別種の文明」でなくアフロ・アジア的起源をもっていたと極論する（マーティン・バナール、二〇〇四）のは無理筋としても、オリエントと地中海が連続した世界で、ローマはともかくギリシアはその辺境にあった、中世ヨーロッパはイスラーム世界の周縁にあったなど、「世界」の構造を論ずる方が有効であろう。次に（A2）ヨーロッパが一六世紀から着々と進歩しアジアを含む非ヨーロッパ世界を圧倒していったという像を否定し、（B2）大航海時代のヨーロッパは繁栄するアジアに「参入」しただけだったし、一九世紀初頭までアジアは自律性を保っていたと論じることは、近年の近世史の見直しや海域史ブームなどのなかで（アジアもヨーロッパと同じ発展が可能だという無理な説に代わって）すっかりポピュラーになったが、軍事革命や科学革命など「ヨーロッパ発展のベクトルは一六〜一七世紀から定まっていた」という反論を有効にさせないためには、「一七世紀の危機」やポメランツの「大分岐」など、ヨーロッパ史が直線的に進まず多くの偶然と曲折の末に近代化が実現したことを示す必要がある。なおこれらの論法は、（A2）と次の（A3）が重なる部分にくる「ヨーロッパ近代化は非ヨーロッパ世界を搾取したおかげで可能になった」という理解と（B2）の一部をなす勤勉革命論などを除けば、ヨーロッパ中心史観の根幹をなす資本主義化・工業化や近代国家・社会形成そのものの意味を否定することはできない。つまり「ヨーロッパが古代から一貫して優れていた」

というたぐいの、ヨーロッパ中心史観の外縁部を崩せるだけである。

また（A３）ヨーロッパの近代化や世界支配を認めたうえでその負の側面を強調する、つまり「キリスト教文明の野蛮さ」「近代化が非ヨーロッパ世界を破壊し世界を駄目にする」などの論法は、（B３）アジアにそれを乗り越える精神的・文化的な優越性があるという見解としばしばセットになりながら、古くから主張されてきた（バリエーションとして「西洋の科学技術と東洋の心や文化をミックスすればよりよい世界がつくれる」という議論もある）。しかし、キリスト教文明の野蛮さも近代の破壊性もそのとおりだったとしても、近代ヨーロッパがそれを乗り越える平和思想や人権理念をはぐくんできたことは事実だし、他方「アジアの精神」は、オリエンタリズムやその裏返しのナショナリズム、もしくはロマン主義などの産物にすぎない。非西欧世界の「低開発」を西欧の「近代化」の前提とした「世界システム論」は（A３）の一パターンとも見られるが、「半周辺」論を除き非西欧世界が低開発から抜け出す道が想定されていない点が批判を浴びる。資源浪費型のヨーロッパ型産業革命径路と資源節約型の東アジア的勤勉革命径路を対比する理論（杉原、二〇〇四）は、東アジアの経済成長を踏まえている分だけ説得力があるが、「勤勉革命」がもし「農業インヴォリューション」（労働集約化と商品生産の増加がどこまでいっても資本主義化や工業化につながらないジャワ島の状況についてギアーツが唱え、中国農村理解にも影響した（クリフォード・ギアーツ、二〇〇一）。そもそも講座派の日本農村理解とそれは本質的に違うものとも思われない）と紙一重の事態であったことに目をつぶるなら、それは「一週遅れの近代賛美」に陥りかねない点に注意が必要であろう。

もう一つ、（C）東南アジア大陸部、ヨーロッパ、日本などの政治＝文化統合とその解体のサイクルが共通しているというリーバーマンの説（後掲注（22）は、イメージでなく現実の歴史を研究しつつ「恒常的に遊牧民の侵入を受ける地域（Exposed Zone）に成立した大文明・大帝国」と「その周縁で近世には遊牧民の侵攻を受けない地域（Protected Zone）に成立した中規模地域国家群」の対比にこそ意味があるとし、「ヨーロッパ対アジア」の図式を脱構築しようとした点がユニークだが、ヨーロッパの近代化そのものは（その議論のパターンを整理しているが）とくに否定・批判しない。

最後に現実の世界の動きを背景として、（A４）ヨーロッパの近代化・世界支配は近い将来終わる一時的かつ特殊な事態である、（B４）近世までヨーロッパに優越していたもしくは劣っていなかったアジアは、現在再び（西欧型近代化が想定したかたちではないかもしれないが）世界を主導する地位を回復しつつあるという議論のセットが、グローバル・ヒストリーにおいて広がりつつある。（A４）はフランクの「リオリエント」だけでなく、東アジア「勤勉革命論」がヨーロッパの工業化を近代化の唯一の径路ではない（しかも資源浪費型の問題の多い近代化である）と見る点は、繰り返すまでもないだろう。これらの議論がヨーロッパ中心史観の土台をゆるがすものであることは事実だが、(B4)において二一世紀以降の世界の望ましい姿を「近代市民社会」などと比べて積極的に示しているわけでないことは(B3)と同じである。

(17) たとえばグローバル・ヒストリーと「地域」の関係を論じた秋田・桃木(二〇〇九、序章)を見よ。そうした方法は、たとえばグローバルな経済からピレネー山中の一村落までのあらゆる空間設定によって研究を行ってきたアナール派などと大きく違うものではなかろう。

(18) ジャック・ルゴフやフィリップ・アリエスの研究(アリエス、一九九三)などで有名になったこの問題については、佐藤正幸(二〇〇四)、月本ほか(二〇〇二)、佐藤次高・福井(一九九九)など日本の研究も枚挙にいとまがない。

(19) 板垣雄三の「n地域論」などを引きながら古田元夫(一九九九)が「方法としての地域」を論じたのにならえば、「方法としての時代」というとらえ方が必要であろう。実際社会経済史の時代区分ひとつ取ってみても今日では、①中村哲の「小経営生産様式論」から発した足立啓二の「専制国家論」(足立、一九九八)や宮嶋博史の「小農社会論」(溝口ほか、一九九四など)、そして杉原薫の「勤勉革命論」まで含む、東アジアとヨーロッパの類型差に基づく区分などの「複線的発展段階論」(それぞれの地域の発展段階が奴隷制—封建制—資本主義といった同質の概念では理解できないし、経過する段階の数や順序も同じとは限らない)、②「世界史としての近世」など一国史以外の時代区分(「構造」に限らずにその段階を成り立たせるものが定義されねばならず、地域ごとの時代区分とどう関連づけるかも問題になる——日本の学界では構造のみが時代や地域を区分するメルクマールになるという講座派的な発想が根強いように思われるが、「関係」や「共時性そのもの」による時代区分があってもよいように思われる——)などが論じられており、③奴隷制—封建制—資本主義とか古代—中世—近代など抽象度が高く通史を前提にした区切りよりむしろ「長い一六世紀」「短い二〇世紀」など個別性に着目した区分の導入が一般化している。また④近代世界の起源・前提を説明する時代区分としての「近世」ないし「初期近代」がモンゴル時代ないし一四世紀から、大航海時代ないし一六世紀から、「長い一八世紀から」など重層的に設定されうるような、目的による遠近法の使い分けも広がっている。⑤ヨーロッパ中心でない近世世界史の試みやそこでの時間の重層化が示すように、「近代の開始」は依然として最重要な区切りであるがその「近代」の意味内容は多様化している。

(20) 伝統的な国際歴史学会議(International Congress of Historical Sciences, 1926–)や地域・分野別の国際学会の一方で、アメリカのWHA(World History Association, 1980–)以外にも近年、ヨーロッパのENIUGH(European Network in Universal and Global History, 2000–)、アジアのAAWH(Asian Association of World Historians, 2008–)、アフリカのANGH/RAHM(African Network in Global History/Réseau Africain d'Histoire Mondiale, 2009–)などが次々設立され、二〇一一年にはそれらを含むNOG-

WHISTO（Network of Global and World History Organizations）の設立が決定された。いずれもそれぞれのメガリージョン在住の研究者／その地域を対象とする研究者と中心にしながら、狭義のグローバル・ヒストリーに限らず「世界史」全体を考える姿勢、歴史教育の重視などを共有している。

（21）従来の研究・教育のあり方を批判した桃木（二〇〇九）や羽田（二〇一一）などの問題意識が、この叢書にも引き継がれている。

（22）第一千年紀末から一九世紀初頭にかけて、東南アジア大陸部、ヨーロッパ、日本などユーラシア周縁部で並行する統合－解体のサイクル（それは統合と解体が繰り返す点で循環的だがしだいに統合が深まり解体・危機は短期的なものになる点で線的発展である）に着目したアメリカのリーバーマンは、最初各地域の共同研究を組織したが（Lieberman（ed.）1999）論点が統一しきれないことに不満を抱き、自分で中国・南アジアまで含めた長大な比較史を執筆した（Lieberman 2003; 2009）。超国家的システムやネットワークをあまり評価しない点で一見古風な中規模国民国家の比較発展史に見えるリーバーマンの著作は、ユーラシア各地域の歴史を論じる枠組みを東南アジア大陸部の政治・文化統合から抽出している点、当初論じた一四世紀以降だけでなく第一千年紀まで議論を遡らせたこと、中国・南アジアの動きについて近世まで続いた内陸アジア遊牧民の影響を決定的と見る点（梅棹忠夫風のマイナスの影響より、軍事力や多民族国家の広域統治術などプラスの効果を強調する杉山正明流の考えに近い）、そして気候変動や伝染病の研究を全面的に取り入れ（しかも環境決定論ではなく）政治・経済・文化などを含んだ循環的作用をとらえようとしている点などにおいて、従来の「アジア中心のグローバル・ヒストリー」にない新しさをもつ。もともとビルマ史研究者であるリーバーマンにこのような壮大な著述ができた背景には、専門外の文献の収集や論述の検討に関わった多くの同業者の助けがあったと思われる。特定の「小さな」専門領域をもつ研究者が「世界」を論じるために、参考になる方法である。日本でも、梅棹忠夫の生態史観の影響を受けた世界史論（最近ではたとえば湯浅（一九九六）など）以外にも、文献史学内部で西洋中世史家である高山博がグローバル・ヒストリーについて発言を続ける（高山（二〇〇二）ほか）ような例が出現しつつあり、たとえば近現代経済や国際政治以外の諸領域においてもグローバル・ヒストリーを当たり前にするような、「越境」「土俵の拡大」「他流試合」を一般化・組織化する歴史学界の努力が期待される。

参考文献

秋田茂・桃木至朗編『歴史学のフロンティア——地域から問い直す国民国家史観』大阪大学出版会、二〇〇九年。

足立啓二『専制国家史論』柏書房、一九九八年。

綾部恒雄編『文化人類学15の理論』中公新書、一九八四年。

荒松雄ほか編『岩波講座世界歴史30　別巻現代歴史学の課題』岩波書店、一九七一年。

アリエス、フィリップ『歴史の時間』杉山光信訳、みすず書房、一九九三年。

アンダーソン、ベネディクト『定本想像の共同体』白石隆・白石さや訳、出版工房早山、二〇〇七年。

今谷明・大濱徹也・尾形勇・樺山紘一編『二〇世紀の歴史家たち』（全五巻）刀水書房、一九九七～二〇〇六年。

ウォーラーステイン、イマニュエル『新しい学　二一世紀の脱＝社会科学』山下範久訳、藤原書店、二〇〇一年。

江上波夫・高田時雄編『東洋学の系譜』（全三冊）大修館書店、一九九二～九六年。

岡本充弘『開かれた歴史へ――脱構築のかなたにあるもの』御茶の水書房、二〇一三年。

小田中直樹『歴史学のアポリア――ヨーロッパ近代社会史再読』山川出版社、二〇〇二年。

――『歴史学ってなんだ？』ＰＨＰ新書、二〇〇四年。

金森修『サイエンス・ウオーズ』東京大学出版会、二〇〇〇年。

樺山紘一編著『現代歴史学の名著』中公新書、一九八九年。

――責任編集『歴史学事典６　歴史学の方法』弘文堂、一九九八年。

――編著『新・現代歴史学の名著　普遍から多様へ』中公新書、二〇一〇年。

樺山紘一ほか編『岩波講座世界歴史１　世界史へのアプローチ』岩波書店、一九九八年。

ギアーツ、クリフォード『インヴォリューション――内に向かう発展』池本幸生訳、ＮＴＴ出版、二〇〇一年。

岸本美緒責任編集『歴史学事典５　歴史家とその作品』弘文堂、一九九七年。

――編『岩波講座帝国日本の学知　第３巻　東洋学の磁場』岩波書店、二〇〇六年。

栗本慎一郎『経済人類学を学ぶ』有斐閣選書、一九九五年。

佐藤卓己『ヒューマニティーズ　歴史学』岩波書店、二〇〇九年。

佐藤次高・福井憲彦編『地域の世界史６　ときの地域史』山川出版社、一九九九年。

佐藤正幸『歴史認識の時空』知泉書館、二〇〇四年。

杉原薫「東アジアにおける勤勉革命径路の成立」『大阪大学経済学』第五四巻第三号、二〇〇四年、三三六～三六一頁。

ダイアモンド、ジャレド『銃・病原菌・鉄――一万三〇〇〇年にわたる人類史の謎』（上下）倉骨彰訳、草思社、二〇〇〇年。

高山博『歴史学　未来へのまなざし――中世シチリアからグローバル・ヒストリーへ』山川出版社、二〇〇二年。

竹岡敬温『「アナール」学派と社会史――「新しい歴史」へ向かって』同文舘、一九九〇年。

竹岡敬温・川北稔編『社会史への途』有斐閣、一九九五年。

立本成文『地域研究の問題と方法（増補改訂）――社会文化生態力学の試み』京都大学学術出版会、一九九九年。

田家康『気候文明史　世界を変えた八万年の攻防』日本経済新聞社、二〇一〇年。

遅塚忠躬『史学概論』東京大学出版会、二〇一〇年。

月本昭男ほか『歴史を問う2　歴史と時間』岩波書店、二〇〇二年。

中谷功治『歴史を冒険するために　歴史と歴史学をめぐる講義』関西学院大学出版会、二〇〇八年。

永原慶二『二〇世紀日本の歴史学』吉川弘文館、二〇〇三年。

二宮宏之『全体を見る眼と歴史家たち』木鐸社、一九八六年。

二宮宏之ほか『岩波講座社会科学の方法9　歴史への問い／歴史からの問い』岩波書店、一九九三年。

二宮宏之ほか『歴史はいかに書かれるか』（歴史を問う4）岩波書店、二〇〇四年。

西川長夫『国民国家論の射程――あるいは「国民」という怪物について（増補版）』柏書房、二〇一二年。

日本文化人類学会編『文化人類学事典』丸善、二〇〇九年。

野家啓一ほか『岩波講座哲学11　歴史／物語の哲学』岩波書店、二〇〇九年。

バーク、ピーター編『ニュー・ヒストリーの現在――歴史叙述の新しい展望』谷川稔ほか訳、人文書院、一九九六年。

バナール、マーティン『黒いアテナ――古典文明のアフロ・アジア的ルーツ』金井和子訳、藤原書店、二〇〇四年。

羽田正『新しい世界史へ』岩波新書、二〇一一年。

速水融・町田洋編『講座文明と環境7　人口・疫病・災害』朝倉書店、一九九五年。

福井憲一『歴史学入門』岩波書店、二〇〇六年。

古田元夫「地域区分論――つくられる地域、こわされる地域」『岩波講座世界歴史1　世界史へのアプローチ』岩波書店、一九九九年。

ブローデル、F.『地中海世界』（全一〇冊）浜名優美訳、藤原書店、一九九九年。

ブロック、マルク『歴史のための弁明　歴史家の仕事』松村剛訳、岩波書店、二〇〇四年。

ホブズボーム、E.『ナショナリズムの歴史と現在』浜林政夫・島田耕也・庄司信訳、大月書店、二〇〇一年。

増谷英樹・富永智津子・清水透『オルタナティヴの歴史学』（研究会「戦後派第一世代の歴史研究者は21世紀に何をなすべきか」編『21世紀歴史学の創造』6）有志舎、二〇一三年。

水島司『グローバル・ヒストリー入門』山川出版社、二〇一〇年。

溝口雄三・浜下武志・平石直昭・宮嶋博史編『長期社会変動』（アジアから考える6）東京大学出版会、一九九四年。

宮地正人『国民国家と天皇制』（研究会「戦後派第一世代の歴史研究者は21世紀に何をなすべきか」編『21世紀歴史学の創造』2）有志舎、二〇一二年。

望田幸男・芝井敬司・末川清『新しい史学概論（新版）』昭和堂、二〇〇二年。

桃木至朗『わかる歴史、おもしろい歴史、役に立つ歴史――歴史学と歴史教育の再生をめざして』大阪大学出版会、二〇〇九年。

桃木至朗・山内晋次・藤田加代子・蓮田隆志編『海域アジア史研究入門』岩波書店、二〇〇八年。

家島彦一『海域から見た歴史――インド洋と地中海を結ぶ交流史』名古屋大学出版会、二〇〇七年。

矢野暢編集責任『講座現代の地域研究』（全四巻）弘文堂、一九九三～九四年。

山下晋次編『文化人類学入門――古典と現代をつなぐ20のモデル』弘文堂、二〇〇五年。

山下範久『現代帝国論――人類史の中のグローバリゼーション』（NHKブックス）日本放送出版協会、二〇〇八年。

山本有造編『帝国の研究――原理・類型・関係』名古屋大学出版会、二〇〇三年。

湯浅赳男『世界史の想像力　文明の歴史人類学をめざして（増補新版）』新評論、一九九六年。

吉野正敏・安田喜憲編『講座文明と環境6　歴史と気候』朝倉書店、一九九五年。

ルゴフ、ジャックほか『歴史・文化・表象――アナール派と歴史人類学』二宮宏之編訳、岩波書店、一九九二年。

ル＝ロワ＝ラデュリ、E．『新しい歴史――歴史人類学への道』樺山紘一ほか訳、藤原書店、二〇〇二年。

歴史学研究会編『戦後歴史学再考「国民史」を超えて』（シリーズ歴史学の現在3）青木書店、二〇〇〇年。

――――『現代歴史学の成果と課題一九八〇－二〇〇〇　Ⅰ歴史学における方法的転回』青木書店、二〇〇二年。

――――『現代歴史学の成果と課題一九八〇－二〇〇〇　Ⅱ国家像・社会像の変貌』青木書店、二〇〇三年。

鷲田清一責任編集『哲学の歴史12　実存・構造・他者――モダンとポストモダン』中央公論新社、二〇〇八年。

Lieberman, Victor, *Strange Parallels: Southeast Asia in Global Context, c.800–1830, volume 1: Integration on the Mainland*, Cambridge: Cambridge University Press, 2003.

——, *Strange Parallels: Southeast Asia in Global Context, c.800–1830, volume 2: Mainland mirrors: Europe, Japan, China, South Asia, and the Islands*, Cambridge: Cambridge University Press, 2009.

——(ed.), *Beyond Binary Histories: Re-imaging Eurasia to c. 1830*, Ann Arbor: University of Michigan Press, 1999.

Manning, Patrick, *Navigating World History: Historians Create A Global Past*, New York: Palgrave MacMillan, 2005.

Norra, Pierre, *Les Lieux de memoire*, 7 vols, Paris: Gallimard, 1984–92.（フィリップ・ノラ『記憶の場（全三巻）』谷川稔監訳、岩波書店、二〇〇二～〇三年）

人名索引

あ 行

か 行

さ 行

た 行

な　行

は　行

ま 行

や 行

ら 行

事項索引

あ 行

か 行

さ　行

た　行

な　行

は　行

ま　行

や　行

ら　行

わ　行

現　在　京都大学大学院文学研究科教授。
主　著　『大学で学ぶ西洋史〔近現代編〕』(共編著) ミネルヴァ書房，2011年。
『ワルシャワ連盟協約（一五七三年）』東洋書店，2013年。
「よみがえる東欧と記憶の再編——ポーランドの経験から」佐藤卓己編『岩波講座　現代５　歴史のゆらぎと再編』岩波書店，2015年。

小谷汪之（こたに・ひろゆき）**第15章**

1970年　東京大学大学院人文科学研究科東洋史専修修士課程修了。
現　在　東京都立大学名誉教授。
主　著　『マルクスとアジア——アジア的生産様式論争批判』青木書店，1979年。
『インドの中世社会——村・カースト・領主』岩波書店，1989年。
『「大東亜戦争」期出版異聞——『印度資源論』の謎を追って』岩波書店，2013年。

山下範久（やました　のりひさ）**第16章**

2001年　東京大学大学院総合文化研究科単位取得退学。
現　在　立命館大学国際関係学部教授。
主　著　『世界システム論で読む日本』講談社，2003年。
『現代帝国論』日本放送出版協会，2008年。
『ワインで考えるグローバリゼーション』NTT 出版，2009年。

坂田美奈子（さかた・みなこ）**第9章**

2007年　東京大学大学院総合文化研究科博士課程単位取得修了。
2007年　博士（学術）（東京大学）。
現　在　苫小牧駒澤大学国際文化学部准教授。
主　著　『アイヌ口承文学の認識論——歴史の方法としてのアイヌ散文説話』御茶の水書房，2011年。
"Possibility of Reality, Variety of Versions: The Historical Consciousness of the Ainu Folk Tales", *Oral Tradition*, 26. 2011.
「先住民と主流社会のアシンメトリーな関係」岡和田晃，マーク・ウィンチェスター編『アイヌ民族否定論に抗する』河出書房新社，2015年。

井上幸孝（いのうえ・ゆきたか）**第10章**

2003年　神戸市外国語大学大学院外国語研究科博士課程単位取得退学。
2006年　博士（文学）（神戸市外国語大学）。
現　在　専修大学文学部教授。
主　著　*Indios, mestizos y españoles: Interculturalidad e historiografía en la Nueva Espana*（共著）México, Universidad Autónoma Metropolitana, 2007.
『メソアメリカを知るための58章』（編著）明石書店，2014年。
『文明の盛衰と環境変動——マヤ・アステカ・ナスカ・琉球の新しい歴史像』（共著）岩波書店，2014年。

今村　薫（いまむら・かおる）**第11章**

1991年　京都大学大学院理学研究科博士課程単位取得退学。
1992年　博士（理学）（京都大学）。
現　在　名古屋学院大学現代社会学部教授。
主　著　『ジェンダーで学ぶ文化人類学』（共著）世界思想社，2004年。
『砂漠に生きる女たち——カラハリ狩猟採集民の日常と儀礼』どうぶつ社，2010年。
『シャーマニズムの諸相』（共著）勉誠出版，2011年。

弓削尚子（ゆげ・なおこ）**第12章**

1998年　お茶の水女子大学大学院人間文化研究科博士課程単位取得退学。
1999年　博士（人文科学）（お茶の水女子大学）。
現　在　早稲田大学法学学術院教授。
主　著　『啓蒙の世紀と文明観』山川出版社，2004年。
「『啓蒙の世紀』以降のジェンダーと知」姫岡とし子・川越修編『ドイツ近現代ジェンダー史入門』青木書店，2009年。
「世界史における男性史的アプローチ——『軍事化された男らしさ』をめぐって」永井万里子他編『世界史のなかの女性たち』勉誠出版，2015年。

小山　哲（こやま・さとし）**第13章**

1989年　京都大学大学院文学研究科博士後期課程研究指導認定退学。
1985年　修士（文学）（京都大学）。

桃木至郎（ももき・しろう）**第4章4，第17章**

編著者紹介欄参照。

栗原麻子（くりはら・あさこ）**第5章**

1995年　京都大学大学院文学研究科博士後期課程研究指導認定退学。
1998年　博士（文学）（京都大学）。
現　在　大阪大学大学院文学研究科准教授。
主　著　“Personal Enmity in Attic Forensic Speeches,” *Classical Quarterly*, 53-2, 2003.
「古代ギリシアの社会と生活」南川高志・山辺規子編著『大学で学ぶ西洋史〔古代・中世編〕』ミネルヴァ書房，2006年。
“Pity and Charis in the Classical Athenian Courts,” *JASCA*（The Classical Society of Japan）Vol. 2, 2014.

岡崎勝世（おかざき・かつよ）**第6章**

1974年　東京大学大学院人文科学研究科博士課程単位取得退学。
1970年　修士（文学）（東京大学）。
現　在　埼玉大学名誉教授。
主　著　『キリスト教的世界史から科学的世界史へ』勁草書房，2000年。
『世界史とヨーロッパ』（講談社現代新書）講談社，2003年。
『科学 vs. キリスト教』（講談社現代新書）講談社，2013年。

山中由里子（やまなか・ゆりこ）**第7章**

1993年　東京大学大学院総合文化研究科博士課程中退。
2007年　学術博士（東京大学）。
現　在　国立民族学博物館准教授。
主　著　*The Arabian Nights and Orientalism: Perspectives from the East and West,* London: I.B.Tauris, 2006（編著）.
『アレクサンドロス変相——古代から中世イスラームへ』名古屋大学出版会，2009年。
『〈驚異〉の文化史——中東とヨーロッパを中心に』（編著）名古屋大学出版会，2015年。

宇野伸浩（うの・のぶひろ）**第8章**

1988年　早稲田大学大学院文学研究科博士後期課程単位取得退学。
2011年　博士（文学）（早稲田大学）。
現　在　広島修道大学人間環境学部教授。
主　著　「モンゴル帝国時代の贈与と再分配」松原正毅・小長谷有紀・楊海英編著『ユーラシア草原からのメッセージ——遊牧研究の最前線』平凡社，2005年。
『世界史史料〈4〉東アジア・内陸アジア・東南アジアII—10-18世紀』（共著）岩波書店，2010年。
「『集史』第1巻「モンゴル史」の校訂テキストをめぐる諸問題」吉田順一監修・早稲田大学モンゴル研究所編『モンゴル史研究——現状と展望』明石書店，2011年。

《執筆者紹介》（執筆順）

南塚信吾（みなみづか・しんご）**序論・第14章**

編著者紹介欄参照。

末木文美士（すえき・ふみひこ）**第１章**

1978年　東京大学大学院人文科学研究科博士課程単位取得退学。
1993年　博士（文学）（東京大学）。
現　在　東京大学名誉教授，国際日本文化研究センター名誉教授。
主　著　『草木成仏の思想』サンガ，2015年。
　　　　『比較思想から見た日本仏教』（編著）山喜房仏書林，2015年。
　　　　『親鸞』ミネルヴァ書房，2016年。

小島　毅（こじま・つよし）**第２章**

1987年　東京大学大学院人文科学研究科修士課程修了。
現　在　東京大学大学院人文社会系研究科教授。
主　著　『中国近世における礼の言説』東京大学出版会，1996年。
　　　　『宋学の形成と展開』創文社，1999年。
　　　　『朱子学と陽明学』（ちくま学芸文庫）筑摩書房，2013年。

土田龍太郎（つちだ・りゅうたろう）**第３章**

1973年　東京大学大学院人文科学研究科専修博士課程退学。
1979年　哲学博士（マールブルク大学）。
現　在　東京大学名誉教授。
主　著　Das Sattra-Kapitel des Jaiminīya-Brāhmaṇa,Marburg, 1979.
　　　　Harānandalaharī（共編）Reinbek,2000.

三谷　博（みたに・ひろし）**第４章１，２**

1978年　東京大学大学院人文科学研究科博士課程単位取得退学。
1997年　文学博士（東京大学）。
現　在　跡見学園女子大学教授，東京大学名誉教授。
主　著　『明治維新とナショナリズム』山川出版社，1997年。
　　　　『大人のための近現代史　19世紀』（共編）東京大学出版会，2009年。
　　　　『愛国・革命・民主』筑摩書房，2013年。

李　成市（り・そんし）**第４章３**

1982年　早稲田大学大学院文学研究科博士課程修了。
1998年　博士（文学）（早稲田大学）。
現　在　早稲田大学文学学術院教授。
主　著　『古代東アジアの民族と国家』岩波書店，1998年。
　　　　『東アジア文化圏の形成』山川出版社，2003年。
　　　　『岩波講座　日本歴史』（編著）巻22（歴史学の現在）岩波書店，2016年。

三宅明正（みやけ・あきまさ）

1953年　生まれ。
1981年　一橋大学大学院博士課程中退。
1977年　社会学修士（一橋大学）。
現　在　千葉大学人文社会科学研究科教授。
主　著　『レッド・パージとは何か』大月書店，1994年。
『展望日本歴史　第23巻　歴史の中の現在』（編著）東京堂出版，2004年。
Designing History in East Asian Textbooks（共著）Routledge, 2011.

桃木至朗（ももき・しろう）

1955年　生まれ。
1984年　京都大学大学院文学研究科東洋史専攻博士課程中退。
2009年　博士（文学）（広島大学）。
現　在　大阪大学大学院文学研究科教授。
主　著　『海域アジア史研究入門』（共編著）岩波書店，2008年。
『中世大越国家の成立と変容』大阪大学出版会，2011年。
『市民のための世界史』（共編著）大阪大学出版会，2014年。

〈編集委員・編著者紹介〉

秋田　茂（あきた・しげる）

1958年　生まれ。
1985年　広島大学文学研究科博士課程後期中退。
2003年　博士（文学）（大阪大学）。
現　在　大阪大学文学研究科・世界史講座教授。
主　著　『イギリス帝国とアジア国際秩序』名古屋大学出版会，2003年。
『イギリス帝国の歴史――アジアから考える』中央公論新社，2012年。
The Transformation of the International Order of Asia（edited with G.Krozewski and S.Watanabe）London and New York: Routledge, 2015.

永原陽子（ながはら・ようこ）

1955年　生まれ。
1984年　東京大学大学院人文科学研究科博士課程中退。
1980年　文学修士（東京大学）。
現　在　京都大学大学院文学研究科教授。
主　著　『「植民地責任」論――脱植民地化の比較史』（編著）青木書店，2009年。
『生まれる歴史，創られる歴史――アジア・アフリカ史研究の最前線から』（編著）刀水書房，2011年。
「『慰安婦』の比較史に向けて」歴史学研究会・日本史研究会編『「慰安婦問題を／から考える』岩波書店，2014年。

羽田　正（はねだ・まさし）

1953年　生まれ。
1983年　パリ第３大学博士（Ph. D）。
現　在　東京大学理事・副学長，東洋文化研究所教授。
主　著　『イスラーム世界の創造』東京大学出版会，2005年。
『東インド会社とアジアの海』講談社，2007年。
『新しい世界史へ』岩波新書，2011年。

南塚信吾（みなみづか・しんご）

1942年　生まれ。
1970年　東京大学大学院社会学研究科博士課程単位取得退学。
1967年　国際学修士（東京大学）。
現　在　NPO 歴史文化交流フォーラム付属世界史研究所所長。千葉大学・法政大学名誉教授。
主　著　『東欧経済史の研究――世界資本主義とハンガリー経済』ミネルヴァ書房，1979年。
『静かな革命――ハンガリー農民と人民主義』東京大学出版会，1987年。
『世界史なんかいらない？』（岩波ブックレット）岩波書店，2007年。

MINERVA 世界史叢書　総論
「世界史」の世界史

2016年9月10日　初版第1刷発行　〈検印省略〉

定価はカバーに
表示しています

編著者　秋田　茂・永原陽子
羽田　正・南塚信吾
三宅明正・桃木至朗

発行者　杉　田　啓　三

印刷者　藤　森　英　夫

発行所　株式会社　ミネルヴァ書房
607-8494 京都市山科区日ノ岡堤谷町1
電話代表 (075)581-5191
振替口座 01020-0-8076

　亜細亜印刷

ISBN978-4-623-07111-1

Printed in Japan